Dieter Liebau · Inés Heinze

Lexikon Buchbinderische Verarbeitung

Roland Golpon (Herausgeber)

Lexikon der gesamten grafischen Technik

Verlag Beruf+Schule · Itzehoe

Dieter Liebau und Inés Heinze

Lexikon Buchbinderische Verarbeitung

Band 5 des Lexikons
der gesamten grafischen Technik

Verlag Beruf+Schule · Itzehoe

Prof. Dr.-Ing. habil. Dieter Liebau ist Leiter des Lehrgebiets Bedruckstoffverarbeitung im Fachbereich Polygrafische Technik der Hochschule für Technik, Wirtschaft und Kultur Leipzig (FH).
Dipl.-Ing. Inés Heinze ist ebenfalls im Lehrgebiet Bedruckstoffverarbeitung der genannten Hochschule tätig.

Druck: Druckhaus „Thomas Müntzer“ GmbH, D-99946 Bad Langensalza

ISBN 3-88013-572-X

Vorwort

Aus dem traditionsreichen, überwiegend handwerklich orientierten grafischen Gewerbe entwickelte sich zur Mitte des 20. Jahrhunderts eine mehr industrielle Produktionsweise. Man sprach seitdem im westlichen Teil Deutschlands von der Druckindustrie, während im Osten der Terminus polygrafische Industrie üblich war. Mit diesen neuen Bezeichnungen war der Siegeszug von Fotosatz und Offsetdruck verbunden, die Bleisatz und Buchdruck immer mehr verdrängten. Viele neue Begriffe kamen auf und vermehrten den Wissensfundus, mit dem Fachleute nunmehr umgehen mussten. In einem einbändigen Lexikon ließ sich diese Wissensfülle kaum noch darstellen. Deshalb entschloss sich der Verlag Beruf+Schule bereits zu Anfang der neunziger Jahre des vergangenen Jahrhunderts, ein mehrbändiges „Lexikon der gesamten grafischen Technik" herauszubringen, und zwar nach Sachgebieten untergliedert. Mittlerweile sind in dieser Edition fünf Lexika erschienen. Weitere sind in Arbeit oder in der Planung.

Das Konzept der Fachgebietslexika hat sich als richtig erwiesen, denn das Fachwissen ist weiter angewachsen und kaum noch zu überblicken, nachdem die Druckindustrie in der Medienbranche aufgegangen ist. Zwar steht das Drucken trotz gegenteiliger Prognosen und permanent verbreiteter Befürchtungen, es sei überflüssig geworden, immer noch im Mittelpunkt, aber andere Medientechniken erlangen zunehmend an Bedeutung. Mittlerweile können einbändige Nachschlagwerke nur noch eine grobe Orientierung bieten, sofern sie die Schlüsselstichwörter des Basiswissens enthalten, aber eine halbwegs befriedigende Gesamtdarstellung der Medienindustrie können derartige Lexika nicht mehr leisten. Das zeigt sich nicht zuletzt bei der Suche nach Stichwörtern aus dem Sachgebiet buchbinderische Verarbeitung, die in einbändigen Lexika der Druck- und Medientechniken meist vergeblich ist. So sind wir schon vor Jahren auf die Lücke hingewisen worden: Es fehlt ein Speziallexikon über die handwerkliche und die industrielle Buchbinderei.

Das vorliegende Fachlexikon der buchbinderischen Verarbeitung berücksichtigt sämtliche Bereiche dieses Fachgebiets, sowohl Einzel- als auch Serienfertigung. Der Schwerpunkt liegt jedoch bei der industriellen Buchbinderei. Mit ca. 1500 Stichwörtern ist das „Lexikon Buchbinderische Verarbeitung" das bisher umfangreichste Nachschlagewerk zum Thema. 170 Strichabbildungen veranschaulichen und unterstützen die präzisen Definitionen in Kursivschrift und ergänzenden Erläuterungen in Grundschrift. Verweisungen auf andere Stichwörter machen Zusammenhänge deutlich.

Herausgeber und Verlag hatten sich schon lange um ein brauchbares Manuskript für ein Lexikon der Buchbinderei bemüht. Obwohl mehrfach angekündigt, kamen die seinerzeit vorgesehenen Projekte doch nicht zustande. Endlich – Anfang 1999 – hatten wir dann zwei renommierte Fachleute gefunden, die sich der Sache angenommen haben. Innerhalb weniger Monate lag uns ein exzellentes, druckreifes Manuskript vor. Wir sagen dafür dem Autorenteam Prof. Dr.-Ing. habil. Dieter Liebau und Dipl.-Ing. Inés Heinze von der Hochschule für Technik, Wirtschaft und Kultur Leipzig (FH) herzlich Dankeschön. Für uns war das Ansporn, aus dem Manuskript so schnell wie möglich ein ansprechendes – und wie wir uns erhoffen – erfolgreiches Buch zu machen.

Itzehoe, im Januar 2000 — Herausgeber und Verlag

Abbinden

1. Verfahren zur Sicherung der endgültigen Form des Lederrückens beim → Einledern bei vorhandenen →Heftbünden (z. B. beim Franzeinband).

A. ist bei dicken und/oder sehr dicht stehenden Heftbünden notwendig. Dazu wird das Buch in einer Presse eingespannt und eine Schnur von den Nägeln über den Bund von einer Seite zur anderen gespannt. Wird der Faden schräg geführt (siehe Abb.), legt er sich besser an die Heftbünde an. Der Faden wird gelöst, wenn die abgebundenen Stellen ausgetrocknet sind.

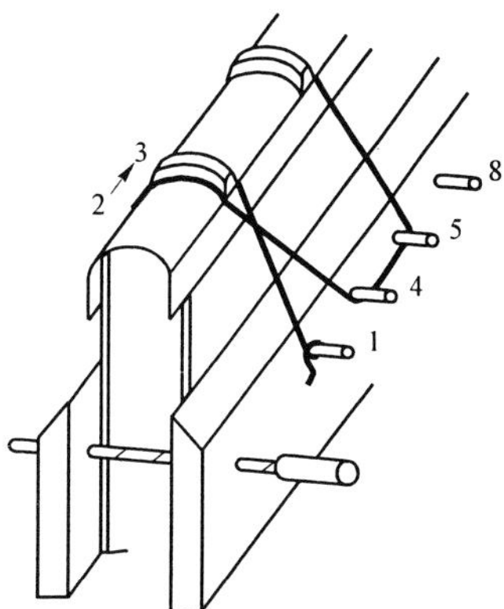

Bundrücken in der Presse

2. Verfahren zur Sicherung der Ausbildung von → Häubchenkapitalen.

Das Buch wird im Falz abgebunden, nachdem vorher das → Einschlagen erfolgt ist. Anschließend wird das Häubchenkapital ausgeformt. Im abgebundenen Zustand trocknen Falz und Häubchenkapital aus, danach ist die gewünschte endgültige Form erreicht.

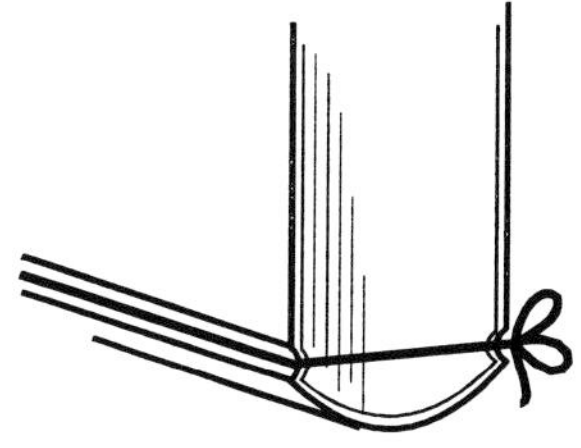

3. Verfestigung des bei der Verarbeitung viskosen Klebstoffs.

Das A. erfolgt physikalisch durch Wegschlagen, Verdunsten, Erstarren oder chemisch durch Polymeraufbaureaktion. Die Zeit, in der das A. erfolgt, wird als → klebstoffoffene Zeit bezeichnet. Nach dem Klebstoffauftrag muss das Anfügen des zweiten Werkstoffteils innerhalb der klebstoffoffenen Zeit erfolgen. Diese soll möglichst kurz sein, um bei Weiterverarbeitung die mechanische Belastung der Klebstelle schnellstmöglich zu erlauben.

Abgesetztes Schärfen

Verdünnen des Leders im Querschnitt an den Begrenzungsflächen bei Verwendung zum Beispiel als Bucheinbandmaterial bei der Buchdeckenherstellung. Dabei erfolgt ein stufenförmiges Absetzen der Schnittlinie.

Das Verdünnen erfolgt mit dem Schärfmesser oder der Schärfmaschine; vgl. Leder schärfen.

Abkehren

Entfernen von überschüssiger Metall- oder Farbfolie mittels Pinsel oder Bürste von Buchdecken, Mappen usw. nach dem → Heißfolienprägen.

Das A. ist heute kaum noch erforderlich, da die Deckenverzierung maschinell zumeist randscharf und ohne unerwünschte Rückstände an Metall- oder Farbfolie ausgeführt wird. Mitunter genügt das A. allein nicht, es muss zusätzlich noch ein → Ausputzen erfolgen, z. B. nach dem → Handvergolden.

Ablage

Hilfsmittel bei der manuellen Buchdeckenherstellung für maßgerechtes Auflegen der → Deckelpappen auf das → Bucheinbandmaterial.

Maßbestimmend bei der Anfertigung der A. ist deren Breite; sie ergibt sich aus der Breite der → Rückeneinlage plus zweimal → Falzbreite. Nach Auflegen des linken Pappdeckels auf den angeschmierten Bezugsnutzen wird die A. genau an die rechte Deckelkante angelegt. Der zweite Pappdeckel wird dann an die rechte Kante der A.

gelegt. Nach Abheben der A. wird die Rückeneinlage so aufgelegt, dass die beiden Falzbreiten gleiche Maße haben.

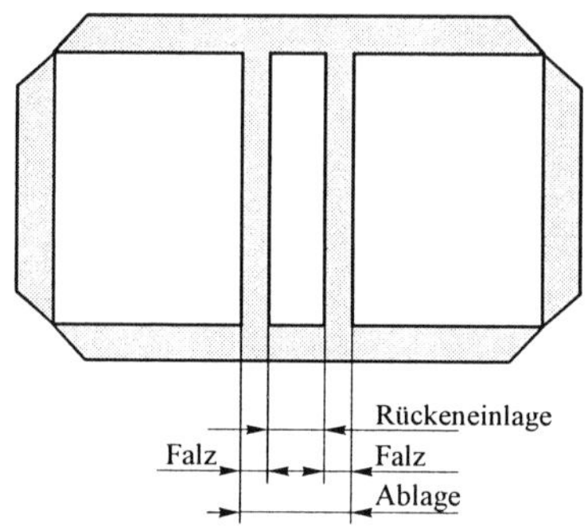

Ableimen

Auftragen von → Klebstoff auf den Rücken von z. B. Buch-, Broschuren- oder Schreibblocks mittels Pinsel oder einfacher Hilfsgeräte, z. B. rotierender Bürsten, über die der Block manuell geführt wird.

Das A. findet in der Regel in der handwerklichen Buchbinderei Anwendung. Beim A. von Schreibblocks werden die Blätter an der zu leimenden Seite glatt gestoßen oder beschnitten; danach wird der Klebstoff aufgetragen, der die Blätter nur so fest verbindet, dass sie leicht wieder abgetrennt werden können.

Abpressen

Erzielung einer beiderseitig angebrachten pilzartigen Bogenverformung am Buchblock nach dem → Runden. Dazu werden die Bogen von der Blockmitte aus gleichmäßig nach vorn und hinten mechanisch umgebogen (→ Abpressfalz).

Durch A. wird die Rundung fixiert und stabilisiert. Außerdem erhöht sich die Festigkeit der Verbindung der Falzbogen im Blockverband.

Überwiegend wird das A. im Anschluss an das Runden in → Runde- und Abpressstationen vorgenommen. Zwei Pressbalken erfassen den Block seitlich 5 mm vom Rundungsende entfernt im Falzbereich und pressen ihn ein. Ein Formklotz schiebt durch oszillierende Bewegung die Bogen bzw. Blätter über die Pressbacken und presst den Rücken ab.

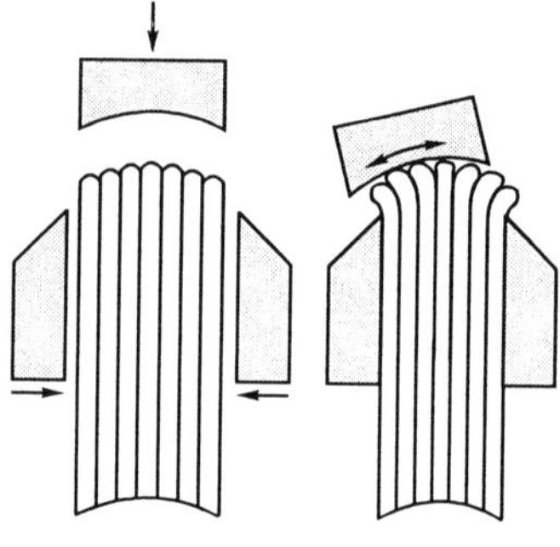

Der Falz soll parallel zum Rücken verlaufen und nicht breiter als 5 mm sein.

Veraltet wird die Bezeichnung A. auch für das → Niederhalten verwendet.

Abpressfalz

Scharfkantige und gleichmäßige Erhöhung des Buchblocks an den Vorsatzbegrenzungen. Die A. entsprechen in ihrer Dicke den aufzunehmenden Deckelpappen; vgl. Abpressen.

Der tiefe Falz mit einem Winkel von 90° wird ausschließlich in der Handbuchbinderei abgepresst. Der gerundete Block wird zwischen Holzbrettern (Abpressbretter) fest eingepresst, und mit einem Hammer werden die Lagen in die abgepresste Form geklopft. In der industriellen Buchbinderei ist der flache (schräge) Falz mit 45°-Winkel typisch. Das Abpressen in der Industriebuchbinderei wurde durch die Einführung des → Walzenrundeprinzips notwendig, um der entstandenen Rundung Stabilität zu verleihen.

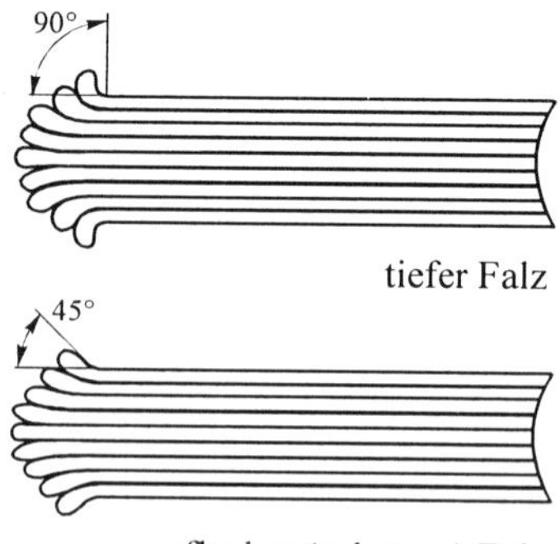

Abputzen
In der handwerklichen Buchbinderei das Abschneiden überflüssiger → Heftfäden oder → Gaze nach dem → Runden der Buchblocks.
Dadurch wird verhindert, dass sich die Fäden unter dem angeklebten → Vorsatz markieren.

Abriebfestigkeit
Widerstand, den die Oberfläche eines Körpers oder eines flächigen Werkstoffs der Beschädigung durch Reibung entgegensetzt, wobei sich feinste Partikel aus der Oberfläche des Materials ablösen (im Gegensatz zur → Scheuerfestigkeit, die nur optische Veränderungen der Oberfläche charakterisiert).
Über die Ermittlung der A. kann z. B. die Beständigkeit einer Heißfolienprägung unter scheuernder Beanspruchung, der eine Buchdecke z. B. beim Runden des Rückens und der Benutzung des Buches unterliegt, beurteilt werden.
Bei der Ermittlung der A. wird die Oberfläche des Prüflings mit der Oberfläche eines definierten Gegenkörpers (z. B. Schmirgelpapier, Bucheinbandmaterial) unter bestimmtem Druck in Relativbewegung versetzt. Die Anzahl der Hübe oder Umdrehungen, die zu einer bestimmten Veränderung des Prüflings führen, oder die Art der Veränderung der Probe nach einer bestimmten Anzahl von Bewegungen ist ein Maß für die A.

Abrissperforation
Möglichkeit des → Perforierens zur Vorbereitung von Trennstellen.
A. werden u. a. für Wandkalender, Antwortpostkarten oder Taschenkalender hergestellt, um ein leichtes Heraustrennen von Blättern oder Blattteilen zu ermöglichen. Papierabhängig werden Perforiermesser mit unterschiedlicher Schnitt- und Steglänge verwendet.

Abschneiden
→ Schneiden

Abschrägen
Anbringen einer schräg verlaufenden geraden oder leicht gewölbten Verjüngung an einer oder an mehreren Schnittkanten von dickeren Werkstoffen.
Erreicht werden soll eine bessere Anpassung an das Grundmaterial, eine angenehmere Handhabung oder eine Verringerung von Beschädigungen an den Schnittkanten. Die Anwendung erfolgt zum Beispiel bei → Buchdeckeln für Fotoalbendecken.

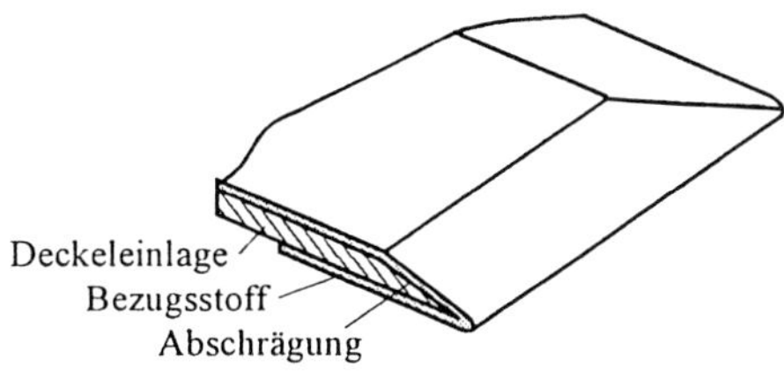

Absenkbarer Seitenanschlag
Das Absenken des Seitenanschlags vergrößert den Hintertisch des → Planschneiders.
Dadurch wird eine → Hintertischbeschickung möglich, und es können auf dem Hintertisch Bogenformate gedreht werden, deren Diagonalmaß größer ist als die Schneidlänge der Schneidemaschine.

Absetzen
1. Das Einhalten eines bestimmten Abstandes von der hinteren Bogenkante beim Ankleben von → Vorsätzen, Bildern, Bogenteilen usw. an Falzbogen im Zuge des → Vorrichtens.
Bei Anwendung des Klebebindens mit Blattverarbeitung muss jedes anzuklebende Bogenteil, das nicht mit abgefräst werden darf, um 1 mm mehr von der Falzbogenkante abgesetzt werden, als es die praktizierte Frästiefe erfordert. Bei Anwendung des Fadenheftens wird das Vorsatz etwa 1 mm von der Falzbogenkante abgesetzt, damit es nicht angestochen wird.
Beim → Überziehen von sechsteiligen Buchdecken wird das Bezugspapier etwa 2 mm breit von der hinteren Deckelkante abgesetzt.
2. Das Aufkleben der Deckelpappen auf das Bucheinbandmaterial in falzbreitem Abstand von der Rückeneinlage.

Zu enges oder zu weites Abstechen der Deckelpappen beeinflusst die praktische und ästhetische Form des Buches und führt zur Zerstörung bei der Benutzung.

Abstechen
Übertragen vorgegebener Maße mit Hilfe des Stechzirkels auf das Werkstück.

Abstechmuster
Standvorlage (Vorstechmuster), die maßlich auf die Rückeneinlage eines meist noch nicht eingeschlagenen Lederrückens abgestimmt, am Kopf und Fuß aber in Einschlagbreite länger und mit zwei Punkturen in Form von nadelgroßen Löchern versehen ist.
Die Löcher dienen dem → Abstechen von für das Drucken oder Prägen vorgesehenen Lederrücken oder ähnlichem Prägematerial. In der Prägepresse wird ein Nadelmuster mit zwei Stiften so befestigt, dass sie mit den vorgestochenen Löchern genau übereinstimmen und passgerecht so angelegt werden können, dass ortsdefiniertes Drucken oder Prägen trotz labiler Einschläge möglich ist.

Abwälztechnik
Prinzip des → Vereinzelns von Bogen aus einem Flachstapelanleger, wobei der unterste Falzbogen ohne Relativbewegung zum benachbarten Bogen unter dem Stapel abgerollt wird.

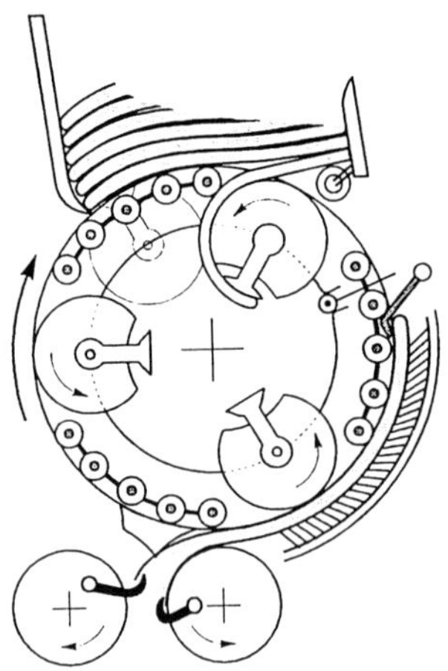

Der jeweils unterste Bogen wird von Saugern abgekippt. In einem Walzenstuhl umlaufende Walzen beziehungsweise umlaufende Saugerwellen wickeln sich unter dem Stapel ab. Die umlaufenden Sauger erfassen den Bogen an der Falzkante und wickeln ihn in das Walzensystem hinein. Durch gleiche Umfangsgeschwindigkeiten der umlaufenden Sauger und der gesamten Abzugstrommel wird eine Vereinzelung ohne Relativbewegung realisiert.

Abweichendes Heften
→ Durchausheften

Abziehbild
Bild, welches von einem Papier auf andere Unterlagen, z. B. auf Metall, Glas, Keramik, Holz oder Kunststoff, übertragen werden kann. A. dienen vor allem Dekorationszwecken, Beschriftungen, Signets u. a.
Nach dem Aufkleben von Nass-A. wird das Trägerpapier mit Wasser gelöst. Ein Schutzlack schützt das Bild vor mechanischer Abnutzung. Einbrennbare Bilder für keramische Zwecke benötigen spezielle Druckfarben, die für Einbrenntemperaturen von 500...1250° C beständig sind.
Trocken-A. erhalten im letzten Druckgang einen Permanentklebstoff, der mit einem silikonisierten Papier geschützt wird. Nach dem Abziehen des Deckpapiers kann das Bild überall angeklebt werden. Trocken-A. werden vor allem als Haftetiketten benutzt.
Im Gegensatz zu den A. stehen die Schiebebilder. Diese werden zum Übertragen kurz in Wasser gelegt, wobei sich eine auf dem Papier befindliche Leimschicht löst, so dass das Schiebebild als Lack- oder Farbhäutchen auf den gewünschten Platz geschoben werden kann. Die Leimschicht des Papiers wird z. T. mit abgeschoben und dient gleichzeitig als Klebstoff des Bildes.

Abziehen
Das Übertragen von → Klebstoff auf schmale Streifen oder leicht klebstoffdurchlässiges Material.

Auf eine geeignete Unterlage, z.B. Blech, Glas oder Kunststoff, wird der Klebstoff aufgetragen. Das anzuschmierende Teil wird danach manuell aufgelegt und wieder abgehoben. Dieser Vorgang wiederholt sich in jeweils ändernder Richtung so oft, bis der Klebstoffauftrag ausreichend ist.

Abziehschnitt
Variante des → Farbschnitts, bei der ein → Abziehbild mit entsprechendem Muster auf die Schnittfläche eines Buchblocks aufgetragen wird.
Das Papier wird angefeuchtet, auf die Schnittfläche gelegt und angepresst, wobei die Farbe übertragen wird. Ein Beispiel ist das Aufbringen eines Kammmarmormusters auf die Schnittflächen eines Buchblocks für ein Kontobuch.

Achatglättzahn
→ Glättzahn

Achtelbogen
Der achte Teil eines 16-seitigen, dreimal kreuzgefalzten Bogens (→ ganzer Bogen).
Der A. besteht aus einem Blatt, also zwei Seiten.

Achtseitiger Umschlag
Broschurenumschlag mit eingeschlagenen Klappen am vorderen und hinteren Umschlagteil.

Adhäsion
Haften eines flüssigen oder festen Körpers auf einem anderen flüssigen oder festen Körper.
Die A. beruht auf intermolekularen Kraftwirkungen, die zwischen zwei in engem Kontakt stehenden Körpern auftreten. Zwischen zwei Flüssigkeiten und zwischen einer Flüssigkeit und einem Festkörper ist die Stärke der A. durch die Oberflächen- und Grenzspannungen gegeben.
Die A. wird z.B. beim → Kleben ausgenutzt. Die Klebstoffe werden in flüssiger Form aufgebracht, um eine möglichst große Kontaktfläche zu erreichen. Die Klebfestigkeit hängt neben der A. zwischen Klebstoff und Werkstoffoberfläche auch von der → Kohäsion der Moleküle innerhalb des Klebstoffs ab.

Ahle
Werkzeug, bestehend aus einer im Holzheft gehaltenen spitzen Stahlnadel in gerader Form.
Die A. dient z. B. zum Vorstechen der Löcher bei Flechtarbeiten oder zum → Einziehen runder Eckenüberzüge.

Aktenheftung
Fadenheftung von Hand für einzelne Aktenblätter, in deren Ergebnis ein einlagiges Erzeugnis entsteht.
Das Ende des Heftfadens wird in eine Schlinge (Aktenknoten) gelegt. Der Faden wird von innen nach außen durch den Bund gestochen und im nächsten Stich von außen nach innen und dabei durch die Schlinge. Bei der Fortsetzung der Stiche wird die Schlinge fest gezogen. Die A. ist heute überholt.

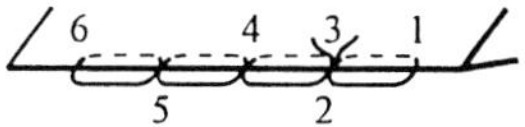

Aktenheftung mit vier Stichlängen

Aktenknoten

Aktenknoten
Spezielle Knotenform für die → Aktenheftung.

Aktenschwanz
Ein A. wird an liegend aufzubewahrenden → Aktenstücken angebracht; er ist praktisch ein überstehender Anhänger für den Titel.

Aktenstich
→ Aktenheftung

Aktenstück
Mehrlagiges Erzeugnis, bei dem die einzelnen Lagen mittels → Aktenheftung separat in einen speziellen Umschlag, den Aktendeckel, geheftet werden.

Dem Aktendeckel wird noch ein halber Aktendeckel mit umgebrochenem Randstreifen zum Versteifen vorgelegt, der sogenannte Aktenrücken. Auf diesen Verstärkungsstreifen zeichnet man die Einstichlinien der Heftung auf. Die Lagen müssen dicht aufeinander gelegt und geheftet werden.

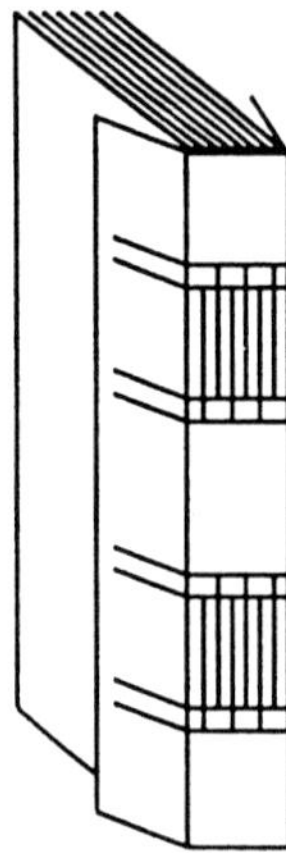

Aktenstück
mit versetzten Stichen

Album
Sammel-, Erinnerungs- oder Gedenkbuch, dessen Seiten in der Regel erst vom Käufer mit Inhalt versehen werden.
Die Blätter des A. können aus Schreibpapier, Klarsichtfolien oder aus kombinierten Werkstoffen bestehen, die je nach Verwendungszweck auch Taschen- oder dreidimensionale Form haben können. Grundsatz bei der Herstellung von Alben ist, die Konstruktion so zu gestalten, dass die Blätter nach dem Füllen mit dem vorbestimmten Inhalt nicht sperren und eine Beschädigung weitgehend ausgeschlossen bleibt. Typisch sind beispielsweise Foto-A., Briefmarken-A., Münz-A.

Albuminklebstoff
Natürlicher tierischer Klebstoff aus direkt in Wasser gerührtem Hühnereiweiß, wobei das Albumin bei 60° C koaguliert und dabei wasserunlöslich wird.
A. wird in Sortimentsbuchbindereien zur Verarbeitung von Blattgold eingesetzt.

Allonge
Unbedrucktes Blatt in Büchern und Broschuren, an das eine Landkarte oder eine ausziehbare Tafel geklebt ist.
Die A. ist meistens am Buchende angebracht und hat den Vorteil, dass der Leser die Karte oder Tafel stets sichtbar vor sich hat, ohne beim Betrachten umblättern zu müssen.

Almanach
1. Astronomisches oder bebildertes Jahrbuch.
2. Ein auf Kartonblatt gedruckter Kalender, auf jeder Seite 6 Monate enthaltend.
3. Periodisch – meist jährlich – erscheinende Schrift für bestimmte Berufe oder Wissensgebiete. Kalendarische Angaben können fehlen.

Altarfalz
→ Fensterfalz

Alternatives Bindeverfahren
→ Einzelblattbindeverfahren

Alterung
Gesamtheit aller im Laufe der Zeit in einem Material irreversibel ablaufenden chemischen und physikalischen Vorgänge.
Bei Papier zeigt sich die A. in einer Veränderung der optischen und mechanischen Eigenschaften durch den Einfluss von Licht, Luftsauerstoff und erhöhter Temperatur. Bei holzhaltigen Papieren bewirkt die kombinierte Einwirkung von Licht und Luftsauerstoff die Oxidation von Lignin, wobei gelbe bis braune Oxidationsprodukte entstehen (Vergilbung), gleichzeitig nimmt die Festigkeit ab. Die Zellulose wird vorwiegend durch thermische Einwirkung abgebaut; womit die Faserfestigkeit (und damit z. B. → Bruchkraft und → Falzwiderstand) deutlich zurückgeht.

Anfeuchtprobe
Methode zur Bestimmung der → Laufrichtung von Papier, wobei zwei im rechten Winkel zuein-

ander liegende Kanten eines Bogens angefeuchtet werden.
Die sich stärker wellende Kante liegt im rechten Winkel zur Laufrichtung.

Anhängen
Umgangssprachlicher Ausdruck für das → Ankleben eines Bogens, einer Karte oder dergleichen mit einem schmalen Klebstoffstreifen.

Anilinfarbe
Dünnflüssige Teerfarbe, die für den → Farbschnitt verwendet wird.
Die wässrigen Lösungen eignen sich nur für gut geleimte Papiere geringer Saugfähigkeit, da sie leicht in die Papierkapillare einlaufen. Das Deckungsvermögen der Anilinfarben ist gering im Vergleich zu den → Erdfarben, die auch hauptsächlich als Schnittfarbe verwendet werden.

Ankleben
1. Vorrichtearbeit (→ Vorrichten), bei der Vorrichteelemente auf die vordere oder hintere äußere Seite eines Falzbogens geklebt werden.
Um eine Dimensionsänderung durch den Klebstoffauftrag und ein Welligwerden von Falzbogen oder Vorrichteelement zu verhindern, werden auf- bzw. einzuklebende Bilder nur an einer Seite oder an zwei gegenüber liegenden Seiten mit einem schmalen Klebstoffstreifen versehen. Ersteres wird als Hängen, das zweite als Spannen bezeichnet.

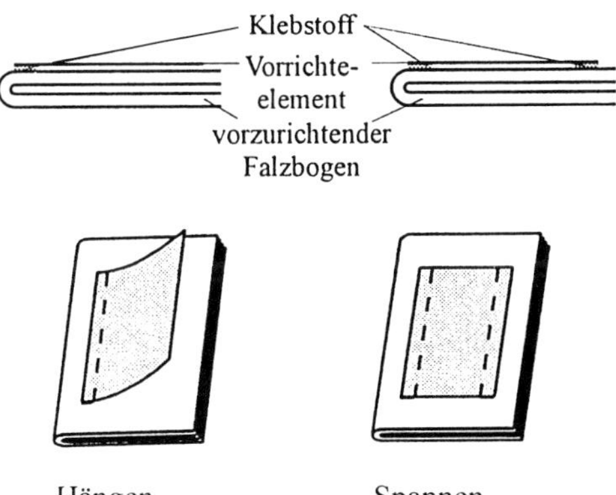

2. Befestigen von Ausstattungselementen, z. B. → Lesezeichen oder → Kapitalband, am Buchblockrücken mittels Klebstoff.

Anlagemarke
Mitgedruckte Markierungen als Vorder- oder Seitenmarken zur Kennzeichnung der Anlageseiten in der Druckmaschine.
A. dienen dem Buchbinder als sichtbare Angabe, an welchem Winkel des gedruckten Bogens beim Schneiden oder Falzen anzulegen ist.

Anlegen
Das Zuführen von aus einem Anleger vereinzelten Bogen, Blättern oder Teilprodukten in die Bearbeitungsstationen von Buchbindereimaschinen.

Anleger
Aggregat an Buchbindereimaschinen zur Bereitstellung, Vereinzelung, gegebenenfalls Öffnung und Zufuhr von Planobogen, Materialzuschnitten oder Teilprodukten zu Transporteinrichtungen oder nachfolgenden Bearbeitungsstationen.
Man unterscheidet prinzipiell in → Bogenanleger (für Planobogen in z.B. Falzmaschinen, für Falzbogen in z.B. Zusammentragmaschinen) und → Blockanleger (für gebundene Blocks in z.B. Buchfertigungsstraßen). Neben dem Auflagetisch oder Bogenmagazin zur Aufnahme der Bogen bzw. Teilprodukte enthält der A. Elemente zur Vereinzelung (Sauger, Greifer) und evtl. Bogenöffnung.

Anleimen
→ Anschmieren

Annalen
Jahrbücher, in denen geschichtliche Ereignisse in chronologischer Form dargestellt werden.
In der Gegenwart wird die Bezeichnung A. auch als Teil von Titeln solcher Zeitschriften angewendet, die kontinuierlich über wissenschaftliche Fortschritte eines bestimmten Fachgebietes berichten.

A0-Bogen (A-Null-Bogen)
Formatbezeichnung für eine international standardisierte, beschnittene Papiergröße (Endformat) von 841 mm x 1189 mm.
Diese Größe ist Basis für sämtliche anderen Formate der A-Reihe, die aus dem A0-Bogen durch fortgesetztes Halbieren hervorgehen. Der Flächeninhalt beträgt 1 m^2, das Seitenverhältnis ist $1:\sqrt{2} = 1:1{,}414$. Der für Druckerzeugnisse in diesem Format benötigte unbeschnittene → Formatbogen (Rohbogen) hat die Abmessung 860 mm x 1220 mm.

Anpappen
Traditioneller Ausdruck in der handwerklichen Buchbinderei für das Verkleben der Buchdeckel mit den Vorsätzen bei gehülsten Buchblocks (→ Einhängen).

Anreiben
Schaffen einer innigen Verbindung zwischen zu verklebenden Teilen (beispielsweise → Ankleben, → Kaschieren) durch Reiben unter leichtem Druck.
Mit dem Handballen, der flachen Hand oder einem Lappen wird durch leichtes Reiben das sich zwischen beiden Kleblingen noch befindende Luftpolster beseitigt. Bei besonders wertvollen Drucken oder empfindlichem Papier erfolgt das A. unter einem aufgelegten sauberen Papierbogen. Bei maschinellem A. erzeugen meist rotierende Walzen den erforderlichen Druck.

Ansatzfalz
→ Ansetzfalz

Anschießer
Aus Dachshaar bestehender Pinsel mit flachem Handgriff zur Übertragung von Blattgold auf die zu vergoldende Fläche.

Anschlagsattel
→ Sattel

Anschmieren
Auftragen von Klebstoff auf ein Material.
Der Klebstoff kann manuell mit dem Pinsel, maschinell durch glatte Walzen oder mit rotierenden, klebstoffführenden Bürsten aufgetragen werden. Es wird auch von Anleimen gesprochen.

Anschmierzange
Aus zwei Holzschenkeln bestehende Klemmvorrichtung mit Schraubzwinge zum Befestigen an der Tischkante.
Die A. dient zum Halten von Streifenmaterial beim → Anschmieren.

Ansetzen
1. Verbinden der Buchdeckel mit dem Buchblock bei sogenannten Handeinbänden, bei denen die Buchdecke nicht separat, sondern zusammen mit den Arbeiten am Buchblock entsteht (z. B. → Franzeinband).
2. Bei Handvergoldearbeiten das Aufsetzen des Vergoldewerkzeugs an einer bestimmten Stelle.

Ansetzfalz
Teil eines in besonderer Weise angefertigten → Vorsatzes, welcher bei handwerklicher Fertigung von Bucheinbänden zum → Ansetzen der Buchdeckel dient.
Diese Vorsätze werden meist so zugeschnitten, gefalzt oder mitunter geklebt, dass sie außer dem → fliegenden Blatt und → Spiegel noch einen Teil aufweisen, der schmaler ist und zum Ankleben (Ansetzen) der Deckel dient, die nach dem → Überziehen oder → Einledern in Verbindung mit dem Buchrücken die Buchdecke bilden.

Anziehen lassen
Abwarten der Dimensionsänderung (Dehnung) von Werkstoffen beispielsweise beim Auftrag von Klebstoff.
Vermieden werden sollen dadurch Wellen oder Falten auf der geklebten Fläche.

Applizieren
Verzieren von PVC-Folien durch Aufschweißen von erhabener Schrift oder Zeichnungen, die durch → Hochfrequenzschweißen aus einer 0,2...0,4 mm dicken Folie herausgelöst werden.

Durch das A. erscheint die Schrift oder Zeichnung erhaben und weist scharfe Konturen auf. Die Zeichnungsteile sind nur schmal am Rand angeschweißt.

Appretur (Ausrüstung)
Teigartige und meist wasserlösliche Beschichtungsmasse, die aus mineralischen Füllstoffen, Farbstoffen, Kunstharzen und Bindemitteln (Stärke) besteht und ein- oder beidseitig auf Gewebe (z. B. Gaze, Bucheinbandmaterial) aufgetragen wird.
Die A. hat die Aufgabe, die Stabilität, d. h. die Biegesteifigkeit und Festigkeit der Gewebe zu erhöhen. Bei Geweben für Bucheinbandmaterialien wird außerdem eine Leimdichtigkeit, d. h. Klebstoffundurchlässigkeit erreicht, die Oberfläche des Gewebes geglättet, um es strapazierfähig und prägbar zu machen, sowie die Anfälligkeit gegenüber Pilzen verringert. Ein hoher Anteil an Kunstharzen macht das sonst wasserempfindliche Gewebe wischfest und schmutzabweisend, was als Griffschutz bezeichnet wird.

Aqualiner
Einrichtung in Falzmaschinen, mit deren Hilfe durch auf den Bogen aufsitzende Düsen auf der zukünftigen Falzlinie eine Befeuchtung in Form eines dünnen Striches vorgenommen wird.
Die aufgetragene Flüssigkeit ist ein Wasser-Alkohol-Gemisch im Verhältnis 3 : 1 (Falzhilfekonzentrat). Die Flüssigkeit führt zu einer Verringerung der Faserbindungskräfte an der Falzlinie, wodurch der Biegewiderstand herabgesetzt, die Falzgenauigkeit erhöht und der Falz flach ausgebildet wird. Elektrostatische Ladungen werden verringert.
Das Verfahren erweist sich als vorteilhaft bei dicken Papieren mit hoher flächenbezogener Masse und digital bedruckten Papieren (geringer Restfeuchtegehalt).

Arbeitsbreite
Größtmögliche ausnutzbare Maschinenbreite für das Einlegen und Verarbeiten von Materialzuschnitten oder Rollenmaterial.

Arbeitsmesser
Spitzes Messer des Buchbinders mit einseitiger Schneide und Holzgriff.

Armiertes Klebebinden
Bindeverfahren, bei dem die zunächst eben abgefrästen Blockrücken zusätzlich mit quer verlaufenden Nuten versehen und in einige von ihnen Fäden eingebettet werden, bevor die Verbindung der Blätter mittels Klebstoff erfolgt; vgl. Klebebinden.
Durch das sogenannte Armieren – in jede dritte Nut wird ein Faden eingezogen – soll dem Auseinanderbrechen der Buch- oder Broschurenblocks entgegengewirkt werden. Infolge komplizierter Realisierung hat das a. K. keine breite Anwendung gefunden.

ASIR (Automatic Signature Imagine Recognition)
Methode der → Falschbogenkontrolle durch Erfassen des Druckbildes.
Eine Abtasteinheit (ungefähr 60 cm² Fläche) mit 32 Fotodioden und einem Mikroprozessor ist in die Tisch- oder Frontplatte des Bogenmagazins integriert oder wird gegenüber der Abzugstrommel installiert.
Während der Bogenvereinzelung erfolgt zeilenweises Abtasten der Bogen mit Infrarotstrahlung in Schritten von 2,5 mm. Durch das rasterartige Abtasten in der Bewegung werden 1 500 Messpunkte auf einer Fläche von etwa 6 000 mm² aufgenommen, die Helligkeitswerte digitalisiert und mit einem Sollwert verglichen.
Während einer Lernphase wird automatisch ein Referenzbild als Sollvorgabe mit den entsprechenden Toleranzen ermittelt. Druck-, Schnitt- und Falzabweichungen können automatisch durch den Mikroprozessor kompensiert werden.

Atlas
Planmäßige Sammlung insbesondere geografischer Karten, die in der Regel als Buch oder Broschur herausgegeben werden.
Die Bezeichnung wird auch für Verlagserzeugnisse in Form von Kartensammlungen anderer

Wissensgebiete, z. B. der Astronomie oder Anatomie, verwendet. Die Herstellung der A. erfolgt in Spezialbetrieben, die sich traditionsgemäß als geografisch-kartografische Anstalten bezeichnen. Für den Verwendungszweck besonders bearbeitet sind der Schul-A., der Taschen-A. und der Hand-A.

Atlasbindung (Satinbindung)
Art der Anordnung der Schuss- und der → Kettfäden in Geweben, wobei der Schussfaden in verschiedener Reihenfolge mehrere Kettfäden überspringt.
Es entsteht ein gleichmäßiges Bild, ähnlich wie bei der → Köperbindung, jedoch keine Diagonale.

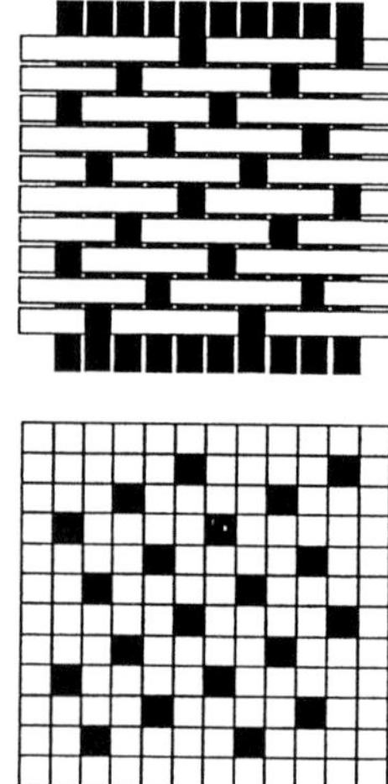

Auffächern (Ausstreichen)
Treppenförmiges Verschieben von im Stapel übereinander liegenden blättrigen Werkstoffen (meist Papier, aber auch Karton oder Folien) um Abstände, die im wesentlichen im Millimeterbereich liegen.
Das A. dient z. B. der leichteren Vereinzelung der Bogen in Rundstapelanlegern von Falzmaschinen, überwiegend aber dazu, um an den Blättern in einer vorgesehenen Streifenbreite Klebstoff auftragen zu können, z. B. für seitliche Blattkantenbeleimung beim Klebebinden (→ Fächerbeleimung) oder bei Streifenverklebungen in manueller Arbeitsweise.

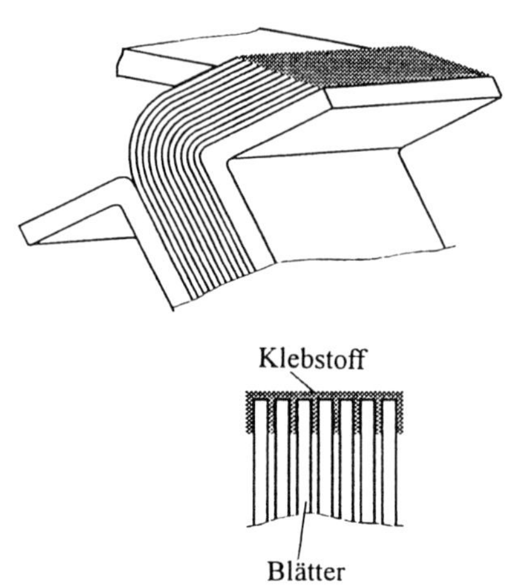

Auf Fälze hängen
Streifenartiges Ankleben von Karten oder Beilagen des Buchblocks an einen gefalzten Papierstreifen, der mitgeheftet wird.

Auffrischen (Embellieren)
Instandsetzen eines antiquarischen Buches.
Das Buch wird gereinigt, beschädigte Stellen werden ausgebessert. Gleichzeitig werden dabei eventuell vorhandene „Papierkrankheiten" beseitigt.

Aufgeschnittener Bogen
→ Aufschneiden

Aufkaschieren
→ Kaschieren

Aufkleben
→ Ankleben, → Einkleben

Auflegen
Übereinanderlegen von Werkstoffen.
Bei der Buchdeckenherstellung werden z. B. die beiden Deckelpappen und evtl. die Rückeneinlage auf einen mit Klebstoff versehenen Nutzen des

Bucheinbandmaterials maßgerecht aufgelegt. Das maßgerechte A. von Werkstoffen auf einen Nutzen, der vollflächig oder partiell mit Klebstoff versehen ist, findet auch beim → Vorrichten und → Kaschieren statt.

Aufnadeln (Nadeln)
Tätigkeit in der handwerklichen Buchbinderei, bei der Lederrückennutzen oder vorgestochene Bogen auf Nadeln übereinander aufgesteckt werden mit dem Ziel, einen gleichen Stand des z. B. Prägebildes oder Satzspiegels zu erreichen.
Beim Prägen von Lederrückennutzen sind in der Prägepresse die Nadeln auf dem Tisch der Presse eingebracht, auf denen der einzelne Ledernutzen aufgenadelt wird. Er erhält dann die Prägung an der gewünschten Stelle.
Das A. von Bogen erfolgt, um handgefalzte Bogen mit deckungsgleichem Satzspiegel zu einem Block übereinander zu bringen. Die Nadeln, meist zwei für einen Bogen, sind im gleichen Abstand wie die Passkreuze senkrecht in einem Brett o. ä. befestigt. Jeder Bogen wird so über die Nadeln gebracht, dass er an den vorgestochenen Stellen aufgespießt wird.

Aufpappen
Bei der → Steifbroschur das Aufkleben der Deckel auf die Vorsätze.

Aufrauen
Methode der → Rückenbearbeitung beim → Klebebinden mit Blattverarbeitung, bei der der Blockrücken nach dem Abtrennen der Rückenfalze aufgeraut wird. Die → Blattausreißfestigkeit wird dadurch erhöht.
Für die meisten Papiere ist nach dem Abtrennen des Bundstegs ein A. oder → Einkerben erforderlich, um eine ausreichende Klebstoffangriffsfläche und dadurch Bedingungen für eine gute → Adhäsion zu schaffen.
Das A. erfolgt beispielsweise mit Schleifscheiben oder Egalisierfräsern, mit denen Fasern freigelegt, lose Partikel entfernt, aber auch raue Flächen egalisiert und Grate entfernt werden, außerdem gibt es spezielle Systeme wie → Fibre Rougher oder das → HST-Rückenbearbeitungssystem.

Aufrichtemaschine
Maschine zum Aufrichten von Schachteln.
Die vorgefertigten und zusammengefalteten Schachteln werden mittels Führungsschienen aufgerichtet, wobei sich die Bodenlaschen, die speziell gestanzt sind, miteinander verschränken. A. finden vorrangig bei Abpackvorgängen Anwendung, beispielsweise für Bücher und Broschuren.

Aufschabeblech
Dünnes Blech mit zwei Schlitzen, das beim → Aufschaben von Heftschnur als Halt und Auflagefläche dient.

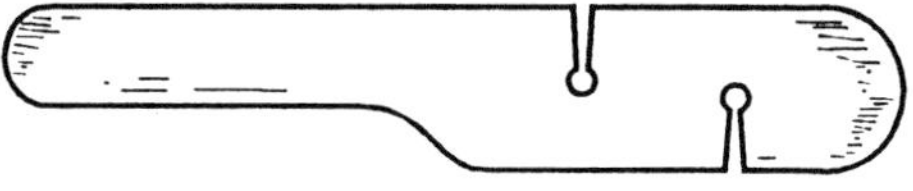

Aufschaben
Zerfasern der Heftschnur des gehefteten Buchblocks mit dem Messerrücken des Arbeitsmessers auf dem → Aufschabeblech.
Das A. ist erforderlich, wenn die Heftschnur die → Ansetzfalze überragt, damit sie flach auf die Deckelpappen geklebt werden kann.

Aufschieben
→ Auffächern

Aufschlagbarkeit
Qualitätsmerkmal eines buchbinderischen Erzeugnisses, das durch den Grad seiner Eignung hinsichtlich der zur sachgemäßen Nutzung erforderlichen Öffnungsbeanspruchung bestimmt ist; vgl. Lay-Flat-Verhalten.
Die A. wird z. B. definiert als Kehrwert der Kraft, die erforderlich ist, um ein Lineal senkrecht und symmetrisch zum Bund so weit auf den geöffneten Block zu pressen, bis die dem Format zugeordneten Markierungen auf dem Lineal das Papier berühren.

Problematisch gestaltet sich die A. besonders bei seitlich gehefteten Erzeugnissen.

Aufschneiden
Öffnen eines gefalzten Bogens an Kopf- und Vordersteg mittels eines besonderen Messers, um eine bestimmte Seite aufschlagen und beispielsweise Bilder einkleben zu können (→ Einkleben) oder → Quetschfalten beim Ausführen eines weiteren Falzes zu vermeiden.
Kreuzgefalzte Dreibruchbogen (→ ganzer Bogen) sind meist in der vorderen Hälfte des Bogens oben und in der hinteren Hälfte des Bogens vorn und oben geschlossen. Einige Falzmaschinen haben noch Vorrichtungen zum Aufschneiden der Bogen.

Aufsetzen
Auflegen der Bogen in den Anleger der → Falzmaschine und das Stapeln der gefalzten Bogen oder der Blätter z.B. zum Zwecke des → Zusammentragens.

Aufstecken
→ Aufnadeln

Aufstoßen
Ausrichten von Bogen, Blättern, Buchblocks, Broschuren u. a., damit diese mindestens an zwei Seiten genau übereinander liegen.
Das A. ist vor allem für genaues Schneiden bedeutsam. Maschinell kann das A. mit Hilfe eines → Rütteltisches erfolgen.

Auftragsrahmen
Holzrahmen mit Fadenverbindung für das Aufnehmen und Übertragen von Blattgold.

Aufziehen
Befestigen von Landkarten, Anschauungstafeln, Plakaten u. a. durch Kleben auf Pappe, Gewebe oder anderes Material.
Beim A. von Landkarten auf Gewebe wird dieses in einen Spannrahmen gespannt und danach die angeschmierte Landkarte aufgeklebt. Diese kann bei handwerklicher Fertigung vor dem A. in rechteckige Teile zerlegt (zerschnitten) und mit gleichmäßigen Zwischenräumen von 2...4 mm Breite aufgeklebt werden. Nach dem Trocknen ist die Karte auf Taschenformat zusammenlegbar und sehr haltbar.

Ausbessern
Reparieren buchbinderischer Erzeugnisse zur Wiederherstellung des vollen Gebrauchswertes, z. B. Beseitigen von Einrissen oder Verbinden loser Blätter mit dem Block.

Ausbiegen
Schaffung einer Planlage von verklebten oder nicht verklebten Werkstoffen, die sich gewölbt haben. Besondere Bedeutung hat das Ausbiegen für Buchdecken, um sie aus einem Stapel in einer Maschine sicherer transportieren oder wölbungsfrei mit dem Buchblock verbinden zu können.
Bedingt durch den Feuchtigkeitsgehalt der Klebstoffe, dehnen sich die Bucheinbandmaterialien nach dem → Anschmieren aus. Nach dem Überziehen wird dem Einbandmaterial ein großer Teil der Feuchtigkeit durch Trocknung entzogen; dadurch zieht es sich wieder zusammen. Die Deckelpappen verformen sich infolge Feuchtigkeitsaufnahme, die Buchdecken werden dadurch deformiert.
Die Planlage wird durch ein Biegen des Materials entgegen der vorhandenen Wölbung erlangt. Das A. kann manuell erfolgen, geschieht aber meistens mit einfachen → Buchdecken-Ausbiegemaschinen.

Ausbrechen
1. Ablösen des Abfalls von ausgestanzten Nutzen bei Stanzarbeiten bei mehreren Nutzen auf einem Bogen.
Die Stanzwerkzeuge sind mit kleinen stegbildenden Einkerbungen versehen. Die Nutzen werden nach dem Stanzen in kleinen Päckchen aus den Bogen ausgebrochen oder bei hochwertigen Druckerzeugnissen ausgeschnitten.
2. Ablösen des Materialabfalls nach Schweißarbeiten auf Hochfrequenz-Schweißpressen.

Beim Schweißen dringt die kombinierte Schneide- und Schweißelektrode in die thermoplastische Folie ein, führt jedoch nicht zu einer völligen Trennung. Nach dem Erkalten lässt sich das Werkstück leicht aus dem umgebenden Abfall herauslösen.

Auseinanderlegen
Sortieren von paarweise im Stapel übereinander liegenden, auf Rollenrotationsdruckmaschinen gedruckten und gefalzten Bogen.
Entsprechend dem in Druckmaschinen älterer Bauart noch anzutreffenden Falzprinzip, kommt es vor, dass in der Auslage der Maschine abwechselnd zwei verschiedene Bogen übereinander ausgelegt werden. Das A. geschieht derart, dass nacheinander je ein Bogen vom Stapel genommen und abwechselnd nach links und rechts auf einen Stapel abgelegt wird; vgl. Ausziehen.

Auseinandernehmen
Trennen von z. B. Buchblock und Buchdecke oder Zerschneiden von Blockbindungen.
Das A. ist in der Regel der erste Arbeitsgang beim Aufarbeiten von → Krebsen und → Remittenden.

Ausfallbogen
Bei Sonderanfertigung von Papier ein von der Papierfabrik zugestellter Musterbogen.
Anhand dieser A. kann die Druckerei vor Lieferung des Papiers feststellen, ob es die gewünschten Eigenschaften aufweist.

Ausfüttern
→ Auskleben

Ausgabe
Bezeichnung für die in gleicher Beschaffenheit herausgegebenen Exemplare eines polygrafischen Finalerzeugnisses.
Man unterscheidet nach Format (z. B. Taschen-A., Oktav-A., Folio-A), nach der Ausstattung (z. B. Volks-A., Luxus-A., gebundene oder broschierte A.), nach der Bestimmung (z. B. Schul-A., Jubiläums-A.), nach der Erscheinungsweise (z. B. Einzel-A., Gesamt-A.), nach vorangegangener Bearbeitung (z. B. Original-A., überarbeitete A.).

Ausgleichsfalz
Im Bundbereich der Bogenteile oder der Blätter durch z. B. → Ankleben oder → Einkleben angebrachte einmal gefalzte schmale Streifen.
Damit wird erreicht, dass z. B. beim Einkleben von Karten, Bildern oder Plänen ein Ausgleich für eine sich sonst ergebende Steigung im Block erzielt wird, z. B. beim Fotoalbum.

Auskaschieren
→ Auskleben

Auskleben
Bei der Herstellung von Kästen, Kassetten u. a. Hohlkörpern das Bekleben der Innenseiten mit geeignetem Material.

Auslage
Oberbegriff für Einrichtungen an Buchbindereimaschinen, in denen gefertigte Teil- oder Endprodukte in definierter Form ausgelegt und zur manuellen Abnahme bereit gestellt werden.
A. sind fester Bestandteil der Maschine bzw. fahrbar und höhenverstellbar konzipiert, was einen universellen Einsatz erlaubt (z. B. Falzbogenauslagen).
Die Auslage der Produkte erfolgt schuppenförmig (→ Schuppenauslage), stehend (→ Stehendbogenauslage, → Cris-Cros-Auslage) oder liegend (→ Kastenauslage, → Flachstapelauslage). Es können abgezählte Stapel gebildet werden (→ Päckchenauslage, → Stapelbündler). Als Zusatzeinrichtungen sind → Pressstationen oder → Zähl- und Markiereinrichtungen integrierbar.

Ausleger
→ Auslage

Ausputzen
Tätigkeit, bei der mit Blattmetall oder mit Folie geprägte Buchdecken oder andere Gegenstände

von den unerwünschten Rückständen des Metalls, der Folie oder des Grundiermittels befreit werden.
Nach dem → Heißfolienprägen oder → Handvergolden und → Abkehren muss mitunter das Material (Folie oder Metall), das sich zwischen oder in Buchstaben festgesetzt hat, beseitigt werden. Dies geschieht mit Watte oder weichem Radiergummi, bei weniger empfindlichem Material mit Lappen, Bürste oder dünnen Holzstäbchen, im Ausnahmefall auch mit einem Messer. In der industriellen Buchbinderei hat das A. kaum noch Bedeutung, da die zur Anwendung kommenden Materialien schnelles und sauberes Verzieren der Buchdecken ermöglichen.

Ausreißen
1. Tätigkeit bei der handwerklichen Buchbinderei zur Vereinzelung von in Stapeln am Rücken geleimten Blocks.
2. Trennen von reparaturbedürftigen Büchern, die neu eingebunden werden sollen, in einzelne Lagen.

Ausreißfestigkeit
→ Blattausreißfestigkeit

Ausrichten
Das ortsdefinierte Bereitstellen von Bogen, Materialzuschnitten oder Teilprodukten für nachfolgende Arbeitsverfahren.
Das A. erfolgt z. B. in der Falzmaschine am Planobogen mittels → Schrägwalzentisch gegen ein Ausrichtlineal; in der Fadenheftmaschine gegen einen Kopfanschlag auf dem Heftsattel, um sämtliche Bogen eines Blocks zur Vermeidung von Satzspiegellageabweichungen gleichmäßig zu positionieren; im Klebebinder gegen ein Rüttelblech, um als Voraussetzung für das Abfräsen des Bundstegs sämtliche Bogen eines Blocks im Rücken auszurichten.

Ausrichtlineal (Einlauflineal)
Seitlich verstellbare Schiene vor Taschenfalzwerken, gegen die die Planobogen ausgerichtet werden.
Die vereinzelten Bogen werden z. B. auf einem Schrägwalzentisch gegen das A. gefördert. Mit dem A. wird eine seitliche Ausrichtung der Bogen erreicht, um eine exakte Positionierung des Bogens zu Bearbeitungswerkzeugen (z. B. Rill- und Perforiermesser, die nach dem Falzwerk angeordnet sind) zu sichern.

Ausrüstung
→ Appretur

Ausschaben
Verdünnen von Ledergelenken z. B. mit Sandpapier.

Ausschießen
Festlegen der Anordnung von Seiten auf Druckbogen, damit sie nach dem → Falzen in fortlaufender Reihenfolge im Exemplar erscheinen.
Dabei muss u. a. berücksichtigt werden, welches Falzschema angewendet wird, ob Bogenteile eingesteckt oder umgelegt werden, welches Bindeverfahren eingesetzt wird und ob im Einfach- oder Doppelnutzen gefertigt wird. Ergebnis ist das Ausschießschema.

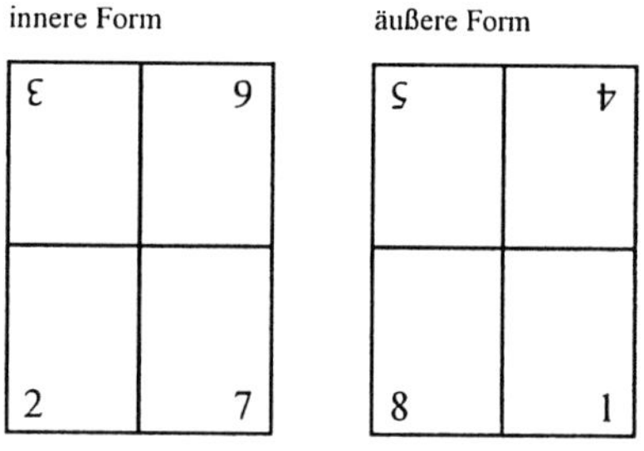

innere Form

3	6
2	7

äußere Form

5	4
8	1

Ausschießschema für achtseitigen Bogen

Ausschneiden
1. Trennen von auf dem Auslegetisch der Fadenheftmaschine stehenden und durch Heftgaze und Heftzwirn zusammenhängenden Buchblocks mit einem Messer.
In modernen Fadenheftmaschinen befinden sich Trennmesser, die bereits die von Block zu Block verlaufenden Heftfäden trennen, wodurch die

Schlingen der Titel- und Endbogen nicht gelöst und die Heftung nicht aufgetrennt werden kann. Als A. wird auch bezeichnet, wenn fadengeheftete Blocks im Stapel manuell rückenbeleimt und mit einem Messer getrennt werden.

Außentitel
Der auf der Vorderseite und/oder dem Rücken des Schutzumschlags, der Buchdecke von Büchern oder dem Umschlag von Broschuren angebrachte, im geschlossenen Zustand des Produktes sichtbare Titel.
Zu unterscheiden ist zwischen dem Vorderseitentitel und dem Rückentitel.

Außentrichterfalz
Falzprinzip, bei dem im Falzapparat von Rollenrotationsdruckmaschinen mittels Falztrichter die bedruckte Bahn längs gefalzt wird.
Die zu falzende Bahn läuft über die angetriebene Trichterwalze und wird mittels Zugwalzen außen über das Trichtergestell gezogen. Das Trichtergestell enthält zwei Trichterstangen, die durch eine sogenannte Trichternase verbunden sind. Das endgültige Verpressen der gefalzten Bahn übernehmen die angetriebenen Zugwalzen (Falzwalzen), die den nicht angetriebenen Einlaufwalzen nachgeordnet sind.

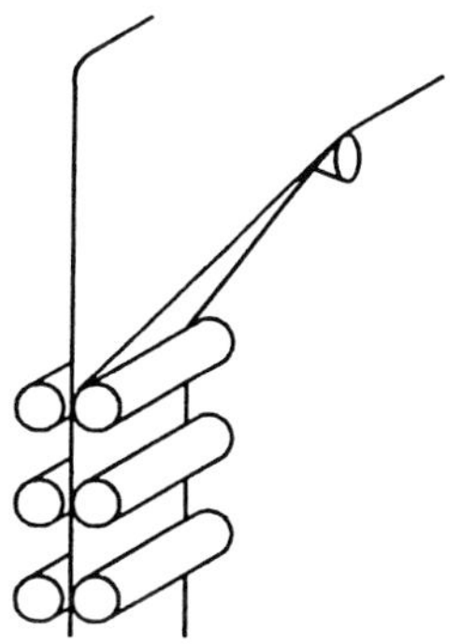

Ausstanzen
→ Stanzen

Ausstattungsgrad
→ Ausstattungsmerkmal

Ausstattungsmerkmal
An Druckerzeugnissen zusätzlich ausgeführte Arbeitsschritte, die zur besseren Handhabung oder zur ästhetischen Verschönerung beitragen.
Für die Herstellung eines Buchblocks in Maximalausstattung zählen → Runden, → Schnittfärben, Anbringen von → Zeichenband, → Kapitalband und Hinterklebematerial und → Hülse. Zusätzliche Ausstattungsteile bei Büchern oder Broschuren können beispielsweise Farbbeilagen, → Streifband und Kartentaschen sein.

Ausstreichen
→ Auffächern

Ausziehen
Manuelles Vereinzeln von in Lagen gefalzten Bogenteilen oder von in der Rollenrotationsdruckmaschine gefalzten ineinander steckenden Bogen.
Bei manueller Falzung von Viertelbogen werden mehrere Bogen übereinander gelegt und als Lage gefalzt. Diese wird anschließend in der Mitte aufgeschlagen und mit dem Bruch nach oben abgestapelt. Danach erfolgt von Hand das A. der einzelnen Blätter.
Rotationsfalzapparate können bei entsprechendem Falzprinzip je zwei Bogen ineinander stecken. Sollen diese wieder vereinzelt werden, muss der innere Bogen, der in der Mitte des äußeren steckt, ausgezogen werden.
Durch den Einsatz geeigneter Maschinen kann heute ein Falzprodukt erzeugt werden, das der buchbinderischen Weiterverarbeitung und dem Fertigerzeugnis entspricht und das A. erübrigt.

Automatic Signature Imagine Recognition
→ ASIR

Automatische Abfallentsorgung
Einrichtung am → Planschneider zur automatischen Beseitigung des abgeschnittenen Abfallstreifens.
Bei der Durchführung des Zwischen- oder Randbeschnitts, bei dem Abfall anfällt, fährt der Vordertisch nach vorn und eine Klappe schiebt sich

nach oben, um die auf dem Vordertisch befindlichen Nutzen zurückzuhalten. In die entstehende Lücke zwischen Schneidbereich und Vordertisch fällt der Abfallstreifen. Für den nächsten Schnitt fährt der Tisch wieder zurück. Die besonders bei Zwischenschnitten sehr aufwendige manuelle Abfallentsorgung entfällt.

Automatische Presskraftregelung
Sondereinrichtung an → Planschneidern zum automatischen Konstanthalten des Pressdrucks, der durch den → Pressbalken auf das Schneidgut aufgebracht wird. Ziel ist die Vermeidung von Schnittfehlern wie z. B. Über- oder Unterschnitt und Abdrücken des Presselements auf dem obersten Bogen.
Mit der a. P. wird die Schneidgutbreite durch mehrere Sensoren abgetastet, die im Hintertisch integriert sind. Die Presskraft wird automatisch der Breite angepasst, so dass während eines Schneidauftrags ein konstanter Druck wirkt, d. h. eine konstante Kraft pro Flächeneinheit. Damit ist die Voraussetzung für eine gleichbleibende Schneidqualität geschaffen.

Autotrim
Firmeninterne Bezeichnung der Firma Polar Mohr für die → automatische Abfallentsorgung am Planschneider.

Bahn
Beim Abwickeln von Rollenmaterial (z. B. Papier, Karton, Gewebe) entstehender Streifen, aus dem wiederum einzelne → Nutzen geschnitten werden können.

Ballenpresse
Einrichtung, um Abfallpapier (z. B. Abfallbeschnitt an Schneidemaschinen, → Makulatur) zu pressen (einzustampfen), das als Faserrohstoff wieder in den Kreislauf der Papierherstellung eingebracht wird.

Balliger Rücken
Nachteilige konvexe Form des Messerrückens, die ein Wegdrücken des niedergehenden Flachmessers (beispielsweise im Planschneider) von der Schneidlinie und dadurch einen → Überschnitt verursacht.

Ballongewebe
→ Feingewebe

Band
1. Ein in sich abgeschlossener Teil eines literarischen Werkes in Form eines Buches oder einer Mehrlagenbroschur.
2. Ein abgeschlossener Jahrgang einer Zeitschrift, der gebunden aufbewahrt wird.

Bandauslage
→ Flachbahnauslage

Bändeln
→ Banderolieren

Bändelstreifen
→ Banderole

Bänderfalz
Falzprinzip, bei dem der Transport des Bedruckstoffs und die Falzbildung mit Bändern erfolgen, wobei die Bogenteile des späteren Falzproduktes mit Hilfe dieser Bänder übereinander geführt werden.
Für die Formgebung unmittelbar an der Falzlinie sorgt ein als Drehpunkt fungierendes Draht- oder Stahllineal. Die Lage des Falzes ist längs zur Transportrichtung des Bedruckstoffs. Die Anwendung erfolgt vorzugsweise in der Verpackungsmittelherstellung.

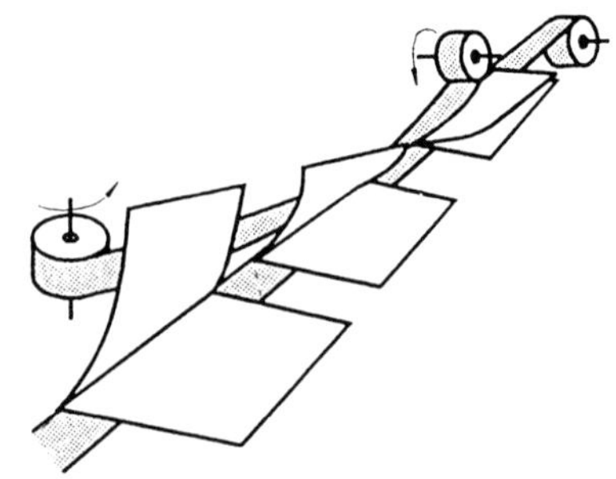

Banderole

Schmaler bedruckter oder unbedruckter Papier- oder Folienstreifen, der um eine definierte Erzeugnismenge herumgelegt und am Ende verklebt wird und somit zum Verschließen oder zur Kennzeichnung von Packungen dient.

Banderolieren

Einfache Verpackungsweise, bei der z. B. mehrere Bücher, Broschuren, Prospekte, Zeitschriften, Blätter durch eine → Banderole zusammengehalten werden.

Die beiden Enden der Banderole werden übereinander geklebt, so dass der Stapel durch die Verpackung ringförmig umschlossen, jedoch nicht umhüllt wird.

Banderolierauslage

→ Päckchenauslage

Bändertisch

Transporteinrichtung, mit der Materialien, Teil- oder Endprodukte mittels eines angetriebenen, umlaufenden Bändersystems gefördert werden.

B. werden beispielsweise in der Falzmaschine eingesetzt, um die vereinzelten Planobogen gegen das Ausrichtlineal zu transportieren.

Der B. ist mit Gummi- oder Kunststoffrollen, mit Kugelreitern, rotierenden Bürsten und Niederhaltern bestückt, die verhindern, dass die Bogen flattern.

Bastardleder

Als Bucheinbandmaterial verwendetes Ziegenleder vom indischen Bastardschaf (Kreuzung zwischen Ziege und Schaf).

Die Oberfläche ist glatt, das Fell klein. Die Verwendung ist für kleinformatige Erzeugnisse (beispielsweise Notizbücher, Alben, Taschenkalender) geeignet.

Batist

→ Feingewebe

Bauchbinde

Veralteter Begriff für → Streifband.

Baumfalkverfahren

Von Baumfalk entwickeltes historisches Verfahren zur Herstellung von Buchblocks aus losen Blättern, die am Rücken beschnitten und durch Klebstoff verbunden wurden.

Dieses Verfahren bildete die Grundlage für das Klebebinden. Lumbeck entwickelte das Verfahren weiter; siehe auch Fächerbeleimung, Klebebinden.

Bedruckstoff

Material, auf das z. B. durch Drucken Druckfarbe übertragen wird; damit wird ein Kontrast erzeugt. Die nachfolgende → Bedruckstoffverarbeitung dient der Erstellung des Fertigerzeugnisses.

Als B. können alle Materialien dienen, auf die Druckfarbe übertragen werden kann. Dazu ist die Benetzung der Oberfläche durch die Druckfarbe eine notwendige Voraussetzung, die nachfolgende Trocknung der Druckfarbe muss einen fest haftenden Film ergeben.

Saugfähige B. (beispielsweise Papier, Karton, textile Flächengebilde) ermöglichen das Wegschlagen der gesamten Druckfarbe oder von einzelnen ihrer Bestandteile. Auf nicht saugfähigen B. (zum Beispiel Kunststofffolien, Metallfolien, Glas) liegt der Druckfarbenfilm auf der meist sehr glatten Oberfläche, die Haftung wird im wesentlichen durch physikalisch-chemische Wechselwirkungskräfte bewirkt. Unpolare Kunststofffolien, zum Beispiel aus Polyethylen oder Polypropylen, bei denen eine solche Wechselwirkung nicht möglich ist, müssen vor dem Bedrucken durch eine Vorbehandlung bedruckbar gemacht werden.

Die saugfähigen B., die zwischen den Fasern ein System kapillarer luftgefüllter Hohlräume aufweisen, sind unter den mechanischen Bedingungen in der Druckmaschine je nach ihrem Hohlraumvolumen in stärkerem oder schwächerem Maße kompressibel und elastisch, während die kompakten nicht saugfähigen B. diese Eigenschaft nur in sehr geringem Maße aufweisen.

Die unterschiedlichen Eigenschaften der B. sind in der Bedruckstoffverarbeitung zu beachten.

Bedruckstoffformat
→ Formatbogen

Bedruckstoffverarbeitung
Gegenstand der B. sind Verfahren und Mittel zur Herstellung von Finalerzeugnissen in der → buchbinderischen Verarbeitung (z. B. Bücher, Broschuren, Zeitungen), in der allgemeinen Papierverarbeitung und in der Verpackungsmittelherstellung, soweit es sich um Bedruckstoffe mit Polygrafiebezogenheit wie z. B. Papier, Karton, Folien oder Verbundstoffe handelt.
Wesentliches Unterscheidungsmerkmal zu den Prozessen Druckformenherstellung und Druck ist, dass in der B. keine Arbeitsverfahren der Informationsbe- und -verarbeitung und nur in ausgewählten Fällen Arbeitsverfahren der Informationsübertragung (z. B. bei der Buchdeckenherstellung, Verpackungsmittelherstellung) zur Anwendung kommen. Daraus erklärt sich die mögliche vollständige Zuordnung zur Verarbeitungstechnik.

Beflocktes Papier
→ Velourpapier

Begazen
B. erfolgt bei → Buchblocks, die ohne Gaze geheftet und nicht gefälzelt werden (Rückenstabilisierung durch Klebstoff ohne Fälzelmaterial). Das B. dient der Verstärkung des Buchblockrückens und durch seitliche Übergriffe von etwa 25 mm (formatabhängig) der Erhöhung der Festigkeit in den Falzbereichen.

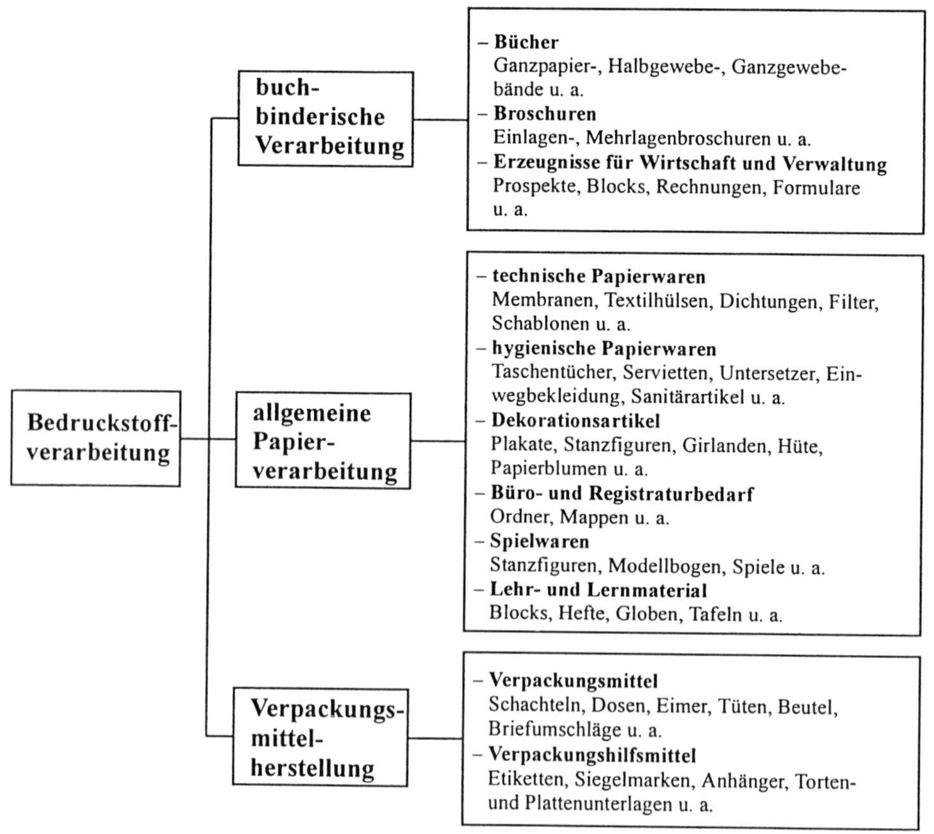

Als Material wird → Heftgaze verwendet. Die Gaze trägt zur festeren Verbindung von Buchblock und Buchdecke bei. Für das B. sind in → Buchfertigungsstraßen Gazestationen integriert. Das B. wird derzeit überwiegend durch → Fälzeln ersetzt.

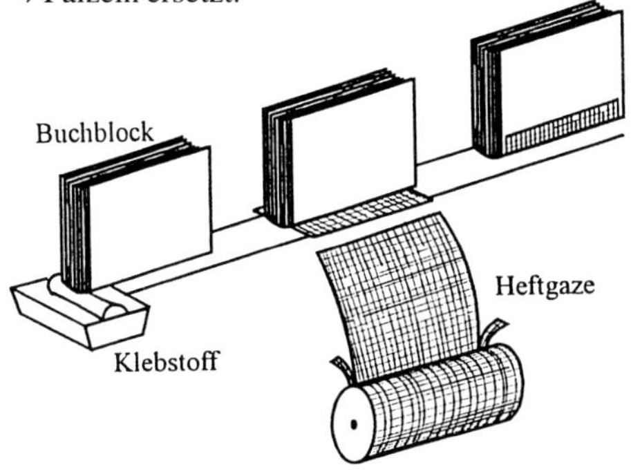

Beilage

1. Druckbogen, oftmals reichhaltig illustriert, der in regelmäßiger Folge den Zeitungen oder Zeitschriften beigefügt wird und fester Bestandteil des jeweiligen Presseerzeugnisses ist.
Die B. wird von der Druckerei im Auftrag des betreffenden Verlages hergestellt.
2. Der Werbung dienender Prospekt oder ein anderes Druckerzeugnis, das sporadisch Zeitschriften, Büchern oder Broschuren im Auftrag des Werbenden beigelegt wird.

Beilegen

→ Einlegen, 2. Definition

Beladeeinrichtung, Entladeeinrichtung

Peripheriegeräte an → Planschneidern, die der Bedienkraft die körperliche Arbeit bei Schneidgutbewegungen abnehmen und einen kontinuierlichen Materialfluss gewährleisten.
B. und E. haben die Aufgabe, die Paletten mit dem Schneidgut auf die erforderliche Arbeitshöhe zu heben bzw. zu senken, um einen Materialtransport in einer Ebene zu gewährleisten. Stapellifte sind fest mit der Schneidemaschine verbunden, freistehend neben der Maschine aufgestellt oder fahrbar konstruiert.
Mit automatischen B. und E. werden Mehrleistungen von 70...110 % erreicht. Die automatische B. nimmt Teilstapel, die der vollen Einsatzhöhe entsprechen (bis 165 mm bei einer Masse bis 250 kg), vom Stapel auf und führt sie zum Planschneider. Mit automatischen E. werden die geschnittenen Stapel oder Nutzen von der Schneidemaschine mit hoher Kantengenauigkeit auf Paletten oder Puffer abgesetzt.

Beleimen

Allgemeine Bezeichnung für das Auftragen von → Klebstoff zum Fügen flächiger Werkstoffe.

Belletristik (schöngeistige Literatur)

Seit dem 18. Jh. gebräuchliche Bezeichnung für die in Prosa oder Poesie geschriebene Unterhaltungsliteratur.
Damit erfolgt die Abgrenzung der B. zur wissenschaftlichen und populärwissenschaftlichen Literatur.

Beraufen

→ Ebarbieren

Berstschnitt

Sonderform des → Messerschnittprinzips, wobei eine keilförmige Schneide gegen das Verarbeitungsgut schneidet, das von Zugspannungen gehalten wird.
Eine Gegenhalterung bzw. Schneidunterlage ist nicht erforderlich. Geschnitten wird mit Rundmessern. Einsatz findet der B. z.B. in Rollendruckmaschinen zum Längsschneiden der bedruckten Bahnen oder in Fälzel- und Gazestationen im Klebebinder.

Besäumschnitt

Veraltete Bezeichnung für → Randbeschnitt.

Beschichten

Auftragen von Substanzen in flüssigem oder pastösem Zustand auf einen festen Träger zur Erzeugung von veränderten Eigenschaften der Oberfläche des Trägers, die je nach dem aufgetragenen Medium lichtempfindlich, säure-

oder laugenbeständig, verschleißfest, klebend, hydrophob/hydrophil, farbig, glänzend oder lichtundurchlässig wird.
Die Verfahren zum B. sind dem Zustand des Beschichtungsmittels und des Trägers angepasst. Gebräuchlich sind: Schleuder-, Walzen-, Vorhang-, Schlitz-, Gieß-, Sprüh- und Tauchbeschichtung.
Umgangssprachlich wird auch von B. gesprochen, beispielsweise bei der Herstellung von Verbundmaterialien mit Hilfe von Klebstoff, was streng genommen dem → Kaschieren zuzuordnen ist.

Beschickung
Manuelles oder automatisches Zulegen von Material- oder Bogenstapeln in die Magazine von → Anlegern.
Bei der manuellen B. werden die Bogen päckchenweise von Hand in die Bogenmagazine gestapelt, womit hohe körperliche Belastung und vermehrte Auflegefehler (Bogenverwechslung, Bogenverdrehung) verbunden sind. Die automatische B. wird als → Stangen- und → Rollenbeschickung realisiert.

Beschläge
Wertvolle juwelierartige Verzierungen, u. a. aus Edelmetallen wie Gold und Silber, zum Teil mit eingefassten Edelsteinen oder Elfenbeinschnitzereien, die besonders im frühen Mittelalter als Ecken auf Buchdecken wertvoller Bücher durch Nageln oder Nieten angebracht wurden.
Typisch waren auch religiöse figürliche Darstellungen, Wappen, Medaillons o. ä. auf der Vorderseite des Buchdeckels. Als B. gelten auch sogenannte Schließen oder Schlösser, die das Buch an der vorderen Längsseite zusammenhalten (→ Buchschließe).

Beschneidehobel
Veraltete Vorrichtung für das Beschneiden von Buchblocks. Ein Holzrahmen von etwa 80 cm Länge mit Führungsleisten nimmt den Buchblock auf, presst ihn fest und hält das mit beiden Händen geführte Messer in seiner Schnittbahn.

Beschneiden
→ Dreiseitenbeschnitt

Beschnitt
Materialmenge, die aus technisch-technologischen Gründen beim → Schneiden eines Produktes auf ein vorgegebenes Format als Abfall anfällt.

Beschweren
Ausüben von Druck, z. B. auf Bogen oder Fertigerzeugnisse mit Hilfe aufgelegter Gewichte.
Beim montierten Buch als Beispiel wird dadurch eine gute Verbindung zwischen Buchblock und Buchdecke erreicht, das Buch wird infolge der durch den Klebevorgang auftretenden Spannungen nicht deformiert.

Beziehen
→ Überziehen

Bezugsmaterial
Zum → Überziehen verwendetes Material.
Das für die Buchdeckenherstellung verwendete B. wird als → Bucheinbandmaterial bezeichnet.

Bezugspapier
Papiere, die durch spezielle Behandlungen wie z. B. Imprägnieren, Kaschieren und Lackieren eine Veränderung ihrer Festigkeits- und optischen Eigenschaften erfahren, was ihren Einsatz als → Bucheinbandmaterial oder zum Überziehen anderer buchbinderischer Erzeugnisse (z. B. Kästen) erlaubt.
Die Behandlungen führen zur Steigerung der Falz- und Zugfestigkeit, zur Gewährleistung der Maßstabilität und Veränderung der Oberflächenbeschaffenheit. Die Papiere sind gegen mechanische Belastungen wie Scheuern und Kratzen, gegen chemische und biologische Belastungen wie Säure, Schmutz, Schweiß und Schimmelpilz geschützt.
B. lassen sich in unbeschichtete und beschichtete B. sowie → Buntpapiere unterteilen. Unbeschichtete B. (z. B. Efalin, Elefantenhaut) erhalten Imprägnierungen mit Kunstharz, die der Fa-

seraufschlämmung beigegeben werden und z. B. der Erhöhung der Festigkeit dienen, teilweise eine Durchfärbung sowie eine Oberflächenprägung (z. B. Gewebestruktur) zur Veränderung des optischen Eindrucks. Zu den unbeschichteten B. zählen weiterhin → Japanpapier und → synthetisches Papier.
Bei beschichteten B. wird entweder eine flüssige bzw. pastöse Beschichtung aufgebracht oder eine Kaschierung, um die Eigenschaften den Erfordernissen der Buchdeckenherstellung anzupassen. Von der Materialrückseite sind die Papiere noch deutlich zu erkennen. Als Beschichtungsmittel dienen Kunststoffe (Nitrozellulose, Polyvinylchlorid, Polyurethan), Lacke, die im Offsetdruck aufgebracht werden, oder textile Fasern (→ Velourpapier). Das Kaschieren erfolgt mit hochglänzenden Plastikfolien (beispielsweise Zelluloseacetat, Polyvinylacetat), Metallfolien (beispielsweise Aluminium) oder Holzfurnier (→ Japanholzpapier).
Buntpapiere dienen der individuellen Gestaltung von Buchdecken bei handwerklicher Fertigung.

Bibeldruckpapier
Holzfreies, wenig auftragendes, meist hadernhaltiges → Dünndruckpapier niedriger flächenbezogener Masse (30...40 g/m²).

bibliophiles Buch
1. Im weiteren Sinne eine künstlerisch besonders aufwendig gestaltete und ausgestattete → Ausgabe eines literarischen Werkes in meist geringer Auflagenhöhe.
2. Im engeren Sinne ein literarisches Werk, das für Freunde der Buchkunst vorwiegend durch bibliophile Vereinigungen oder als Privatdruck außerhalb des Buchhandels vertrieben wird.

Bibliothekseinband
Für Bibliotheken und Leihbüchereien bestimmte Bücher, die eine besonders hohe Haltbarkeit aufweisen sollen.
Infolge ihrer hohen Gebrauchsbeanspruchung wird für B. das Fadenheften und ein mit einem Schirtingstreifen verstärktes → Vorsatz bevorzugt. Es werden überwiegend → vierteilige Buchdecken (Ganzbandbuchdecken) mit z. B. Kunstleder als Bucheinbandmaterial verwendet, seltener → sechsteilige Buchdecken. Das Bucheinbandmaterial soll falz-, kratz- und scheuerfest und möglichst wasserabweisend sein.

Bibliotheksgewebe
Beidseitig appretiertes Baumwollgewebe, das als → Bucheinbandmaterial verwendet wird.
B. besteht aus groben Schuss- und → Kettfäden mit einer Fadendichte von 30...40 Fäden/cm², aber mit relativ glatter Oberfläche, die Prägungen zulässt. Das Bibliotheksgewebe ist mit einer Griffschutzausrüstung (→ Appretur) versehen und meist unkaschiert. Einsatzgebiete sind Bücher mit langer Lebensdauer und hoher Benutzungshäufigkeit, z. B Lexika, Wörterbücher, Bibliothekseinbände.

Biegefestigkeit
Kraft, bei der die äußere Faserschicht einer Pappe beim Biegen um eine scharfe Kante reißt.

Biegen
1. Umformen eines ebenen Werkstücks aus Pappe oder Karton durch Winkligstellen zweier Ebenen entlang einer Geraden.
Die Biegestelle kann z. B. durch → Rillen, → Ritzen oder → Nuten vorbereitet werden. Das Biegen wird vorwiegend maschinell ausgeführt.
2. Erzeugen einer zylindrischen Krümmung bei Werkstücken aus Karton, Pappe oder anderem Material; vgl. auch Ausbiegen.

Biegeprobe
Methode zur Bestimmung der → Laufrichtung von Papier, Karton und Pappe.
Das Material wird nacheinander in beiden Richtungen leicht gebogen. Wenn die Biegeachse in Laufrichtung liegt, lässt sich das Material leichter biegen.

Biegesteifigkeit
Widerstand einer flächigen Materialprobe gegenüber einer Biegekraft.

Nach CLARK wird die B. aus der kritischen Steifigkeitslänge L_{90}, bei der ein Papierstreifen beim Schwenken um 90° abkippt, berechnet zu $B = L_{90}{}^3$. Ein dynamisches Verfahren zur Messung der B. ist das Resonanzlängenverfahren, bei dem die Länge eines einseitig eingespannten, durch eine Schwingklemme angeregten Probestreifens bestimmt wird, bei der Resonanz (maximale Auslenkung des freien Streifenendes) eintritt. Infolge der Anisotropie des Materials unterscheidet sich die B. in Lauf- und Querrichtung deutlich.

Biegestelle
Scharfkantige oder bogenförmige Linie, an der ein flächiger Werkstoff durch Biegen eine Richtungsänderung der Querschnittslinie erhält. Durch Arbeitsverfahren wie z. B. → Falten oder → Falzen entstehen scharnierartige B. (z. B. im Falz des Vorsatzes) oder starre B. (z. B. bei Broschurenumschlägen im Rücken, wenn der Umschlag zusätzlich durch Seitenbeleimung mit seitlichen Übergriffen fixiert wird).
Das Biegen erfolgt an unvorbereiteten B., oder die B. wird durch z. B. → Rillen, → Perforieren oder → Ritzen vorbereitet. Durch Vorbereitung der B. wird der Biegewiderstand des Materials herabgesetzt. Der Kraftaufwand für das Umformen verringert sich, die Verformung kann an definierter, d. h. vorgegebener Stelle erfolgen und Materialbeschädigungen durch Aufplatzen von Oberflächen werden vermieden. Durch das Vorbereiten der B. kann z. B. beim Taschenfalz die Falzabweichung gering gehalten werden und platzen keine Broschurenumschläge an der Rückenkante auf.

Biegsame Buchdecke (flexible Buchdecke)
Ein- oder mehrteilige → Buchdeckenkonstruktion, die ohne Versteifung der Vorder- und Rückseite der Buchdecke, z. B. durch Deckelpappe oder Hart-PVC, ausgeführt ist.
Diese Buchdeckenkonstruktion mit flexibler Ausführung der Buchdeckel ermöglicht eine hohe Gebrauchsbeanspruchung auch bei z. T. problembehafteter Handhabung (z. B. Reiseführer, Wörterbücher, Formelsammlungen).

Bildband
Literarisches Erzeugnis mit großformatigen, vielfach mehrfarbigen Illustrationen, wobei die Wiedergabe künstlerischer oder anderer wertvoller Bilder das Wesentliche ist und der Text zur Erläuterung dieser Bilder dient.
Die Herstellung eines B. stellt hohe Anforderungen an die Druckformenherstellung und den Auflagendruck. In der Buchbinderei werden B. vorwiegend als → Buch mit fester Buchdecke, in Ausnahmefällen jedoch auch als → Broschur hergestellt.

Bilderbuch
→ Kinderbilderbuch

Bildkarte
Druckerzeugnis in Formaten über A6 bis etwa A4, das auf der Vorderseite eine bildliche Darstellung enthält, meist eine Ansicht von Gebäuden oder Landschaftsmotiven, auf der Rückseite die Schreibfläche für Mitteilungen.
B. im Format 105 mm x 210 mm werden als „Panoramakarten", im Format A5 als „Superkarten" bezeichnet. Sie werden mit oder ohne Umschlag verschickt.

Bildpostkarte
Druckerzeugnis in Postkartengröße (DIN A6), das auf der Vorderseite eine bildliche Darstellung enthält, auf der rechten Hälfte der Rückseite eine Lineatur für die Empfängeranschrift.
Zu dieser Gruppe zählen sowohl die Ansichtskarten und Karten mit Gemäldereproduktionen als auch Karten, die neben Blumenmotiven und anderen Bildern einen Glückwunsch aufweisen.

Bindefestigkeit
→ Blattausreißfestigkeit

Bindehautpergament
→ Zwischenhautpergament

Bindemittel
Zum → Grundieren für → Goldschnitte oder zum Anrühren von Farbpulver verwendete Sub-

stanzen wie Eiweiß, Gelatine, Kleister, Gummiarabikum oder andere.

Binden

→ Einbinden

Bindeverfahren

Sammelbezeichnung für das schlusshafte Fügen von Ein- oder Mehrlagenerzeugnissen.

Die wichtigsten diesbezüglichen Arbeitsverfahren sind in der industriellen Buchbinderei → Fadenheften, → Fadensiegeln, → Klebebinden, → Drahtheften. Außerdem werden für spezielle Anwendungsgebiete → Einzelblattbindeverfahren verwendet. Sie repräsentieren die Verfahrensgruppen stoff-, form- und kraftschlüssiges Fügen sowie deren Kombinationen.

Binding on demand

(engl.: Binden auf Anforderung): Neben dem Printing (engl.: drucken) on demand ein Bestandteil des → Publishing on demand.

Im gleichen Sinne wird auch die Bezeichnung Finishing on demand verwendet.

Blanchiereisen

Zum Fellhaarentfernen dienendes Werkzeug des Gerbers für die Herstellung von → Leder und von → Pergament.

Es besteht aus einer gleichmäßig gebogenen Klinge mit jeweils einem Handgriff an den Enden.

Blankdruck

Das Nieder- oder Wegdrücken von groben Narbungen, die bei Bezugsstoffen wie z. B. geprägten Bezugspapieren und groben Ledern auftreten, um z. B. die später erfolgende Folienprägung einwandfrei ausführen zu können.

Beim B. erfolgt ein Pressen des Materials, das meist maschinell auf Prägepressen, selten manuell ausgeführt wird. Im Gegensatz zum → Blindprägen erfolgt die Materialverdichtung flächig, nicht motivbehaftet.

Blankobogen

Unbedruckter Bogen.

Blaslufteinrichtung

1. Düsensystem zum Auflockern von Stapeln in z. B. → Bogenanlegern (z. B. in Falzmaschinen, Zusammentragmaschinen).

Durch das Auflockern der oberen Lagen des Bogenstapels bei Vereinzelung von oben bzw. der unteren Lagen bei Vereinzelung von unten wird ein einwandfreier Bogenabzug ohne → Doppelbogen oder Bogenbeschädigung gewährleistet.

2. Einrichtung zum Öffnen von Falzbogen in Fadenheftmaschinen (→ Blasluftöffnungssystem).

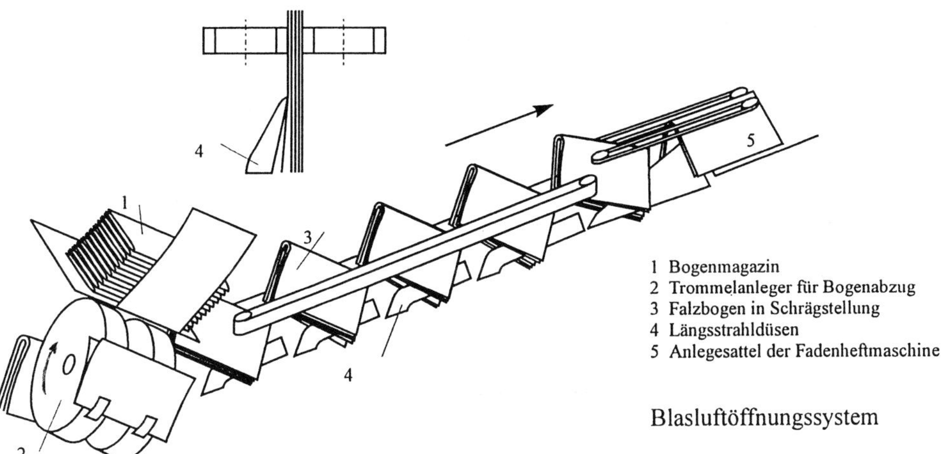

Blasluftöffnungssystem

Blasluftöffnungssystem (Abb. auf Seite 29)
Bogenöffnungssystem in Fadenheftmaschinen, wobei die Öffnung der Falzbogen mittels Blasluft realisiert wird; auch als Jetfeeder bekannt.
Der in Schrägstellung zwischen zwei Transportbänder geklemmte Falzbogen wird über die Öffnungsstation geführt. Aus einem Längsstrahldüsensystem streicht Blasluft aus feststehenden Düsen über die Papierfläche und zieht sie unter Ausnutzung des → Coanda-Effektes mit dem dabei entstehenden Sog an. Vorteil der Blasluftöffnung ergibt sich bei dünnem porösem Papier, bei dem ein Durchsaugen zu Öffnungsproblemen und Stoppern oder zum Aufreißen der Kopfperforation führen kann.
Für das Öffnen der vorderen Lagenhälfte sind zwei oder drei Düsen vorgesehen, außerdem sechs Düsen für das Öffnen der hinteren Lagenhälfte. Die geöffneten Bogen werden in dichter Folge oder schuppenförmig der Heftstation zugeführt.

Blatt
1. Plan liegender Papierzuschnitt, der im Format kleiner ist als A3 (297 mm x 420 mm).
Plan liegende Papierzuschnitte im Format A3 oder größer bezeichnet man als Papierbogen.
2. Kleinster Teil eines Buch- oder Broschurenblocks oder Buchbinderbogens, auch → Achtelbogen genannt.
3. Plan liegendes dünnes Buchbindermaterial, beispielsweise Blatt-Metall, Metall- oder Farbfolie.

Blattausreißfestigkeit
Prüfgröße des wichtigsten Qualitätsmerkmals, der Blockfestigkeit (Bindefestigkeit), welche die Verankerung des Blattes im Blockverband und damit die Festigkeit und Gebrauchsbeständigkeit des Buch- oder Broschurenblocks sowie seine Formstabilität kennzeichnet. Relevant ist die B. beim → Klebebinden aufgrund der Vielzahl festigkeitsbeeinflussender Faktoren.
Zur Ermittlung der B. existieren verschiedene Methoden, die hinsichtlich ihrer Eignung für den vorgesehenen Zweck sowohl Vorzüge als auch Nachteile haben. Die Ermittlung der B. besteht im Erfassen einer auf die Blockhöhe bezogenen, senkrecht zum Rücken gemessenen Blattausreißkraft (→ Pulltest), einer schräg zur Ebene des geöffneten Blocks gemessenen Blattausreißkraft (→ Schrägzugtest) oder der Erfassung einer Anzahl Blattwendebewegungen bis zum Ermüdungsbruch (→ Flextest). Die mittlere B. ergibt sich jeweils aus dem Mittelwert einer vorgegebenen Anzahl Messungen.

Blätterbroschur
→ Einzelblattbroschur

Blattgold
Zwischen sogenannten Goldschlägerhäutchen (aus dem Blinddarm des Ochsen) sehr dünn geschlagenes Echtgold, das in der handwerklichen Buchbinderei für das Schnittfärben mittels B. (→ Goldschnitt) oder für die Verzierung der Buchdecke verwendet wird.
Das Schlagen erfolgt manuell, bis eine Dicke des B. von 8 μm erreicht ist. Das übliche Format ist 80 mm x 80 mm. Die hauchdünnen Blättchen werden zwischen Seidenpapier zu je 25 Stück in einem sogenannten Goldbüchel aufbewahrt.

Blatt heben
Das Anheben und Aufschlagen von → Blättern, die nach dem → Aufschneiden eines gefalzten Bogens über dem Messer liegen.
Das B. h. dient der Vorbereitung des Einklebens von Bildern, Tafeln u. a. an bestimmter Stelle. In der industriellen Buchproduktion wird versucht, diese aufwendige manuelle Tätigkeit zu vermeiden, indem Bogenanfang oder -ende zum → Ankleben oder die Bogenmitte zum Einkleben verwendet werden.

Blindband
Ausführungsmuster eines Erzeugnisses der industriellen Buchbinderei, das vor der Herstellung der Auflage angefertigt und dem Auftraggeber zur Überprüfung und Genehmigung vorgelegt wird und mitunter auch für Ausstellungs- und Werbezwecke bestimmt ist.

Der B. muss in Bezug auf Papierart und Einbandmaterial sowie Größe, Form, farbliche Gestaltung und Ausstattung den Exemplaren der späteren Auflage entsprechen. Da der Auflagendruck in der Regel zu einem späteren Zeitpunkt beendet ist, handelt es sich meist um noch unbedrucktes Papier, was zu den Bezeichnungen B., Blindmuster oder Leermuster geführt hat. Mitunter lässt aber auch die Betrachtung des ersten, bereits gedruckten Bogens die typografische Gestaltung erkennen. Auch die Bezeichnung Musterband ist üblich, wenn anhand mehrerer B. die Auswahl des gültigen Exemplars erfolgt.
Meist wird der B. mit dem bereits fertig gestellten Schutzumschlag versehen, unabhängig davon, ob es sich bei der Buchdecke bereits um die verzierte Originaldecke oder um ein Provisorium handelt.

Blindmuster
→ Blindband

Blindprägen
Umformung des Bedruckstoffs mittels → Prägestempel unter Einfluss von Temperatur, Druck und Zeit nach dem Prinzip des → Vollprägens oder → Reliefprägens ohne Übertragung von Farbe oder Folie.
Das B. ist das älteste Verfahren zur Buchdeckenveredlung, wobei das Motiv des Prägewerkzeugs auf dem Bedruckstoff abgebildet wird. Eine Farbübertragung findet nicht statt, die optische Wirkung entsteht ausschließlich durch die Höhenunterschiede und die partielle Verdichtung und Glättung des Materials. Beim B. in Leder, das vorher angefeuchtet wurde, bräunt sich das Material an den Motivstellen.
Das B. gilt als selbständige Methode der Buchdeckenveredlung oder als technologische Notwendigkeit, um als Voraussetzung für eine vollständige Folienübertragung beim → Heißfolienprägen die Bedruckstoffoberfläche zu glätten. Außerdem dienen Flächenprägungen dazu, dass auf die Buchdecke aufgeklebte Bilder etwas vertieft liegen, was ihnen Schutz vor Abrieb und mechanischer Beschädigung gibt.

Block
Buchbinderisches Erzeugnis, das aus einzelnen übereinander liegenden Blättern besteht, die an einer Seite oder an zwei gegenüber liegenden Seiten verbunden sind.
Der B. ist meist allseitig beschnitten. Die Verbindung der Blätter erfolgt durch seitliches → Blockheften oder Klebstoffauftrag. Der B. kann mit Unterlage und Deckblatt versehen und gefälzelt werden. Abrissperforation ist möglich. Vereinfacht wird der Fachbegriff B. oft auch für → Buchblock und → Broschurenblock verwendet.

Blockanleger
Anlegestation, mit der bereits zusammengetragene und gefügte Buchblocks oder Buchblockteile einer Weiterverarbeitungsmaschine zugeführt werden.
B. werden z. B. vor dem Klebebinder eingesetzt, um fadengeheftete Buchblocks für die Rückenbeleimung zu vereinzeln und dem Klebebinder zuzuführen. Auf diese Weise kann ebenfalls ein bereits gefügter Blockteil dem Klebebinder zugeführt werden, wenn bei großer Bogenanzahl die Anzahl der Stationen der Zusammentragmaschine nicht ausreicht oder bei Kopplung zwischen Rotationsdruckmaschine (→ Bücher-Komplettfertigung) und Klebebinder der Druck in zwei Teilen erfolgt.

Blockbindeverfahren
Verfahren, mit denen zusammengetragene Bogen und/oder Blätter auf einmal zu einem Buch- oder Broschurenblock gefügt werden.
Bei der Klassifizierung der → Bindeverfahren wird nach Einzelbogenbindeverfahren und B. gruppiert, obwohl in der Praxis auch Kombinationen von beiden vorkommen. Die Leistung für das Binden ist bei Blocks mit unterschiedlicher Bogenanzahl bei den B. annähernd konstant. Typische Beispiele sind das seitliche Draht- und Fadenheften sowie das Klebebinden. Bei den Einzelbogenbindeverfahren wächst der Zeitaufwand für das Binden der Blocks annähernd direkt proportional mit der Anzahl der Bogen im Block (z. B. Einzelbogenfadenheften).

Blockbuch (xylografisches Buch)
1. Von Holztafeln gedrucktes Werk mit vielen Bildern und die sie begleitenden Schriftsätze.
In den ältesten Ausgaben ist der Text unter oder neben die gedruckten Bilder handschriftlich eingetragen. Neben der Biblia pauperum wurden Donate (lat. Schulgrammatiken), Scherz- und Schmählieder, allegorische Darstellungen, Totentanzbilder u. a. gedruckt.
2. Ein in Blockbuchform, einer aus China stammenden Buchform, gebundenes Buch.
Es besteht aus einseitig bedruckten Doppelblättern, die am Vorderschnitt geschlossen sind, um die Schattierungen des Drucks auf der Rückseite zu verdecken. B. werden am Rücken geschnürt, ähnlich wie beim seitlichen → Blockheften, jedoch unter Verwendung von Faden, Kordel, Leder- oder Pergamentriemchen. Die Schnur wird dabei nicht nur von einem Einstich zum anderen, sondern auch über den Rücken geführt. Diese Bindeart ist Handarbeit und wird nur noch selten bei bibliophilen Drucken angewendet.

Blockdrahtheften
→ seitliches Blockdrahtheften

Blockheften
→ Blockbindeverfahren, bei dem die zusammengetragenen Bogen oder Einzelblätter eines Blocks in einem Arbeitsgang durch → seitliches Blockdrahtheften oder → seitliches Blockfadenheften gefügt werden.
Nachteil der B. ist die schlechte Aufschlagbarkeit, da die Fügelinie etwa 5...10 mm vom Rücken entfernt liegt.

Blockdrahtheftmaschine
→ Klopfer

Blockherstellung
Teilprozess der → buchbinderischen Verarbeitung, der die Prozessabschnitte Sammeln/Zusammentragen des Blocks, Fügen des Blocks, das Schneiden am Block (Dreiseitenbeschnitt), Schnittfärben, Block runden und Fügen von Zusatzteilen (Zeichenband, Kapitalband und Hinterklebematerial, Hülse) umfasst.
Die B. umfasst die Arbeitsverfahren, die der Herstellung des Buch- oder Broschurenblocks dienen. Sie erfordern die zwingende Einhaltung der technologischen Reihenfolge. Der Umfang der Arbeiten zur B. wird weitgehend von Wünschen des Auftraggebers, technischen Möglichkeiten des Betriebes und der Erzeugniskategorie bestimmt.

Blockrückenbearbeitung
→ Rückenbearbeitung

Blockrückensteigung
→ Rückensteigung

Blockrückenvorbehandlung
Vorbereitende Tätigkeit durch → Niederhalten, Erwärmen oder Anfeuchten des Buchblockrückens, um die Verarbeitungsschritte qualitätsgerecht ausführen zu können.
Ein Beispiel für die B. ist das Erwärmen der Buchblockrücken vor dem Runden und Abpressen. Das Vorwärmen reaktiviert den Klebstoff, erleichtert das Runden und wirkt sich qualitätsverbessernd auf die Rundeform aus.

Block runden
→ Runden

Blockverhalten
→ Verblocken

Bogen
Oberbegriff für zum Beispiel → Buchbinderbogen, → Druckbogen, → Falzbogen, → Formatbogen, → Papierbogen.
In der Fachsprache der Druckindustrie werden häufig auch weitere von B. abgeleitete Begriffe verwendet. Zu ihnen zählen z. B. → Dreibruchbogen, → Viertelbogen oder → Achtelbogen.

Bogenablenker (Bogenweiche)
Einrichtung in Falzwerken, die nach dem Prinzip des → Taschenfalzes arbeiten und die Auf-

gabe haben, nicht benötigte Falztaschen zu verschließen.

Bogenabzug
→ Vereinzeln

Bogenanklebemaschine
(Vorsatzklebemaschine) (siehe Abb. unten)
Buchbindereimaschine zum → Ankleben von Bogenteilen, Vorsätzen u. a. und zum → Einkleben von Bogenteilen u. a. in die Bogenmitte (vgl. auch Vorrichten).
Die vorzurichtenden Bogen und die Vorrichteelemente (z. B. Vorsatz) werden aus zwei nebeneinander angeordneten Bogenmagazinen vereinzelt und auf dem Rücken stehend einem Transportkanal übergeben. Das Vorrichteelement wird an einem höhenverstellbaren Leimwerk vorbeigeführt, erhält über Düsen oder Leimräder einen durchgehenden oder punktierten Klebstoffauftrag und wird mit dem Hauptbogen zusammengeführt.

Bogenanlage
→ Ausrichten

Bogenanleger
Aggregat an Buchbindereimaschinen zur Bereitstellung, Vereinzelung, gegebenenfalls Öffnung und taktgebundenen, lagegenauen Zuführung von Planobogen (beispielsweise Falzmaschine), Falzbogen (beispielsweise Zusammentragmaschine) oder Materialzuschnitten zu Transporteinrichtungen.
Entsprechend der Stapelform auf dem Auflagetisch für → Planobogen unterscheidet man → Flachstapel- und → Rundstapelanleger, entsprechend der Stapelform im Bogenmagazin von Falzbogenanlegern Flachstapel- und → Stehendbogenanleger. Daneben existieren → Schuppenanleger (z. B. für Umschläge im Klebebinder). Das Vereinzeln der Bogen erfolgt entweder von unten, was eine kontinuierliche Beschickung erlaubt (Nonstopanleger), oder von oben, was einen Maschinenstopp zum Nachlegen verlangt. Die Vereinzelung erfolgt z. B. durch Reibung (→ Friktionsanleger), Saugluft (→ Sauganleger) oder Greifer.

Bogenarterkennung
→ Falschbogenkontrolle

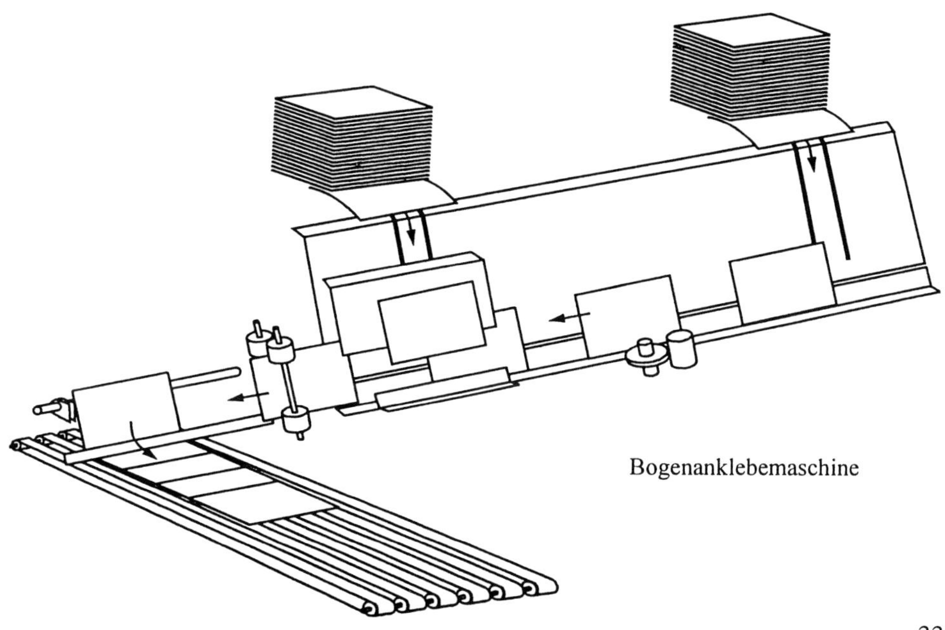
Bogenanklebemaschine

Bogenausrichtung
→ Ausrichten

Bogen-/Bahnverarbeitung
Teilprozess der → buchbinderischen Verarbeitung, der die Prozessabschnitte Schneiden, Falzen, Vorrichten und Vorbereiten von Verarbeitungsstellen umfasst.
Die B. stellt die erste Bearbeitungsphase bei der Buch- und Broschurenherstellung dar. Er umfasst sämtliche Arbeitsvorgänge, die am Plano- bzw. Falzbogen ausgeführt werden.

Bogenbindeverfahren
→ Blockbindeverfahren

Bogen einpressen
Zusammendrücken von Bogen, um den Rückfederungseffekt der gefalzten Bogen zu beseitigen und einen flach liegenden Bogen zu erhalten, der im Falz nicht aufträgt.
Beim B. e. wird die in den Falzbogen noch vorhandene Luft herausgepresst. Das B. e. ist Voraussetzung für eine gute Handhabbarkeit und Zwischenlagerung sowie für die störungsfreie Verarbeitung der gefalzten Bogen zu qualitätsgerechten Broschuren und Buchblocks. Es werden heute überwiegend → Bündelpressen oder → Stapelbündler dafür eingesetzt, in denen gleichzeitig eine Umschnürung der gefalzten Bogen erfolgt. Ein ähnlicher Effekt wird auch in → Pressstationen erreicht, die die Falzbogen vor der Falzbogenauslage durchlaufen.

Bogen einstecken
→ Einstecken

Bogenfalzmaschine
Bezeichnung für Buchbindereimaschinen, auf denen das → Falzen realisiert wird zur Herstellung gefalzter Bogen.
In B. wird entweder der Taschenfalz realisiert (Taschenfalzmaschine) oder Messer- und Taschenfalz kombiniert (→ Kombifalzmaschine). Reine Messerfalzmaschinen sind heute kaum noch im Einsatz.
Die Planobogen werden aus → Flachstapelanlegern oder → Rundstapelanlegern vereinzelt und dem ersten Falzwerk zugeführt. Die → Falzwerke sind entweder starr gekoppelt oder fahrbar konstruiert, was eine Zusammenstellung der erforderlichen Anzahl von Falzwerken erlaubt. In der Regel erfolgt zwischen den Falzwerken jeweils eine Richtungsumkehr der Transportbewegung der Bogen um 90°. Daneben existieren Einwerkefalzmaschinen (Taschenfalz), mit denen z. B. Einbruchfalzungen für Vorsätze realisiert werden oder zwei Parallelbrüche zum Falzen von Briefen.
Den Falzwerken vor- oder nachgelagert sind Messerwellenpaare zur Aufnahme spezieller Werkzeuge zum Rillen, Perforieren, Schneiden oder → Krimpen. Aggregate zum Falzbefeuchten (→ Aqualiner), Fadensiegeln und → Falzkleben können ebenfalls als Zusatzeinrichtungen installiert sein. Für die Auslage der Falzbogen existieren verschiedene Möglicheiten (z. B. → Schuppenauslage, → Stehendbogenauslage, → Flachstapelauslage, → Päckchenauslage).

Bogenformat
→ Format, → Formatbogen

Bogen-Geradstoßmaschine
→ Rütteltisch

Bogenkleben
→ Falzkleben

Bogenmagazin
Bestandteil des → Bogenanlegers an Buchbindereimaschinen, welcher der Bevorratung und Bereitstellung von Bogen, Blättern oder Materialzuschnitten für nachfolgende Bearbeitungsschritte dient.
Die Bereitstellung der gefalzten Bogen, Blätter oder Zuschnitte im Stapel erfolgt stehend oder liegend. Aus dem B. erfolgt die Bogenvereinzelung entweder von unten, was eine kontinuierliche Beschickung erlaubt, oder von oben, was einen Maschinenstopp zum Nachlegen verlangt.

Bogenmontage
Standrichtige Zusammenstellung aller für einen Druckbogen erforderlichen Kopiervorlagen einschließlich der für die Fortdruckkontrolle benötigten Messmarken und der → Schneid- und → Falzmarken für die buchbinderische Verarbeitung.

Bogenöffnungssystem
Einrichtung an Buchbindereimaschinen zum Öffnen von Teilprodukten (z. B. Falzbogen) oder Endprodukten (z. B. Einlagenbroschur).
Das Öffnen ist erforderlich, um Verarbeitungsvorgänge realisieren zu können (z. B. Sammeln und Drahtheften, Fadenheften, Einstecken). Für das Draht- und Fadenheften sind die Falzbogen mittig zu öffnen. Die Öffnungsvariante ist von der Bogenbeschaffenheit abhängig (z. B. Kreuzfalz oder Parallelfalz, eingesteckte oder angeklebte Bogenteile, vorhandener → Überfalz).
In Sammelheftern erfolgt die Bogenöffnung mittels → Saugeröffnungssystem (Bogen am Kopf geschlossen) oder mittels → Greiferöffnungssystem (Überfalz erforderlich). In Fadenheftmaschinen existiert daneben ein → Blasluftöffnungssystem; teilweise werden Saug- und Blasluft auch kombiniert eingesetzt. Bogenöffnungssysteme können durch mechanische Öffnungshilfen ergänzt werden.

Bogen sammeln
→ Sammeln

Bogen schießen
Qualitätsmindernde Erscheinung am Buch- oder Broschurenblock, die dadurch gekennzeichnet ist, dass im Bereich des Vorderschnitts treppenförmige Absätze auftreten.
Die Verschiebung von Bogen oder Blättern tritt hauptsächlich beim Runden auf. Ursachen sind beim Falzen entstehende Spannungen, sehr dicke Bogen, ungenügende Rückenbeleimung oder reißender Klebstofffilm. Neben der ästhetischen Beeinträchtigung besteht die Gefahr, dass der Block im Rücken bricht (mangelnde Haltbarkeit).
Beim → Treppenschnitt mit ähnlichem Fehlerbild liegen die Ursachen in der Bedruckstoffbeschaffenheit begründet.

Bogenschneidemaschine
→ Planschneider

Bogenschnitt
→ Hohlschnitt

Bogensignatur
In Büchern und Broschuren eine auf der ersten und der dritten Seite des → Buchbinderbogens angebrachte, unter der Textkolumne stehende Kennzeichnung. Sie dient der Kontrolle der richtigen Reihenfolge der Bogen nach dem Zusammentragen des Buch- bzw. Broschurenblocks und soll ein Verwechseln der Bogen verschiedener Bücher und Broschuren vermeiden.
Die B. auf der ersten Seite jedes Bogens besteht aus der Zahl, die die Reihenfolge des Bogens im Buchblock angibt, sowie dem Zunamen des Autors und einem Stichwort des Titels des Werkes. Auf der dritten Seite wird die Nummer des Bogens wiederholt, wobei der Zahl ein Sternchen angefügt wird. Die Zahl auf der ersten Bogenseite bezeichnet man als Prime, die auf der dritten Seite als Sekunde.

Bogensteppheften
→ Steppfadenheften

Bogentrennung
→ Vereinzeln

Bogenumfang
Anzahl der Blätter bzw. Seiten eines Bogens, die sich durch Falzen ergibt.
In der Buch- und Broschurenherstellung werden vorwiegend 16-seitige Bogen verarbeitet. Je nach Verwendungszweck und Papierbeschaffenheit werden aber auch 4-, 8-, 12-, 24- und 32-seitige Bogen gefalzt.

Bogen umlegen
→ Umlegen

Bogenvereinzelung
→ Vereinzeln

Bogenweiche
→ Bogenablenker

Bogenzählmaschine
Maschine zum Zählen von Planobogen.
Ein Zählkopf wird unten an dem Papierstapel angesetzt und nach oben geführt. Dabei fächert er das Papier an der Ecke auf und zählt es beim Abstreifen. Gleichzeitig schießt die B. Zählstreifen in bestimmten Abständen ein. Es wird eine durchschnittliche Leistung von etwa 1000 Bogen/min erreicht.
Für die Ermittlung der Bogenanzahl kann auch eine → Zählwaage genutzt werden.

Bogenzusammentragmaschine
Maschine für das → Zusammentragen von Falzbogen zu Rohblocks.
B. bestehen aus in einer Reihe angeordneter Falzbogenanleger, die als → Flachstapelanleger oder → Stehendbogenanleger ausgebildet sind. Aus den Magazinen werden die Bogen vereinzelt, in einem Transportkanal abgelegt und von Station zu Station geführt, wo jeweils der nächste Bogen aufgelegt wird. Das Vereinzeln der Bogen erfolgt über oszillierende oder auf Trommeln rotierende Greifer oder mittels → Trennscheibe.
B. sind als Solomaschinen, meist in Verbindung mit einer → Criss-Cross-Auslage, häufiger jedoch innerhalb einer Klebebindestrecke eingesetzt. Leistungen von 4.000...15.000 T/h werden erreicht.

Bohren
Anbringen eines Lochs oder mehrerer Löcher (Bohrung, Bohrloch) im vollen Material mittels eines rotierenden, spanenden Werkzeugs.
Je nachdem, ob es sich nur um eine Vertiefung oder um ein durchgehendes Loch handelt, spricht man von Grund- (Sackloch) oder Durchgangsbohrung. Der Bohrer führt eine Drehbewegung um seine Längsachse und gleichzeitig eine geradlinige Vorschubbewegung in Richtung seiner Achse aus, wodurch die Schneidkante das Bohrloch erzeugt.

Bohrmaschine
Maschine mit unterschiedlicher Anzahl von Aufnahmevorrichtungen (meist zwei) für Hohlbohrer, die zueinander verstellbar sind und z. T. das gleichzeitige → Bohren mehrerer Heftlöcher in Papier, Karton oder Pappe ermöglichen.

Booklet
Kleine Hefte mit Seitenlängen bis zu etwa 10 cm und mit bis zu 48 Seiten, die als Werbung oder Information dienen und anderen Produkten beigelegt oder auf Verpackungen, beispielsweise auf Flaschen, geklebt werden.
Häufig werden B. durch → Falzkleben gefügt. Durch Einsatz von Rundmessern für Kopf- und Fußschnitt bzw. Vorderschnitt kann in der Falzmaschine das fertige Produkt hergestellt werden. Drahtrückstichheften ist ebenfalls möglich, aber in Bezug auf Herstellungsaufwand und Handhabung der B. nachteilig. Angewendet werden B. u. a. als Texthefte für CDs, Produktbeschreibungen oder Touristeninformationen.

Bookletmaker
→ Kombinierte Sammel-Drahtheft-Falz-Beschneidmaschine

Book-O-matic-Buchfertigungssystem
System zur Komplettfertigung von Büchern oder Broschuren, bestehend aus speziellen Rollenoffsetdruckmaschinen und online gekoppelten Buchbindereimaschinen. Gedruckt wird von Druckzylindern mit etwa 3 000 mm Zylinderumfang.
Auf zwei Druckformzylinder können 240 Seiten platziert werden. Hinter zwei Doppeldruckwerken sind Infrarot-Trocknungseinrichtungen installiert. Die Papierbahn wird in vier Stränge geschnitten, die übereinander geführt, gefalzt (Außentrichterfalz) und quergeschnitten werden. In einer Sammeleinrichtung, dem Collator, werden die Lagen zum Block zusammengetragen und einer Klebebindeanlage zugeführt.

Bostich-Heftkopf

Spezieller → Drahtheftkopf von kleiner Bauweise zum Einbringen von Klammern mit geringem Klammerabstand

Die Drahtzufuhr bei B. erfolgt vertikal. Erst nach dem Trennen des erforderlichen Drahtabschnitts wird dieser um 90° gedreht, in horizontale Lage gebracht und wie gewohnt die Klammer geformt.

Braunschliffpappe

→ Lederpappe

Brechen

1. Knicken von Karton oder Pappe, wenn der hohe Holzschliffgehalt ein Falzen nicht zulässt.

2. Entstehen von Rissen auf der Oberfläche oder Aufreißen der Deckschicht bei mehrschichtigen Werkstoffen entlang einer Biegelinie.

B. tritt besonders bei geklebtem, gestrichenem oder holzhaltigem Karton auf, wenn er quer zur Laufrichtung der Fasern gefalzt wird.

Breitbahn

Bezeichnung für einen Bogen oder ein Blatt, bei dem die kürzere Kante parallel zur → Laufrichtung verläuft.

Die B. wird gekennzeichnet, indem man bei Formatangaben hinter das kleinere Maß ein M (Maschinenlaufrichtung) setzt, beispielsweise 70 mm M x 1000 mm. Früher wurde das größere Maß unterstrichen; vgl. Schmalbahn.

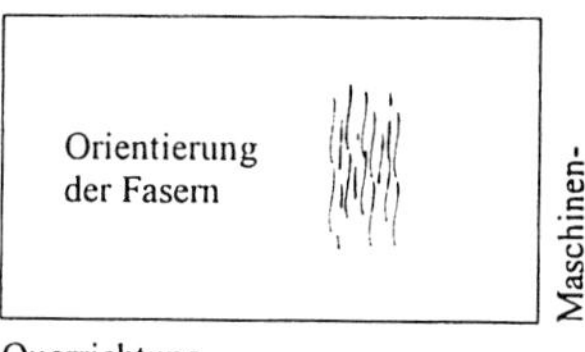

Broschieren

Verarbeiten von → Buchbinderbogen oder → Blättern zu einer → Broschur.

Dafür können unterschiedliche Bindeverfahren zur Anwendung kommen, insbesondere aber → Klebebinden und → Einzelblattbindeverfahren. Je nach Erfordernis und Gegebenheiten im herstellenden Betrieb werden unterschiedliche Broschurenkonstruktionen realisiert.

Broschur

Finalerzeugnis der buchbinderischen Verarbeitung. Kennzeichnende Merkmale von B., die sie von → Büchern abgrenzen, sind fehlende Vorsätze, die Verbindung von → Broschurenblock und → Broschurenumschlag im Rücken und/ oder im rückennahen Bereich und einheitliche Schnittkanten von Block und Umschlag (keine überstehenden Kanten).

In einer Zwangsfolge von Prozessabschnitten werden bedruckte Bogen bzw. Bahnen zu einem Broschurenblock gefügt und in der Regel mit einem Broschurenumschlag aus einem Werkstoffzuschnitt versehen. Durch abschließendes zweiseitiges (Kopf und Fuß) oder dreiseitiges Beschneiden erhält die B. in der Regel ihr endgültiges Format. Eine Klassifizierung der B. erfolgt in → Einlagenbroschuren, → Mehrlagenbroschuren und spezielle B. (auch Einzelblatt-B. oder Blätter-B.), die mittels → Einzelblattbindeverfahren hergestellt werden.

Die Forderung nach verbessertem Aufschlagverhalten (→ Lay-Flat-Verhalten) bei klebegebundenen B. hat zu neuen Broschurenkonstruktionen geführt, bei denen die genannten Merkmale nicht immer anzutreffen sind.

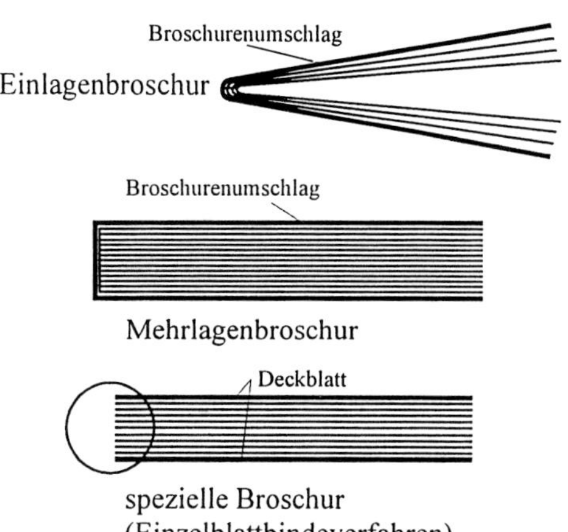

Broschüre
Literarisches Erzeugnis, das geistig-kulturelles Ideengut vermittelt und ein Produkt der gemeinsamen Tätigkeit von Autor, Verlag und Druckerei ist und bezüglich der buchbinderischen Produktkonstruktion stets die Form einer → Broschur hat.
Als Verlagserzeugnis gelangt die B. über den Buchhandel, über Buchgemeinschaften oder Bibliotheken an den Käufer und Leser. Im Gegensatz zum Buch braucht die B. nicht die endgültige Erzeugnisart zu sein. Die B. kann später, oft in der handwerklichen Buchbinderei, zum → Buch umgearbeitet werden, indem der Broschurenblock anstelle des Broschurenumschlags mit einer → Buchdecke versehen wird.

Broschurenblock
Durch → Zusammentragen und anschließendes schlusshaftes Fügen hergestelltes buchbinderisches Teilerzeugnis, das aus übereinander liegenden Buchbinderbogen oder Blättern besteht, das meist mit einem → Broschurenumschlag versehen wird.
Im Gegensatz zum → Buchblock gestaltet sich die Blockherstellung weniger aufwendig, da in der Regel keine → Ausstattungsmerkmale angebracht werden. Der → Dreiseitenbeschnitt erfolgt meist erst nach der Verbindung mit dem Umschlag.
Manchmal wird auch die durch → Sammeln hergestellte Lage als B. bezeichnet, die, mit einem Umschlag versehen, zur Einlagenbroschur gefertigt wird.

Broschürenformat
Exakte, aber wenig verbreitete Bezeichnung für das Format (Breite x Höhe) einer → Broschur.
Meistens wird dafür die Bezeichnung → Buchformat angewendet, obwohl für das Format die Abmessungen des Blocks und nicht der Buchdecke oder des Broschurenumschlags maßgebend sind.

Broschurenrückstichfließstrecke
→ Sammelhefter

Broschurenstich
→ unversetzter Stich

Broschurenumschlag
Überwiegend aus Papier oder Karton bestehender und dem Schutz des Textpapiers sowie der Information und Werbung dienender äußerer Teil fast aller Broschurenarten.
Einteilige B. für → Mehrlagenbroschuren werden zwei- oder viermal gerillt und im Rücken mit dem Broschurenblock verklebt, bei vierfacher Rillung zusätzlich mit seitlichem Übergriff auf die erste und letzte Seite des Blocks. Die Rückenrillen unterstützen dabei die scharfkantige rechtwinklige Rückenform, die beiden Zierrillen wirken ähnlich einem Öffnungsscharnier. Neuentwicklungen auf dem Gebiet der Mehrlagenbroschuren weisen z.T. mehr als vier Rillen auf, die Verklebung zwischen B. und Block erfolgt meist nur außerhalb des Rückenbereichs. Ziel ist hierbei, ein verbessertes → Lay-Flat-Verhalten zu erreichen.
Ein mehrteiliger B. besteht aus einem vorderen und hinteren Umschlagdeckblatt, das ebenfalls mit einer Rille versehen sein kann. Er wird meist für Broschuren verwendet, die anschließend gefälzelt werden; vgl. Fälzelbroschur.
B. für Einlagenbroschuren bestehen aus einem einmal gefalzten Materialzuschnitt, die Falzlinie wird in der Regel gerillt.
Selten erhalten Broschuren einen zusätzlichen bedruckten Papierumschlag, der durch Ankleben am Rücken befestigt wird und dessen Klappen um den eigentlichen B. eingeschlagen werden (→ Englische Broschur).
Zur Erhöhung der Werbewirksamkeit sind B. farbig bedruckt, lackiert, mit transparenter Folie kaschiert oder z.T. auch geprägt.

Bruchdehnung (Dehnung beim Bruch)
Die bei wachsender Zugbeanspruchung hervorgerufene prozentuale Längenänderung des Bedruckstoffs im Augenblick des Reißens, d.h. der in Prozent angegebene Quotient aus der Längenänderung beim Bruch und der ursprünglichen Länge.

Die B. wird durch den Zugversuch mit einer Zugfestigkeitsprüfmaschine bestimmt. Gleichzeitig wird dabei die Bruchkraft gemessen. Zu unterscheiden sind die Ergebnisse von Messungen an Proben, die in → Laufrichtung geschnitten wurden, und die Prüfergebnisse von querlaufenden Proben. Die Werte liegen bei Papieren in der Laufrichtung zwischen 0,5...2,0 %, in der Querrichtung zwischen 1,0...6,0 %.
Die B. wird, meist in Verbindung mit den Ergebnissen weiterer Papierprüfungen, zur Beurteilung von Papieren herangezogen, die eine gewisse Zähigkeit aufweisen sollen. Das trifft beispielsweise bei Fälzelpapier zu.

Bruchkraft
Kraft, bei der ein Bedruckstoffstreifen mit einer Breite von 15 mm und einer Länge von 180 mm bricht, angegeben in N.
Die im Zugversuch gemessene B. ist auf die Streifenabmessungen bezogen; die streifenbreitenbezogene B. erhält man durch Division der B. durch die Streifenbreite in mm in der Einheit kN/m, die Zugfestigkeit in kPa ergibt sich aus der B. durch Division durch den Anfangsquerschnitt des Streifens A_0 in mm^2. Wegen der Anisotropie muss die Messung in Lauf- und Querrichtung erfolgen.

Bruttofläche
Menge des Bedruckstoffs in m^2, die für die Produktion einer Auflage eines Druckerzeugnisses benötigt wird.
Diese Menge enthält außer der → Nettofläche den → Beschnitt sowie den Druck- und → Buchbinderzuschuss. Durch geringen Beschnitt und minimalen Zuschuss wird eine hohe Materialausnutzung erreicht.

Bruttoformat
→ Formatbogen

Buch
Literarisches Erzeugnis, das geistig-kulturelles Ideengut vermittelt und ein Produkt der gemeinsamen Tätigkeit von Autor, Verlag und Druckindustrie ist. Das B. ist ein Finalerzeugnis der buchbinderischen Verarbeitung, das dadurch gekennzeichnet ist, dass die → Buchdecke nur außerhalb des Blockrückens an den Vorsätzen mit dem → Buchblock verbunden ist, wobei in bestimmten Fällen eine zusätzliche Verbindung mittels Hülse zwischen Buchblockrücken und Buchdecke bestehen kann, und die Buchdecke dreiseitig am Buchblock übersteht (überstehende Kanten).
In der buchbinderischen Verarbeitung werden bedruckte Bogen bzw. Bahnen in einer Zwangsfolge von Prozessabschnitten zu einem Buchblock gefügt, der in seine endgültige Form gebracht wird, mit → Ausstattungsmerkmalen versehen sein kann und anschließend mit einer Buchdecke verbunden wird, die überwiegend aus mehreren Werkstoffzuschnitten gefertigt ist.
Die Bezeichnung B. wird außerdem für Erzeugnisse aus Papier angewendet, die mit einer Buchdecke versehen sind und zur Aufzeichnung betrieblicher oder privater Vorgänge benötigt werden, z. B. Geschäftsbücher oder Tagebücher. Nicht exakt ist die Bezeichnung Buch im Zusammenhang mit Verzeichnissen, die in Form einer → Broschur herausgegeben werden, z. B. Telefonbuch.

Buchattrappe
In eine Buchdecke eingeklebter Pappkasten.
Die B. ist äußerlich leicht mit einem Buch zu verwechseln und meist für Scherzzwecke gedacht.

Buchausstattung
Gesamte konstruktiv-gestalterische Beschaffenheit eines Buches und seiner Formelemente, wie z. B. Format, Satzspiegel, Schrift, Illustrationen, Papier, Buchdeckenkonstruktion.
Die B. wird bei industrieller Herstellung von Büchern vom Verlag, manchmal auch in Zusammenarbeit mit dem Autor, festgelegt. Nur in seltenen Fällen werden Druckerei und Buchbinderei mit der Festlegung der B. betraut. Sie richtet sich sowohl nach dem Inhalt des Werkes als auch nach den günstigsten Herstellungsmöglichkeiten im grafischen Betrieb.

Buchbinde
→ Streifband

Buchbinderbogen
Bogen, der am Ende des Teilprozesses → Bogen- oder Bahnverarbeitung für die Blockherstellung bereit gestellt wird.
Ursprünglich galt als B. nur der → ganze Bogen, der typisch für die Buch- und Broschurenherstellung war. Aufgrund veränderter Papiereigenschaften, die die Verarbeitung auch achtseitiger Bogen erfordern, der Erhöhung der Falzvariabilität und der Notwendigkeit des Einsteckens, Umlegens oder Anklebens von Bogenteilen umfassen B. heute sämtliche Falzbogen und vorgerichteten Falzbogen, die der weiteren Verarbeitung zugeführt werden.

Buchbinderdruckfarbe
Schnell trocknende Druckfarbe für die Veredlung von Buchdecken.
B. wird heute kaum noch angewendet, da die Buchdeckenveredlung meistens durch → Heißfolienprägen erfolgt.

Buchbinderei
Produktionsbereich der Druckindustrie, in dem die → buchbinderische Verarbeitung erfolgt.
Die B. kann ein selbständiger Betrieb oder einer Druckerei angeschlossen sein. Es wird zwischen industrieller B. (auch Groß- oder Verlags-B. genannt) und handwerklicher B. (auch Sortiments-B.) unterschieden. Während die industrielle B. über maschinentechnische Voraussetzungen verfügt, im akzeptablen Preis-Leistungs-Verhältnis Groß- und mittlere Auflagen von Büchern und Broschuren herzustellen, werden in den handwerklichen B. Einzelstücke oder kleinere Auflagen gefertigt. Hinzu kommen in den handwerklichen B. noch verschiedene Sonderarbeiten des Buchbinders, z. B. Anfertigung von Urkundenmappen, Diplomrollen, Kästen, Schreibmappen, Kassetten, Fotoalben, Bildeinrahmungen u. a. Mitunter werden jedoch solche Erzeugnisse, vor allem bei großer Anzahl, auch in besonders spezialisierten industriellen B. hergestellt.

Buchbindereimaschine
Sammelbegriff für die zur buchbinderischen Verarbeitung eingesetzten Maschinen.
Dazu zählen z. B. Planschneider, Falzmaschine, Zusammentragmaschine oder Sammelhefter. B. sind einsetzbar in der handwerklichen und industriellen Buchbinderei, unterscheiden sich dann aber im Ausstattungs- und Automatisierungsgrad. Während im Handwerk meist Maschinen eingesetzt werden, die keinen kontinuierlichen Durchfluss des Bearbeitungsgutes zulassen, kommen in industriellen Buchbindereien verkettete Maschinen und Anlagen zum Einsatz; vgl. Fließstrecke.

Buchbinderische Verarbeitung
Neben den Prozessen Druckformenherstellung und Druck der dritte Prozess im Rahmen des Gesamtprozesses zur Herstellung von polygrafischen Finalprodukten. Die b. V. gliedert sich in typisch produktorientierte Verarbeitungsschritte. Die vielfältigen Einzeltechniken sind dem jeweiligen Endprodukt zugeordnet.
Produktkonstruktion, zur Anwendung kommende → Bedruckstoffe und die jeweiligen → Ausstattungsmerkmale bestimmen eine determinierte Verarbeitungsfolge. Eine Informationsverarbeitung oder -übertagung findet nicht statt (Ausnahme Deckenveredlung), so dass die b. V. der Verarbeitungstechnik zuzuordnen ist. Der Prozess der b. V. gliedert sich in vier Teilprozesse mit den jeweiligen Prozessabschnitten:
- Bogen-/Bahnverarbeitung (Schneiden, Falzen, Vorrichten, Vorbereiten von Verarbeitungsstellen);
- Blockherstellung (Sammeln/Zusammentragen des Blocks, Fügen des Blocks, Schneiden am Block (also Dreiseitenbeschnitt), Schnittfärben, Block runden, Fügen von Zusatzteilen wie Zeichenband, Kapitalband und Hinterklebematerial, Hülse);
- Deckenherstellung (Deckenmaterial zuschneiden, Decke fügen, Decke veredeln, Decke runden);
- Endverarbeitung (Erzeugnis montieren, Erzeugnis komplettieren, Erzeugnis verpacken).

Buchbinderleder
Weiches, aber besonders haltbares → Leder (z. B. Ziegenleder), das für buchbinderische Zwecke, z. B. als Bucheinbandmaterial, Verwendung findet.

Buchbindermesser
→ Arbeitsmesser

Buchbinderpappe
Oberbegriff für die in der Buchbinderei z. B. bei der Herstellung von Buchdecken, Mappen, Kästen verwendete Pappe.
Um den Aufgaben der Buchdecke gerecht zu werden, dem Buchblock an den drei überstehenden Kanten Schutz zu bieten und den Eindruck von Stabilität und Solidität zu verleihen, muss B. hohe Festigkeit, Zähigkeit und Kantenstabilität aufweisen, eine hohe Planlage haben, über eine glatte Oberfläche verfügen und prägbar sein. Für die Verarbeitung in Buchdeckenmaschinen ist eine gleichmäßige Dicke Voraussetzung, um keine Vereinzelungsprobleme hervorzurufen.
Als B. werden hauptsächlich verwendet → Graupappe, → Lederpappe und → Hartpappe.

Buchbinderschere
Schwere, stabile, aber handliche Scherenform mit breiten Schneidschenkeln.

Buchbinderzuschuss
→ Druckbogen, die über die Anzahl der Auflagenbogen und den erforderlichen Druckzuschuss hinaus für das Einrichten der Buchbindereimaschinen und als Ersatz für den in der Buchbinderei technisch bedingten Ausschuss benötigt werden.
Der erforderliche B. muss bei der Berechnung des Papierbedarfs für eine Auflage berücksichtigt und von der Druckerei an die Buchbinderei mitgeliefert werden.

Buchblock
Durch → Zusammentragen und anschließend schlusshaftes Fügen gebildetes buchbinderisches Teilerzeugnis, das aus übereinander liegenden Buchbinderbogen oder Blättern besteht und nach abgeschlossener → Blockherstellung mit einer → Buchdecke verbunden wird.
Der gefügte und dreiseitig beschnittene B. kann mit unterschiedlichen → Ausstattungsmerkmalen (z. B. Runden, Kapitalband) versehen werden, wodurch sich seine Herstellung aufwendiger gestaltet als die eines Broschurenblocks. Durch Fügen mit der separat hergestellten Buchdecke wird das Finalerzeugnis fertiggestellt.

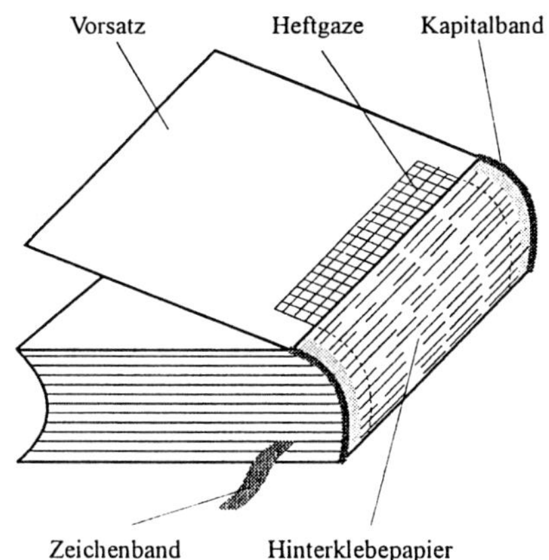

Buchblock-Beleimmaschine
Buchbindereimaschine für das Auftragen von Klebstoff auf den Buchblockrücken.
B. können Einzelmaschinen, aber auch Aggregate in Fließstrecken sein. Der Buchblock wird über ein →Leimwerk geführt und dann mit Klebstoff versehen. Ein eventuell eingebauter Trockner nach dem Leimwerk unterstützt das Trocknen des Klebstoffs für eine schnelle Weiterverarbeitung.

Buchblock beschneiden
→ Dreiseitenbeschnitt

Buchblock einhängen
→ Einhängen

Buchblock einlegen
→ Einlegen

Buchblockpresse
Maschine zum → Niederhalten.

Buchblock runden
→ Runden

Buchblockrunde- und -abpressstation
→ Runde- und Abpressstation

Buchdecke
Teilprodukt der buchbinderischen Verarbeitung und Bestandteil eines Buches, der den → Buchblock umgibt, schützt und verziert.
Neben einer ersten Information über den Inhalt des Buches obliegt der B. die Aufgabe, den Block zu schützen, dem Buch Stabilität und Standfestigkeit zu verleihen, durch geeignete Handhabung den Zugang zum Inhalt zu gewährleisten und durch entsprechende Verzierung für das Buch zu werben. Die Funktionen bedingen gewisse Anforderungen an die Festigkeit und Haltbarkeit der Buchdecke (beispielsweise Falzfestigkeit, Scheuerfestigkeit), der durch Konstruktion und Auswahl der Materialien Rechnung getragen werden muss. In Abhängigkeit davon werden B. unterschieden nach ihrer → Buchdeckenkonstruktion und den verwendeten → Bucheinbandmaterialien.

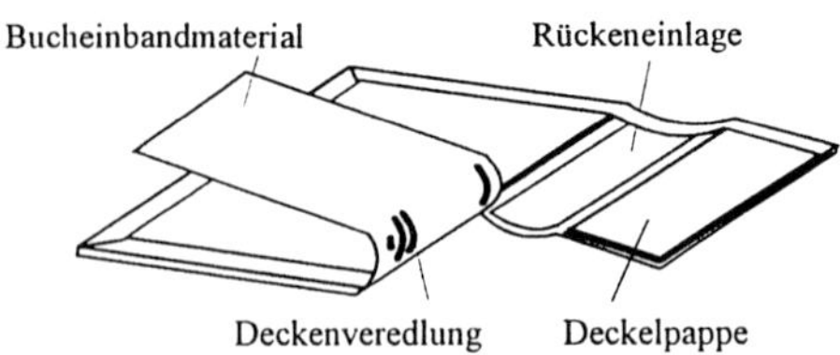

In der industriellen Buchdeckenherstellung werden Buchblock und B. stets getrennt gefertigt, bei bestimmten handwerklich gebundenen Büchern (z. B. bei → Franzeinband) erfolgt die Herstellung der B. zusammen mit den Arbeiten am Buchblock.
Die B. wird umgangssprachlich häufig als Decke bezeichnet, insbesondere in Zusammensetzungen. Im Interesse allgemeiner Verständlichkeit werden beide Begriffe als Synonyme verwendet.

Buchdecke ausbiegen
→ Ausbiegen

Buchdecke hängen
Abschnitt bei der Herstellung → von sechsteiligen Buchdecken, bei dem das Rückenbezugsmaterial mit den → Deckelpappen verbunden wird.
Zunächst wird die Rückeneinlage in die Mitte des angeschmierten Rückenmaterials geklebt. Die Deckel werden im Abstand der Falzbreite mit dem Rückenmaterial verbunden. Die Kanten oben und unten werden eingeschlagen. Danach werden die Deckelpappen mit Deckenbezugsmaterial bezogen. Begründet durch diesen höheren Arbeitsaufwand im Vergleich zu vierteiligen Buchdecken, haben die sechsteiligen eine geringere Bedeutung in der industriellen Buchbinderei.

Buchdeckel
Die beiden Teile einer Buchdecke, die aus Pappe (→ Buchbinderpappe) bestehen und am fertigen Buch mit → Bucheinbandmaterial überzogen sind und die auf der Vorder- und der Rückseite einen Abschluss des Buches darstellen.
Die B. stehen an drei Seiten des Buchblocks in Form von etwa 2...3 mm schmalen Kanten über und müssen sich bequem öffnen und schließen lassen. Die Dicke der verwendeten → Deckelpappen liegt zwischen 1...2 mm und kann bei großformatigen Büchern auch bis zu 3 mm dick sein.

Buchdecken-Ausbiegemaschine
Maschine zum Erzielen der Planlage verformter Buchdecken (→ Ausbiegen).

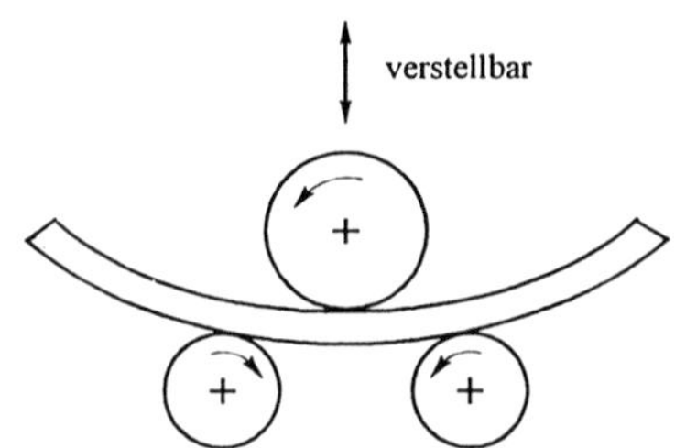

Bedingt durch die Herstellung oder nach längerer Lagerung, können sich Buchdecken verziehen. Sie werden deshalb durch rotierende Walzenpaare geführt, die entsprechend der vorhandenen Verformung eingestellt werden und die Planlage herbeiführen.

Buchdecken ausstellen
Das Aufstellen von einzelnen Buchdecken zum Trocknen.
Die Trocknung von Buchdecken, die mit wässrigen Klebstoffen hergestellt sind, geht infolge des Stapelns manchmal nur langsam vor sich, da die Luft nicht genügend einwirken kann. Daher werden die Buchdecken – aufgelockert in mehreren Schichten – übereinander zum Trocknen aufgestellt.
Das B. a. kann nützlich sein, wenn die Teilprodukte schnell weiterverarbeitet werden sollen.

Buchdeckenherstellung
→ Deckenherstellung

Buchdeckenkonstruktion
Unterscheidungsmerkmal für Buchdecken, das sich aus der Anzahl ihrer Werkstoffzuschnitte und der Art des Materials ergibt.
Mit Ausnahme der einteiligen Karton-, Papp- und Plastbuchdecke bestehen Buchdecken aus mehreren Zuschnitten. Bedeutung für die industrielle Buchbinderei haben in erster Linie → vierteilige Buchdecken (Ganzbandbuchdecke). Für bestimmte Anwendungsgebiete sind auch ein- und mehrteilige → Plastbuchdecken im Einsatz (z.B. Wörterbücher) sowie → sechsteilige Buchdecken (Halbbandbuchdecke). Kaum verbreitet sind zwei-, drei- und fünfteilige Buchdecken. Daneben existiert eine Reihe von Sonderkonstruktionen, z.B. wattierte Buchdecken und solche, die ein zusätzliches Medium, z.B. CD, aufnehmen können.

Buchdeckenmaschine
Buchbindereimaschine für die Herstellung von mehrteiligen Buchdecken aus Einzelzuschnitten oder Rollenmaterial.
Es gibt B. mit vertikal oder horizontal angeordneten Verarbeitungsstationen sowie B. nach dem Rotorprinzip, die das Herstellen von → sechsteiligen Buchdecken in einem Durchlauf erlauben. In den meisten Maschinen werden die maßgerecht zugeschnittenen Einzelteile (→ Deckelpappen, → Rückeneinlage, → Bucheinbandmaterial) verarbeitet. Teilweise können im Anleger Deckelpappen und Rückeneinlage aus einem Nutzen herausgeschnitten werden. Das Bezugsmaterial wird vereinzelt und mit Klebstoff versehen. Die Deckelpappen, die Rückeneinlage und das Bezugsmaterial werden zusammengeführt, die überstehenden Kanten des Bezugsmaterials umgelegt und angedrückt.
Die Verarbeitung des Bucheinbandmaterials als Rollenmaterial ist selten. Es wird hierbei erst nach dem Fügen der Einzelteile ein Trennen der Bahn vorgenommen.
Als Sonderform gelten auch Maschinen als B., womit → Plastbuchdecken hergestellt werden.

Buchdeckenmaße
Maße für die einzelnen Zuschnittteile einer → Buchdecke, die anhand eines komplett gebundenen, dreiseitig beschnittenen und ausgestatteten Buchblocks ermittelt werden.
Zur Ermittlung der B. wird ein → Maßband benötigt, d.h. ein Buchblock, der aus bedruckten Bogen des Auflagenpapiers besteht und an dem alle für den Auftrag erforderlichen Füge-, Vorrichte- und Ausstattungsverfahren durchgeführt wurden. Zu den B. zählen das Format (Höhe x Breite) der Deckelpappen, der Rückeneinlage und des Bucheinbandmaterials (gegebenenfalls mehrteilig). Berücksichtigt werden müssen außer den Buchblockmaßen auch die → Kantenbreite und die → Falzbreite. Es existieren keine verbindlichen Regeln für die Ermittlung der B., u.a. spielen Format und Dicke des Blocks sowie das verwendete Bucheinbandmaterial eine Rolle.

Buchdecken nachsehen
Kontrollieren der Buchdecken vor oder nach deren Veredlung, wobei fehlerhafte Exemplare ausgesondert werden.

Bei dieser in der industriellen Buchbinderei kaum noch üblichen Tätigkeit werden die Buchdecken gleichzeitig gezählt und so gelegt, dass sie ohne nochmalige Lageänderung weiterverarbeitet werden können.

Buchdeckenrücken
Teil der → Buchdecke, der von außen sichtbar ist und der durch die Buchblockdicke und die Form des Buchblockrückens maßgeblich gebildet wird.
Je nach Form des Blockrückens (gerade oder gerundet) wird der B. diesen Forderungen angepasst. Der B. wird, wie auch meistens die Vorderseite der Buchdecke, nach dem Fügen der Buchdecken veredelt, in dem z. B. Titel und Autor aufgeprägt werden.

Buchdecken-Rückeneinlage
→ Rückeneinlage

Buchdeckenveredlung
Verzierung von Buchdecken durch Prägen, → Handvergolden, Bedrucken, → Applizieren oder andere Techniken.
Die B. industriell gefertigter Buchdecken erfolgt hauptsächlich durch → Heißfolienprägen. Titel, Autor und andere Elemente werden auf der Außenseite der Buchdecke, insbesondere auf dem vorderen Buchdeckel und auf dem Buchdeckenrücken, angebracht. Dies erfolgt überwiegend maschinell nach Entwürfen eines Buchkünstlers (Grafikers).
Bei handwerklichen Büchern, vor allem beim künstlerischen Handeinband, kommt neben dem Handvergolden eine Vielzahl verschiedener Verzierungstechniken zur Anwendung. Zu nennen sind das → Ledermosaik sowie Intarsien (Holz-, Stroh-, → Lederintarsia u. a.), Flechtarbeiten und das Anbringen von → Beschlägen.

Buchdeckenverzierung
→ Buchdeckenveredlung

Buchdecke runden
Prozessabschnitt in der buchbinderischen Verarbeitung, bei dem der → Buchdeckenrücken so gerundet wird, dass er sich der Rundung des Buchblockrückens anpasst.
Der Rücken der fertigen Buchdecke wird über erhitzte und je nach Rückenbreite auswechselbare runde Schienen gezogen oder in eine entsprechende Form gepresst. Dabei erwärmt sich der Klebstoff, die → Rückeneinlage lässt sich leicht in die gewünschte Form bringen und behält diese nach dem Erkalten des Klebstoffs bei. Auf Bucheinhängemaschinen mit automatischer Deckenrundung wird der Arbeitsgang in der Maschine ausgeführt.

Buchdecke überziehen
→ Überziehen

Buchdrahtheftmaschine
Buchbindereimaschine für das → Einzelbogendrahtheften.
Die B. wurde im vorigen Jh. entwickelt, ehe einsatzfähige Fadenheftmaschinen hergestellt wurden. Heute haben sie keine Bedeutung mehr.

Bucheinband
→ Einband

Bucheinbandgewebe
→ Gewebe

Bucheinbandmaterial
Bestandteil der Buchdecke bei mehrteiligen → Buchdeckenkonstruktionen, der als Bezug für z. B. Deckelpappen und Rückeneinlage dient. B. dient der äußeren Gestaltung eines Buches bei Wahrung der Schutzfunktion der Buchdecke.
B. muss den Anforderungen genügen, die durch die Verarbeitung (beispielsweise Dimensionsstabilität, geringe Biegesteifigkeit, gute Benetzbarkeit) und die Benutzung (z. B. Scheuerfestigkeit, Falzfestigkeit, Licht- und Farbechtheit, Kantenfestigkeit) gegeben sind. Hinsichtlich der zu verwendenden Art des B. sind außerdem z. B. Art und Charakter des Buches, Lebensdauer, Leserkreis, Ästhetik und modische Aspekte entscheidend.

Es werden B. auf Grundlage von Tierhaut (→ Leder, → Pergament), → Gewebe, Papier (→ Bezugspapier), → Vlies und Kunststoff (Polyvinylchlorid) verwendet.

Buchendfertigung
→ Endverarbeitung

Bücher-Komplettfertigung
Buchherstellung auf verketteten Maschinen, die den Druck und die buchbinderische Verarbeitung bis zum Fertigerzeugnis online, d. h. prozessgekoppelt ohne Zwischenlagerung von Halbfabrikaten und ohne Unterbrechung des Produktionszyklus, ausführen.
Beispiele sind Verkettungen von Rollenrotations-Offsetdruckmaschinen und Inline-Kopplung von Buchbindereimaschinen, → Book-O-matic- und → Cameron-Buchfertigungssystem.

Büchertuch
Durchappretiertes, aber nur leicht kalandriertes Gewebe aus Baumwolle, Halbleinen oder Reinleinen.
Die → Appretur wird dünn aufgetragen, dennoch sind Oberflächenstrukturen kaum sichtbar. B. wird nur in den Farben Dunkelgrün und Schwarz hergestellt. B. zeichnet sich durch eine relativ hohe Dicke und Festigkeit aus, so dass es bevorzugt für viel beanspruchte Bücher wie Geschäftsbücher, Ordner und Bibliothekseinbände verwendet wird.

Bücherzeichen
→ Exlibris

Buchfadenheften
→ Einzelbogenfadenheften

Buchfadenheftmaschine
→ Fadenheftmaschine

Buchfertigungsstraße (Buchfließstrecke)
Für eine rationelle Produktion teilweise oder vollständig verkettete Einzelaggregate für die Buchproduktion. In B. werden Prozessabschnitte der → Blockherstellung und → Endverarbeitung zusammengefasst.
Die B. können das Runden, Beleimen und Begazen, Kapitalen und Hinterkleben, Runden der Buchdecken, Einhängen, Falz einbrennen und Pressen umfassen. In einer zusätzlichen Station wird gehülst. Vorgeschaltet sind in der Regel Dreimesserautomaten.

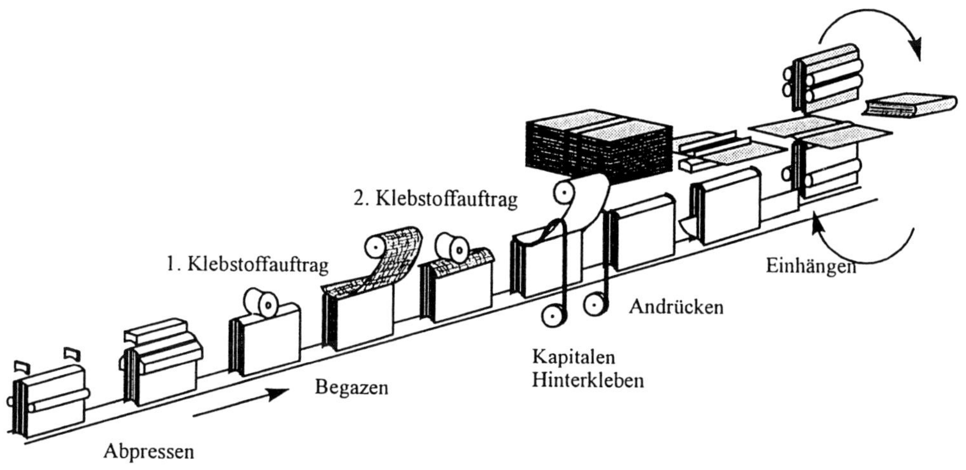

Buchfertigungssystem
→ Bücher-Komplettfertigung

Buchfließstrecke
→ Buchfertigungsstraße

Buchform
Gewählte Form, Buchbinderbogen und/oder Blätter zu einem Ganzen zusammenzubringen.
Die heute gebräuchliche B. ist die → Codexform. Früher üblich waren → Buchrolle, → Leporellobuch, → Wachstafelbuch u. a.

Buchformat
Die sich aus dem → Formatbogen oder – beim Rollendruck – aus Abschnittslänge und Rollenbreite nach dem Falzen und Beschneiden ergebende Größe für Bücher, ausgedrückt bei der technischen Buchherstellung durch Breite x Höhe, in Bibliotheken durch Höhe x Breite.
Das B. wurde früher zumeist durch Bezeichnungen wie Folio (aus einem einmal gefalzten Papierbogen entstanden = 2 Blätter), Quart (Papierbogen zweimal gefalzt = 4 Blätter), Oktav (Papierbogen dreimal gefalzt = 8 Blätter), Sedez (Papierbogen viermal gefalzt = 16 Blätter) oder Duodez (meist aus ineinander gesteckten, gefalzten Papierbogen bestehend = 12 Blätter) angegeben. Diese Bezeichnungen geben jedoch nur ein Teilungsverhältnis an, wobei die Anzahl der Brüche, Blätter oder Seiten des verwendeten Papierbogens Rückschlüsse auf die annähernde Größe des Buches zulässt. Da die Papierbogen jedoch unterschiedliche Formate haben, sind die genannten Bezeichnungen nicht Ausdruck für bestimmte Abmessungen, sondern für Größenbereiche. Sie werden aber im Bibliothekswesen und im Buchhandel noch verwendet, weil sie das Gruppieren nach einer ungefähren Größenordnung ermöglichen.
In der Druckindustrie wird B. heute nach den Maßen des Buchblocks (Breite x Höhe) in Millimetern angegeben.

Buchformpresse
Bestandteil von → Buchfertigungsstraßen zum Formen und Einpressen des Buches unmittelbar nach dem Montieren von Buchblock und -decke.
Der Buchrücken wird in der B. durch einen Formsteg gehalten, von oben presst ein Formstück auf den Vorderschnitt. Dann erfolgt ein Anpressen der Buchdeckel an den Buchblock, um ein faltenfreies Ankleben des Vorsatzpapiers zu garantieren und ein Verziehen der Buchdecke zu vermeiden. Durch Einbrennschienen oder Rollenpaare erfolgt gleichzeitig das Einbrennen des Falzes (→ Falz einbrennen).

Buchfutteral
→ Schuber

Buchgewerbe
Zusammenfassende, nur noch selten angewendete Bezeichnung für alle mit der Herstellung und dem Vertrieb von Büchern und Broschüren in Beziehung stehenden Berufe und Betriebe.

Buchkasten
Behälter aus bezogener Pappe mit meist gerundeter Rückenfläche zur schonenden Aufbewahrung wertvoller Exemplare.
Das Bezugsmaterial für den B. wird der Buchdecke des aufzubewahrenden Buches angepasst und erhält ebenfalls den Titel, beispielsweise durch Prägung.

Buchkopf
Oberer Teil des Buches.

Buchkunst
Zweig der angewandten Kunst, der sich auf die Gestaltung und Ausstattung aller Teile des Buches nach künstlerischen, ästhetischen und inhaltlichen Gesichtspunkten richtet.
Die B. findet ihren reinsten Ausdruck im → bibliophilen Buch, muss sich jedoch auch im Gebrauchsbuch zeigen. Aufgabe der B. ist es, die Elemente Typografie, Illustration, Druck, Papier und buchbinderische Verarbeitung miteinander zu einem harmonischen Ganzen zu verbinden, das dem Charakter des Buchinhalts am ehesten entspricht.

Buchmontage
→ Erzeugnis montieren

Buchnachformpresse
Aggregat im Anschluss an → Buchfertigungsstraßen, mit denen die Rundung von Büchern nachgeformt werden kann.
Zu gering ausgeformte bzw. zurückgegangene Rundungen werden mittels Formriemen, der gegen den Vorderschnitt drückt, und zwei Flachriemen, die gegen den Rücken der Bücher laufen, verstärkt.

Buchreihe
Unter einem gemeinsamen Reihentitel (Gesamttitel) veröffentlichte literarische Werke, die in sich selbständige Publikationen mit Stücktiteln darstellen und in zwangloser Reihenfolge erscheinen.
Die Zugehörigkeit zu einer bestimmten B. kann vom Herausgeber äußerlich durch einheitliche Ausstattung (Format, Buchdecke, Schutzumschlag) zum Ausdruck gebracht werden.

Buchrolle
Historische Buchform, wobei der Beschreibstoff Papyrus, Pergament, Papier) nicht plan liegend, sondern zusammengerollt aufbewahrt wurde.
Im abgerollten Zustand hätte man sich eine B. als langen Streifen vorzustellen. Die B. wurde jedoch bei der Benutzung zumeist von einem runden Stab abgerollt und auf einen anderen wieder aufgerollt, so dass jeweils nur ein Teil der Beschriftung lesbar war.

Buchrücken
Der dem → Vorderschnitt gegenüber liegende Teil des Buches.
Der B. wird gebildet aus dem Rücken der Buchdecke und des Buchblocks. Die Form des B. kann gerade oder gerundet sein, wobei der gerade B. nur bei dünnen Büchern Anwendung findet; vgl. Runden.

Buchschließe
Im Mittelalter üblicher Buchverschluss aus Metall, der über den Vorderschnitt vom vorderen Buchdeckel zum hinteren Buchdeckel reichte.
Seine Aufgabe war es, den Buchblock geschlossen zu halten, denn das damalige Textpapier bauschte auf und ließ die Buchdecke sperren. B. sind bei wertvollen Exemplaren aus Silber oder Gold gefertigt und gehören oft zu einer Gruppe von → Beschlägen, deren weitere Teile sich u. a. an den Ecken befinden. Zu den B. sind auch die an Tagebüchern oftmals vorhandenen Schlösser zu zählen, die verschließbar sind.

Buchschnitt
→ Schnittfärben

Buchschnitt-Färbemaschine
→ Schnittfärbemaschine

Buchschraube
→ Schraubenbindung

Buchschwanz
Unterer Teil des Buches.

Buchumschlag
Nicht korrekte Bezeichnung für → Schutzumschlag.

Buchverschluss
→ Buchschließe

Buchzeichen
→ Zeichenband

Buchzeug
Sämtliche Werkstoffe, die zusätzlich am Buchblock angebracht werden, z.B. Heftgaze, Zeichenband, Kapitalband.

Buckram
Durchappretiertes, stark kalandriertes und sehr steifes Baumwollgewebe, das als → Bucheinbandmaterial verwendet wird.
Die Kreuzungspunkte der Schuss- und → Kettfäden werden durch die Kalandrierwalzen platt gedrückt, so dass eine glatte, gut beprägbare

Oberfläche entsteht. Die Rückseite ist teilweise mit Seidenpapier kaschiert. Wegen der feuchtigkeitsempfindlichen Oberfläche wird B. auch mit Griffschutz ausgerüstet (→ Appretur). Einsatzgebiete sind Geschäftsbücher, Lexika und Bibliothekseinbände.

Bünde
→ Heftbünde

Bundeinteilung
Aufteilung des Buchblockrückens oder der Rückeneinlage zur Unterbringung der → Heftbünde und → Fitzbünde nach zweckmäßigen bzw. ästhetischen Gesichtspunkten.

Bündeln
Einpressen und Umschnüren gestapelter Falzbogen bei Anwendung eines → Stapelbündlers bzw. einer → Bündelpresse.
Nach dem Einpressen (→ Bogen einpressen), wobei die Luft aus den Bogen entweicht, erhalten die Bogenbündel zum Schutz der äußeren Bogen beidseitig eine Deckplatte und werden z. B. mit Bindfaden oder einem Gurt eingeschnürt. Unmittelbar vor dem Zusammentragen werden Verschnürung und Deckplatten entfernt. Vorteile des B. sind die Erzielung eines scharfen Falzes und die Volumenverringerung für Transport und Zwischenlagerung.

Bündelpresse
Einrichtung, mit der gefalzte Bogen gebündelt (→ Bündeln) werden, um sie platzsparend zwischenlagern zu können.
B. stehen als separate Einrichtungen neben Bogenfalzmaschinen. Die manuell aus der Falzbogenauslage entnommenen Falzbogen werden päckchenweise in die B. eingelegt, ebenso die Endbretter zum Schutz des Stapels. Nach dem Pressen wird der Stapel von Hand eingeschnürt.

Bündezange
Werkzeug in Zangenform mit flachen, breiten oder stumpfen Backen zum Herausarbeiten der → Heftbünde beim → Einledern.

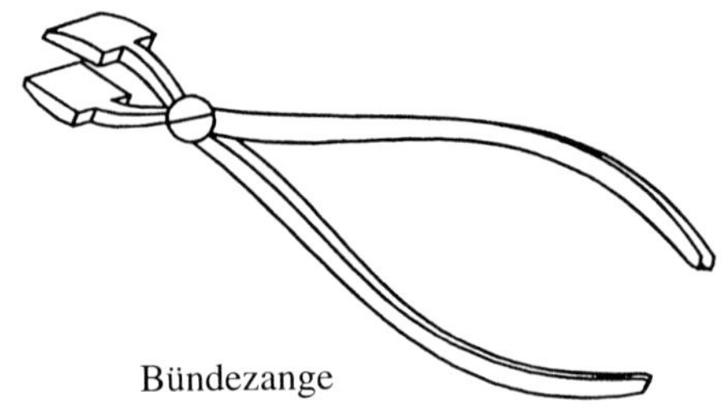
Bündezange

Bundsteg
→ Steg

Bundstegperforation
Möglichkeit des → Perforierens, wobei die Perforationslinie in den Bundstegfalz eingebracht wird.
Die B. dient einerseits zur Vorbereitung von Fügestellen beim Klebebinden mit → Perforationsbindung. Der Falzbogen wird im Bundsteg mit einer Reihe von Schlitzen (Schlitzperforation) oder Ausstanzungen (Stanzperforation) versehen, durch die der Klebstoff bis in die innersten Viertelbogen eindringt.
Außerdem verringert die B. die Steigung der Falzbogen im Rücken. Durch die Planlage wird die Palettierung und Verarbeitung in den Bogenmagazinen der Zusammentragmaschinen vereinfacht. Zusätzlich werden Spannungen im Bogen abgebaut, um → Quetschfalten zu vermeiden.

Buntpapier
Spezielles → Bezugspapier, das durch Aufbringen von Farbe und Mustern veredelt wird und der Buchdecke eine besondere ästhetische Note gibt.
Die Herstellung von B. lässt im großen Rahmen individuelle Gestaltungsmöglichkeiten zu. Neben der Nutzung als Bucheinbandmaterial ist B. auch als Vorsatzpapier u. a. interessant. Als Untergrund für die B. werden gut geleimte Papiere hoher Festigkeit genutzt. Zu den B. gehören → Kleisterpapier, → Knitterpapier, → Marmorpapier, → Öltunkpapier, → Schablonenwischpapier.

Burst Binding
(engl.: to burst = aufplatzen): Englische Bezeichnung für die zum Klebebinden zählende → Perforationsbindung.

Bürstenleimwerk
→ Walzenleimwerk

Büttenpapier
Handgeschöpftes, meist mit Wasserzeichen versehenes Bogenpapier, dessen Herstellungsweise auf die Zeit vor dem Aufkommen der Papiermaschine zurückgeht.
B. hat dünne, ausgezackte Ränder und weist keine einheitliche Faserorientierung und Richtungsabhängigkeit in den Eigenschaften auf. Echte B. werden heute nur noch in geringem Umfang und für besondere Zwecke gefertigt (Briefpapiere in Luxusausführung, Glückwunschkarten, bibliophile Druckerzeugnisse u. a.).
Im Gegensatz zum echten B. wird Imitations-B. auf Langsiebpapiermaschinen hergestellt, wobei der charakteristische Büttenrand durch Quetschen, Stanzen oder ungleichmäßiges Schneiden erzeugt wird.

Büttenrand
Der charakteristische raue und ungleichmäßige Rand des → Büttenpapiers.
Mitunter erhalten Erzeugnisse einen imitierten B., indem sie mit Hilfe entsprechend geformter Schneidwerkzeuge mit einer unregelmäßigen (ungeraden, rauen) Kante versehen werden (z. B. Foto-Handabzüge, Bromsilberdrucke). Manchmal wird auch bei handwerklich hergestellten Büchern die Schnittfläche nachträglich aufgeraut, um einen B. vorzutäuschen.

Cameron-Buchfertigungssystem
System zur Komplettfertigung von Büchern oder Broschuren, bestehend aus speziellen Hochdruckmaschinen und online gekoppelten Buchbindereimaschinen. Gedruckt wird von zwei endlosen, umlaufenden druckformtragenden Plastbändern, auf denen die Druckformen (elastische Fotopolymerdruckformen) montiert sind.
In einem Druckzyklus können Buch- oder Broschurenblocks unterschiedlicher Formate mit einer Seitenzahl von 80...1 500 Seiten (Produktdicke bis etwa 50 mm) mit einfarbigem Text und Strichzeichnungen gedruckt werden.
Die bedruckte Bahn wird in vier Streifen geschnitten, die im Trichterfalz (Außentrichter) gefalzt werden. Die gefalzten Streifen werden zu einem Strang zusammengeführt, der anschließend in einem Querschneider zu aus Viertelbogen bestehenden 16-seitigen Teilblocks geschnitten wird. In einer Sammeleinrichtung, dem Collator,

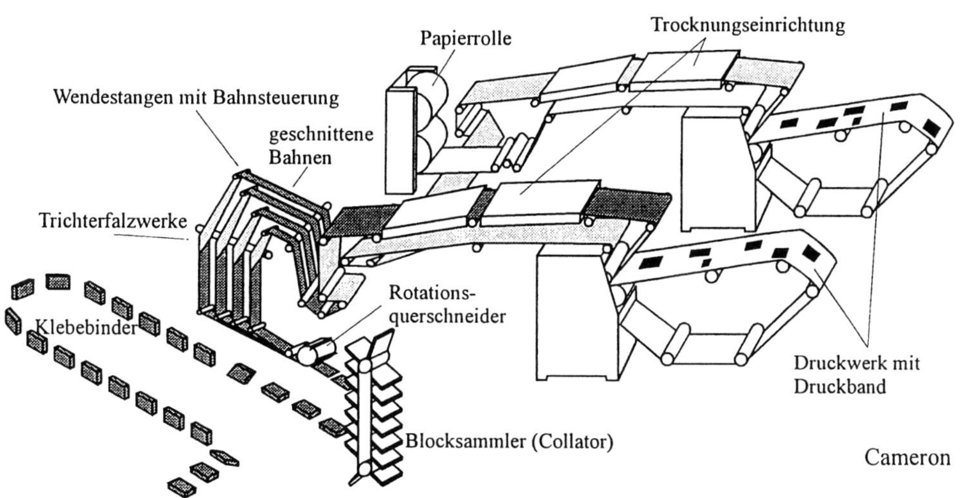

Cameron

werden die aufeinander folgenden Teile jeweils eines Blocks zusammengetragen und können ohne Zwischenlagerung an die Klebebindeanlage übergeben werden.

Cellophanieren
Synonym für → Glanzfolienkaschieren, mit dem das Aufbringen einer glasklaren Folie (Zelluloseacetat oder durchsichtige polymere Plastfolie) auf Druckerzeugnisse bezeichnet wird.
Die Bezeichnung ist vom Namen des Markenartikels „Cellophan" abgeleitet, der als vielseitig gebräuchlicher Werkstoff bekannt ist.

Chagrin
Leder mit künstlich aufgebrachten Narben grober Art.
Die künstlichen Narben werden auf billiges Leder mit gravierten Walzen oder mit Platten in der Prägepresse aufgebracht.

Changeant
Schillerndes Gewebe, bei dem die Kett- und Schussfäden unterschiedliche Farbtöne aufweisen.

Coanda-Effekt
Physikalischer Effekt, bei dem sich Strahlen an nahe gelegene feste Wände anlegen und daran entlang strömen.
An der Vorderkante einer ebenen Platte der Länge l tritt ein zweidimensionaler Strahl der Breite b unter einem Winkel α aus. Ist der Quotient l/b groß, legt sich die an der Plattenvorderkante ablösende Strömung wieder an die Wand an. Das Strömungsgebiet wird in zwei Bereiche eingeteilt: das Ablösegebiet (auch als Ablösewirbel bezeichnet, in dem Rückströmung auftritt) und den sich an die Wand anlegenden Strahl.
Das Wiederanlegen des Strahls kommt dadurch zustande, dass der Strahl aus der Umgebung ruhendes Medium ansaugt. So entsteht zwischen Strahl und Platte ein Unterdruck, durch den sich der Strahl zur Platte hin krümmt und schließlich wieder an diese anlegt. Der maximale Winkel liegt etwa bei 75°. Die Bogen entsprechen hierbei der unteren Platte und werden durch den atmosphärischen Druck an die obere Platte angelegt und so geöffnet.
Der C. wird in Fadenheftmaschinen zur Bogenöffnung genutzt (→ Blasluftöffnungssystem).

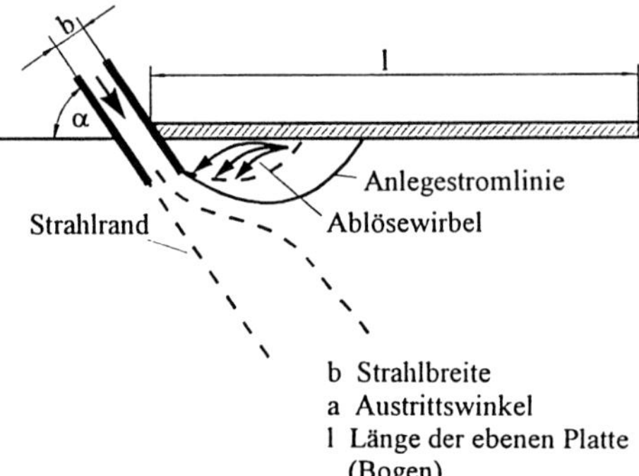

Codexform
Noch heute übliche Buchform, bei der mehrere in der Mitte gefalzte Blätter zu einer Lage vereinigt sind und mehrere Lagen einen Buchblock bilden.
Diese Buchform, die sich bis ins 4. Jh. zurückverfolgen lässt, löste die bis dahin gebräuchliche → Buchrolle ab. Den Übergang von der Buchrolle zur C. bildeten das Wachstafelbuch und das Heft.

Coilock
(engl.: Spiralenverschluss): Das Spiralenende bei der → Spiralbindung, das schlaufenförmig eingebogen wird, um ein Ausdrehen des Bindeelements bei Gebrauch zu vermeiden.

Collator
(engl.: to collect = sammeln): Einrichtung in Systemen zur → Bücher-Komplettfertigung zum Zusammentragen von in der richtigen Reihenfolge ausgelegten Bogen.
Die bedruckte Bahn wird längs in Streifen geschnitten, die gefalzt (Außentrichterfalz), übereinander geführt und quergeschnitten werden. Die aus Viertelbogen bestehenden 16-seitigen Teilblocks werden einem paternosterähnlichen

C. zugeführt. In einer Sektion des C. werden alle Bogen eines Blocks übereinander gelegt. Vom C. erfolgt die Übergabe an den Klebebinder.

Croupon
Wertvoller Teil der gegerbten Tierhaut. Der C. bildet die Rückenhaut des Tiers und ist stärker gewachsen als die anderen Flächenteile der Lederhaut.

Crimpen
→ Krimpen

Criss-cross-Auslage
Sonderform einer → Querstapelauslage an z. B. Zusammentragmaschinen für versetztes Auslegen der zusammengetragenen Blocks, wobei sie in Teilstapeln wechselweise um ein bestimmtes Maß gegeneinander verschoben werden.
Die aus dem Englischen stammende Bezeichnung „criss-cross“ bedeutet in Längs- und Querrichtung oder in wechselnder Richtung. Die Teilprodukte werden in der Regel auf dem Rücken stehend in eine Auslage gebracht und dort zueinander versetzt positioniert, womit leichteres Entnehmen möglich ist.

Daumennagelprobe
Methode zur Bestimmung der → Laufrichtung von Papier oder dünnem Karton, wobei nacheinander zwei im rechten Winkel zueinander liegende Kanten zwischen Daumennagel und Zeigefinger unter mäßigem Druck hindurch gezogen werden.
Die sich stärker wellende Kante liegt im rechten Winkel zur Laufrichtung der Papierbahn.

Daumenregister
Meist halbkreisförmige Ausstanzungen am Vorderschnitt in einem Teil der Blätter von Buch- oder Broschurenblocks, die ein sofortiges Aufschlagen an bestimmter Stelle ermöglichen.

Deckblatt
1. Durch beispielsweise → Ankleben, → Einkleben, → Umlegen angebrachtes Schutzblatt aus meist durchsichtigem Papier zur Vermeidung von Beschädigungen wertvoller Drucke.
2. Das oberste und mit der Bezeichnung des Artikels, der Angabe des Herstellers, dem Preis und sonstigen Angaben versehene Blatt bei Erzeugnissen der Bedruckstoffverarbeitung in Blockform (wie beispielsweise Schreibblocks, Blocks aus Vordrucken, Zeichenblocks, Kalenderblocks).

Decke
Synonym für → Buchdecke.
D. hat sich umgangssprachlich vor allem in Wortzusammensetzungen und Zusammenhängen durchgesetzt (beispielsweise Deckenherstellung).

Deckel
Kurzbezeichnung für → Buchdeckel, für z. B. die → Steifbroschur auch für die Umschlagdeckblätter.

Deckelpappe
Für die Herstellung von → Buchdeckeln verwendete Pappe.
D. sind feste, zähe, meist aus Sekundärfasern hergestellte, geleimte Pappen mit flächenbezogenen Massen von 600...4500 g/m². Verwendet werden hauptsächlich → Graupappe und → Hartpappe. Zum Teil werden auch die für eine Buchdecke bereits auf Format geschnittenen Pappennutzen als D. bezeichnet.

Deckenbezugsmaterial
→ Bucheinbandmaterial

Deckenbezugsnutzen
Einbandmaterial, das bei mehrteiligen Buchdecken die Verbindung zwischen den Deckelpappen und der Rückeneinlage darstellt, in der Regel an den vier Kanten eingeschlagen wird und den äußeren Bezug der Buchdecke ergibt.

Deckenfalz
→ Falz, 2. Definition; auch → Falz einbrennen.

Deckenherstellung
Teilprozess der → buchbinderischen Verarbeitung, der die Prozessabschnitte Deckenmaterial zuschneiden, Decke fügen, Decke veredeln und Decke runden umfasst.
In diesem Teilprozess entsteht die separate Buchdecke. Neben einer gesonderten Abteilung innerhalb einer Buchbinderei, in der Buchdecken hergestellt werden, gibt es auch Spezialbetriebe, die Buchdecken an die Buchbindereien liefern. Das betrifft insbesondere Plastbuchdecken.

Decken machen
Bezeichnung für die Gesamtheit der Arbeitsverrichtungen bei der Herstellung von → Buchdecken.

Deckenmachmaschine
→ Buchdeckenmaschine

Defekte
Polygrafische Teil- oder Endprodukte, beispielsweise Bücher oder Broschuren, die mit Fehlern behaftet sind und entweder an einem dafür besonders ausgestatteten Arbeitsplatz repariert oder der Abfallverarbeitung zugeführt werden.
Teilprodukte, die bei Kontrollen innerhalb der Buchbinderei als fehlerhaft erkannt werden, bezeichnet man auch als → Krebse. Werden die Endprodukte vom Kunden oder Verlag bemängelt, kommen sie als Remittenden in die Buchbinderei zurück.
In einer zumeist vorhandenen kleinen Reparaturabteilung werden die Erzeugnisse nach Fehlern sortiert und, sofern möglich, repariert. Es handelt sich z. B. um Fehler an der Buchdecke, am Vorsatz, Kapitalband oder um kleinere Fehler im Bogen. Die Reparatur erfolgt manuell.

Dehnung
Die bei Papier, Pappe und anderen Materialien durch Zugbeanspruchung oder Aufnahme von Feuchtigkeit eintretende Maßveränderung.
Von besonderer Bedeutung für die Druckindustrie sind die → Bruchdehnung, die in Verbindung mit der → Bruchkraft ein Maß für die Zähigkeit des Materials darstellt, und nicht zuletzt die → Feuchtdehnung. Das Material dehnt sich in Querrichtung meist wesentlich mehr als in → Laufrichtung. Das gilt nicht für handgeschöpfte Papiere oder Pappen wegen der fehlenden Laufrichtung..

Dehnung beim Bruch
→ Bruchdehnung

Demigrain
Feingenarbtes Leder.

Dermatoid
→ Kunstleder

Dextrinleim
Wasserlöslicher Stärkeleim mit einem Feststoffgehalt von 50...70 %, der durch chemischen und thermischen Abbau (Rösten) von Weizen- oder Kartoffelstärke gewonnen wird. Die Anfangsklebkraft ist hoch, aber geringer als die von → Glutinleim. Die Trocknung verläuft sehr langsam unter Ausbildung eines spröden Films.
D. wird bei der Buchmontage und Herstellung von starren Buchdecken eingesetzt. D. können mit anderen Klebstoffen versetzt werden. Durch Zugabe von Glutinleim wird ein schnelleres Abbinden erreicht. Bei Mischung mit → Dispersionsklebstoff erhöht sich die Elastizität, die für flexible Buchdecken erforderlich ist. Eine Verdünnung mit Wasser führt zu Klebkraftverlust. D. wird auch zum Gummieren und Kaschieren eingesetzt.

Diagonalstoff
→ Scharnierstoff

Diarium
Bezeichnung für ein Tagebuch oder ein Schreibheft mit größerem Umfang.

Dichte
1. Physikalische Größe (Raumdichte), ausgedrückt als Quotient aus der Masse und dem Volumen eines Stoffs, angegeben in kg/m³.

2. Quotient aus flächenbezogener Masse und Dicke von Papier, Karton oder Pappe, angegeben in g/cm³ oder kg/dm³.
Einfluss auf die D. haben u.a. Stoffzusammensetzung, Mahlungsgrad, mechanische Bearbeitung, z.B. durch mehr oder weniger hohen Prägedruck, und Feuchtigkeitsanteil.

Dickenkontrolle
Kontrolleinrichtung z.B. in Zusammentragmaschinen oder Sammelheftern zum Erkennen von → Fehlbogen, → Doppelbogen oder fehlenden Bogenbestandteilen.
Dickenkontrollen werden z.B. in den Bogenanlegern eingesetzt, um beim Vereinzeln der Bogen entstehende Fehler zu erkennen, oder als separate Einrichtung vor weiteren Verarbeitungsstationen (z.B. im Sammelhefter vor der Heftstation). Es werden induktive Messsysteme genutzt, die z.B. den Abstand zwischen zwei Greifern ermitteln, der der Bogendicke entspricht. Daneben existieren mechanische D., wobei ein mechanisches Element (Rad, Schwenkhebel) auf das Produkt aufsetzt und über ein Hebelsystem den Fehler signalisiert.

Diplomrolle
Zylindrischer Behälter zur Aufbewahrung einer zusammengerollten Urkunde.

Disc
Bezeichnung für die Rollen, die aus im Schuppenstrom aufgewickelten Falzbogen bestehen. Es gibt verschiedene Systeme, die diese Art der Pufferung und Zwischenlagerung gefalzter Produkte nutzen (→ VarioDisc, → MiniDisc, → FlexiRoll).

Disc-O-bind
→ Einzelblattbindeverfahren, bei dem als Bindeelement kleine runde Scheiben genutzt werden, die in Stanzlöcher im Blattrücken eingreifen.
Die Blattkante wird entlang des Rückens mit einer Stanzreihe versehen, deren halbkreisförmige Löcher jeweils eine Öffnung zur Blattkante hin aufweisen. Einzelne Blätter können dadurch leicht ausgewechselt werden. Die gestanzten Blätter werden über den Scheiben angelegt und nach unten gedrückt, wobei die Scheiben in die Stanzlöcher einrasten. Die Bindung ermöglicht ein Umblättern um 360°.

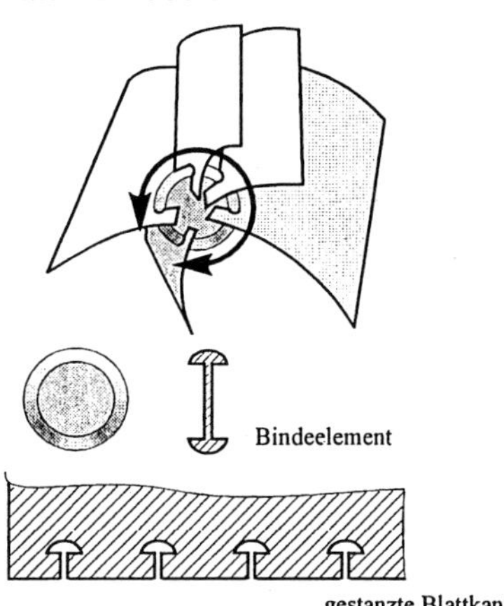

Dispersionsklebstoff
Wässrige Klebdispersion, bei der als Dispersionsmittel Wasser angewendet wird, in dem Kunstharzpartikel, vorwiegend auf der Basis von Polyvinylacetat (PVAC), als dispergierte Phase fein verteilt sind.
D. entsteht durch Emulsionspolymerisation. Der Polymerisationsgrad und damit die Teilchengröße ist unterschiedlich, sie beträgt 0,5...5,0 μm. D. mit überwiegend großen Polymerketten werden als grobdispers, solche mit kürzeren Ketten als feindispers bezeichnet. Jedes Polymerteilchen ist mit einer Schutzkolloidschicht ummantelt, womit eine gleichmäßige Teilchenverteilung erreicht wird.
Zugesetzte Weichmachersubstanzen erhöhen die Flexibilität und verbessern die → Adhäsion, vermindern aber die → Kohäsion. Der Feststoffgehalt beträgt 50...60%. Durch Penetration und Verdunstung des Wassers bricht das Schutzkolloid auf, die Polymerteilchen schließen sich zu einem Film zusammen. Die Trocknung ohne künstliche Trocknungsverfahren dauert etwa 24 h. Die Filmbildung ist irreversibel.

Anwendungsbereiche der D. sind z. B. → Klebebinden, → Erzeugnis montieren, → Buchdeckenherstellung und Fügen von Zusatzteilen am Buchblock (z. B. Zeichenband, Kapitalband).

Disp-O-Fusion
Bezeichnung für ein → Two-Shot-Verfahren beim Klebebinden.
Es handelt sich hierbei um einen Kombinationsauftrag von Dispersionsklebstoff (0,1 mm) und Heißschmelzklebstoff (0,5 mm). Nach dem ersten Auftrag erfolgt eine → Zwischentrocknung.

Doppelbogen
1. Fehler beim Fortdruck in Bogendruckmaschinen, dadurch gekennzeichnet, dass gleichzeitig zwei übereinander liegende Papierbogen durch das Druckwerk befördert werden.
Dadurch werden die sich berührenden Oberflächen der Bogen nicht bedruckt (vgl. Schimmelbogen). Wird dieser Fehler durch die D.-Kontrolle der Druckmaschine nicht erkannt, müssen diese Bogen durch geeignete Messeinrichtungen (optische Sensoren) in der Falzmaschine erfasst und ausgesondert werden.
2. Zeitgleiche Entnahme von zwei gleichen Falzbogen oder Blättern aus einem Bogenmagazin, beispielsweise beim Zusammentragen oder Sammeln.
D. entstehen vor allem bei dünnen, porösen Bedruckstoffen, bei denen ein Durchsaugen zum Abzug von zwei Bogen führt, bei hohem Stapelgewicht im Magazin oder ungeeigneter Maschineneinstellung (unzureichende Luftregulierung der Saugdüsen, defekte Greifer oder Gummiaufsätze auf den Saugern). Die Erkennung erfolgt mittels → Fehl- und Doppelbogenkontrollen.

Doppelbogenkontrolle
→ Fehl- und Doppelbogenkontrolle

Doppelbünde
Zwei → Heftbünde nebeneinander.

Doppelkastenauslage
→ Kastenauslage

Doppelnutzen
Auf einem Teilprodukt (z. B. Falzbogen, Buchblock) befinden sich zwei Nutzen, die während der Verarbeitung getrennt werden.
Druckbogen oder -bahnen werden aus rationellen und ökonomischen Gründen für die buchbinderische Verarbeitung dementsprechend ausgeschossen, gedruckt und gefalzt. Die Trennung der D. kann bereits in der Falzmaschine erfolgen, was insbesondere dann geschieht, wenn mit dem Falzen das Endprodukt entsteht (z. B. Werbeprospekte, Mailings), aber auch bei Verarbeitung großformatiger Druckbogen (→ Doppelnutzenfalzmaschine).
Ein weiteres typisches Beispiel für die Verarbeitung von D. ist die Broschurenherstellung in Fließstrecken. Die Trennung erfolgt erst nach dem Fügen des Blocks. Entweder wird eine → Trennsäge vor dem Dreiseitenbeschnitt zwischengeschaltet, oder es befindet sich eine Trenneinrichtung in der Dreimesserschneidemaschine. Die Blocks werden nach dem Beschneiden und Trennen als Einzelnutzen endverarbeitet.
D. werden angewendet bei kleineren Formaten und wenn die Bearbeitungsmaschinen in den Teilprozessen Bogen-/Bahnverarbeitung und Blockherstellung bis zum Dreiseitenbeschnitt dies formatmäßig gestatten.

Doppelnutzenfalzmaschine
Große Falzmaschine für Drei- und Vierbruchfalzungen, in der nach dem ersten Falzbruch die → Doppelnutzen durchgeschnitten und im Parallellauf fertig gefalzt werden.

Doppelte echte Bünde
Zwei nebeneinander befindliche echte → Heftbünde.

Drahtheften
Formschlüssiges Bindeverfahren, bei dem durch Fügen des Verarbeitungsgutes mit Hilfe von Drahtklammern eine unlösbare Verbindung entsteht, die nur durch Zerstörung der Klammer oder des gehefteten Materials gelöst werden kann.

Die Anwendung erfolgt in der buchbinderischen Verarbeitung als → Drahtrückstichheften, als → seitliches Blockdrahtheften oder als → Einzelbogendrahtheften. Durch den Einsatz der Drahtklammern ergeben sich Nachteile wie Verfärbung und Beschädigung des Papiers durch Oxidation des Drahtes, Verletzungsgefahr an den Klammerenden, Deformation des Papiers an den Einstichstellen u. a.

Drahtheftkopf

Vorrichtung für das maschinelle → Drahtheften, mit der selbsttätig aus dem von einer Spule zugeführten Draht die Klammer gebildet und eingestochen wird.

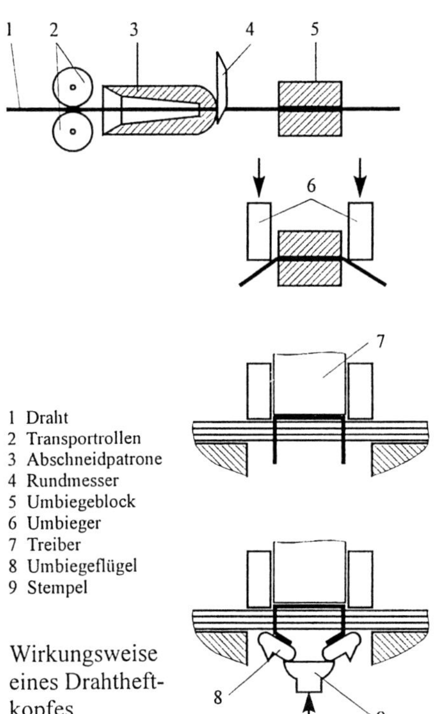

Wirkungsweise eines Drahtheftkopfes

Der endlose Draht wird mittels Drahtführung waagerecht den Verarbeitungsaggregaten zugeführt. Der Draht wird auf die eingestellte Abschnittslänge zugeschnitten. Ein Biegeblock fixiert das Drahtstück und biegt die Enden rechtwinklig um. Ein Treiber stößt die Klammer durch das Papier. Die Klammerenden werden durch Umbiegeflügel geschlossen und angedrückt.
Vorschubrollen, Schneidpatrone und Messer, Biegeblock und Umbieger sind nebeneinander angeordnet (hoher Platzbedarf). Der minimal mögliche Klammerabstand liegt bei rund 75 mm, für kleinere Abstände sind spezielle Schmalheftköpfe (kleinere Bauart) oder → Bostich-Heftköpfe erforderlich.

Drahtheftmaschine

Allgemeine Bezeichnung für Buchbindereimaschinen, mit denen die verschiedenen Drahtheftverfahren ausgeführt werden.
Für das → Drahtrückstichheften werden hauptsächlich → Sammelhefter eingesetzt, im Hochleistungsbereich auch → Sammelhefttrommeln. Daneben existieren sogenannte → Klopfer, die auch für → seitliches Blockdrahtheften eingesetzt werden, sowie → kombinierte Sammel-Drahtheft-Falz-Beschneidmaschinen. Für das → Einzelbogendrahtheften werden heute keine Maschinen mehr hergestellt.

Drahtkammbindung

→ Einzelblattbindeverfahren, bei dem das Bindeelement aus aneinander gereihten, parallelen Doppelschlaufen besteht, die in eine parallel zur Blattkante gestanzte Lochreihe greifen.
D. ist auch unter den Namen Wire-O-Bindung und Ring-Wire-Bindung (engl.: wire = Draht) bekannt. Die Produkte lassen sich flach auf- und umschlagen, wobei im Gegensatz zur → Spiralbindung kein Höhenversatz auftritt. Die D. ist fest geschlossen, Auswechseln einzelner Blätter ist nicht möglich.
Eingesetzt wird D. für Blockdicken bis 28 mm. Häufige Anwendungsbeispiele sind Kalender, Wandkalender, Schreibblocks.

Drahtklammer

Vorgeformtes Drahtstück oder mittels eines → Drahtheftkopfes aus einem endlosen Draht gebildetes Element, das beim → Drahtheften in das Heftgut eingebracht wird und eine formschlüssige Bindung realisiert.

Die Klammerenden sind in der Regel umgebogen, nur bei Produktdicken über 25 mm entfällt das Umbiegen. Nach der Klammerform wird unterschieden in Flachklammern und Ringösen, die mit speziellen Heftköpfen ausgeformt werden und bei paarweiser Anordnung ein Abheften des Produktes erlauben.

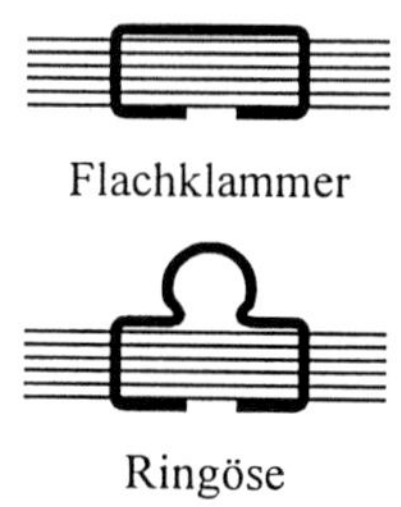

Drahtrückstichheften (Sammelheften)

Einfachstes Verfahren des Drahtheftens, bei dem gesammelte (ineinander gesteckte) Falzbogen mit oder ohne Umschlag von außen nach innen durch den Rücken mit Drahtklammern verbunden werden.

Unabhängig vom Umfang der entstehenden Einlagenbroschur werden alle Bogen gleichzeitig mit dem Umschlag durch den Bundsteg mit 1...4 Drahtklammern geheftet. Das D. erfolgt in der Regel auf → Sammelheftern. Zeitaufwand, Materialverbrauch und Kosten sind gering, wodurch das D. für die Herstellung von z. B. Massenauflagen von Zeitschriften prädestiniert ist.

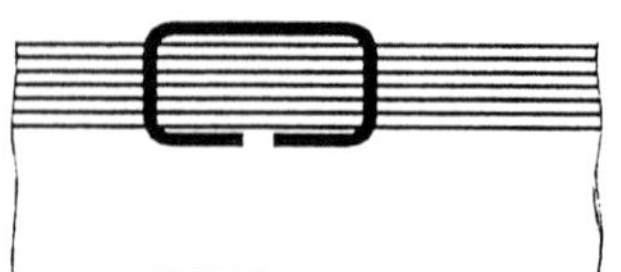

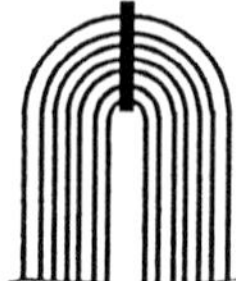

Drehsattel, Neigesattel

Programmierbare Auslenkung des → Sattels an Planschneidern aus seiner rechtwinkligen Anlageposition zur Vermeidung von Schnittfehlern.

Mit dem D. wird der Sattel aus seiner zum Seitenanschlag rechtwinkligen Lage abgeschwenkt. Es kann ein Ausgleich geschaffen werden, wenn das Druckbild nicht parallel zur Bogenkante steht. Mit dem N. können Unter- und Überschnitte ausgeglichen werden. Der Sattel weicht aus seiner zum Schneidtisch rechtwinkligen Lage ab. D. und N. sind als Zusatzeinrichtungen an Planschneidern möglich, gehören aber nicht zur Standardausrüstung.

Dreibruchbogen

Traditionell der dreimal kreuzgefalzte Bogen, auch → ganzer Bogen genannt.

Streng genommen ist jeder Bogen, der dreimal gefalzt wurde, ein D., unabhängig von der Lage der Brüche.

Dreimesserautomat

→ Dreimesserschneidemaschine

Dreimesserschneidemaschine

Buchbindereimaschine für den → Dreiseitenbeschnitt, die nach dem Messerschnittprinzip arbeitet, wobei zwei Seiten- und ein Vordermesser im Schrägschnitt gegen eine Schneidleiste arbeiten und das Schneidgut, z. B. Buchblocks oder Mehrlagenbroschuren, von einem Pressstempel unter Druck fixiert wird.

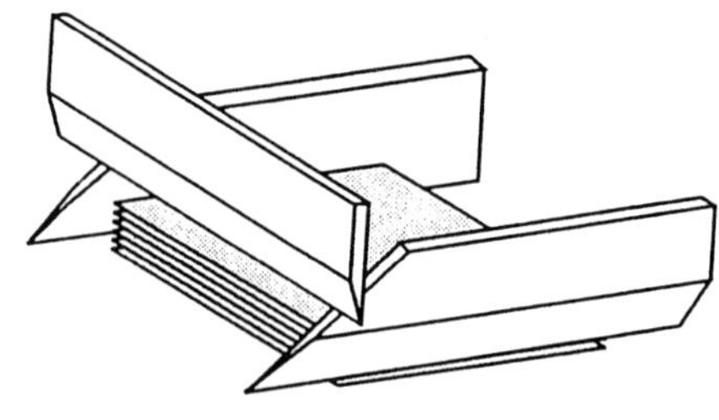

Der Dreiseitenbeschnitt in der D. wird in einer Schneidstation ausgeführt. Vorder- und Seitenmesser arbeiten im Zyklus, damit sie sich nicht behindern. Durch die Realisierung aller Schnitte in einer Pressstellung werden Verschiebungen durch Zwischenentlastung vermieden und eine hohe Maßhaltigkeit gewährleistet. Das Schneidgut kann als Einzelexemplar oder im Stapel (bis 100 mm) verarbeitet werden. Bei Integration in eine Fließstrecke besteht auch die Bezeichnung Fließdreischneider.

Dreimesserschneider
→ Dreimesserschneidemaschine

Dreischneider
Buchbindereimaschine für den → Dreiseitenbeschnitt, die nach dem Messerschnittprinzip arbeitet, wobei ein Messer gegen eine Schneidleiste arbeitet und das Schneidgut nach jedem Schnitt um 90° gedreht werden muss.
Der Block wird auf einer Drehscheibe, die seitliche Anschläge enthält, eingepresst, so dass mit einer einmaligen Fixierung alle drei Schnitte ausgeführt werden. Sie befindet sich auf einem Unterbau, der für die Maßeinstellung zum Messer positioniert werden kann. Einpressen und Positionieren erfolgen über Handrad, die Messerauslösung über Hebel.
Der D. als Vorläufer der heutigen → Dreimesserschneidemaschinen hat in der industriellen Buchbinderei jedoch keine Bedeutung mehr. Die Bezeichnung D. wird heute fälschlicherweise oft für die Dreimesserschneidemaschine verwendet.

Dreiseitenbeschnitt
Realisierung von Kopf-, Fuß- und Vorderschnitt an Teilprodukten, z. B. Buchblocks, und Endprodukten, z. B. Broschuren, zur Erreichung des Endformates und zum Öffnen der bis dahin noch durch den Falz geschlossenen Seiten.
Für D. gibt es drei Prinzipe: Scherschnittprinzip mit Flachmesser (→ Trimmer, → Schneidtrommel), Scherschnittprinzip mit Rundmesser (→ Rotationsschneider) und Messerschnittprinzip mit Flachmesser (→ Dreischneider, → Dreimesserschneidemaschine).

Dreiteilige Buchdecke
Buchdecke, bestehend aus zwei Deckelpappen und einem Bezugsnutzen, der beide Deckel miteinander verbindet.
Die Verbindung besteht entweder nur im Rückenbereich oder vollflächig, indem die Deckelpappen bezogen werden.

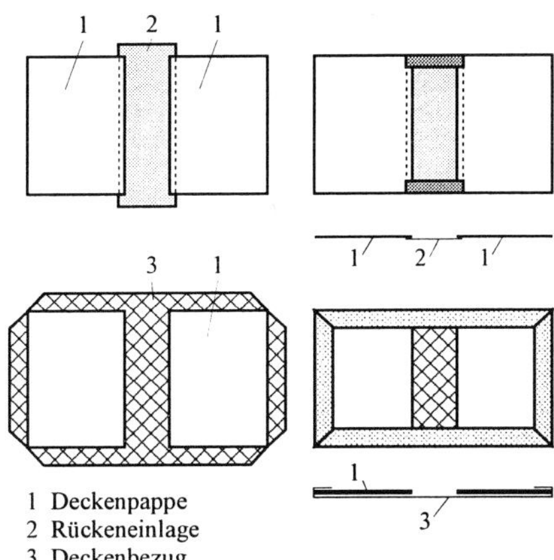

Beispiele für dreiteilige Buchdecken

Druckbogen
Nach dem Drucken entstehendes Produkt, dessen Größe bei Bogendruckmaschinen dem verwendeten → Formatbogen entspricht und bei Rollendruckmaschinen, nach dem Trennen der Papierbahn, durch die Papierbahnbreite und den Zylinderumfang bestimmt ist.

Drücker
Schneideinrichtung für Papierstapel und Buchblocks.
Mit einem handbetätigten Hebel wird das Maschinenmesser durch den eingepressten Papierstapel gedrückt (daher also die Bezeichnung „Drücker"). Doppelhebel-Schneidemaschinen haben auch einen Kniehebel für das Einpressen des Schneidgutes.
D. werden z. T. auch als Schlagschere bezeichnet.

Druckmarkenabfragung
Methode der → Falschbogenerkennung durch Erfassen aufgedruckter Marken im Bereich des Vorderschnitts auf der Bogenoberseite, die durch einen Scanner gelesen werden.

Die Position der Marke (etwa 10...20 mm lang) ist von Bogen zu Bogen verschieden, der Scanner im Bereich der Abzugstrommel wird auf die entsprechende Position eingestellt. Ein Falschbogen ist damit erkannt, wenn der Scanner keine Marke identifiziert. Für dieses Verfahren ist eine druckseitige Vorbereitung der Bogen (Mitdrucken von Marken) und eine Verbreiterung des Vorderschnitts um rund 4 mm erforderlich.
Als Druckmarke gelten auch Barcodes, die teilweise bei Arzneimittel-Beipackzetteln zur eindeutigen Identifizierung aufgedruckt werden.

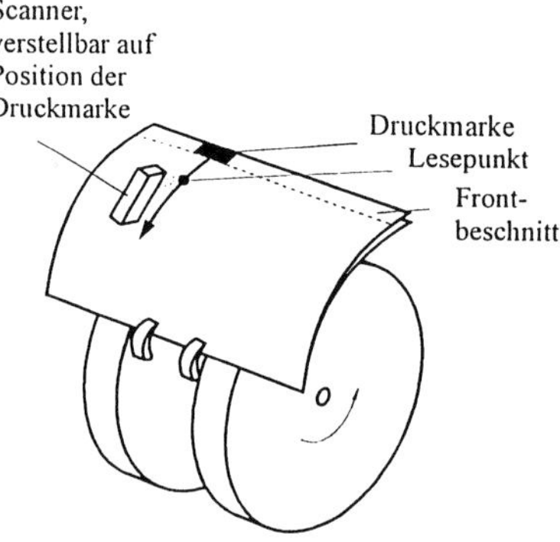

Druckpapier
Sammelbezeichnung für gestrichene und ungestrichene Papiere, die zum Bedrucken geeignet sind und sich mit den verschiedenen Druckverfahren störungsfrei verarbeiten lassen.
Die geforderten Eigenschaften, die D. für ein jeweiliges Druckverfahren aufweisen muss, werden in zwei Gruppen zusammengefasst. Die Bedruckbarkeit umfasst Eigenschaften des Papiers, um bedruckbar zu sein (beispielsweise Glätte, Saugfähigkeit, Glanz, Opazität, Rupffestigkeit); die Verdruckbarkeit erfasst die für die jeweilige Druckmaschine erforderlichen Verarbeitungseigenschaften (z. B. Bruchkraft, Einreißfestigkeit, Winkligkeit).

Drucksensibler Klebstoff
Modifizierter → Dispersionsklebstoff, der unter Druckeinwirkung in eine sogenannte Quarkphase übergeht und dadurch beschnittfähig ist.
Bei Einsatz d. K. beim → Klebebinden ist eine Inline-Verarbeitung der Blocks ohne Trocknung möglich. Während der Umschlaganpressung wird der Klebstoff in einen schnittfähigen Zustand versetzt, der etwa 8 min andauert. In dieser Zeit erfolgt der Dreiseitenbeschnitt. Danach geht der Klebstoff wieder in seinen viskosen Zustand über und kann auf natürliche Weise mit einer Trockenzeit wie herkömmliche Dispersionsklebstoffe getrocknet werden.

Druckweiterverarbeitung
Gesamtheit der Arbeitsverfahren, mit denen Bedruckstoffe die geforderte Gestalt und geforderten Gebrauchseigenschaften erhalten, wobei sich die Bezeichnung D. weniger auf die buchbinderische Verarbeitung bezieht als vielmehr auf Arbeitsvorgänge bei der Herstellung von z. B. Postkarten, Etiketten, Formularen, Schachtelzuschnitten u. a.

Dünnbuch
Im → Klebebinden hergestelltes Erzeugnis, das am Blockrücken mit einem inneren Deckenbogen verklebt ist, der den Block wie ein Umschlag umgibt und dessen Außenflächen wiederum auf die Deckelinnenseiten einer Buchdecke geklebt sind, wobei der Blockrücken beim Aufschlagen frei beweglich bleibt.
Die Herstellung erfolgt zunächst – wie bei einer Broschur – auf einem Klebebinder, wobei der Deckenbogen nur am Rücken mit dem Block verklebt wird. Nach dem Dreiseitenbeschnitt wird dieses Teilerzeugnis dann auf die übliche Art und Weise mit der Buchdecke verbunden (→ Einlegen).

Dünndruckpapier
Dünnes, opakes und grifffestes, auch ungeglättetes Druckpapier mit geringer flächenbezogener Masse unter 40 g/m².
D. wird eingesetzt zum Druck von Bibeln, Gesangbüchern, von bibliophilen Werkausgaben, Briefumschlägen, Zeitungen und Zeitschriften für den Versand per Luftpost und für Druckprodukte mit Gewichtsbegrenzung.

Durchausheftung
Übliche Stichart für das manuelle Fadenheften (Handheften), bei der ein Faden in einem Bogen hin- und im nächsten zurückgeführt wird.
Der Faden wird zunächst in einer Lage von einem → Fitzbund durch sämtliche Heftlöcher zum nächsten Fitzbund geführt, dann verknotet und in der folgenden Lage wieder zurückgeführt. Charakteristisch ist, dass mit nur einem Faden geheftet wird und dass die Heftfäden in der Fadenklammer einzeln vorliegen (im Gegensatz hierzu siehe maschinelles → Einzelbogenfadenheften).

Durchreißwiderstand
Kraft, die benötigt wird, um – von einem Einschnitt ausgehend – eine Papierprobe über eine Strecke mit fester Länge durchzureißen, angegeben in mN.
Es wird zwischen dem D. längs, bei dem der Riss in → Laufrichtung des Papiers erfolgt, und dem D. quer, bei dem in Querrichtung gerissen wird, unterschieden.

Durchschlagen
In der Buchbinderei das Durchdringen von Klebstoff oder dessen Bestandteilen durch das Material bei Ausführung von Verklebungen flächiger Werkstoffe.

Durchschneiden
→ Trennschnitt

Durchschreibepapier
Sammelbezeichnung für Zwischenträger-, Einschicht- und Zweischichtpapiere für die gleichzeitige Herstellung von Zweitschriften, auch Durchschlag oder Durchschrift genannt.
Zu den Zwischenträgerpapieren zählen die Kohlepapiere und Handdurchschreibepapiere. Bei den Einschicht- und Zweischichtpapieren unterscheidet man nach chemischer oder physikalischer Farbbildung. Die farbbildenden Substanzen befinden sich in Mikrokapseln, die unter Druck zerstört werden, wobei der Farbstoff freigesetzt wird.

Düsenleimwerk
Aggregat zur Realisierung von Klebstoffauftrag mittels einer oder mehrerer Auftragsdüse(n).
Der Auftrag erfolgt berührungslos. Vorteile bestehen in einem durchgehenden oder partiellen Klebstoffauftrag von gleichmäßiger Schichtdicke, stabiler Temperaturführung bei Schmelzklebstoffen, geringen Klebstoffverlusten und Reinigungsnotwendigkeiten, da es sich um geschlossene Systeme handelt.
Der technische Realisierungsaufwand ist im Vergleich zu → Walzenleimwerken größer (Klebstoffförderpumpen und -leitsysteme, Düsenverschlusssysteme, variabel einstellbare Auftragsdüsen, Steuerung).
D. werden z.B. beim → Falzkleben, im → Seitenleimwerk oder im Umschlaganleger im Klebebinder eingesetzt.

Ebarbieren
Das Abschneiden ungleichmäßiger Ränder von gefalzten Bogen oder Blättern, wobei das ursprüngliche Format so wenig wie möglich beeinträchtigt werden soll. Dabei können Bogen- oder Blattränder unbeschnitten zurückstehen.
Das E. wird nur bei handwerklich hergestellten Blocks angewendet; es wird auch als Beraufen bezeichnet. Ein nachträglich an bereits dreiseitig beschnittenen Exemplaren angebrachter Rauschnitt stellt eine Fälschung dar, die früher vielfach in der Absicht begangen wurde, einen unbeschnittenen Buchblock vorzutäuschen oder die Vorstellung eines → Büttenrandes zu erwecken.

Echte Bünde
→ Heftbünde

Echtgoldfolie
1...2 µm dünne Folie aus mehreren Schichten, die eingesetzt wird für → Folienschnitte und → Heißfolienprägungen. Die farbgebende Schicht besteht aus echtem Gold.
Auf ein Trägermaterial aus Kunststoff wird zunächst eine Trennschicht aus Wachs aufgebracht, die für das Ablösen der Metallschicht verantwortlich ist. Das Gold wird im Hochvakuum-

dampfverfahren aufgetragen. Damit sind dünne gleichmäßige Schichten von 25...30 nm und damit ein sparsamer Verbrauch an Gold möglich. Auf die Goldschicht wird eine Schicht aus Klebelack aufgetragen. Unter Einwirkung von Wärme und Druck verbindet diese Schicht das Gold mit dem Bedruckstoff. E. erlauben den Einsatz von → Goldschnittmaschinen, um den → Goldschnitt maschinell auszuführen.

Ecken abrunden
Entfernen der spitzen Ecken, insbesondere an den Blättern von Taschenbüchern, Notizbüchern, Kalendern, Heften u. a., mittels gerundeter Schneidwerkzeuge.
Die Abrundung erfolgt zum Schutz gegen das Abstoßen beim Benutzen. Oft werden auch nur die äußeren Deckelecken an Buchdecken, insbesondere bei biegsamen Buchdecken, und an Fotoalben leicht abgerundet, ohne dass die Blätter an den Ecken gerundet werden.

Ecken abschneiden
→ Ecken abstoßen

Ecken abstoßen
Das schräge Abschneiden des zugeschnittenen Deckenbezugsnutzens an den vier Ecken der Einschläge, um beim Einschlagen der Kanten eine Materialanhäufung an den Ecken der Buchdeckel zu vermeiden.
Unbedingt ist dabei zu beachten, dass zwischen Deckelpappenecke und Schrägschnitt des Bezugsmaterials ein Mindestabstand von 1,5 x Pappendicke vorhanden ist, da sonst beim Einkippen „nackte Ecken" entstehen (die Pappe bleibt an der Einschlagecke sichtbar).
Das E. a. ist teilweise auch bei einteiligen Buchdecken aus Karton erforderlich.

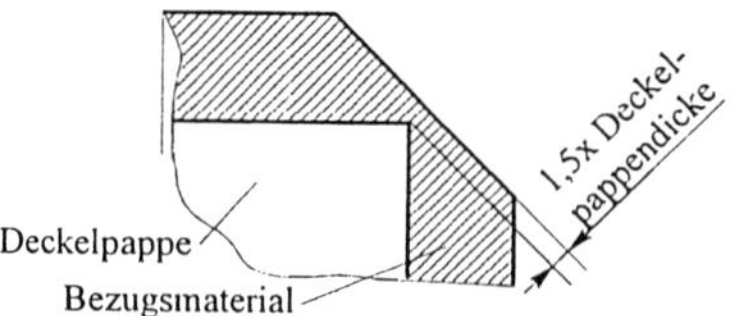

Eckenabstoßgerät
Gerät zum Abrunden und/oder Abschrägen von Ecken, beispielsweise an Spielkarten und Pappenzuschnitten bzw. zum → Ecken abstoßen an Bezugsnutzen.
An einen Winkelanschlag wird das gestapelte Verarbeitungsgut angelegt. Der Stanzvorgang zum Abtrennen der Ecken wird manuell über Handhebel oder über Fußpedal ausgelöst. Häufig sind E. neben Deckenmachmaschinen aufgestellt. Es können Stanzeisen mit verschiedenen Größen und Formen eingesetzt werden.

Ecken einziehen (einkippen)
Einschlagen des → Deckenbezugsnutzens an den Ecken der Pappen von Buchdecken, Mappen und sonstigen überzogenen buchbinderischen Erzeugnissen.
Die Ecken der Buchdeckel bzw. überzogenen Pappen müssen so behandelt werden, dass sie eine gute Form aufweisen und das übereinander liegende oder in Falten gezogene Bezugsmaterial keine unschönen Verdickungen oder Hohlstellen bildet. Voraussetzung ist das exakte → Ecken abstoßen. Zu unterscheiden sind spitze und abgerundete Ecken. Das Bezugsmaterial wird entsprechend der Form der Ecken zugeschnitten.

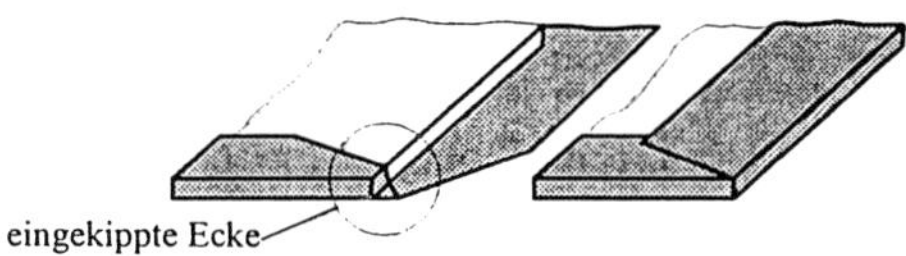

Eckeneinziehmaschine
Maschine zum → Ecken einziehen an Buchdecken.
Die Ecken können entweder durch Drücken der Ecke in eine runde Form und gleichzeitiges Niederdrücken eines Stempels von oben oder durch bewegliche Krallen, die den Deckenbezug über die Ecken ziehen, eingezogen werden.

Eckenvergoldeapparat
Gerät zum Anbringen eines → Folienschnitts an abgerundeten Ecken, die durch die → Goldschnittmaschine nicht vergoldet wurden.

Der Buchblockstapel wird eingepresst und an den Ecken vorbehandelt. Die Schnittfolie wird mittels eines Handapparates übertragen, in dem sich eine beheizte Silikonkautschukwalze befindet.

Eckfördereinrichtung
Aggregat zur Änderung der Bewegungsrichtung eines Produktstroms um 90°.
E. werden z.B. bei → Taschenfalzmaschinen zwischen den Falzwerken zur Erzielung von Kreuzbrüchen und in → Rotationsschneidern zwischen den Schneidstationen für Kopf-/Fuß- und Vorderschnitt eingesetzt.

Eckheftung
Verfahren des → Drahtheftens, wobei einzelne Blätter in der linken oberen Ecke durch eine Drahtklammer verbunden werden.

Edelpappeinband
→ Pappeinband

Efalin
→ Bezugspapier

Einband
Nicht eindeutige Bezeichnung für ein → Buch oder eine → Buchdecke, deren genaue Deutung sich erst aus dem Zusammenhang ergibt.

Einbandmaterial
→ Bucheinbandmaterial

Einbetten
Einkleben von beispielsweise Bildern oder Emblemen in die dafür vorgesehenen Vertiefungen, zum Beispiel auf der Vorderseite der Buchdecke.
Die Vertiefungen entstehen zum Beispiel durch → Blindprägen.

Einbinden
Zusammenfassende Bezeichnung für die Arbeitsverfahren, die in der Buchbinderei der Fertigung von Büchern dienen.

Einbrennen des Falzes
→ Falz einbrennen

Einbruchbogen
Einmal gefalzter Bogen, wegen seiner vier Seiten oft auch → Viertelbogen genannt.
Typisches Beispiel für einen E. ist das → Vorsatz.

Einfache Produktion
Produktionsmöglichkeit im → Falzapparat einer Rollenrotationsdruckmaschine, wobei das Endprodukt aus einem Teil besteht (im Gegensatz zur → gesammelten Produktion, die zwei Teilprodukte enthält).
Im Falzklappenzylinder werden dafür alle Falzklappen benutzt, während bei der gesammelten Produktion nur jeweils jede zweite Klappe zur Anwendung kommt.

Einfacher Stich
→ unversetzter Stich

Einfaches Vorsatz
→ industrielles Vorsatz

Einfassen
Bekleben der Kanten von beispielsweise Kästen und Urkundenrollen zur Kantenschonung und zur Verschönerung mit z.B. Leder-, Gewebe- oder Papierstreifen.

Eingearbeitetes Kapital
Manuelle Technik der Herstellung eines → Kapitals, das in das Bezugsmaterial der Buchdecke eingefügt wird.
Lederstreifen oder Schnur in Dicke der Deckelpappe werden vor dem Einschlagen der Kanten am Kopf und Fuß auf die Innenseite der Rückeneinlage geklebt. Das Bezugsmaterial wird über diesen Streifen eingeschlagen und das Kapital geformt. Das Buch erhält an einer stark beanspruchten Stelle eine wirksame Verstärkung.

Eingesägte Bünde
Veraltete Heftart, bei der die → Heftbünde (z.B. Kordel) vor dem Heften in die mit einer Säge ge-

schaffenen Aussparungen im Rücken des zusammengetragenen Buchblocks eingelegt und vom Heftfaden umschlungen werden.

Beim Heften der Bücher auf Kordel, die jedoch am Rücken nicht sichtbar werden soll, sägt man den Blockrücken an jenen Stellen ein, an denen die Kordel zu liegen kommt. Es wird so tief und so breit eingesägt, dass die Kordel und der Heftfaden nach dem Heften genau mit dem Rücken abschließen. Die erste und letzte Lage werden nicht eingesägt.

Diese Methode wird nur noch selten angewendet. Statt dessen wird auf Band oder auf aufgeschabte Kordel geheftet und so eine Beschädigung der Heftlagen vermieden.

Einhängemaschine

Buchbindereimaschine für die Verbindung zwischen Buchblock und Buchdecke (→ Einlegen, → Einhängen).

Die Buchblocks werden durch Leimwalzen an den Vorsätzen vollflächig mit Klebstoff versehen und nach Zuführung der Buchdecke mit dieser verbunden. Es existieren unterschiedliche Prinzipe der Maschinen, die als Einzelmaschinen oder integriert in → Buchfertigungsstraßen arbeiten. Bekannt sind das Dreiflügelhorizontalprinzip, das Einflügelvertikalprinzip und das Paternosterprinzip (Abb.), das in Buchfertigungsstraßen eingesetzt wird.

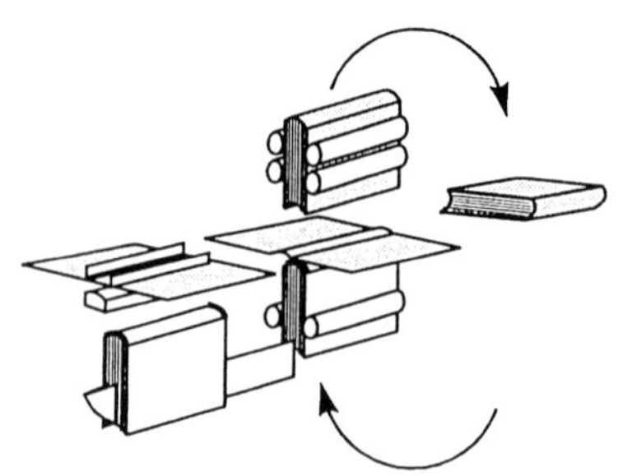

Einhängen

Verbinden des Buchblocks mit der Buchdecke über eine → Hülse zusätzlich zur Verklebung der äußeren Vorsatzblätter mit den inneren Deckelseiten der Buchdecke.

Eine eindeutige Abtrennung der Begriffe E. und → Einlegen ist umgangssprachlich nicht mehr vorhanden. Obwohl die Hülse in der industriellen Buchbinderei kaum noch zur Anwendung kommt, hat sich die Bezeichnung E. durchgesetzt.

Einkaschieren

→ Auskleben

Einkerben

Eine Methode der → Rückenbearbeitung beim → Klebebinden mit Blattverarbeitung, bei der der Blockrücken nach dem Abtrennen der Rückenfalze und dem → Aufrauen zur Erhöhung der Klebstoffangriffsfläche mit Kerben versehen wird.

Die Kerben (Kerbtiefe 0,2...0,8 mm) verlaufen in gleichmäßigen Abständen zwischen 4...8 mm quer über den Blockrücken. Sie verstärken die Klammerwirkung und erhöhen damit zwar die → Blattausreißfestigkeit, beeinträchtigen aber gleichzeitig die → Aufschlagbarkeit und wirken sich mitunter störend auf das in den Bundsteg reichende Druckbild aus.

Einkleben

1. Vorgang beim → Vorrichten, bei dem Vorrichteelemente in die Bogenmitte oder in eine Bogenhälfte eines Falzbogens geklebt werden.

Wird nicht in die Bogenmitte geklebt, ist Aufschneiden des bis dahin geschlossenen Kopf- und Vorderstegs notwendig, um die erforderliche Seite öffnen zu können. Dieser Vorgang erfolgt auch in der Industriebuchbinderei manuell. Spezielle Techniken des E. sind Hängen und Spannen.

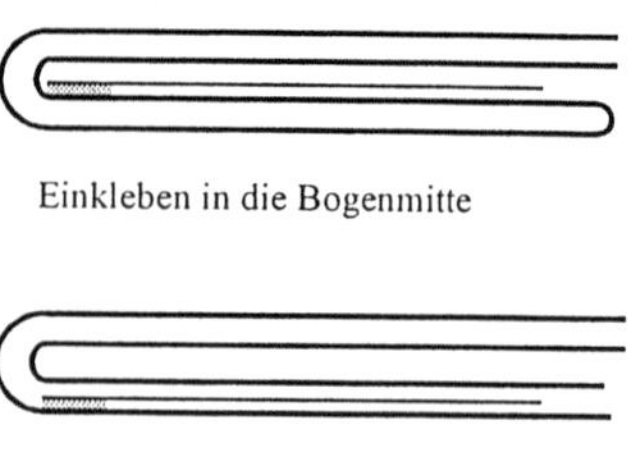

Einkleben in die Bogenmitte

Einkleben in eine Bogenhälfte

2. Kleben von Banderolen u. a. auf den inneren hinteren Buchdeckel, beispielsweise zur Aufnahme von Kartenwerken.

Einknüpfen
Anbringen von Fadenschlingen zum Aufhängen von Schildern sowie Anhängern und ähnlichen Erzeugnissen.
Das E. erfolgt meistens maschinell, wobei der Faden selbsttätig durch das dafür bestimmte Loch geführt und verknotet wird. Sollen überdies noch Ösen angebracht werden, wird das Material vorgelocht, wenn es besonders dick ist.

Einlage
1. → Rückeneinlage
2. Polster oder Verstärkung aus Schaumstoff, Karton, Wellpappe o. a., was zwischen eine Pappe und ein Bezugsmaterial (z. B. Deckelpappe und Deckenbezugsmaterial bei wattierten Buchdecken) eingelegt wird; vgl. Wattieren.

Einlagenbroschur
→ Broschur, wobei der Broschurenblock nur eine Lage enthält, die aus einem Falzbogen besteht oder durch → Sammeln aus mehreren Falzbogen hergestellt wird.
Die E. kann einen Umschlag haben. Das Fügen erfolgt im Rückenfalz, meist mittels Drahtrückstichheften; es sind aber auch Fadenrückstichheften oder Falzkleben möglich.

Einlauflineal
→ Ausrichtlineal

Einledern (ins Leder machen)
Aufkleben des Leders auf den Buchblockrücken und mit Übergriffen (z. B. beim Halbfranzeinband) bzw. vollständig auf die Buchdeckel (z. B. beim Ganzfranzeinband).
Das an den Außenkanten und im Deckenfalz dünner gemachte (ausgeschärfte) Leder wird am Rücken mit Klebstoff versehen, bis es gut durchgeweicht ist. Auf den Rücken des Buchblocks wird Klebstoff aufgetragen und der Ledernutzen passgerecht aufgesetzt. Nach dem Trocknen in einer Klotzpresse werden beim Ganzfranzeinband die Deckel mit Klebstoff versehen und das Leder darüber gezogen. Nach weiterem Trocknen werden die Deckel im Falz gerichtet, die Einschläge angeklebt und das Lederkapital geformt. Beim Halbfranzeinband werden die Lederübergriffe auf die Deckelpappen geklebt, die mit einem anderen Material ganz bezogen werden.

Einlegen
1. Verkleben der äußeren Vorsatzblätter mit den inneren Deckelseiten der → Buchdecke, um die Verbindung zwischen Buchblock und Buchdecke herzustellen; vgl. Einhängen.
Dazu wird Klebstoff auf die äußeren Seiten des vorderen und hinteren Vorsatzes aufgetragen, der Buchblock in die Buchdecke eingeführt und diese an die Vorsätze gedrückt. Da sich die Bezeichnung Einhängen durchgesetzt hat, werden die für das E. verwendeten Maschinen als → Einhängemaschinen bezeichnet.
2. Hinzufügen von Buchzeichen, Prospekten, Werbedrucken in Bücher, Broschuren und Zeitschriften.
3. Einstapeln von z. B. Bogen, Blocks, Buchdecken in die jeweiligen Anleger von Verarbeitungsmaschinen oder Aggregaten.

Einmesserschneidemaschine
→ Planschneider

Einpressen
→ Pressen

Einreißwiderstand
Kraft, die zum Einreißen einer Papierprobe an der unverletzten Papierkante aufgewendet werden muss, angegeben in mN.
Es wird zwischen dem E. längs unterschieden, bei dem der Riss in → Laufrichtung des Papiers erfolgt, und dem E. quer, bei dem in Querrichtung gerissen wird.

Einrichten (Umrüsten)
Arbeitsgang in der Buchbinderei zur Vorbereitung von Maschinen und Geräten für die

Realisierung eines Arbeitsverfahrens für einen Auftrag.
Bei Wechsel eines Auftrags sind die Verarbeitungsmaschinen auf den Folgeauftrag vorzubereiten. Entsprechend dem Format, sind die jeweiligen Maschinenbestandteile (z. B. Anleger, Transportelemente, Auslage) einzustellen. In Abhängigkeit von Format und Material sind die erforderlichen Werkzeuge auszuwählen und auszutauschen (beispielsweise Rundewerkzeug in der Buchfertigungsstraße in Abhängigkeit von der Buchblockdicke, Rückenbearbeitungswerkzeug im Klebebinder in Abhängigkeit vom Papier) oder zu positionieren (beispielsweise Falzwalzenabstand in der Falzmaschine in Abhängigkeit von der Papierart und dem Falzschema einstellen, Prägestempel ortsdefiniert in der Prägepresse anordnen).
An modernen Buchbindereimaschinen wird das E. durch Computer unterstützt, die beispielsweise Bedienanweisungen geben und die Möglichkeit der Speicherung von Aufträgen bieten.

Einsägen
→ eingesägte Bünde

Einschießen
Zwischenlegen von Papier oder dünnen Folien, beispielsweise bei Fotoalben, um die Fotografien auf den jeweils gegenüber liegenden Seiten zu schützen.

Einschlagen
1. Umlegen und Ankleben des Bezugsmaterials an den Ecken und Kanten von z. B. Pappen auf deren Innenseiten.
Typisches Beispiel für das E. ist das Umlegen des Deckenbezugsmaterials an den Kanten der → Deckelpappe bei der Herstellung von Buchdecken.
2. Manuelles oder maschinelles Verpacken von Finalerzeugnissen wie Büchern und Broschuren einzeln (Einzelverpackung) oder zu mehreren Exemplaren (Sammelverpackung) in Papier, wobei das bzw. die Produkte vollständig umhüllt werden.

Einschlagfensterfalz
→ Fensterfalz

Einschrumpfen
Maschinelles Verpacken von Finalerzeugnissen wie Büchern und Broschuren einzeln (Einzelverpackung) oder zu mehreren Exemplaren (Sammelverpackung) in Folie, wobei das Packgut, im Gegensatz zum → Einschweißen, straff von Folie umhüllt wird.
Es wird biaxial gereckte Polyethylenfolie bzw. Polypropylenfolie als Schrumpffolie verwendet. Bei der Herstellung werden diese Folien so eingestellt, dass nach der Umhüllung des Packgutes durch Einwirken von Wärme ein Schrumpfeffekt entsteht, wobei sich die Folie eng an das Packgut anlegt.

Einschweißen
Maschinelles Verpacken von Finalerzeugnissen wie Büchern und Broschuren einzeln (Einzelverpackung) oder zu mehreren Exemplaren (Sammelverpackung) in Folie, wobei das Packgut vollständig von Folie umhüllt wird und diese mehrseitig verschweißt wird.
Charakteristisch im Gegensatz zum → Einschrumpfen ist, dass die Folie nicht straff am Gut anliegt.

Einstampfen
1. Pressen von Altpapier mit Hilfe der Ballenpresse, wobei Ballen mit möglichst hoher Dichte erzeugt werden, die wenig Transportraum einnehmen.
2. Zuführen von wertgeminderten Druckprodukten oder Makulatur zur Abfallverwertung.

Einsteckbogen
→ Einstecken, 2. Definition

Einstecken
1. Das manuelle Ineinanderfügen mehrerer Bogenteile oder Bogen zu einer → Lage.
E. bezeichnet das manuelle Ineinanderstecken von Falzbogen und Umschlag für die Herstellung von → Einlagenbroschuren (z. B. durch

Drahtrückstichheften), wenn für kleine Auflagen kein Sammelhefter verwendet wird; siehe auch Sammeln.

2. Vorrichtearbeit (→ Vorrichten), bei der ein Bogenteil (Einsteckbogen) geringeren Umfangs in einen Falzbogen, meist in die Bogenmitte, gelegt wird; vgl. Umlegen.

Das E. ist z. B. bei gesondert gedruckten Bildern erforderlich, wobei vierseitige Bildteile und Textbogen durch Einstecken zusammengefügt werden.

3. Das Einfügen von Blättern oder Bogen in Fertigerzeugnisse (z. B. Zeitungen, Zeitschriften) mit Hilfe von Einlege- oder Einsteckmaschinen (z. B. → Einstecktrommel).

Die eingefügten Produktteile dienen meist Werbezwecken. In Einlege- bzw. Einsteckmaschinen wird das Erzeugnis geöffnet, z. B. mittels Sauger oder Öffnungsschwert, um das beizufügende Produkt aufzunehmen.

4. Tätigkeit, durch die Bücher in einen → Schuber gebracht werden, der dem Schutze des Buches dient.

Einstecktrommel

Einrichtung zum → Einstecken von Zeitungsteilen, Werbedrucken u. ä. in Zeitungen und Zeitschriften im Hochleistungsbereich.

Die E. besteht aus einer Trommel mit mehreren Segmenten und über den Umfang verteilten Trommeltaschen. Während eines Trommelumlaufs werden die Produkte jeweils seitlich in das nächste Trommelsegment geschoben.

Das erste Trommelsegment dient dem Zuführen und Öffnen des Hauptproduktes, alle weiteren mit Ausnahme des letzten dienen dem Zuführen und Einstecken von Vorprodukten und Beilagen. Das letzte Trommelsegment dient dem Ausrichten und der kontinuierlichen Entnahme der fertig eingesteckten Druckprodukte.

Einteilige Buchdecke

Im allgemeinen flexible Buchdecke aus einem Werkstoffteil, die sich von der Broschur mit ebenfalls flexiblem Umschlag dadurch unterscheidet, dass sie an drei Seiten überstehende Kanten zum Buchblock bildet und über die Vorsätze mit dem Buchblock verbunden ist.

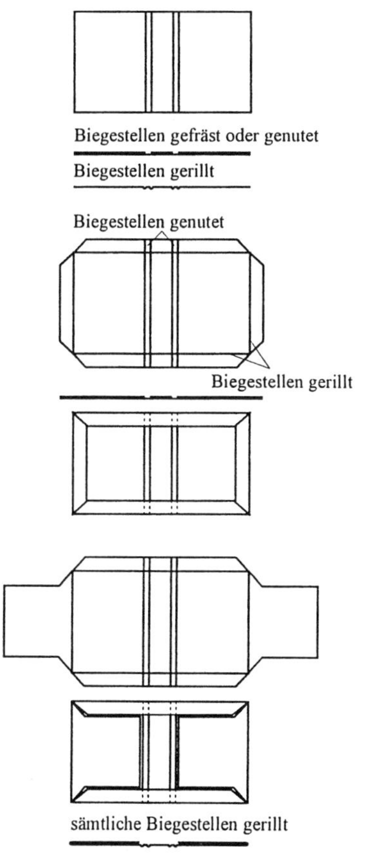

Beispiele für einteilige Buchdecken

Der Herstellungsaufwand für e. B. ist vergleichsweise gering; in Form und Gestaltung entsprechen sie aber z. T. nicht den Anforderungen an ein hochwertiges, langlebiges, ästhetisch ansprechendes Buch.
Es wird unterschieden in → einteilige Buchdecken aus Karton oder Pappe und → einteilige Plastbuchdecken.

Einteilige Buchdecke aus Karton/Pappe
Einfache Form einer Buchdecke aus einem Materialzuschnitt aus Karton oder Pappe.
In ihrer einfachsten Form bestehen e. B. aus Karton/Pappe aus einem rechteckigen Materialzuschnitt, bei dem die Deckenfälze gerillt, gefräst oder genutet sind. Zur Verstärkung der Kanten kann der Zuschnitt Einschläge erhalten, die ebenfalls gerillt werden und nach dem → Ecken abstoßen umgeklebt werden.

Einteilige Plastbuchdecke
Flexible → Plastbuchdecke, die aus einem Stück Weich-Polyvinylchlorid hergestellt wird.
Zeitgleich mit dem Heraustrennen aus der Folie werden an den Deckenfälzen Schweißnähte aufgebracht und kann bei Bedarf die Buchdecke durch → Applizieren veredelt werden.
Mit Aufkommen der e. P. wurde der Begriff → Integralbuchdecke geprägt, da bei ihrer Herstellung die Buchdecke herausgetrennt, die Deckenfälze geformt und die Decke veredelt wurde (verschiedene Arbeitsgänge wurden in einen integriert).

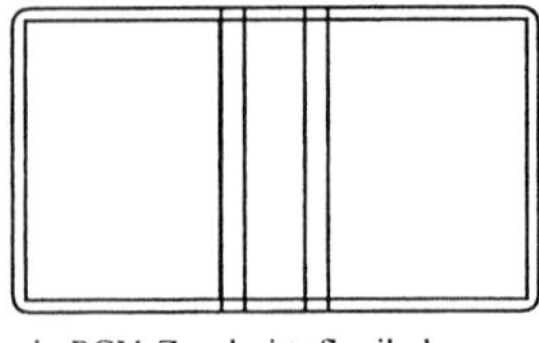
ein PCV-Zuschnitt, flexibel

Einzelblattbindeverfahren
Form- oder kraftschlüssiges Bindeverfahren, bei dem der Zusammenhalt einzelner Blätter mit Hilfe mechanischer Bindeelemente erzielt wird. Gleichzeitig können Deckblätter (z. B. aus Karton) gefügt werden.
Formschlüssige E. sind dadurch gekennzeichnet, dass die Bindeelemente aus Kunststoff oder Metall durch Ausstanzungen (Stanzperforation oder Bohrung) der einzelnen Blätter greifen und so die Verbindung herstellen. Die Inhaltsblätter liegen im Gegensatz zum Klebebinden, Fadenheften oder Drahtheften auch nach dem Binden lose vor. Formschlüssige E. besitzen z. T. eine sehr gute Aufschlagbarkeit (bis 360°) und die Möglichkeit des Austauschens von Blättern. Häufige Verfahren sind → Spiralbindung, → Plastikbindung, → Drahtkammbindung. Bekannt sind außerdem → Ring-, → Schnuren-, Ösen-, Schrauben-, Druckknopfbindung sowie → Disc-O-bind.
Kraftschlüssige E. sind die → Klemmmappe und die → Metallklemmschienenbindung. Die Aufschlagbarkeit ist schlecht. Die Herstellungskosten des Bindeelements sind hoch.

Einzelblattbroschur
Spezielle Broschur, die aus einzelnen Blättern besteht und in der Regel mittels → Einzelblattbindeverfahren gefügt wird.

Einzelblattzusammentragmaschine
Maschine für das → Zusammentragen von Einzelblättern zu Blocks oder Sätzen.
Die Spezifik besteht in der Verarbeitung von Einzelblättern, die im Vergleich zum Falzbogen dünn sind, damit vergleichsweise geringe Stapelhöhen im Magazin benötigen und bestimmte Vereinzelungsprinzipe erlauben. Die Blattvereinzelung erfolgt in der Regel von oben mittels Sauger (→ Saugeranleger) oder Reibrad (→ Friktionsanleger); ein Nachlegen von Material ist nur bei Maschinenstopp möglich. Die vereinzelten Blätter werden mittels Bändern oder greiferähnlichen Führungselementen von Station zu Station gebracht, vervollständigt und verschränkt ausgelegt.
Entsprechend der Anordnung der Bogenmagazine gibt es E. in Turm-, Karussell- und linearer Bauweise. Durchschnittliche Leistungen von 5 000 T/h sind realisierbar. E. können als se-

parate Maschinen arbeiten oder mit Aggregaten zum Drahtheften, Falzen und Schneiden kombiniert werden (→ Kombinierte Sammel-Draht-heft-Falz-Beschneidmaschine).

Einzelbogenbindeverfahren
→ Blockbindeverfahren

Einzelbogendrahtheften
Technologie des → Drahtheftens, bei der zusammengetragene Falzbogen einzeln von innen nach außen mit Drahtklammern geheftet werden und über ein mitgeheftetes Rückenmaterial (z. B. Gaze) miteinander verbunden werden.
Die durch die Klammern bedingte Steigung im Rücken bedeutet eine Qualitätsminderung beim Dreiseitenbeschnitt, Probleme beim Runden und Abpressen, was nicht wirkungsvoll durchführbar ist, und beim Abstapeln der Produkte. Festigkeits- und ästhetische Ansprüche der Bücher werden nicht erfüllt, so dass das E. heute kaum noch angewendet wird.

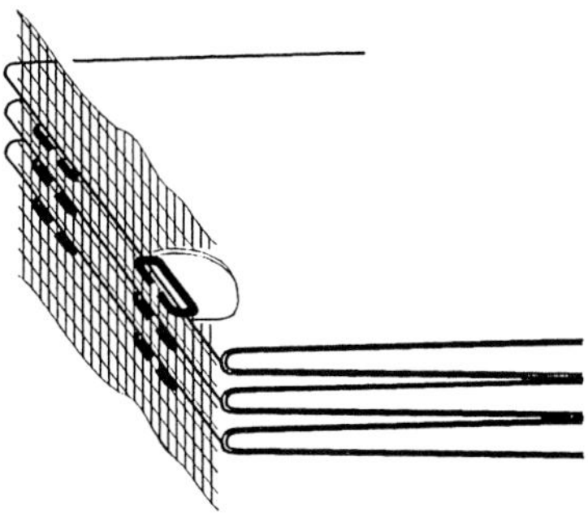

Einzelbogenfadenheften (Buchfadenheften)
Das am häufigsten angewandte Verfahren des → Fadenheftens, bei dem zusammengetragene Falzbogen durch aufeinander folgendes Heften durch den Bundstegfalz bei gleichzeitiger Verbindung zum vorher gehefteten Bogen zum Buch- oder Broschurenblock gefügt werden, wobei das Heften mit Heftgaze (→ Gazeheftung) oder ohne erfolgen kann. Für die endgültige Blockstabilität ist ein anschließendes → Rückenbeleimen erforderlich.

Industriell wird heute meist ohne Gaze geheftet und anschließend im Zusammenhang mit dem Rückenbeleimen gefälzelt oder nach dem Rückenbeleimen ohne Fälzeln in der Buchfertigungsstraße mit Heftgaze hinterklebt.

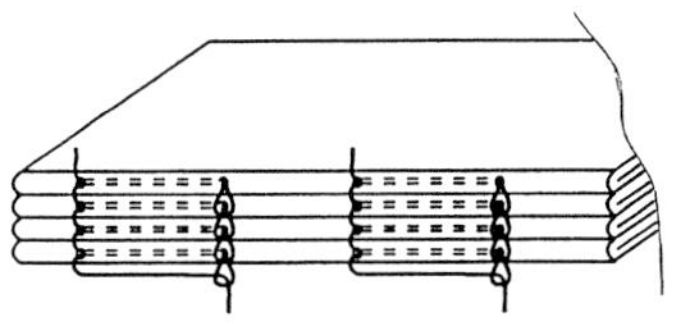

Die Stichbildung wird maschinell heute überwiegend als → unversetzter (einfacher) Stich, seltener als → versetzter Stich ausgeführt, beim Heften auf Gaze ist ein → Übernähstich erforderlich. Zur Ausführung der Stichbildung stechen Vorstechnadeln den geöffneten Bogen im Bundsteg von innen nach außen vor, womit der Widerstand des Papiers herabgesetzt wird und die Näh- und Hakennadeln störungsfrei von außen nach innen in den Bogen stechen können. Die Nähnadeln transportieren die Fäden durch die Vorstechlöcher in den Bogen. Fadenzieher ziehen die Fäden von den Nähnadeln seitlich aus und legen sie in die Hakennadel ein. Die Hakennadeln ziehen die Fadenschlaufe nach außen durch die Schlaufe des vorhergehenden Bogens hindurch. Nach dem Heften des jeweils letzten Bogens eines Blocks erfolgt in der Regel ein Leerstich, ehe der Faden von einem Trennmesser aufgefangen und geschnitten wird (→ Fadentrennvorrichtung). Auf dem Rücken des Blocks ergibt sich eine Verkettung der Fadenschlaufen, im Bogeninneren liegen die Fadenklammern doppelt vor.

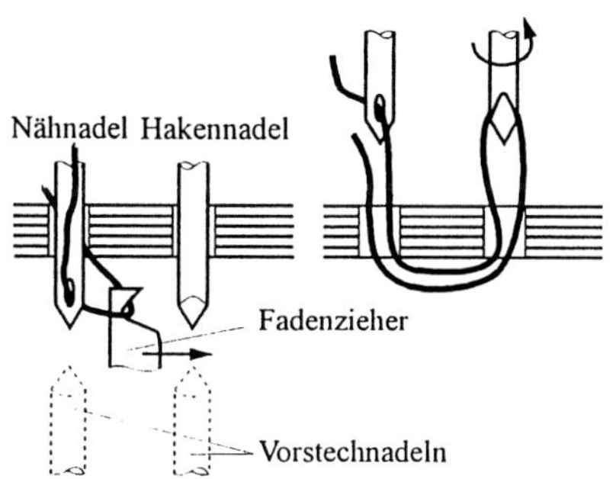

Produkte im E. zeichnen sich durch hohe Gebrauchsbeständigkeit und gute Aufschlagbarkeit aus, das Verfahren ist jedoch technologisch aufwendig und damit teuer, weil ein nochmaliges Vereinzeln der Bogen des bereits zusammengetragenen Blocks erforderlich ist (Herstellungszeit eines Blocks ist abhängig von der Bogenanzahl je Block).
Wird heute vom Fadenheften gesprochen, ist im allgemeinen das E. gemeint.

Einzelverpackung
Verpackung einzelner polygrafischer Finalerzeugnisse (Bücher, Mappen, Kartenspiele u. a.), meist durch Umhüllung mit einem leichten Verpackungswerkstoff oder das Einbringen in ein Behältnis aus Karton oder Pappe.
E. kann manuell oder maschinell erfolgen, wobei Papier (→ Einschlagen) oder Folie (→ Einschweißen, → Einschrumpfen) verwendet wird. Daneben kommen Faltschachteln mit und ohne Verschluss zum Einsatz. Manchmal zählen auch → Schuber als E.
Die E. ist in der Regel auch die Verkaufsverpackung und umhüllt das Produkt bis zum Gebrauch beim Endverbraucher.
Für die Verpackung von Zeitungen und Zeitschriften wurde ein spezielles System entwickelt (→ Rollflat).

Elastizität
Vollständige oder teilweise Rückfederung in den Ausgangszustand nach Deformation durch eine äußere Kraft.
Die in den Hohlräumen viskoelastischer Materialien wie Papier, Karton oder Pappe befindliche Luft dehnt sich nach Kompression durch äußere Kräfte wieder aus, wenn die Kräfte nicht mehr wirken. Übersteigen die Kräfte einen Grenzwert, tritt Rückfederung nur noch teilweise ein, die verbleibende Verformung, die z. B. beim Prägen erwünscht ist, wird als plastische Deformation bezeichnet.

Elefantenhaut
→ Bezugspapier

Embellieren
→ Auffrischen

Endverarbeitung
Teilprozess der → buchbinderischen Verarbeitung, der die Prozessabschnitte Erzeugnis montieren, Erzeugnis komplettieren und Erzeugnis verpacken umfasst.
Ergebnis der E. ist das Finalprodukt, das zur Auslieferung bereit steht.

Englische Broschur
Mehrlagenbroschur, die sich durch zwei- oder vierfach gerillten und an den drei Kanten überstehenden Broschurenumschlag auszeichnet.
Der Umschlag kann zusätzlich mit einem Schutzumschlag versehen werden, der an den Vorderkanten eingeschlagen wird.

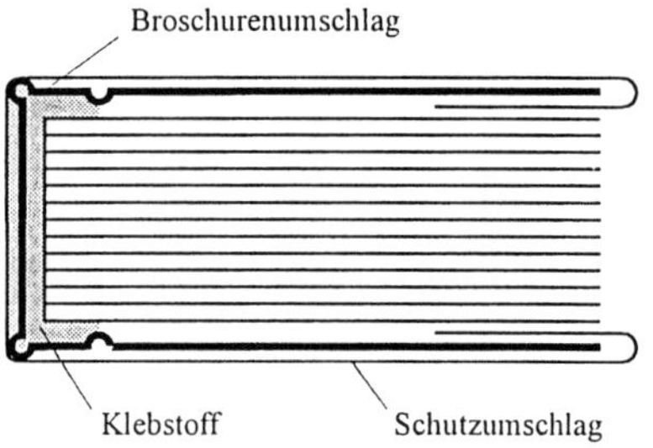

Entladeeinrichtung
→ Beladeeinrichtung

Enzyklopädie
Systematisch nach sachlichen Gesichtspunkten geordnetes umfassendes Nachschlagewerk.
Zu unterscheiden sind E. allgemeinen (Allgemein- oder Universal-E.) oder fachspezifischen Inhalts (Fach-E.). Unterscheidungsmerkmale gegenüber dem → Lexikon sind die systematische Ordnung sowie die auf den vorgesehenen Leserkreis abgestimmte Vollständigkeit gesicherten Wissens.

Erdfarbe (Körperfarbe)
Aus Verwitterungsprodukten von Mineralien und Gesteinen hergestellte Farbe, die als

Schnittfarbe für den → Farbschnitt verwendet wird.

Die Naturprodukte werden durch Schlemmen und Mahlen zu anorganischen Farbpigmenten verarbeitet, die in Wasser suspendiert und mit einem Bindemittel (z.B. Dextrinleim) und Konservierungsstoffen gegen vorzeitige Schimmelbildung versetzt werden. Das Wasser schlägt nach dem Auftragen in die Kapillare des Papiers weg, die Farbpartikel setzen sich auf der Blattkante fest.

Erzeugnis komplettieren

Das Vervollständigen von Finalerzeugnissen wie Büchern oder Broschuren mit Zusatzausstattungen, z. B. mit Schutzumschlag, Schuber, Karten u. a.

Erzeugnis montieren (Buchmontage)

Prozessabschnitt im Teilprozess Endverarbeitung, bei dem die Verbindung von → Buchblock und → Buchdecke durch stoffschlüssiges Fügen mittels Klebstoff hergestellt wird.

Bei der Herstellung der Verbindung von Buchblock und Buchdecke unterscheidet man nach → Einlegen und → Einhängen, wobei sich umgangssprachlich der Begriff Einhängen durchgesetzt hat. Unmittelbar im Anschluss an die Realisierung der Verbindung erfolgen Pressen des Buches (→ Buchformpresse) und → Falz einbrennen. In → Buchfertigungsstraßen sind diese Arbeitsgänge gekoppelt.

Eurobind

Mehrlagenbroschur mit gutem → Lay-Flat-Verhalten, bei der im Rücken keine Verbindung zwischen Broschurenblock und fünffach gerilltem Broschurenumschlag besteht.

Der Broschurenumschlag wird vorn zwischen der ersten und der zweiten, hinten zwischen der vierten und der fünften Rille mit dem gefälzelten Block verklebt. Für die Rückenbeleimung werden Dispersions-, Heißschmelz- oder PUR-Klebstoff verwendet; der Umschlag wird für eine schnelle Fixierung mit Heißschmelzklebstoff verklebt.

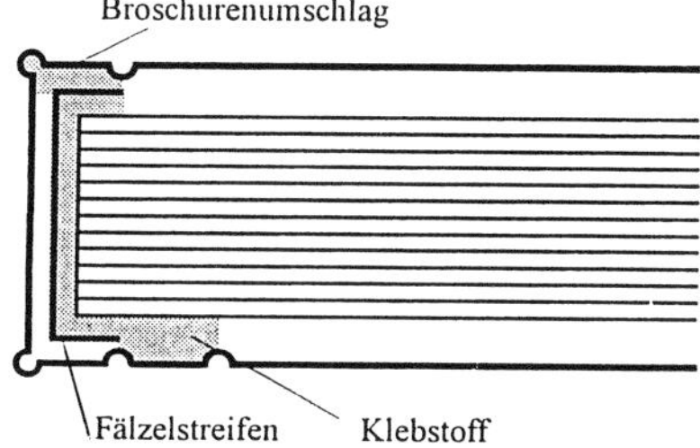

EVA-Hotmelt

→ Heißschmelzklebstoff

Exlibris (Bücherzeichen)

(lat.: ex libris = aus Büchern): Besitzzeichen in Büchern in Form eines oft künstlerisch gestalteten Zettels, der auf die Innenseite des vorderen Buchdeckels geklebt wird.

Externes Programmieren

Erstellen von → Schneidprogrammen, räumlich getrennt und unabhängig vom Planschneider.

Die extern erstellten Schneidprogramme werden mittels mobiler Datenträger oder online an die Schneidemaschine übertragen. Das e. P. ist vorteilhaft bei umfangreichen Schneidaufträgen, deren Programmierung zeitaufwendig ist und zu Ausfallzeiten am Planschneider führen würde. Ein Programm kann an mehrere Maschinen übertragen werden und belastet die Speicherkapazität des Planschneiders nicht.

Fächerbeleimung

Methode des → Klebebindens mit Blattverarbeitung, wobei vor dem Klebstoffauftrag der Blockrücken seitwärts nach beiden Seiten aufgefächert wird und damit eine seitliche Blattkantenbeleimung erfolgt.

Ihren Ursprung hat die F. im Jahr 1938, als Emil Lumbeck bei Reparaturen alter Bibliothekseinbände erstmals versuchte, die neue Bindung nur mit Hilfe eines Klebstoffs herzustellen. Er schnitt den Blockrücken ab, fächerte die losen Blätter auf und verklebte sie mit einer elastischen Kunstharzdispersion. Durch das Auffächern wird das Blatt etwa 0,2 mm seitlich mit Klebstoff benetzt und mit dem Nachbarblatt verklebt, was eine feste Verbindung im Bockverband bewirkt. Aus diesem manuellen sogenannten LUMBECK-Verfahren hat sich bis heute das industrielle Klebebinden mit moderner Maschinentechnik entwickelt.

Fachzeitschrift

Periodisch erscheinendes Druckerzeugnis, dessen Inhalt und Aufgabe die Behandlung wissenschaftlicher, technischer oder ökonomischer Probleme eines bestimmten, eindeutig begrenzten Fachgebietes ist.

Durch die Festlegung des Fachgebietes, durch die Themenwahl und die Art der Darstellung wird der in Frage kommende Leserkreis bestimmt.

Fadendichte

Bei Geweben wie z. B. Bucheinbandmaterial, Scharnierstoff oder Heftgaze die Anzahl der Schuss- und → Kettfäden auf einem Quadratzentimeter.

Die F. charakterisiert, wie fein- oder grobmaschig bzw. dicht die Gewebestruktur ist. Die Angabe 24/17 bedeutet 24 Kettfäden und 17 Schussfäden, d. h. 41 Fäden/cm^2. Je mehr Fäden sich auf einem Quadratzentimeter kreuzen, desto undurchsichtiger ist das Gewebe.

Fadengreifer

→ Fadenzieher

Fadenheften

Formschlüssiges Bindeverfahren, bei dem durch Fügen des Verarbeitungsgutes mit Hilfe von Heftfäden eine unlösbare Verbindung entsteht, die nur durch Zerstörung des Fadens oder des gehefteten Materials gelöst werden kann.

Die Anwendung erfolgt in der buchbinderischen Verarbeitung als → Fadenrückstichheften, als → seitliches Blockfadenheften und → Einzelbogenfadenheften (Buchfadenheften).

Wenn die Bezeichnung Fadenheften fällt, wird damit in der Regel das Einzelbogenfadenheften gemeint.

Fadenheftmaschine

Buchbindereimaschine zum → Einzelbogenfadenheften.

Der zusammengetragene Buchblock wird im Anleger der F. wieder vereinzelt. Die Bogen gelangen in eine Öffnungsstation, in der sie in der Bogenmitte durch Bogenöffnungssysteme (→ Saugluftöffnungssystem, → Blasluftöffnungssystem) geöffnet, im Anschluss auf einem Transport- oder Hilfssattel abgelegt und von diesem zur Heftstation transportiert werden. Nach Übergabe auf einen schwingenden Heftsattel wird der Bogen am Kopfanschlag ausgerichtet. Der Heftsattel schwenkt in das Nähzentrum ein, in dem die Stichbildung (→ Einzelbogenfadenheften) erfolgt. Nach jedem Heftstich drückt eine Leiste den Bogen nach hinten in die Auslage. Nach erfolgter Fadentrennung zwischen den Blocks können diese der Auslage entnommen oder an einen Stapler weitergeleitet werden.

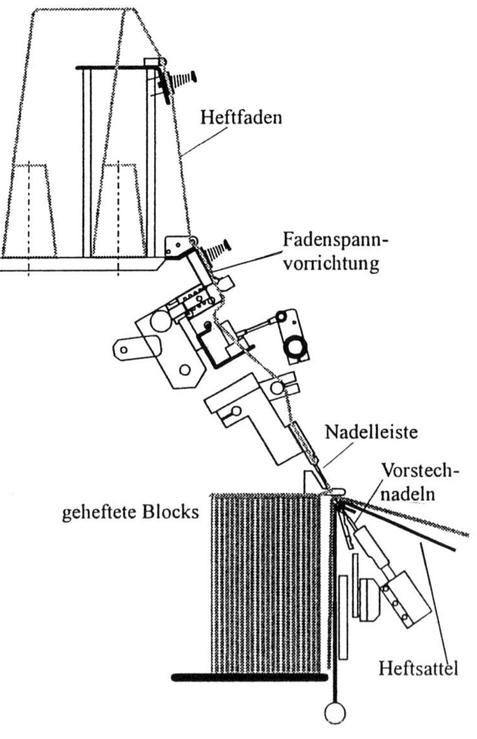

Fadenklammer
Durch Schneiden eines von der Rolle oder einem Fadenkops abgerollten Fadenstrangs entstehendes Fadensegment, das mittels Nadeln durch das Heftgut gestochen, umgelegt und, im Gegensatz zur Drahtklammer, durch Knoten, Kleben oder Siegeln fixiert wird.
Es kann nach offenen und geschlossenen Einzel- oder Mehrfachklammern unterschieden werden. Typisch sind F. z. B. beim → Fadensiegeln und → Knotenfadenheften. Auch das im Inneren eines Bogens sichtbare Fadenstück beim → Einzelbogenfadenheften wird als F. bezeichnet.

Fadenrückstichheften
Verfahren des → Fadenheftens, bei dem gesammelte (ineinander gesteckte) Falzbogen mit oder ohne Umschlag mit Hilfe von durch den Rücken gestochenen Fäden verbunden werden.
Abhängig von der Art der Fadenverbindung werden → Knotenfadenheften und → Steppfadenheften unterschieden. Das F. wird insbesondere für Schul- und Kinderhefte verwendet, bei denen Drahtklammern zu Verletzungen führen können.

Fadenschieber
→ Fadenzieher

Fadensiegelautomat
Aggregat zum rotativen → Fadensiegeln, das wahlweise in die Falzmaschine integriert werden kann (auch als 2. Generation bezeichnet).
Die getaktet zugeführten Falzbogen werden von einer Förderkette (unterhalb der Bogenebene) und einer Fadenplattenkette (oberhalb der Bogenebene) eingeklemmt und transportiert. Die Fadenplattenkette ist für die Zuführung der bereits geschnittenen Fadenstücke verantwortlich. Die Enden der auf der Fadenplatte befindlichen Fadenstücke werden durch rotierende Nadelpaare während des Bogentransports durch das Papier gestochen. Die herausragenden Klammerenden werden durch die Weiterbewegung des Bogens mittels Umlegewerkzeug und Siegelschiene am Bundstegrücken angesiegelt.
Der letzte Falz wird als Innentrichter- oder Messerfalz ausgebildet.

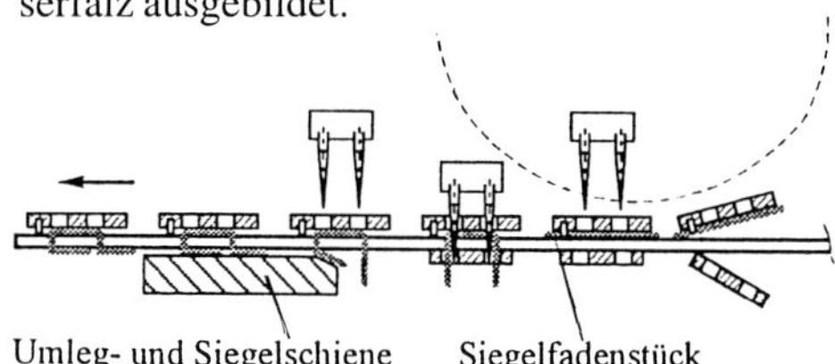

Fadensiegeln
Bindeverfahren, bei dem auf der Linie des letzten Falzbruches im Bundsteg Klammern aus einem Zweikomponentenfaden (→ Siegelfaden) eingestochen werden, deren Enden (Klammerschenkel) auf dem Bogenrücken umgelegt und unter Druck und Wärmeeinwirkung an das Papier angesiegelt werden.
Das Einbringen und Ansiegeln der Fadenklammern erfolgt vor Ausführung des letzten Falzes in der Falzmaschine mittels → Fadenstern oder → Fadensiegelautomat. Durch kombiniertes Rückenbeleimen und Fälzeln wird die Verbindung zum Block hergestellt, dessen Bogen in sich durch Fadenklammern fest verbunden sind und dessen Haltbarkeit mit der eines fadengehefteten Produkts nahezu vergleichbar ist.
Der Vorteil des F. liegt darin, dass das für das Einzelbogenfadenheften notwendige nochmalige Vereinzeln der Bogen des bereits zusammengetragenen Buchblocks vermieden wird.

Fadenstern
Bauteil, das beim → Fadensiegeln die Funktion hat, den Siegelfaden abzurollen, auf Klammerlänge zu schneiden und der Heftvorrichtung zuzuführen und als fester Bestandteil in Falzmaschinen angeordnet ist.
Der F. ist ein quadratisches Bauteil, das sich jeweils um 90° dreht. Dabei wird der zugeführte Faden im 1. Zyklus ergriffen und festgeklemmt, im 2. Zyklus auf Klammerlänge zugeschnitten, im 3. Zyklus bereit gehalten und im 4. Zyklus durch das Papier durchgestochen. Die heraus ragenden Klammerenden werden mittels Umlege- und Siegelwerkzeugen am Bundstegrücken in

beide Richtungen angesiegelt. Der Bogen steht während des gesamten Siegelvorgangs still.

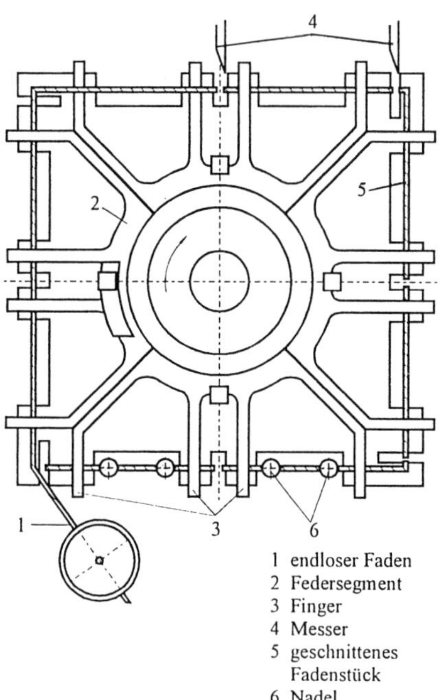

1 endloser Faden
2 Federsegment
3 Finger
4 Messer
5 geschnittenes Fadenstück
6 Nadel

Fadentrennvorrichtung
Vorrichtung beim → Einzelbogenfadenheften, um nach jedem gehefteten Block automatisch eine Fadentrennung zu bewirken.
Nach dem letzten Bogen eines Blocks wird meist ein Leerstich ausgeführt, das heißt, es erfolgt eine Stichbildung ohne Bogen. Der Nähfaden wird durch ein Trennmesser, das sich neben jeder Nähnadel befindet, aufgefangen, wenn er vom Fadenzieher auf die Hakennadel gelegt wird. Beim Heften weiterer Bogen wird der Faden straff über das Messer gezogen und dabei getrennt.
Um die Produktivität des Einzelbogenfadenheftens zu erhöhen (im Durchschnitt um bis zu 20 %), kann der Leerstich entfallen, die Fadentrennung erfolgt in der Bogenlücke zwischen letztem und erstem Bogen (Heften ohne Leerstich). Ehe die Nähnadel in den ersten Bogen des nächsten Blocks einsticht, wird das Trennmesser seitlich verschoben, so dass der Faden über das Messer gelegt, getrennt und aus der Schlaufe gezogen wird. Dieser Vorgang erfolgt im Innern des letzten Bogens. Die Folge ist, dass die Haltbarkeit des letzten Bogens im Block nicht ausreichend gewährleistet ist. Um zu sichern, dass sich die Heftung bis zum → Rückenbeleimen nicht auflöst, werden z. B. die beiden ersten und letzten Bogen im Block durch einen schmalen Klebstoffauftrag (berührungslos mittels Düsenbeleimung) im Rückenbereich miteinander verklebt oder die Fadenschlaufen durch zwei Heizdrähte versiegelt. Letztere Variante erfordert einen speziellen Heftfaden mit schmelzbarem Anteil (65...75 % Polyester).
Das Heften ohne Leerstich, insbesondere bei Verwendung der Beleimung, wird als → Lockstichheftung (abgeschlossene Heftung) bezeichnet.

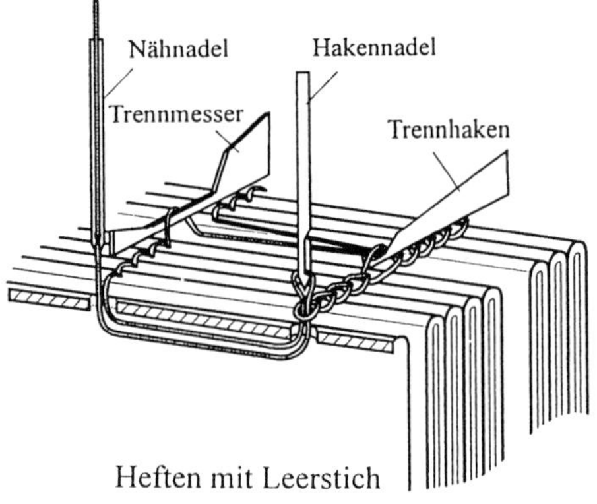

Heften mit Leerstich

Fadenzieher (Fadengreifer, Fadenschieber)
Für die Realisierung der Stichbildung beim maschinellen → Einzelbogenfadenheften notwendiges Wirkelelement, das die gebildete Fadenschlaufe von der Nähnadel übernimmt und der Hakennadel übergibt.
In die von einer kurzen Rückwärtsbewegung der Nähnadel gebildete Schlaufe hakt der F. ein und zieht durch eine Seitwärtsbewegung eine Schlinge bis zur Hakennadel. Durch eine kleine Schwenkbewegung wird der Faden über den Ha-

ken gelegt, und der F. fährt in seine Ausgangsposition zurück.

Falschbogenkontrolle (Bogenartkontrolle)
Kontrolle zur Erfassung der Vollständigkeit und richtigen Reihenfolge von Bogen und/oder Blättern innerhalb eines Buch- oder Broschurenblocks.
Abweichungen von der korrekten Bogenreihenfolge treten z.B. auf, wenn Bogenmagazine falsch bestückt werden. Die ursprüngliche Methode der F. ist das → Kollationieren. Heutige messtechnische Einrichtungen zur F. werden z.B. in Zusammentragmaschinen, Sammelheftern oder Fadenheftmaschinen integriert. Zwei grundsätzliche Varianten der Bogenerkennung werden realisiert: das Erfassen von aufgedruckten Marken und das Abtasten des Druckbildes. Das Erfassen aufgedruckter Marken erfolgt bei der Erkennung von → Flattermarken und bei der → Druckmarkenabfragung, das Abtasten des Druckbildes bei → ASIR, → KITAC und bei → OPTICONTROL. Fehler werden optisch und akustisch angezeigt, die Falschbogen können ausgeschleust werden oder zum Maschinenstopp führen.

Falsche Laufrichtung
Missachtung des Grundsatzes, dass die → Laufrichtung der bei der Buch- und Broschurenherstellung verwendeten Materialien parallel zum Produktrücken verlaufen muss.

Faltbuch
Eine aus Ostasien bekannte Buchform, die aus vorn geschlossenen Doppelblättern besteht.
Das hierfür benutzte, verhältnismäßig dünne Druckpapier ist nur einseitig bedruckt und in der Mitte gefalzt. Ein Doppelblatt enthält zwei leere Innenseiten.

Falten
Umbiegen des Bedruckstoffs an einer vorbereiteten oder nicht vorbereiteten Biegestelle, wobei die Biegestelle keine oder nur unwesentliche Veränderungen durch Druckeinwirkung erfährt. Das Rückfederungsmoment ist größer als beim → Falzen und erwünscht, weil dadurch ein leichteres Öffnen (z.B. an Faltschachteln) möglich ist.

Falz
1. Eine unter Druck scharfkantig umgebogene Biegestelle, deren Rückfederungsmoment gering ist und an der das Material ähnlich einem Scharnier bewegt werden kann; vgl. Falzen.
2. An der Buchdecke der Bereich zwischen der Rückeneinlage und Deckelpappe, der eine gewisse Breite haben muss, damit sich die Buchdeckel wie bei einem Scharnier gut öffnen und schließen lassen, auch als Decken- oder Rückenfalz oder Falzgelenk bezeichnet.
Die scharnierartige Ausbildung des F. entsteht hauptsächlich beim → Falz einbrennen.
3. Mitgeheftete Papierstreifen, an die Tafeln oder sonstige Blätter angeklebt sind und die ermöglichen sollen, dass das betreffende Teil des Werkes (z.B. eine Karte) gut aufgeschlagen werden kann.
4. → Abpressfalz

Falz abpressen
→ Niederhalten

Falzabweichung
Abweichung des tatsächlichen Falzbruchs, der Istlinie, vom theoretisch vorbestimmten Falzbruch, der Solllinie.
F. treten als Längen- und Winkelabweichungen auf und beeinflussen die Lage des Satzspiegels im Endprodukt. Beim → Taschenfalz liegen die Ursachen im Falzprinzip begründet, die Ausbildung der Stauchfalte im Falzraum erfolgt undefiniert. F. hängen unter anderem ab von der Papierart (flächenbezogene Masse, Steifigkeit), dem Falzschema, der Falzwalzenbeschaffenheit, von der Einstellung der Falzmaschine und Maschinengeschwindigkeit.

Falz anklopfen
Das Herüberziehen des ersten und letzten gehefteten Bogens beim manuellen → Abpressen.

Dabei werden die Rückenfalze der Bogen mit dem Hammer oder dem Kaschiereisen auf die → Falzbretter geklopft.

Falzanleger
→ Umschlagfalzanleger

Falzapparat
Baugruppe an Rollenrotationsdruckmaschinen, die nach den Druckwerken angeordnet ist.
Der F. verarbeitet die zugeführte bedruckte Papierbahn zu einem → Falzbogen. Man unterscheidet festformatige und variabelformatige F. Die Papierbahn wird zunächst über einen Falztrichter (→ Außentrichterfalz) geführt und längs gefalzt. Der anschließende Falz quer zur Förderrichtung erfolgt vorrangig mittels Klappenfalz. Festformatige F. haben eine konstante Abschnittlänge, die durch den Umfang des Schneidzylinders und die Anzahl der enthaltenen Messer bestimmt wird. Der Schneidzylinder trennt die Bahn quer in Bogen. Diese werden von → Punkturnadeln erfasst, die sich auf dem Falzmesserzylinder befinden. Nach der Übernahme drücken die im Inneren des Falzmesserzylinders angebrachten Falzmesser den Bogen an der zu falzenden Stelle nach oben. Dort wird er dann vom Falzklappenzylinder übernommen und einer schuppenförmigen Auslage zugeführt.

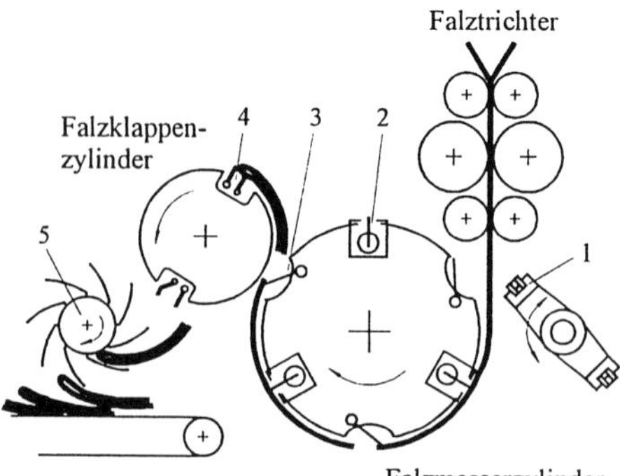

1 rotierende Messer
2 Falzmesser
3 Punkturen
4 Falzklappen
5 Auslagestern

Bei variabelformatigen F. ist die Abschnittlänge durch eine separate Schneideinrichtung mit nachfolgenden Abreißwalzen veränderlich. Die Bogen werden von Greifern erfasst, die auf dem Falzmesserzylinder sitzen. Die Veränderung der Falzlänge erfolgt durch Relativverstellung der Falzmesser zu den Greifern.

Falzart
→ Falzschema

Falzbein
Arbeitswerkzeug des Buchbinders aus Knochen oder Elfenbein zum → Falzen, Falz einreiben (→ Falz einbrennen) und für verschiedene andere handwerkliche Arbeiten.

Falzbogen
Produkt des → Falzens, das aus Planobogen in → Bogenfalzmaschinen oder aus der Papierbahn in → Falzapparaten der Rollenrotationsdruckmaschine entsteht.
Die F. erfahren in den meisten Fällen noch eine buchbinderische Verarbeitung.

Falzbreite
→ Buchdeckenmaß, das den Abstand zwischen der Außenkante der Rückeneinlage und der Innenkante der Deckelpappe angibt.
Die F. wird vor allem von der Dicke der Deckelpappen und der Dicke und Dimensionsstabilität des Bucheinbandmaterials bestimmt. Für übliche Pappendicken von 1...2 mm gilt eine Falzbreite von 7 mm, bei dickeren Pappen sind bis zu 10 mm vorzusehen. Eine zu geringe F. verhindert gutes Öffnen, die Vorsätze und vorderen bzw. hinteren Blätter werden mit hochgezogen.

Falzbretter
Holzplatten, die etwas größer als das jeweilige Buchformat sind, an einer der Längsseiten eine Metallschiene in Dreiecksform haben und die hauptsächlich dem → Falz anklopfen dienen.
Die Metallschiene greift in den Falz und erreicht das Formen der Abpressfälze am Buchblock; siehe auch Abpressen.

Falz einbrennen

Ausformen des scharnierartigen Öffnungsgelenkes am Buch, indem eine vertiefte, dreieckförmige Linie, der → Falz (2. Definition), auf dem Bezugswerkstoff entlang der inneren Kante der Deckelpappe eingebracht wird.

Der eingebrannte Falz dient einem leichten Öffnen des Buches bei der Benutzung. Zugleich wird die Verbindung zwischen Buchblock und Buchdecke verfestigt und eine optisch verbesserte Gesamtwirkung des Produktes erzielt.

In der industriellen Buchbinderei erfolgt das F. e. maschinell mit erwärmten Werkzeugen (Schienen oder Rollen), in der handwerklichen Buchbinderei mit Hilfe des Falzbeins (hier Falz einreiben genannt).

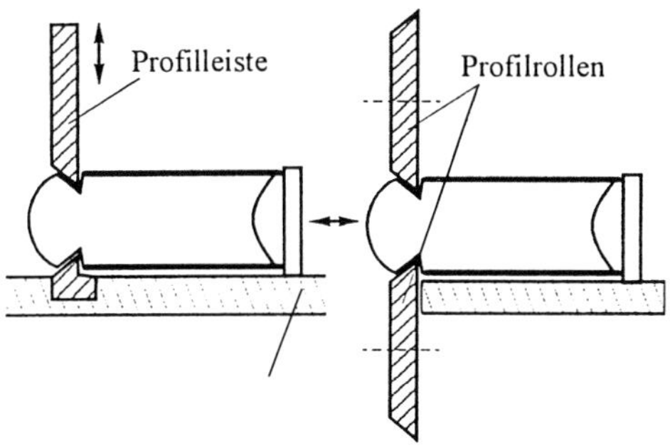

Falz einreiben

→ Falz einbrennen

Fälzel

Materialstreifen (Fälzelstreifen), der durch Ankleben den Rücken von Buch- oder Broschurenblocks dreiseitig straff umschließt und durch seine Klammerwirkung der Erhöhung der Blattausreißfestigkeit dient.

Die 15...20 mm breiten seitlichen Übergriffe bilden die Voraussetzung für eine spätere feste Verbindung des Buchblocks mit der Buchdecke im Bereich des Deckenfalzes und verstärken die Gelenkwirkung im Falz der Vorsätze. F. werden auch bei verschiedenen Broschurenarten mit Lay-Flat-Verhalten eingesetzt, wenn keine direkte Verbindung zwischen Broschurenumschlag und Block realisiert wird, und bei der Fälzelbroschur. Zum Einsatz kommen unterschiedliche → Fälzelmaterialien.

Fälzelbroschur

Mehrlagenbroschur, bei welcher der Broschurenblock vorder- und rückseitig mit einem Umschlagdeckblatt und einem vom Rücken auf die Deckblätter übergreifenden Fälzelstreifen aus Papier oder Gewebe (→ Fälzel) versehen ist.

Fälzelbroschuren werden häufig durch seitliches Blockdrahtheften gefügt. Die Umschlagdeckel werden gleichzeitig mit dem Block gefügt. Der Fälzelstreifen mit etwa 10...15 mm breiten Übergriffen verbindet die einzelnen Bestandteile der Broschur und deckt die Fügeelemente ab.

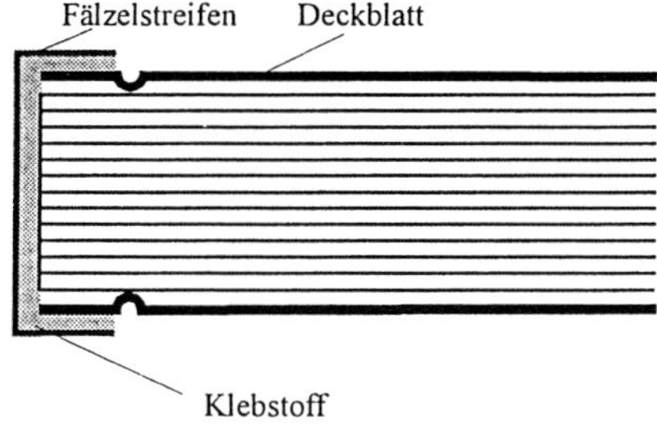

Fälzelmaterial

Reißfestes, dehnfähiges, falzfestes Material, das als → Fälzel eingesetzt wird und den Anforderungen beim → Fälzeln gerecht wird.

F. unterscheiden sich u. a. hinsichtlich ihrer Rundefähigkeit und eventueller Gummierung. Es werden → Fälzelpapier, → Gewebe, → Heftgaze, → Krepppapier, → Scharnierstoff, → Schirting und → Vlies eingesetzt.

Fälzeln

Anbringen des → Fälzels auf dem Rücken von Buch- oder Broschurenblocks.

Das Fälzeln erfolgt entweder in separaten Fälzelmaschinen, die in der Regel nach dem Prinzip des → Längsfälzelns arbeiten, oder in Fälzel- und Gazestationen von Klebebindern nach dem Prinzip des → Querfälzelns. Das Fälzelmaterial wird endlos von der Rolle zugeführt, durch Walzen oder Druckluft an den beleimten Blockrücken gepresst und umgelegt.

Fälzelpapier
→ Fälzelmaterial aus weißem holzfreiem Papier mit einer flächenbezogenen Masse von 80 g/m² ohne Gummierung und mit guter Rundefähigkeit.
F. hat eine hohe Festigkeit in Laufrichtung, eine hohe Dehnbarkeit quer zur Laufrichtung und hohe Falzfestigkeit.

Fälzelstreifen
→ Fälzel

Fälzel- und Gazestation
Station im Klebebinder, in der nach dem Prinzip des → Querfälzelns das → Fälzel auf den Buchblockrücken aufgebracht wird.

Falzen
Das scharfkantige Umbiegen einer Biegestelle entlang einer geraden Linie nach einem vorbestimmten Schema unter Druck, so dass das Rückfederungsmoment gering wird.
Durch das F. werden leicht handhabbare, dem späteren Erzeugnisformat angepasste Falzbogen hergestellt, die stabil sind und in nachfolgenden Prozessabschnitten (beispielsweise Zusammentragen) hohe Verarbeitungsgeschwindigkeiten erlauben. Dabei erfolgt innerhalb des Falzbogens eine Seitenzuordnung durch fortlaufende Nummerierung.
Falzungen lassen sich u.a. nach ihrer Anzahl, der Lagezuordnung der Falze (→ Parallelfalz, → Kreuzbruch oder kombiniert), dem Wirkprinzip (→ Taschenfalz, → Messerfalz, → Trichterfalz, → Klappenfalz, → Bänderfalz, → Pflugfalz), der Lage des Falzes zu den Bogenkanten (symmetrisch, asymmetrisch) oder nach der Anzahl der Bogen bzw. Bahnen, die gemeinsam gefalzt werden, klassifizieren.

Falzfestigkeit
→ Falzwiderstand

Falzgelenk
→ Falz, 2. Definition

Falz-Heft-Linie
Mit Einführung des Bindeverfahrens → Fadensiegeln entstandene Bezeichnung für die Linie, auf der die Fadenklammern liegen und an der nach dem Einbringen der Fadenklammern gefalzt wird.

Falzhilfekonzentrat
→ Aqualiner

Falzklappenzylinder
In → Falzapparaten von Rollenrotationsdruckmaschinen befindlicher Zylinder zum Falzen der Abschnitte in Querrichtung.

Falzkleben (Lagenkleben)
Während des Falzens ausgeführte Zusatzoperation, bei der in der Bogenfalzmaschine auf den Bogen oder in der Rollenrotationsdruckmaschine auf die Papierbahn Klebstoffstreifen mittels Auftragsdüsen so auf die Falzlinie aufgetragen werden, dass nach Beendigung des Falzvorgangs die Blätter des Bogens im Bundsteg miteinander verbunden sind.

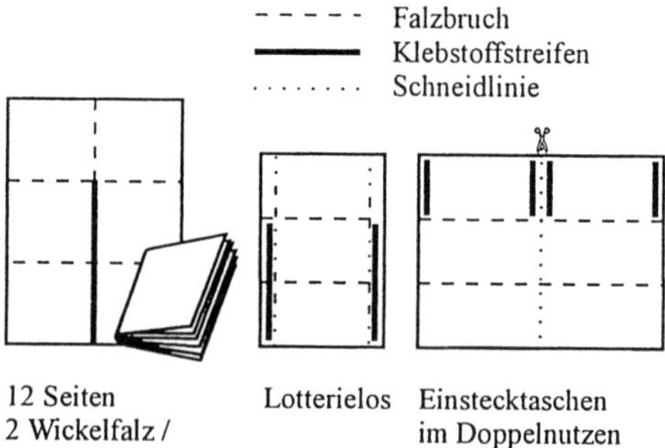

Das F. stellt eine günstige Alternative zum → Drahtrückstichheften dar, um beispielsweise Werbeprospekte und Zeitungsbeilagen schnell und preisgünstig herzustellen sowie eine gute Handhabbarkeit und ansprechendes Aussehen

(kein Auftragen von Drahtklammern im Rücken) zu erreichen. Aber auch für Kuverts, Einstecktaschen, Mailings, Lotterielose u.a. wird F. eingesetzt, wobei im Zusammenhang mit Schneid-, Rill- und Perforiermessern in der Falzmaschine derartige Finalerzeugnisse fertiggestellt werden können.
Außerdem können falzgeklebte Bogen ohne weitere Rückenbearbeitung im Klebebinder zu Blocks verarbeitet werden, womit eine hohe Haltbarkeit erzielt wird. Der Seitenumfang beträgt bis zu 48 Seiten, in Sonderfällen auch darüber.

Falzleinen
→ Scharnierstoff

Falzlinie
Gedachte Linie zwischen zwei zusammengehörenden → Falzmarken, an denen der Bogen zu falzen ist.

Falzmarke
Mitgedruckte Markierung außerhalb des beschnittenen Bogenformats, die dem Buchbinder angibt, an welcher Stelle der Bogen zu falzen ist.

Falzmaschine
Allgemein verbreitete Bezeichnung für → Bogenfalzmaschinen.

Falzmesser
Werkzeug für den → Messerfalz, bestehend aus einer messerähnlichen, stumpfen Klinge (Falzschwert), die im Arbeitstakt der Falzmaschine auf- und niedergeht und den zu falzenden Bogen zwischen zwei → Falzwalzen schlägt.

Falzmesserzylinder
In → Falzapparaten an Rollenrotationsdruckmaschinen angeordneter Zylinder, der die vom Schneidzylinder in Abschnitte getrennte Papierbahn übernimmt und zum Falzen an den Falzklappenzylinder übergibt.

Falzniederhalten
→ Niederhalten

Falzprodukt
Bedruckstoff, der eine Biegestelle oder mehrere durch → Falzen erzeugte Biegestellen erhalten hat; vgl. Falzbogen.

Falzregister
Deckungsgleichheit aller Satzspiegel innerhalb eines Falzbogens.
Das F. stellt ein Maß für die Falzqualität (Falzgenauigkeit) dar, mangelndes F. schlägt sich im Endprodukt als → Satzspiegellageabweichung nieder. Geprüft wird das F. vor allem nach der Schriftlinie der 1. Zeile jeder Seite und nach der Begrenzung des Satzspiegels am Bundsteg.

Falzschema
Festlegung der Anzahl, Richtung und Aufeinanderfolge der Falzbrüche beim → Falzen.

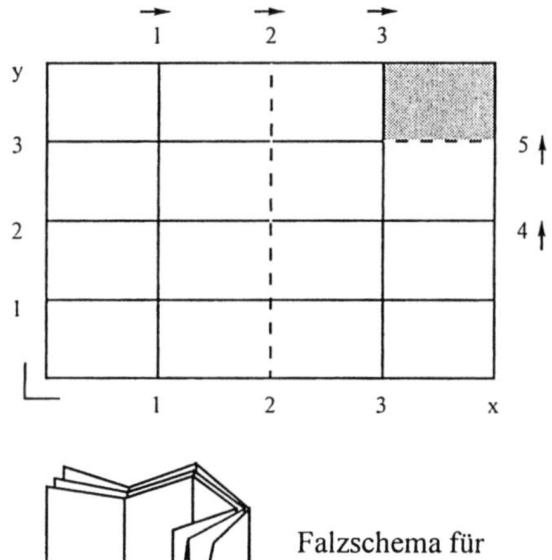

Falzschema für
3 Zickzackfalz,
2 Mittenfalz kreuz

Das F. ergibt sich aus der Konstruktion der Falzmaschine unter Berücksichtigung der damit vorhandenen Möglichkeiten sowie aus der jeweiligen Erzeugnisspezifik. Anhand der F. lassen sich die Anzahl der Falzwerke und ihre Stellung zueinander, die Lage der Falzmesser und Falzwalzen bzw. die Anordnung der Falztaschen, die Aufeinanderfolge der nach oben und nach unten

geöffneten Falztaschen, die Stellung des Bogenanlegers und der Falzbogenauslage sowie der dazwischen liegenden Transport- und Fördereinrichtungen, der evtl. vorhandenen Schneid- und sonstigen Werkzeuge usw. erkennen.
Beim Druckprozess muss das festgelegte F. bereits berücksichtigt werden. Damit nach dem Falzen und der folgenden buchbinderischen Verarbeitung die Seiten im Fertigerzeugnis in der richtigen Reihenfolge erscheinen, ist ein entsprechendes → Ausschießen erforderlich.

Falzschwert
→ Falzmesser

Falzstation
→ Falzwerk

Falzsteigen
→ Rückensteigung

Falztasche
Arbeitsmittel für den → Taschenfalz, das den zu falzenden Bogen bis zum Anschlag aufnimmt und damit die Ausbildung der Stauchfalte bewirkt.
F. bestehen aus einem Leichtmetallgestell (Leitbleche und Stäbe), einem verchromten oder keramikbeschichteten Einlauf sowie dem verstellbaren Anschlag. Ein Falzwerk kann aus bis zu acht F. bestehen, mit denen parallel gefalzt wird.

Falztrichter
Bauteil zur Herstellung eines → Außentrichterfalzes in Rollenrotationsdruckmaschinen oder eines → Innentrichterfalzes in Verbindung mit dem rotativen Fadensiegelaggregat.

Falzüberhöhung
→ Rückensteigung

Falzwalzen
Paarweise angeordnete, sich gegenläufig drehende Walzen, die bei Durchlauf des Bogens den → Falz realisieren.
Der gestauchte oder niedergedrückte Bogen wird von den F. erfasst, der Falz gebildet und der Weitertransport des gefalzten Bogens zum nächsten Falzvorgang oder zum darunter liegenden Fördertisch übernommen.
Beim → Taschenfalz sind die F. unterhalb der Falztasche angeordnet, beim → Messerfalz unterhalb des Falzmessers. F. bestehen aus geriffeltem Stahl oder Polyurethan, meist jedoch aus Materialkombinationen.

Falzwerk
Station in → Bogenfalzmaschinen, in dem automatisch der durchlaufende Bogen mit einem oder mehreren Falz(en) versehen wird, bestehend aus Falztaschen (→ Taschenfalz) bzw. Falzmesser (→ Messerfalz) und Falzwalzen sowie entsprechenden Bogenführungen, Anschlägen und Bogenüberwachungseinrichtungen.

Falzwerkschema
Festlegung der Anzahl und Anordnung von Falzwerken, die für ein bestimmtes → Falzschema benötigt werden.

Falzwiderstand (Falzfestigkeit)
Kennwert zur Beurteilung der Festigkeit von Papieren gegen mechanische Beanspruchung beim wiederholten Knicken oder Falzen.
Die Messung des F. erfolgt im Doppelfalzprüfgerät nach SCHOPPER, wobei der mit definierter Kraft gespannte Probestreifen mit einer Frequenz von 100...120 Falzungen je Minute bis zum Bruch hin und her gefalzt wird. Besonders hohe Anforderungen in Bezug auf den F. werden beispielsweise an Banknotenpapier, Vorsatzpapier und Bucheinbandmaterial gestellt.

Falzzeichen
→ Falzmarke

Fan-lock-Heftung
Art der Verbindung von übereinander liegenden Papierblättern, bei der eine ausgestanzte und umgelegte Zunge das Verbindungselement darstellt.

Die F. wird bei Endlosvordrucken angewendet und schafft die Verbindung zwischen den Teilen eines Vordrucksatzes.

Farbfolie
→ Pigmentfarbprägefolie

Farbprägen
Umformung des Bedruckstoffs nach dem Prinzip des → Vollprägens bei gleichzeitiger Übertragung von Farbe.
Das F. ähnelt dem Hochdruckverfahren. Es ist ein veraltetes Verfahren der Buchdeckenveredlung, das aufgrund der Vorteile und raschen Entwicklung des → Heißfolienprägens heute keine Bedeutung mehr hat. F. ist nicht geeignet für grobstrukturierte Bucheinbandmaterialien, da – bedingt durch die Oberflächenstruktur – keine gleichmäßige Farbübertragung erfolgen kann.

Farbprägepresse
Maschine zum → Farbprägen.
Der Prägestempel wird mittels Farbwalzen eingefärbt und die Farbe beim Prägen auf den Bedruckstoff übertragen. F. arbeiten nach dem Prinzip „Fläche gegen Fläche".

Farbschnitt
Am häufigsten angewandte Form des → Schnittfärbens, bei der eine spezielle → Schnittfarbe auf die Naturschnittfläche(n) aufgetragen wird.
Am häufigsten ist der → geschlossene (glatte) F., der manuell mit weichem Pinsel oder Schwamm oder mittels → Schnittfärbemaschine aufgebracht werden kann. Daneben existieren → Tupfschnitt, → Sprengschnitt, → Marmorschnitt, → Abziehschnitt und → Graphitschnitt, die jedoch größtenteils der Handbuchbinderei vorbehalten sind.
Als Schnittfarbe werden in der Regel Erdfarben (anorganische Farbpigmente) eingesetzt, selten Anilinfarben.

Fase
→ Messerfasenwinkel

Faserlaufrichtung
→ Laufrichtung

Faservlies
→ Vlies

Favoritgewebe
→ Bucheinbandmaterial auf Gewebebasis, das in seiner Struktur dem → Feingewebe (Batist, Ballongewebe) entspricht.
F. ist jedoch lockerer, mit geringerer → Fadendichte, gewebt. Eine Kaschierung auf Papier ist zwingend notwendig. Das Gewebe wird heiß kalandriert und erhält dabei eine glänzende Oberfläche. F. wird für belletristische Werke hoher Ansprüche verwendet.

Fehlbogen
Bezeichnung in der Buchbinderei, wenn beim → Zusammentragen oder → Sammeln durch Unachtsamkeit oder Maschinenversagen innerhalb des Buch- oder Broschurenblocks ein Bogen fehlt.
F. entstehen z. B. bei im Bundsteg welligen Bogen oder ungeeigneter Maschineneinstellung (unzureichende Luftregulierung der Saugdüsen, defekte Greifer oder Gummiaufsätze auf den Saugern). Sie werden durch den Einsatz wirkungsvoller → Fehl- und Doppelbogenkontrollen erkannt.

Fehl- und Doppelbogenkontrolle
Kontrolleinrichtung in z. B. Zusammentragmaschinen und Sammelheftern zur Erkennung von → Fehlbogen und → Doppelbogen.
Häufig können mit einer Einrichtung sowohl Fehl- als auch Doppelbogen erkannt werden. Diese Kontrolleinrichtungen arbeiten z. B. optisch mittels Durchstrahlung (nur Erkennung am Blatt möglich, Einsatz z. B. in der Falzmaschine); elektromechanisch mit schwenkbarer Rolle, die bei Fehlbogen in eine Nut läuft und bei Doppelbogen gegen einen Schalter gedrückt wird. Als ausgesprochene Fehlbogenkontrollen können Lichtschranken, Reflextaster oder elektrische Taster (Signal beim Schließen der Greifer-

zangen ohne Bogen) dienen. Gegenwärtig werden vermehrt induktiv arbeitende → Dickenkontrollen eingesetzt, die gleichzeitig erkennen, wenn eingelegte oder eingeklebte Bogenteile fehlen.

Feingewebe (Batist, auch Ballongewebe)
Gewebe aus Baumwolle oder Zellwolle, die als → Bucheinbandmaterial verwendet werden. Die Oberfläche ist von feinem, dichtem Gefüge mit sehr hoher → Fadendichte (ungefähr 65 Fäden/cm²).
Aufgrund der dichten Webstruktur eignet es sich hervorragend für feingliedrige Prägungen auf Festschriften oder belletristischen Werken. Auch konturenscharfe Drucke sind möglich, großflächige Prägungen dagegen erfordern aufgrund der Materialhärte eine spezielle Prägefolie. Wenn F. auf Karton kaschiert ist, eignet er sich auch für Broschurenumschläge.

Feinpapier
Bezeichnung für eine Vielzahl von hochwertigen holzfreien und hadernhaltigen Papieren oder Hadernpapieren.

Fensterfalz (Altarfalz, Schrankfalz)
Spezieller Parallelfalz mit beidseitig eingefalzten seitlichen Klappen. Beim Einschlagfensterfalz liegt noch ein zusätzlicher Falz in der Bogenmitte vor.

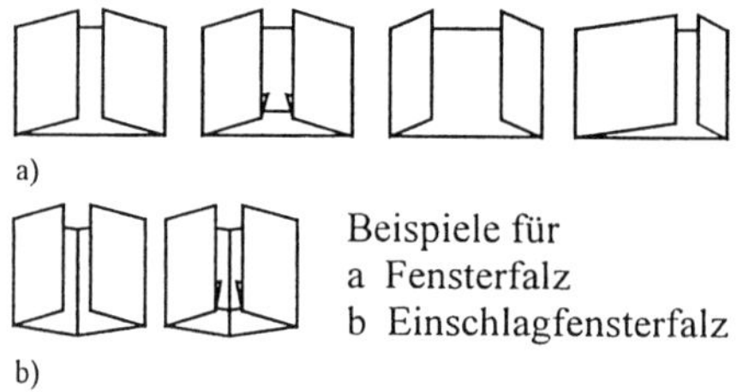

Beispiele für
a Fensterfalz
b Einschlagfensterfalz

Der Falzbogen läuft durch die Einzugswalzen in die obere Tasche eines Taschenfalzwerkes ein und stößt gegen den Anschlag. Die Position dieses Anschlags entspricht der Länge des vorderen Fensters. Das gefalzte vordere Fenster läuft am Bogenablenker der unteren Tasche vorbei und in die nächste obere Tasche bis an den Anschlag ein, die zweite Fensterklappe wird hergestellt. Danach läuft der Bogen für den mittleren Bruch in die nächstfolgende untere Tasche oder in ein Messerfalzwerk. Um Aufspringen und Umknicken der Einschläge zu verhindern, werden spezielle → Fensterfalztaschen eingesetzt bzw. seitliche Klappenabweiser neben den Falzmessern. Eingesetzt wird der F. vorwiegend für Werbedrucksachen.

Fensterfalztasche
Spezielle Falztasche in Taschenfalzwerken zur Realisierung des → Fensterfalzes, mit der ein Aufspringen oder Umknicken der seitlichen Einschläge verhindert wird.
Um zu verhindern, dass die Kante des vorderen Fensters beim Herauslaufen aus der zweiten oberen Tasche gegen die Falzwalze stößt, bewegen sich gesteuerte Umlenkfinger durch die Taschenstäbe in den Falzraum. Gleiche Umlenker befinden sich an der unteren Tasche. Sie verhindern das selbständige Öffnen des vorderen Fensters und damit eine Knickbildung bzw. einen zusätzlichen Falzbruch. Die Bewegung der Umlenker wird über Lichtschranken oder Reflextaster gesteuert, die zwischen den Taschenstäben der zweiten oberen Tasche angeordnet sind.

Fenster kleben
Auskleben von ausgestanzten Öffnungen (Fenstern) bei Fensterbriefhüllen oder bei Schaupackungen aller Art mit einem durchsichtigen Material.
Zum Auskleben wird in den meisten Fällen Zellglas oder durchsichtiges Spezialpapier (Pergamin) verwendet. Für den Arbeitsgang werden Spezialmaschinen eingesetzt.

Fertigmachen
1. In Buchbindereien die Bezeichnung für all jene Arbeitsschritte, die nach Herstellung des Buchblocks und der Buchdecke noch erforderlich sind, um das Erzeugnis zu vollenden, auch als Endfertigung bezeichnet.

Der Systematik der → buchbinderischen Verarbeitung entsprechend umfasst das F. die Prozessabschnitte des Teilprozesses Endverarbeitung.
2. Tätigkeit in einer → Fertigmacherei (2. Definition), die als gesonderter Komplex innerhalb einer grafischen Produktionsstätte hauptsächlich einfachere Arbeiten erledigt.

Fertigmacherei
1. In der Buchbinderei die Abteilung, in der das → Fertigmachen (1. Definition) der Bücher und Broschuren erfolgt.
2. Abteilung, in der die buchbinderische Verarbeitung von Akzidenzen aller Art erfolgt (beispielsweise von Prospekten, Blocks, einfachen Broschuren u. a.).
In einer solchen F. beschränken sich die Tätigkeiten auf einfache Arbeiten wie das Schneiden von Druckbogen, das Ableimen von Blocks, das Falzen von Prospekten, das drei- oder vierseitige Beschneiden von Blättern, Falzprodukten und Blocks, das Banderolieren, Verpacken und Etikettieren. Typisch sind vor allem Kleinst- und Kleinauflagen. Die F. kann z. B. an eine Druckerei angeschlossen sein.

Fertigungsstraße
→ Fließstrecke

Fester Rücken
→ hohler Rücken

Feststoffgehalt
Anteil der Trockenmasse an der Gesamtmasse einer wässrigen Lösung oder Dispersion, meist in Prozent angegeben.
Die Bestimmung des F. spielt besonders bei der Klebstoffprüfung (z. B. Dispersionsklebstoff) eine Rolle und lässt, in Verbindung mit anderen Prüfungen, Rückschlüsse auf die Eignung und Verarbeitbarkeit zu.

Fibel
Das erste Schulbuch, das die Schulanfänger mit dem Alphabet bekannt macht und ihnen Grundkenntnisse im Lesen und Schreiben vermittelt.

Fibre Rougher
(engl.: Faser Rauer): Spezielles Werkzeug zum → Aufrauen des Blockrückens beim → Klebebinden mit Blattverarbeitung, bestehend aus einem Aufraukopf mit großer Anzahl kreisförmig angeordneter einzelner Schneidwerkzeuge.
Beim Transport des Blocks über den Aufraukopf wird der Blockrücken von den Schneidwerkzeugen zweimal berührt. Die Papierfaser wird freigelegt, die Wärmeentwicklung, die zum Verschmieren von Strichbestandteilen führt, bleibt gering.

Filete
Vergoldewerkzeug für das → Handvergolden zum Aufbringen linienförmiger Ornamente.

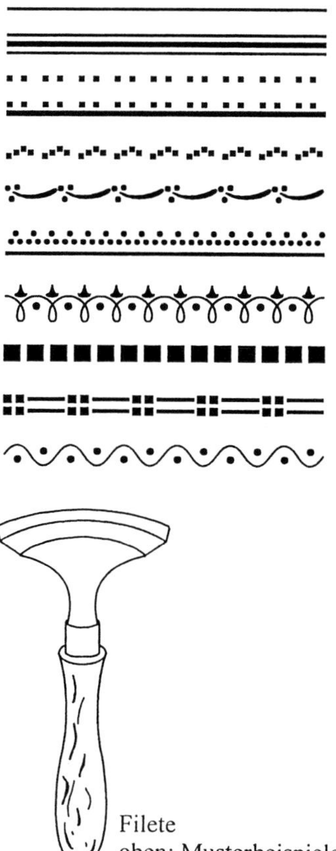

Filete
oben: Musterbeispiele

Finishing on demand
→ Binding on demand

Fitzbund
Beim Handheften im Gegensatz zu den → Heftbünden die Heftstellen am Kopf und Fuß eines Bogens, an denen der Heftfaden aus einem Bogen herausgeführt, mit dem vorhergehenden Bogen verknotet (verfitzt) und in den nächsten hineingeführt wird.
Der F. sollte so weit wie möglich nach außen liegen, damit die Heftung haltbarer und das Umwickeln des Kapitals von Hand erleichtert wird.

Flachbahnauslage (Bandauslage)
Auslage in Buchbindereimaschinen, wobei der Ausstoß von Teil- oder Endprodukten auf ein umlaufendes Transportband erfolgt, von dem sie manuell abgenommen oder weiteren Arbeitsstationen oder Aggregaten übergeben werden.
Auf der F. werden die Produkte häufig im Schuppenstrom ausgelegt. Die Geschwindigkeit der Transportbänder ist variabel einstellbar, womit der Schuppenabstand variiert werden kann.

Flächenbezogene Masse
Masse einer Flächeneinheit von Papier, Pappe oder anderen Materialien, berechnet als Quotient aus Fläche und Masse der Probe, angegeben in g/m².
Die aus anderen Sprachen entlehnte Bezeichnung Grammatur ist eine falsche Bezeichnung.

Flächengewicht
Veraltete und auch nicht exakte Bezeichnung für → flächenbezogene Masse.

Flacher Falz
→ Abpressfalz

Flachkleben
Verbinden von zwei flach liegenden Karten, Tafeln, Bildern o. ä. mit einem Papier- oder Gewebestreifen.
Diese nur noch selten vorkommende Technik kann angewendet werden, wenn die Karten oder Tafeln aus durchgehenden Bildern, Zeichnungen u. a. bestehen, die größer als das Buchformat sind und deshalb vor dem F. einmal oder evtl. auch mehrere Male gefalzt werden müssen. Durch das F. und Falzen in der Mitte des Klebestreifens wird ein flaches Aufschlagen im Buch ermöglicht.

Flachmesser
Oszillierendes Werkzeug für das Schneiden.
F. weisen eine geradlinige Schneide von begrenzter Länge auf. Der von Messerrücken und Messerwate (Stirnfläche) eingeschlossene Winkel wird als → Messerfasenwinkel bezeichnet. Die Messerwate kann mit einer etwa 1,5 mm breiten → Vorfase versehen sein, deren Winkel um 2...4° größer als der Messerfasenwinkel ist. Der Messerrücken verläuft geringfügig konisch (Freifläche), um die Berührung mit dem Schneidgut reibungsarm zu gestalten.

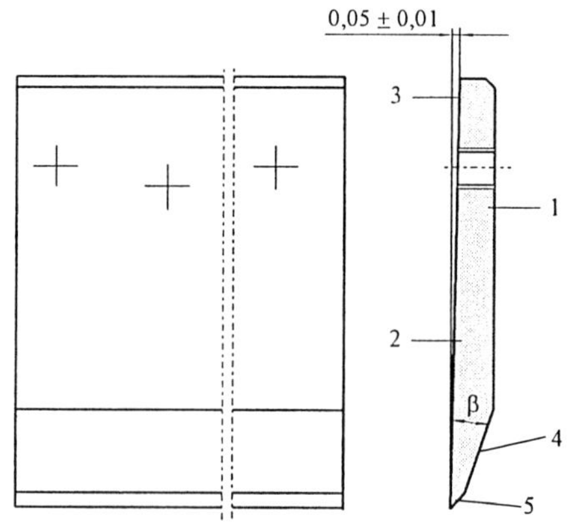

1 Messerkörper (Grundkörper)
2 Messerrücken
3 Freifläche
4 Messerwate (Stirnfläche)
5 Vorfase
β Messerfasenwinkel

Man unterscheidet Ganzstahlmesser (einheitliches Material für das gesamte F.) oder → Verbundstahlmesser. Spezielle F. sind sogenannte Rastermesser für das Schneiden von Selbstklebematerialien, bei denen der Messerrücken mit einer feinen Mikroätzung versehen ist. Diese

Oberflächenbehandlung verhindert unsaubere Schnittflächen sowie Hervorquetschen und Verschmieren von Klebstoff.

Flachschnitt

Anbringen eines → Goldschnitts am Vorderschnitt vor dem Runden des Buchblocks.

Der F. hat den Nachteil, dass die Blätter beim nachträglichen Runden des Buchblocks mitunter etwas schießen und dass der Schnitt dann ein ungleichmäßiges Aussehen erhält; vgl. Hohlgoldschnitt.

Flachstapelanleger

1. → Bogenanleger z. B. in Falzmaschinen zur Vereinzelung und Zuführung der zu falzenden Planobogen.

Die Bogen werden übereinander auf dem Anlegertisch gestapelt. Mittels Blasluft wird der oberste Bereich aufgelockert und der oberste Bogen von Saugern (Saugrad, Saugband) erfasst und einem → Schrägwalzentisch übergeben. Der traditionelle F. ermöglicht im Gegensatz zum → Rundstapelanleger kein kontinuierliches Arbeiten, da erneutes Einstapeln nach dem Leerlaufen des Stapeltisches nur im Stillstand der Maschine erfolgen kann. Er eignet sich deshalb eher für kleine bis mittlere Auflagen. F. sind platzsparend und schnell umrüstbar. Eine Sonderform des F. ist der → Palettenanleger.

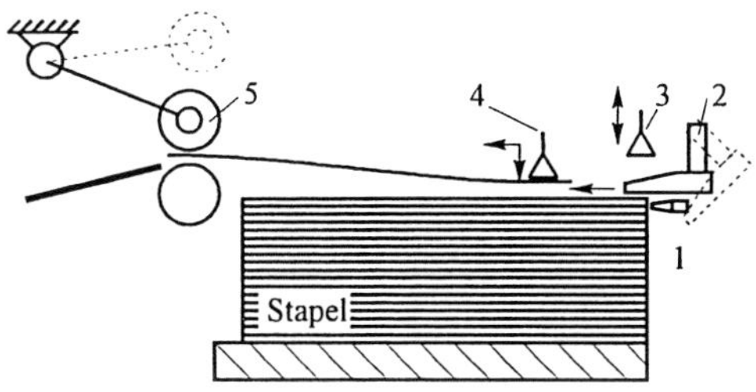

1 Vorlockerdüse
2 Trennblasdüse
3 Hubsauger
4 Transportsauger
5 Taktrolle

2. → Bogenanleger in Buchbindereimaschinen, bei dem das Bogenmagazin so ausgelegt ist, dass Bogen, Blätter oder Materialzuschnitte flach übereinander liegend bevorratet werden.

F. werden z. B. in Zusammentragmaschinen oder Sammelheftern eingesetzt. Beim Vereinzeln der Bogen von unten besteht der Nachteil, dass das gesamte Stapelgewicht auf dem zu vereinzelnden Bogen lastet (Gefahr von Doppelbogen, Qualitätsminderung bei mangelnder → Scheuer- und → Karbonierfestigkeit). Es gibt auch F. mit Bogenvereinzelung von oben (z. B. in Einzelblattzusammentragmaschinen); hier besteht der Nachteil, dass nicht während des Maschinenlaufs nachgelegt werden kann.

Flachstapelauslage

Auslage in Bogenfalzmaschinen, bei der die Falzbogen flach übereinander liegend ausgelegt werden.

Wesentliches Merkmal der F. ist eine Unterschuppungseinrichtung, die das Falzgut von unten nach oben stapelt. Die Falzbogen liegen mit dem Rücken nach hinten an einem Anschlag und können ohne Umgreifen oder Wenden des Stapels abgenommen werden. Vorschaltung einer → Pressstation ist möglich. Ein Vorteil ergibt sich für großformatige Produkte, die für eine → Stehendbogenauslage eine zu geringe Eigensteifigkeit aufweisen.

Flattermarke

Auf den äußeren Bundsteg genau im Falzbruch mitgedruckte Linien von etwa 10 mm Länge, die sich auf jedem Bogen in unterschiedlicher Höhe befinden. Sie ermöglichen nach dem Zusammentragen das Überprüfen der richtigen Reihenfolge der Bogen auf einen Blick, da sich durch die Marken eine Linie schräg über den Rücken ergibt.

Bei fehlenden, doppelten oder vertauschten Bogen ergeben sich Abweichungen von dieser Linie. Beim Entnehmen der Blocks aus der Zusammentragmaschine oder beim Einlegen z. B. in eine Fadenheftmaschine kann visuell eine Kontrolle der Reihenfolge und Vollständigkeit vorgenommen werden. In den Bogenmagazinen von z. B. Zusammentragmaschinen besteht auch die Möglichkeit der Erfassung von F. mittels optoelektronischer Sensoren (vgl. auch Falschbogenkontrolle).

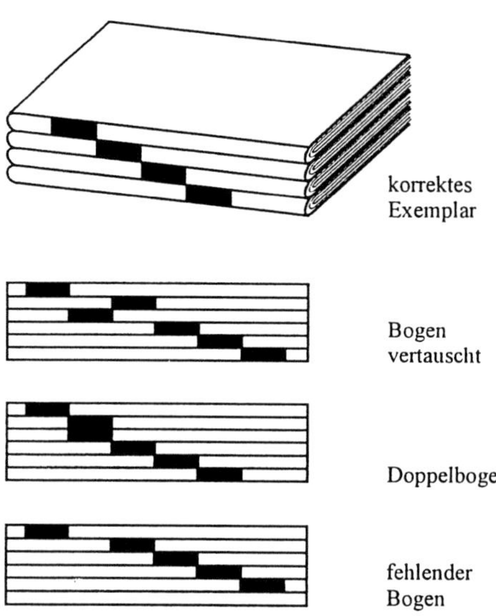

Flexible Buchdecke
→ biegsame Buchdecke

FlexiRoll
Spezielles System für Zwischenlagerung, Handhabung und Transport von Falzbogen, Zeitungen oder Einlagenbroschuren, bei dem die Produkte im Schuppenstrom aufgewickelt, als Rolle gelagert und für die weitere Verarbeitung wieder abgewickelt werden.
F. ist im wesentlichen mit → VarioDisc zu vergleichen. Grundlage des Systems bildet ein Rollenkern mit einem Band, der jedoch fest an einem Rollenständer montiert ist. Damit werden keine separaten Einrichtungen für die Aufhängung der Rolle benötigt. Während die im Schuppenstrom ausgelegten Falzprodukte auf den Kern aufgewickelt werden, sorgt das mitlaufende Band für eine Fixierung des Schuppenstroms.
F. ist konzipiert für die interne Produktion, aber auch für den zwischenbetrieblichen Transport. Die maximalen Rollendurchmesser liegen bei 1,7 m und 2,2 m, müssen jedoch nicht ausgeschöpft werden.

Flexstabilbindung
Verfahren des → Klebebindens mit teilweiser Zerstörung des Bundstegs, bei dem der Blockrücken an Kopf und Fuß auf 15...20 mm Länge erhalten bleibt, während der Block in der Mitte ausgefräst wird.
Die Ausfräsung im mittleren Teil wird mit Klebstoff und einem zusätzlichen Materialstreifen ausgefüllt, bevor nach einem zweiten Klebstoffauftrag der Umschlag angeklebt wird. Durch hohe Klammerwirkung und den an den meistbeanspruchten Stellen erhalten gebliebenen Bundsteg liegt eine gute Gebrauchsbeständigkeit vor. Die Herstellung erfordert eine spezielle Maschinentechnik.

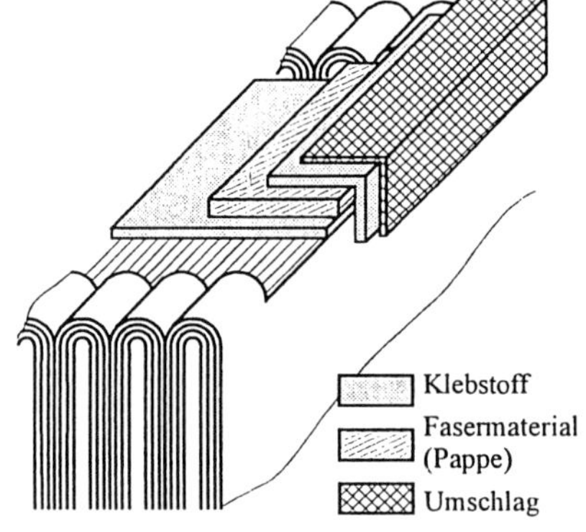

Flextest
Prüfmethode zur Bestimmung der Blattausreißfestigkeit beim → Klebebinden, bei der ein eingespanntes Blatt um seine Verklebungslinie mit einer dynamischen Wendebewegung beansprucht wird.
In Abhängigkeit von der Rückenlänge wird das Prüfblatt mit einer Vorspannkraft in der Höhe von 1 N/cm Rückenlänge belastet. Ermittelt wird die Anzahl der Wendebewegungen, wobei 100 Wen-

dungen als ausreichend für die Sicherheit eines Erzeugnisses bei Gebrauch eingeschätzt werden. Mit dem F. wird das Umblättern der Seiten simuliert, wobei die Beanspruchung mit der Praxis kaum vergleichbar ist. Ein großer Nachteil besteht im hohen Zeitaufwand und in der starken Streuung der Messwerte.

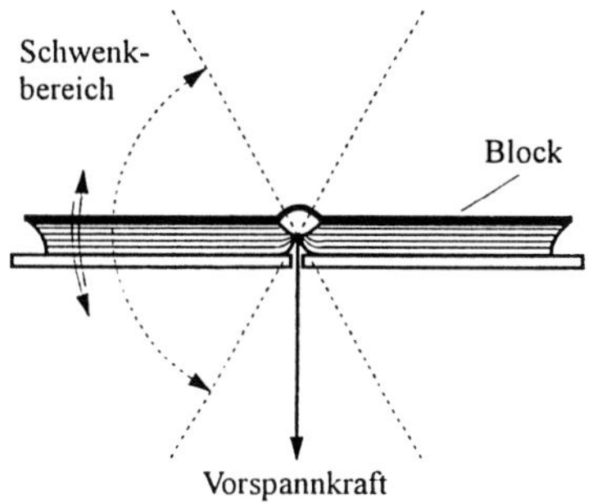

Fliegendes Blatt

Der Teil des → Vorsatzes, der nicht mit der Buchdecke verklebt ist, sondern das erste bzw. letzte Blatt des Buchblocks bildet.

Fließdreischneider

→ Dreimesserschneidemaschine, → Trimmer

Fließrundeprinzip

Maschinelles Prinzip zum → Runden von Buchblocks, bei dem Walzen in einer fließenden Bewegung erst von einer, dann von der anderen Seite den Buchblock allmählich rund drücken.

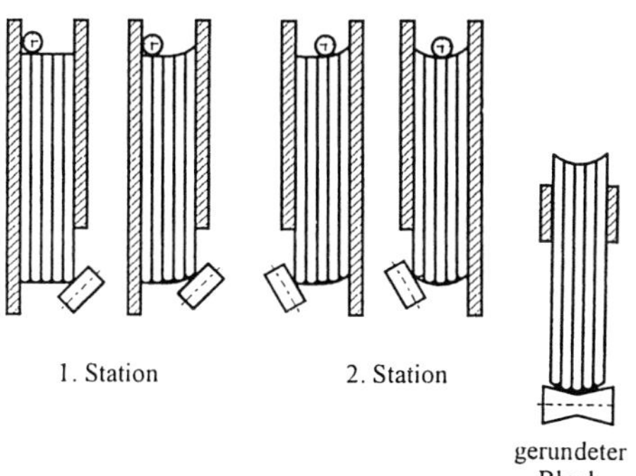

Die Schrägstellung der Walzen nimmt von der ersten zur zweiten Station zu. Vorteil ist die taktlose, kontinuierliche Arbeitsweise und Eingliederbarkeit in Fließstrecken.

Fließstrecke

Kopplung von Maschinen und Anlagen, um den manuellen Aufwand des Logistik-Prozesses zu reduzieren und um Produktionsfläche zu minimieren.

Die Elemente werden als technologische Bausteine bezeichnet, die sich in Wirkbausteine (Veränderung des Arbeitsgegenstandes) und Logistikbausteine (z.B. Fördern und Lagern) gliedern. Ein Beispiel ist eine Klebebindestrecke, in der Zusammentragmaschine, Klebebinder und Dreimesserautomat eingebunden sein können.

Flügelfalz

→ Ansetzfalz

Foliant

Buchgeschichtliche Bezeichnung für ein großes Buch, das in früheren Zeiten aus einmal gefalzten und eingesteckten Bogen gefertigt wurde.

Vielfach wird F. auch für Bücher mit beträchtlichem Umfang verwendet.

Folienheißprägen

→ Heißfolienprägen

Folienschnitt

Möglichkeit des → Schnittfärbens, bei der Farb- und metallisierte Schnittfolien (ähnlich den → Prägefolien) sowie → Echtgoldfolien zur Anwendung kommen.

Der F. lässt eine mechanisierte oder automatisierte Realisierung zu. Auf die geschliffenen Schnittflächen wird mittels Walzen ein Grundiermittel (beispielsweise Leimlösung) aufgetragen. Die Folie (meist von der Rolle) wird über die vorbereitete Schnittfläche geführt und von einer silikonbeschichteten und auf 200...300° C erhitzten Walze angedrückt. Druck und Temperatur führen zum Ablösen der Farb- oder Metallschicht vom Trägermaterial, das wieder aufgerollt wird. Die verwendeten Maschinen werden als → Goldschnittmaschinen bezeichnet.

Foliieren
→ Paginieren

Folio
→ Buchformat

Format
Bezeichnung für die Abmessungen des Materials (z. B. Papier), Teil- oder Finalerzeugnisses, ausgedrückt durch Länge x Breite oder, z. B. bei Büchern, durch Breite x Höhe.

Formatbogen (Rohbogen)
Von der Papierfabrik bzw. vom Papiergroßhandel gelieferter Papierbogen.
F. sind auf das Format des Endproduktes, das durch das Falzen, Fügen und den Dreiseitenbeschnitt bestimmt wird, abgestimmt, wobei der Papierabfall (z.B. Abfall beim Dreiseitenbeschnitt) auf das technisch notwendige Minimum beschränkt sein soll.

Formatwechsel
Umstellen von Maschinenelementen, z. B. Anschlägen, auf ein anderes Format, als es die bisherige Auflage hatte; vgl. Einrichten.

Franzeinband
Im 17. Jh. entstandene manuelle Art der Buchherstellung, die sich dadurch auszeichnet, dass auf erhabene Bünde (→ Heftbünde) geheftet wird, die Buchdeckel auf tiefen Falz (→ Abpressfalz) angesetzt werden und Leder als Bucheinbandmaterial direkt über den Blockrücken und ganz (Ganz-F.) oder teilweise (Halb-F.) über die Buchdeckel geklebt wird.
Im Gegensatz zur industriellen Buchbinderei wird die Buchdecke nicht separat angefertigt, sondern direkt an den Buchblock gebracht. Es entsteht dabei kein hohler Rücken zwischen Buchblock und Buchdecke, sondern ein sogenannter fester Rücken, aufgrund der festen Verbindung mit einer schlechten Aufschlagbarkeit verbunden. Durch das Ansetzen der Deckel an den tiefen Falz entsteht ein nahtloser Übergang des Rückens auf die Deckel.
Heute wird der F. häufig imitiert, indem z. B. unechte Bünde verwendet werden.

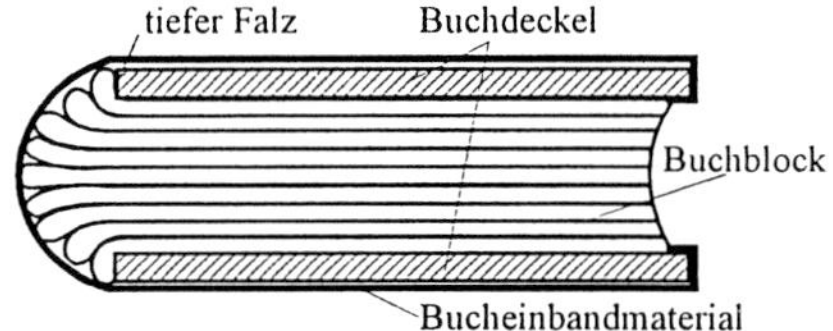

Französische Broschur
Broschurenart, die → Vorsätze aufweist und bei der um den unbedruckten Broschurenumschlag ein bedruckter Schutzumschlag gelegt ist, der sowohl an den Vorder- als auch an den Ober- und Unterkanten um den Broschurenumschlag eingeschlagen ist.
Die Vorsätze können am Rand mit dem allseitig eingeschlagenen Schutzumschlag verklebt sein.

Fräsen
In der Buchbinderei vorrangig zur → Blockrückenbearbeitung beim → Klebebinden mit Blattverarbeitung angewandte Methode, wobei der Bundstegfalz abgetrennt wird.
Das F. hat die Funktion, den Bundstegfalz der zusammengetragenen Bogen so weit abzutrennen, dass der Block nach der Bearbeitung aus einzelnen Blättern besteht, damit jedes Blatt für das anschließende Auftragen des Klebstoffs eine Angriffsfläche bietet. Je nach Papierart werden → Staubfräser oder → Schnitzelfräser eingesetzt. In der Regel folgt nach dem F. eine weitere Blockrückenbearbeitung.

Frässtation
→ Rückenbearbeitungsstation

Friktionsanleger
→ *Bogenanleger für Planobogen oder Blätter, dadurch charakterisiert, dass die Vereinzelung von oben durch Reibung erfolgt.*

Einzugsrollen mit fester Achse oder Rollen, die über einen Hebel auf den Stapel aufsetzen, üben einen Druck auf das zu vereinzelnde Blatt aus. Die dabei entstehende Reibung (Friktion) zwischen Rolle und Papier ist größer als zwischen den Blättern, so dass es zu einer Verschiebung des Blattes kommt. Die Rollen sind mit Gummi oder Schaumgummi beschichtet. F. sind bevorzugt für Naturpapiere geeignet, bei gestrichenen Papieren können die Einzugsrollen Markierungen hinterlassen, bei Durchschreibepapier ergeben sich Abdruckspuren.
Der Einsatz erfolgt beispielsweise in kleinformatigen Falzmaschinen und Einzelblattzusammentragmaschinen.

Frosch
Eine buchbinderisch hergestellte Tasche zur Aufnahme von Papierblättern oder Schriftgut, die an den geschlossenen Seiten eine durchgehende Falte aufweist; mitunter auch Bezeichnung für die gefalzte Schmalseite der Tasche selbst.
Erzeugnisse mit F. (z.B. Schriftgutbehälter für Archive, Mappen für Blattsammlungen, Schreibmappen) werden handwerklich oder in Spezialbetrieben hergestellt. Die Schmalseiten werden dabei meist durch einen Gewebestreifen gebildet, der erst längs und dann wegen der Abwinklung an den Ecken der Tasche in besonderer Weise quer gefalzt werden muss. Nach dem Aufkleben des Streifens an den Boden- und Deckflächen der Tasche müssen diese noch überzogen werden.

Full-Flaps-Buchdecke
→ einteilige Buchdecke aus Karton, bei der seitliche Klappen angebracht sind.

Fügeverfahren
→ Bindeverfahren

Fugitivklebstoff
Klebstoff, der keine unlösbare Verbindung zwischen zwei Kleblingen herstellt, sondern eine schadlose Trennung erlaubt.
F. wird zum → Ankleben oder → Einkleben von beispielsweise Rückantwortkarten, Warenproben oder Prospekten, zum Verschließen und Ankleben von → Inserts oder → Outserts, zum Verkleben von Formularsätzen u.a. verwendet. Die beiden Kleblinge lassen sich voneinander trennen, ohne dass es zu einer Zerstörung des Bedruckstoffs oder zum Aufreißen dessen Oberfläche kommt.
Eingesetzt werden spezielle Dispersions- oder Heißschmelzklebstoffe.

Fünfteilige Buchdecke
Sonderform der Buchdecken, die den → sechsteiligen Buchdecken ähnelt. F. B. bestehen aus zwei Deckelpappen und drei Bezugszuschnitten, es fehlt jedoch die Rückeneinlage.

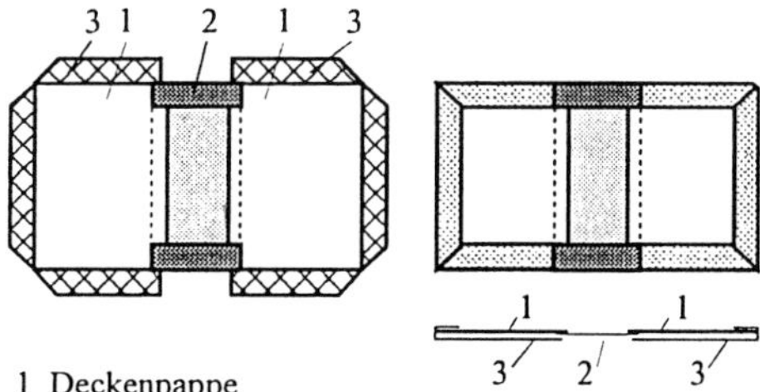

Fußschnitt
Beschnitt sowie die dabei erhaltene Schnittfläche der unteren Begrenzungsfläche eines Blocks, Buches oder einer Broschur.

Fußsteg
→ Steg

Futteral
→ Schuber

Ganzbandbuchdecke
→ vierteilige Buchdecke

Ganzeinband
→ vierteilige Buchdecke

Ganzer Bogen
Dreibruch-Kreuzbruchbogen, der 16 Seiten aufweist.
Der g. B. gilt als traditioneller → Buchbinderbogen, der früher für die Buch- und Broschurenproduktion fast ausschließlich zur Anwendung kam. Von ihm leiten sich die Bezeichnungen Achtelbogen für einen zweiseitigen Bogen (Blatt), Viertelbogen für einen vierseitigen Bogen, halber Bogen für einen achtseitigen Bogen ab.

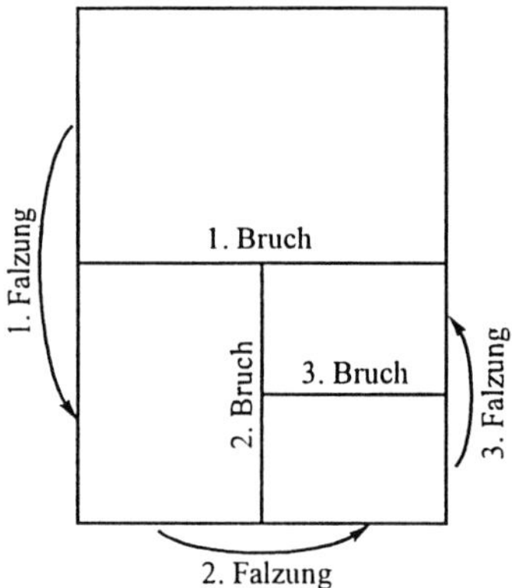

Falzreihenfolge für ganzen Bogen

Ganzfranzeinband
→ Franzeinband

Ganzgewebeband
→ vierteilige Buchdecke

Ganzkunstlederband
→ vierteilige Buchdecke

Ganzlederband
→ vierteilige Buchdecke

Ganzpapierband
→ vierteilige Buchdecke

Ganzpergamentband
→ vierteilige Buchdecke

Ganzstahlmesser
→ Verbundstahlmesser

Gaufrieren
→ Reliefprägen

Gaze
→ Heftgaze

Gazeheftung
Maschinelles → Einzelbogenfadenheften von Buch- oder Broschurenblocks mit Heftfaden, der die Bogen oder Lagen in sich und untereinander fügt und dabei gleichzeitig einen Gazestreifen auf dem Rücken zwecks zusätzlicher Stabilisierung fixiert.
Die von einer Rolle ablaufende Heftgaze wird durch einen → Übernähstich am Rücken der einzelnen Exemplare befestigt und später zwischen den Exemplaren getrennt. Die G. ist stark zurückgedrängt worden, da bei hoher Maschinenleistung Nadelbrüche häufig sind. Heute werden ohne Gaze geheftete Buchblocks entweder im Zusammenhang mit dem Rückenbeleimen gefälzelt oder nach dem Rückenbeleimen ohne Fälzeln in der Buchfertigungsstraße mit Heftgaze hinterklebt.

Gazestation
1. In → Buchfertigungsstraßen die Station zum Aufkleben von Heftgaze auf den Rücken von fadengehefteten Buchblocks.
Das Aufkleben von Gaze in der Buchfertigungsstraße ist dann erforderlich, wenn die gehefteten Blocks eine Rückenbeleimung erhalten, jedoch dabei nicht gefälzelt, sondern nur getrocknet werden.
2. Im Klebebinder die → Fälzel- und Gazestation.

Gazeübergriff
Bei der → Gazeheftung die beiden seitlich über den Blockrücken hinausragenden, etwa 25 mm breiten Streifen der Heftgaze.
Die G. sind notwendig, um in der Verbindung von Buchblock und Buchdecke während der Ge-

brauchsbeanspruchung die erforderliche Falzfestigkeit zu gewährleisten.

Gefälzeltes Vorsatz

Durch einen Fälzelstreifen im Falzgelenk verstärktes einfaches (→ industrielles) Vorsatz.

Titel- und Endbogen eines Buchblocks werden mit einem industriellen Vorsatz versehen. Um den vorgerichteten Bogen wird ein 15...25 mm breiter Streifen aus Gewebe oder dünnem, falzfestem Papier geklebt, wodurch der Scharnierbereich, in dem die höchste Beanspruchung vorliegt, verstärkt wird. Das g. V. wird für dicke Bücher (über 30 mm), für schwere Exemplare und solche mit langer Lebensdauer verwendet.

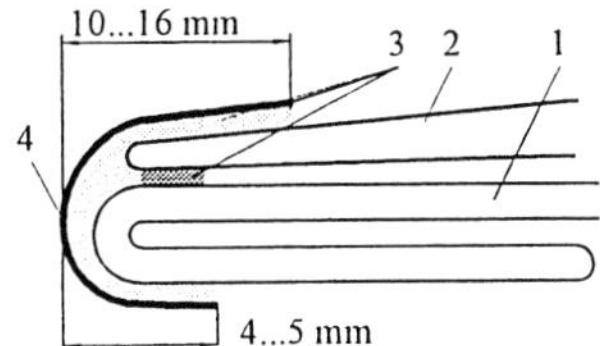

1 vorzurichtender Falzbogen
2 Vorsatz
3 Klebstoff
4 Fälzelstreifen

Gegenkaschieren

Das Aufkleben eines Werkstoffs auf die Rückseite einer bereits kaschierten Fläche.

Werden beispielsweise Plakate zur Verstärkung auf Pappe oder Karton kaschiert, wölbt sich in den meisten Fällen nach Beendigung der Trocknung, auch wenn diese unter Druckeinwirkung erfolgt, das Erzeugnis nach der kaschierten Seite. Zur Sicherung der Planlage ist es daher zweckmäßig, gleich nach dem Kaschieren die Rückseite möglichst mit einem Werkstoff ähnlicher Eigenschaften zu bekleben und bis zur Trocknung zu pressen.

Gegenschneidzylinder

→ Schneidzylinder

Gerader Rücken

→ Buchrücken

Gesammelte Produktion

Produktionsmöglichkeit im → Falzapparat einer Rollenrotationsdruckmaschine, wobei von der bedruckten Papierbahn im Wechsel zwei Teilprodukte geliefert und übereinander gelegt dem Falzklappenzylinder zugeführt werden.

Für das Sammeln wird ein zusätzlicher Sammelzylinder genutzt, oder es wird auf dem Falzmesserzylinder oder Schneidzylinder gesammelt. Es entstehen dabei zwei ineinander gesteckte Teilprodukte.

Geschlossener (glatter) Farbschnitt

Häufigste Variante des → Farbschnitts, bei der die Schnittfarbe vollflächig auf alle drei Schnittflächen aufgetragen wird, meist jedoch nur auf die Kopfschnittfläche.

Der dreiseitige g. F. wird vorzugsweise bei Anwendung bedruckter Vorsätze angebracht, um einen Farbübergang vom Bucheinbandmaterial über das Vorsatz zum Buchblock zu gewährleisten. Im Gegensatz zu den meisten übrigen Varianten des Farbschnitts kann der g. F. maschinell auf → Schnittfärbemaschinen ausgeführt werden.

Gestrichenes Papier

Ein- oder beidseitig mit einer pigmenthaltigen Streichmasse von mehr als 5 g/m² beschichtetes Papier.

G. P. zeichnen sich je nach der Menge der aufgetragenen Streichmasse durch eine glatte, geschlossene Oberfläche aus, und sie werden im allgemeinen mehrfarbig bedruckt.

Neben hochglänzenden gussgestrichenen Papieren für höchste Ansprüche werden zur Vermeidung von Blendung bei ungünstigem Betrachtungswinkel mattgestrichene Papiere produziert. Eine Klassifikation ist in einseitig (Chromopapier) und zweiseitig (Kunstdruckpapier) g. P. und nach der Menge der Streichmasse möglich. Dabei wird unterschieden in LWC-Papier mit etwa 10 % und HWC-Papier mit etwa 30 % Streichmasse.

In der buchbinderischen Verarbeitung sind g. P. mit Verarbeitungsproblemen (zum Beispiel Karbonieren, Scheuern) und Qualitätsproblemen (Verringerung der Blattausreißfestigkeit beim Klebebinden) behaftet.

Gewebe

Textiler Werkstoff, der z. B. als → Bucheinbandmaterial und zum → Fälzeln verwendet wird.

G. werden unterschieden z.B. nach Rohstoffart (Natur-, synthetische Fasern), → Fadendichte und Art der → Stoffbindung. Bucheinband-G. unterteilt man hinsichtlich der Oberflächenbeschaffenheit in drei Gruppen. G. mit offener Gewebestruktur weisen eine feine bis grobe, aber offene Gewebestruktur auf, die rückseitig aufgebrachte → Appretur durchdringt nicht die Vorderseite. Bei beidseitig appretierten G. wird eine Appretur in den Stoff eingewalzt, die die Zwischenräume zwischen den Fadenkreuzen ausfüllt und schließt. Die Oberflächenstruktur tritt dadurch nicht mehr deutlich hervor und ist nach einer Glättung kaum noch zu erkennen. Die dritte Gruppe sind die beschichteten G., die durch eine Beschichtung mit Kunststoff z. B. mechanischen und Lichtschutz erhalten. Die Kunststoffschicht wird geprägt, z.B. mit einer Lederstruktur, so dass beschichtete G. auch als → Kunstleder bezeichnet werden.

Auf der Rückseite können G. noch zusätzlich kaschiert sein. Anforderungen an das G. sind u. a. hohe Reiß- und Falzfestigkeit, geringe Dehnung, hohe Abriebfestigkeit, Prägbarkeit, Licht- und Farbechtheit, Schimmel- und Bakterienresistenz, Planlage.

Gewebeausrüstung

→ Appretur

Glanzfolienkaschieren

→ Kaschieren von bedrucktem Papier oder Karton mit glänzender Transparentfolie unter Verwendung transparenter Klebstoffe, um die optische Wirkung zu verbessern, der Oberfläche einen Schutz zu geben (Wischfestigkeit) und die Festigkeit zu erhöhen.

Das G. erfolgt auf → Kaschiermaschinen, wobei die etwa 0,02...0,03 mm dicke Folie von der Rolle abläuft, mit Klebstoff beschichtet und mit der bedruckten Papier- oder Kartonbahn (oder -bogen) unter Druck und Wärmeeinwirkung verpresst wird. Zur Anwendung kommen Folien aus Zelluloseacetat, Polyester, Polyvinylacetat oder Polypropylen.

Verwendung finden derart veredelte Bedruckstoffe z.B. als Bucheinbandmaterial, Broschurenumschlag oder bei der Postkartenherstellung.

Glanzgewebe

→ Mattgewebe

Glätten

Das Erzielen von Glanz beim → Schnittfärben, insbesondere beim Anfertigen von → Goldschnitten, das sowohl der Vorbereitung der Schnittfläche als auch dem Polieren des aufgebrachten Materials dient.

Neben dem Schleifen der naturellen Schnittfläche mit feinem Sandpapier zur Vorbereitung der Schnittfläche ist bei manuellen Goldschnitten noch zwischen An- und Abglätten zu unterscheiden. Durch das Anglätten wird das Gold auf den Schnitt aufgedrückt. Der Hochglanz wird durch Abglätten erzielt. Das hierzu gebräuchliche Werkzeug ist der → Glättzahn.

G. erfolgt mitunter auch bei Farbschnitten und auf der Naturschnittfläche, indem die Schnittflächen z. B. mit einem eingewachsten Lappen abgerieben werden.

Glatter Farbschnitt

→ geschlossener Farbschnitt

Glattstoßmaschine

→ Rütteltisch

Glättzahn

Werkzeug zum → Glätten der Schnittfläche (z. B. beim Goldschnitt), bestehend aus einem am langen Handgriff befestigten Achatstück.

Glutinleim

Aus dem tierischen Eiweiß von Knochen, Haut und Leder gewonnener Leim, der als Pulver,

Granulat oder Gallerte geliefert und mit Wasser im Verhältnis 1:1 angequollen wird. Die Verarbeitungstemperatur beträgt 60...70° C, weshalb G. auch als Heißleim bezeichnet wird.
Bevorzugtes Einsatzgebiet der G. ist die Buchdeckenherstellung. Die hohe Anfangsklebkraft garantiert ein sofortiges Haften beim Einschlagen der Kanten.
Da das Eiweiß das Wasser bindet, sind relativ lange Abbindezeiten erforderlich, wobei ein spröder Film ausgebildet wird. Für die spätere (erwünschte) Planlage von Buchdecken ist das Wasserrückhaltevermögen der Gallerte jedoch von Vorteil.

Goldbüchel
→ Blattgold

Goldener Schnitt
Harmonisches Teilungsverhältnis auf mathematischer Grundlage. Der g. S. ist bei der Buchgestaltung anwendbar.
Eine Strecke nach dem g. S. zu teilen heißt, dass sich der kleinere Teil zum größeren verhält wie der größere zur Gesamtstrecke.
Am bekanntesten sind die Teilungsverhältnisse 3:5, 5:8, 8:13, 13:21 usw. (bekannt auch unter der Bezeichnung Lamésche Zahlenreihe), die ein Seitenverhältnis nahezu nach dem g. S. haben und besonders für belletristische Bücher verwendet werden.

Goldkissen
Holzrahmen, dessen offene Seite mit gepolstertem Leder bezogen ist und der zur Aufbewahrung und zum Schneiden des Blattgoldes beim Handvergolden dient.

Goldmesser
Langes Messer, dessen Klinge beidseitig mit einer Schneide versehen ist.
Das G. dient zum Schneiden des Blattgoldes auf einem → Goldkissen.

Goldrolle
→ Vergolderolle

Goldschnitt
Als echter G. ausschließlich manuell ausgeführtes Verfahren des → Schnittfärbens, bei dem in einer aufwendigen Technologie → Blattgold auf die Schnittflächen aufgetragen wird.
Der G. erfordert eine Vorbereitung der Schnittfläche durch Glätten mittels → Schabklinge und feinem Sandpapier, Auftragen von Kleisterwasser, Bolus (rötliche Tonerde, in Eiweiß angerührt) und Grundiermittel (verdünntes Eiweiß).
Die auf einem Goldkissen zugeschnittenen Goldblättchen werden mit Hilfe eines Papierstreifens auf den Schnitt aufgelegt. Nach einer Trockenzeit von 10...30 min wird der G. mit einem → Glättzahn geglättet.
Das Herstellen des G. erfolgt erst nach dem Runden. Das Auftragen des Goldes auf den gewölbten Vorderschnitt bezeichnet man als → Hohlgoldschnitt.
Als G. wird heute auch oft der → Folienschnitt mit Echtgoldfolie oder goldfarbener metallisierter Folie bezeichnet, der – im Unterschied zum echten G. – maschinell ausgeführt werden kann.

Goldschnittmaschine
Aus zwei Teilaggregaten bestehende Maschine zum Anbringen eines → Folienschnitts auf Buchblocks.
Im ersten Aggregat, der Bandschleifmaschine, wird der eingepresste Buchblockstapel geschliffen, poliert und abgebürstet. Der gepresste Stapel ist drehbar gelagert, so dass die drei offenen Seiten des Stapels bearbeitet werden können.
Nach dem → Grundieren im zweiten Aggregat der G. wird der Buchblockstapel unter eine beheizbare Walze geführt, welche die auf einem Trägerband haftende Goldschicht bzw. goldfarbene Schicht auf die Schnittfläche überträgt. Das Trägerband wird wieder aufgewickelt.
Für den dreiseitigen Folienschnitt erfolgen zwei weitere Maschinendurchläufe bzw. die Kopplung von drei G.

Grainieren
→ Vollprägen

Graphitschnitt
Variante des → Farbschnitts, bei dem fein gemahlenes Graphit, verrührt mit einem Bindemittel (z. B. Eiweiß, Kleister) auf die mit Kleisterwasser grundierte Schnittfläche aufgetragen wird.
Nach dem Trocknen wird die Schnittfläche mit einem Wachslappen verrieben und mit einem → Glättzahn auf Hochglanz poliert. Der G. ergibt einen dunklen, glänzenden, unaufdringlich wirkenden Farbton.

Graupappe
Vorwiegend aus holzfreien Altpapiersorten und Austauschstoffen hergestellte und teilweise mit Zellulose versetzte Pappe.
G. wird hauptsächlich als → Maschinenpappe durch Gautschen oder Kleben hergestellt. Die Stoffzusammensetzung garantiert Eigenschaften wie hohe Glätte, Reißfestigkeit, Rillbarkeit und Prägbarkeit, die G. für die Herstellung von Buchdecken prädestiniert macht.
G. mit einer flächenbezogenen Masse zwischen 600...4000 g/m² wird als Buchdeckel verwendet, dünne G. (250...400 g/m²) häufig als Schrenzmaterial für die Rückeneinlage.

Greifer
Halteelemente für Bogen zum Vereinzeln (Abziehen) aus Magazinen, zur Übergabe von einer Bearbeitungsstation zur anderen oder für Bearbeitungsvorgänge (z. B. Öffnen von Bogen).
Beim Einsatz von G. als Öffnungsmechanismen für Buchbinderbogen ist ein → Überfalz erforderlich.

Greiferöffnungssystem
Bogenöffnungssystem an Sammelheftern, das eingesetzt wird für die Verarbeitung von parallel gefalzten, ineinander gesteckten oder angeklebten Bogen, die keinen geschlossenen Kopffalz aufweisen.
Voraussetzung für einen exakten und stopperfreien Öffnungsvorgang mit dem G. ist ein → Überfalz (meist Nachfalz) von mindestens 5 mm Breite. Die Greifer auf der Öffnungstrommel erfassen den Vor- bzw. Nachfalz und ziehen diese Bogenhälfte weg, so dass die andere Bogenhälfte ebenfalls erfasst werden kann und beide auseinander gezogen werden können.

Greifertrommel
→ Trommelanleger

Greiferzange
Oszillierende Elemente zum Vereinzeln von Bogen in Flachstapelanlegern in z. B. Zusammentragmaschinen.
Die G. sind an einem Hebelsystem angeordnet und führen sinoidische Bewegungen aus. Durch die Hin- und Herbewegung der G. wird der Bogen im Stillstand des Greifers im Umkehrpunkt der Bewegung ergriffen und im Transportkanal abgelegt. Dies geschieht somit sanft und nahezu ohne Rückprall der Bogen am Anschlag. Der Bogen wird flach ohne Abbiegung nach unten abgezogen im Gegensatz zur rotativen Abziehtechnik im → Trommelanleger.

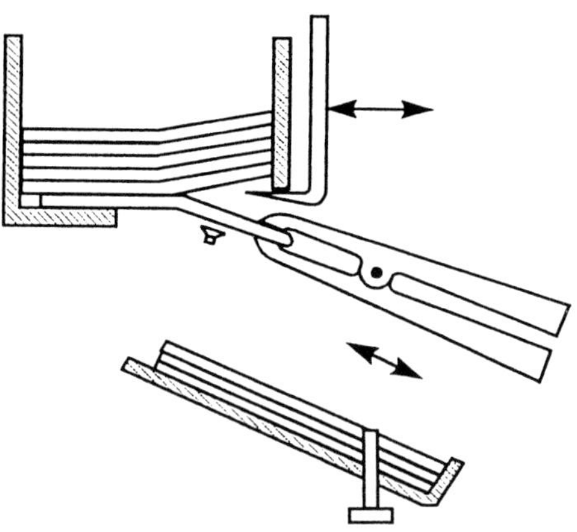

Greiffalz
→ Überfalz

Grundieren
1. Vorarbeit für das → Handvergolden sowie für die manuelle Herstellung von → Goldschnitten, um ein Haften des Blattgoldes auf der Buchdecke oder der Schnittfläche zu ermöglichen.

Grundiermittel sind u. a. Plastdispersionen, Gelatine- oder Leimlösung oder Eiweiß. G. ist z. T. auch bei → Folienschnitten erforderlich.
2. Vorarbeit für das Schnittfärben, um bei saugfähigen Papieren das Einlaufen der Farbe in den Buchblock zu verhindern.
Dazu wird die naturelle Schnittfläche mit einem Schwamm unmittelbar vor dem Färben etwas angefeuchtet.

Hackschnitt
→ Parallelsenkrechtschnitt

Haftfestigkeit
Vermögen eines Klebstoffs, zwischen den Keblingen in kurzer Zeit eine haltbare Verbindung herzustellen; messbar als Widerstand in N/cm², den eine frische Klebestelle dem Trennen der Keblinge bei einer senkrecht zur Ebene der Klebefläche angreifenden Zugkraft entgegensetzt.
Die H., die sich aus den bei der Verklebung wirksam werdenden Adhäsions- und Kohäsionskräften ergibt, hat z. B. bei den Klebstoffen Bedeutung, die in Klebebindern, Buchfertigungsstraßen, Bucheinhängemaschinen oder Buchdeckenmaschinen verwendet werden. Diese Maschinen haben im allgemeinen verhältnismäßig kurze Taktzeiten bzw. hohe Durchlaufgeschwindigkeiten. Die Eignung der Klebstoffe in Bezug auf ihre maschinelle Verarbeitbarkeit ist daher unter Berücksichtigung von Viskosität, Trockengehalt, pH-Wert und Verarbeitungstemperatur insbesondere von der H. abhängig.

Haftkleben
Verbinden plastischer Werkstücke oder Befestigen von mit plastischen Klebstoffen beschichteten Materialien auf anderen Stoffen unter mäßigem Druck, jedoch ohne Einwirkung von Wärme.
Beispiele für das H. sind die zahlreichen sogenannten selbstklebenden Folien, Gewebe und Papiere. In Verbindung mit der Druckindustrie sind als Hauptanwendungsgebiete u. a. die Haftklebeetiketten für Verpackung und Werbung und die Herstellung von Schulwandkarten und Anschauungstafeln durch Aufkleben auf beschichtetes Trägermaterial zu nennen.

Hakennadel
Für die Realisierung der Stichbildung beim maschinellen → Einzelbogenfadenheften notwendiges Wirkelement.
Die gerade H. dreht sich bei der Aufwärtsbewegung um 180°, um zu gewährleisten, dass die auf dem Haken befindliche Schlaufe durch die vorherige Schlaufe hindurchgezogen werden kann. Bei der Eintauchbewegung zum Heften des folgenden Bogens erfolgt wiederum eine Drehung um 180°, um die Aufnahme des Heftfadens durch den Haken zu ermöglichen. Bei Verwendung gewundener (Spiral-) H. ist diese Drehbewegung nicht erforderlich.

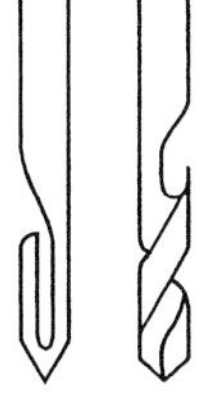

gerade Hakennadel — gewundene (Spiral-) Hakennadel

Halbbandbuchdecke
→ sechsteilige Buchdecke

Halbeinband
→ sechsteilige Buchdecke

Halber Bogen
Die Hälfte eines 16-seitigen, dreimal kreuzgefalzten Bogens (→ ganzer Bogen).
Der h. B. besteht aus einem zweimal gefalzten Bogen, enthält also 8 Seiten.

Halbfranzeinband
→ Franzeinband

Halbgewebeband
→ sechsteilige Buchdecke

Halblederband
→ sechsteilige Buchdecke

Halbleinen
→ Leinen

Halbpergamentband
→ sechsteilige Buchdecke

Hammerbalkenprinzip
Prinzip zum → Runden von Buchblocks, bei dem ein geriffelter Hammerbalken taktmäßig gegen den Blockrücken anschwingt. Dabei werden die Bogen bzw. Blätter verschoben.
Die Schwingbewegung des Hammerbalkens endet in einer Parallelstellung von Hammerbalken und Tisch. Der Block wird in dieser Position durch die Kraft gepresst, die sich aus der Absenkung des federnden Auflagetisches ergibt. Sobald der Balken zurückschwingt, wird der Block manuell gewendet und der Vorgang wiederholt sich. Qualitativ bietet das Verfahren die formgerechtesten und formstabilsten Rundungen.

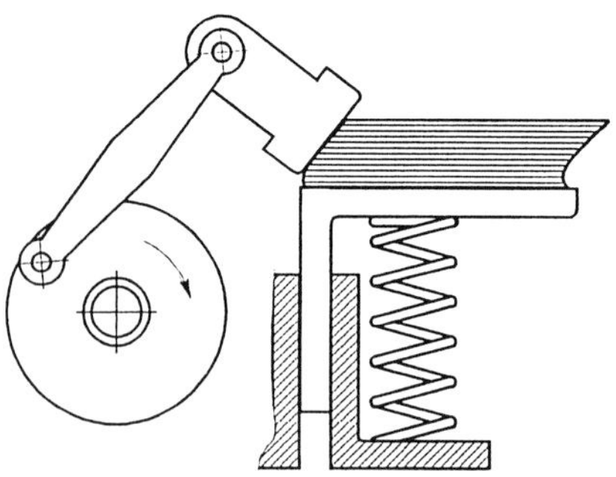

Handbuch
Wissenschaftliches, oft mehrbändiges literarisches Werk, in dem ein Wissensgebiet umfassend und übersichtlich behandelt wird und das sowohl zum systematischen Studieren als auch zum Nachschlagen dienen kann.

Handfalzen
Manuelles → Falzen eines Bogens, um die Seiten in ihre richtige Reihenfolge zu bringen.
In den Sortiments- und kunstgewerblichen Buchbindereien ist das H. noch weit verbreitet, seltener in der industriellen Produktion.
Nicht immer ist es ausreichend, nach der Papierkante zu falzen, um exaktes Übereinanderliegen des Satzspiegels innerhalb eines Bogens zu gewährleisten. Beim H. werden dann die Kopfzeile und die Kante des Satzspiegels am Bundsteg der entsprechenden Seiten als Anlage benutzt, womit ein einwandfreies → Falzregister erreicht wird, das die Falzmaschine durch ihre Anlage nach Papierkante nicht erreichen kann.

Handheften
Manuelles Fadenheften von buchbinderischen Erzeugnissen auf einer Heftlade.
Das H. ist im Zuge der Industrialisierung der Buchherstellung bereits um die Jahrhundertwende durch das maschinelle Fadenheften abgelöst worden. Es wird aber auch heute noch in handwerklichen Buchbindereien angewendet. Geheftet wird auf Hanfkordel, gewebtes Heftband oder auf Pergamentstreifen, die in bestimmten Abständen über den Buchblockrücken verteilt werden. Die Heftbänder werden an der oberen Querleiste eines Hilfsgerätes, der sogenannten Heftlade, befestigt und an der Grundplatte festgeklemmt. Zu unterscheiden sind beim H. die → Durchausheftung und die → Wechselheftung.

Handpappe (Wickelpappe)
In Abhängigkeit von der Pappenherstellung abgeleitete Bezeichnung für Pappen, bei denen die nasse Faserbahn auf eine Formatwalze aufgewickelt und nach Erreichen der erforderlichen Dicke aufgeschnitten und abgenommen wird.
Das ursprüngliche manuelle Abnehmen, das zur Bezeichnung H. geführt hat, erfolgt heute vorwiegend automatisiert. Es kann eine flächenbezogene Masse von bis zu 4000 g/m^2 erreicht werden. H. haben für die industrielle Buchbinderei kaum Bedeutung, dort werden überwiegend → Maschinenpappen eingesetzt.

Handumstochenes Kapital
Manuelle Technik der Herstellung eines → Kapitals für z. B. Franzeinbände, bei der ein aufge-

klebter Gewebestreifen gleichmäßig umstochen wird.

Auf den Buchblockrücken wird ein Rohkapital aufgeklebt, das aus einem gefalzten Streifen Gewebe besteht, in den ein schmaler Streifen Leder oder Pergament eingeklebt wurde. Die dadurch entstehende Verdickung ist vergleichbar mit der Wulstborte des → Kapitalbandes. Diese Wulst sitzt auf dem Schnitt am Kopf bzw. Fuß auf.

Zum eigentlichen Kapitalstechen verwendet man zwei- oder dreifarbige Seiden- oder Kunstseidenfäden. Man arbeitet mit zwei Nadeln, die abwechselnd über das Rohkapital gelegt von innen nach außen durchstochen werden. Einzelne Stiche werden durch den Falz der Bogen geführt, um dem Kapital einen besseren Halt am Block zu geben.

Handvergolden

In der handwerklichen Buchbinderei versteht man darunter das Anbringen von Schriften, Linien, Ornamenten und sonstigen Verzierungen auf Buchdecken und anderen Erzeugnissen mit Hilfe von Blattgold.

Die zu vergoldenden Stellen werden durch → Grundieren vorbereitet. Danach wird das Gold aufgetragen, wozu Stempel, → Fileten und Rollen verwendet werden. Schrift wird aus Einzelbuchstaben zusammengesetzt, wozu ein sogenannter Schriftkasten verwendet wird, ein Gerät mit Haltegriff und Einspannvorrichtung, in der jeweils eine Zeile befestigt wird.

Als Trägerwerkstoff für das H. kommt fast ausschließlich Leder oder Pergament in Frage, mit dem die Gegenstände (Buchdecken, Mappen, Kästchen u. a.) überzogen sind. Die Arbeitsverrichtung erfolgt in der Weise, dass mit Hilfe des erwärmten Werkzeugs Druck ausgeübt wird, wobei das Gold an den gewünschten Stellen zum Haften gebracht wird und einen hohen Glanz erhält.

Hängen

1. Art des → Anklebens oder → Einklebens von Vorrichteelementen.

2. → Buchdecke hängen

Hardcover

(engl.: harter Umschlag): Bezeichnung für ein Buch, bei dem die Buchdecke aus biegesteifem Material besteht bzw. biegesteife Teile zur Herstellung mit verwendet werden (z. B. vierteilige Buchdecke).

Im Gegensatz hierzu werden Erzeugnisse mit → biegsamen Buchdecken (z. B. Plastbuchdecke) oder flexiblen Umschlägen (Broschur) als Softcover bezeichnet.

Harmonikafalz

→ Leporellofalz

Hartpappe

Auf der Fasergrundlage von ungebleichtem Sulfitzellstoff, holzfreiem Altpapier, Hadern und Spinnereiabfällen hergestellte sehr harte, zähe Pappe von hoher Biege- und Wasserfestigkeit, die prägbar ist.

Durch mehrmaliges Kalandrieren erhält H. eine glatte, polierte Oberfläche. Durch Zugabe von Farbstoffen wird Hartpappe in verschiedenen Farben hergestellt.

H. dient unter underem als Stanz- und Schneidunterlage und zur Herstellung von Büroartikeln. Für die Herstellung von Buchdecken wird sie nur in Ausnahmefällen bei sehr großformatigen Exemplaren (Buchhöhe 50 cm) eingesetzt.

Häubchen

Als Abschluss des Buchrückens auf dem Kapital aufliegende Leiste des Bucheinbandmaterials (Leder oder Pergament) am Kopf und Fuß des Buchrückens.

H. können bei Büchern mit → hohlem Rücken angebracht werden. Nach dem → Einschlagen der Kanten des Bucheinbandmaterials wird das noch aufgeweichte Leder oder Pergament am Kopf und Fuß der Rückeneinlage mit dem Falzbein wieder hervorgezogen und gegen das Kapital gedrückt (siehe Abb. a).

Die Formen des H. können unterschiedlich sein (siehe Abb. b). Bei flachen H. besteht die Möglichkeit, den Buchrücken bis zum Bund zu vergolden.

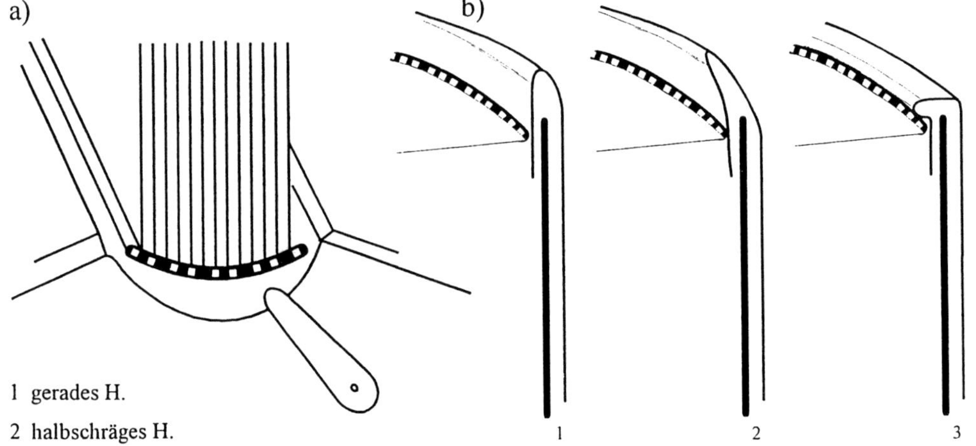

1 gerades H.

2 halbschräges H.

3 flaches H.

Häubchen formen
Anfertigen des → Häubchens aus dem Einschlag des noch feuchten Lederrückens nach dem Abbinden mit Hilfe des → Lederfalzbeins.

Headop
Spezielle Bezeichnung für ein → Saugluftöffnungssystem in Fadenheftmaschinen.
Die Besonderheit besteht darin, dass die Bogenöffnung kombiniert mit Blasluft und Saugluft realisiert werden kann.

Hebelschneider
Kleingerät zum Schneiden von flachförmigen Materialien (z. B. Papier, Pappe, Gewebe) nach dem Scherschnittprinzip, bestehend aus einer Auflageplatte mit einer als Untermesser ausgebildeten Kante und einem an einem Hebel befindlichen Obermesser.
An der Platte ist ein verstellbarer rechtwinkliger Anschlag mit Maßeinteilung angebracht, einige H. haben auch einen verstellbaren Vorderanschlag.
Es gibt H. im Formatbereich bis maximal DIN A3 als Tischgeräte (auch als Fotoscheren bekannt) und in größeren Ausführungen als Standgeräte.

Heft
Erzeugnis der buchbinderischen Fertigung, bei dem mehrere gefalzte und ineinander gesteckte Bogen, meistens mit einem Umschlag versehen, mit Draht oder Faden durch den Rücken geheftet werden.
Von der buchbinderischen Konstruktion her sind H. Einlagenbroschuren. Die Bezeichnung H. hat sich aber für typische Produkte wie z. B. Schreibhefte, Notenhefte eingebürgert.

Heftbünde (Bünde)
Hauptsächlich in der handwerklichen Buchbinderei vorkommende, quer über den Buchblockrücken laufende, mit dem Heftfaden befestigte Bänder oder Schnüre.
Die H. geben mit der Heftung und der Rückenverleimung den einzelnen Bogen des Buchblocks den notwendigen Zusammenhalt. Sie verbinden gleichzeitig den Buchblock mit der Buchdecke. Es gibt sichtbare (erhabene) und unsichtbare H. Erstere können sowohl echt als auch unecht (imitiert) sein. Sie sind als wulstartige Erhöhungen auf dem Buchrücken erkenntlich.
Echte H. bestehen aus gedrehter Hanfkordel, um die geheftet wird. Unechte H. sind schmale Leder- oder Pappstreifen, die auf den bereits auf un-

sichtbare Bünde gehefteten Buchblockrücken oder auf die Rückeneinlage geklebt sind. Unsichtbare H. bestehen aus gewebtem Band, Pergament- oder Lederriemchen oder aufgedrehter Schnur. Hierzu zählt man auch die → eingesägten, d.h. in den Buchblockrücken eingelassenen Bünde.

Die Enden der H. werden entweder auf die Vorsätze oder die Innenseite der Deckel geklebt. Bei → Franzeinbänden liegen die Enden der H. auf den Außenseiten der Deckel oder sind durch diese hindurch gezogen.

Heftdraht

Rund- oder Flachdraht für die Bildung von Heftklammern beim → Drahtheften.

In der Bedruckstoffverarbeitung wird H. vorwiegend aus Stahl, der blank, verkupfert, verzinkt, selten auch verzinnt ist, eingesetzt.

Vom H. werden u.a. Biegefestigkeit (Gewährleistung der Klammerbildung) und Härte (Gewährleistung des Durchschlagens durch das zu heftende Gut) gefordert. Runddraht wird vorwiegend für Rückstichheften und seitliches Blockheften, Flachdraht für die Kartonagenherstellung verwendet.

Heften

Schlusshaftes Fügen von Bogen, Bogenteilen, Lagen, Blättern oder anderen Teilprodukten mittels Draht- oder Fadenklammern oder Nähten.

Das H. wird unterschieden nach der Art des verwendeten Fügematerials in → Drahtheften und → Fadenheften, nach der Heftstelle in → Rückstichheften und → Blockheften.

Heften auf Gaze

→ Gazeheftung

Heftfaden

Material aus Natur-, Chemie- oder Mischfasern, das aus mehreren miteinander verzwirnten (umeinander gedrehten) Einzelfäden besteht und zum Fadenheften verwendet wird.

Voraussetzung für die Herstellung von H. ist die Gewinnung feiner Elementarfäden, beispielsweise aus Baumwolle, Leinen, Seide, Viskose oder Polyamid. Zwei oder mehrere dieser Einzelfäden werden zu einem Zwirn zusammengedreht.

Für störungsfreien Transport ohne Fadenrisse beim Einsatz von Fadenheftautomaten hoher Leistung werden für H. hohe Reißfestigkeit und Dehnung gefordert sowie eine hohe Glätte und Scheuerbeständigkeit. Die Dehnung spielt außerdem eine Rolle im Gebrauch des Erzeugnisses, da eine gewisse Dehnung des H. die Gefahr von Papierrissen an der Einstichstelle senkt.

H. aus Chemiefasern weisen eine höhere Biege- und Reißfestigkeit und Dehnung auf, so dass in der industriellen Buchbinderei hauptsächlich Polyamidseide zur Anwendung kommt.

Heftgaze

(franz.: gaze = durchsichtiges Gewebe): Aus Zell- oder Baumwolle locker gewebtes und appretiertes Material, das zum Heften auf Gaze (→ Gazeheftung) in der Fadenheftmaschine, zum → Begazen in der Buchfertigungsstraße oder zum → Fälzeln im Klebebinder verwendet wird.

H. hat hohe Festigkeit und geringe Dehnbarkeit quer zur Laufrichtung, woraus sich eine geringe Rundefähigkeit für den Block ergibt, und eine hohe Klebstoffdurchlässigkeit. H. liegt stets quer zum Blockrücken.

H. dient der Verstärkung des Blockrückens, stellt dessen Verbindung zur Buchdecke her, festigt den Falz und gibt dem Buchblock über die Befestigung der Gazeübergriffe an den Vorsätzen Halt. Unterschieden werden ein- und mehrfädige H., die Differenzierung ergibt sich aus der Anzahl nebeneinander liegender Kettfäden. Die Appretur erfolgt meist mit Stärke.

Üblich für die Gazeheftung ist die Verwendung zweifädiger H., für geringe Buchblockdicken und kleine Formate auch einfädige, stärker appretierte H. Dreifädige H. wird für dicke, großformatige, stark beanspruchte Bücher eingesetzt. Wegen des offenen Webbildes und der damit verbundenen guten Klebstoffdurchlässigkeit verwendet man einfädige H. zum Begazen.

Heftklammerkontrolle
Kontrolleinrichtung in Sammelheftern zur Kontrolle der Drahtklammern auf Vollständigkeit. Die Broschur wird unter einem Näherungsinitiator (induktiver Aufnehmer) entlang geführt, der durch Induktionsänderung die Drahtklammer erkennt.
Es können entweder Flach- oder Ringösenklammern erkannt werden.

Heftkopf
→ Drahtheftkopf

Heftlade
Hilfsgerät, in dem die Heftbänder beim → Handheften an einer oberen Querleiste befestigt und an der Grundplatte festgeklemmt werden.

Heftmaschine
Allgemeine Bezeichnung für Maschinen, die mit Faden oder Klammern Blätter oder Bogen miteinander verbinden.
Zur Realisierung des Fadenheftens werden z. B. → Fadenheftmaschinen eingesetzt, das Drahtheften erfolgt z. B. auf → Sammelheftern oder → Klopfern. Es kann durch den Bundsteg geheftet (→ Rückstichheften) oder seitliches → Blockheften ausgeführt werden.

Heftnadel
Allgemeine Bezeichnung für die beim Heftvorgang in → Fadenheftmaschinen eingesetzten Nadeln.
Je nach Funktion der Nadeln wird unterschieden in → Vorstechnadeln, → Nähnadeln und → Hakennadeln.

Heftsattel
Dachförmiges Element in → Fadenheftmaschinen zur Aufnahme von geöffneten Bogen, die dem Heftprozess zugeführt werden.
Der H. führt eine schwingende Bewegung aus. Er übernimmt in seiner unteren Endposition den geöffneten Bogen und führt ihn zum Nähbereich. Während dieses Transports wird der Bogen von innen nach außen vorgestochen. Nach dem Heften schwingt der H. zurück und nimmt den nachfolgenden Bogen auf.
Der in Klopfern befindliche Auflagetisch kann für das Rückstichheften ebenfalls zum H. umgestellt werden.

Heftstichart
Art und Weise der Einbringung von Heftfaden und Fadenführung in Bogen oder Blocks beim Fadenheften.
Beim maschinellen Einzelbogenfadenheften erfolgt die Bildung von meist mehreren Fadenheftstichen in einem Maschinenarbeitstakt beim zyklischen Zusammenwirken von Vorstechnadeln, Nähnadeln, Hakennadeln und Fadenziehern. Je nach Lage der Fäden in zwei nebeneinander gehefteten Bogen und der Art ihrer Verknotung von Bogen zu Bogen unterscheidet man zwischen → unversetztem und → versetztem Stich; bei der Gazeheftung ist ein → Übernähstich zum Befestigen der Heftgaze erforderlich. Beim Fadenrückstichheften und seitlichen Blockfadenheften werden als H. → Knotenfadenheften und → Steppfadenheften angewendet. Beim Handheften sind die → Durchausheftung und → Wechselheftung relevant.

Heftstifte
Mit Flügelmuttern anziehbare Halteschrauben, die zur Befestigung des Heftbandes an der → Heftlade im Abstand der → Heftbünde positioniert werden.

Heftzwirn
→ Heftfaden

Heißfolienprägen
Umformung des Bedruckstoffs bei gleichzeitiger Übertragung spezieller Schichten einer → Prägefolie mittels → Prägestempel unter Einfluss von Temperatur, Druck und Zeit.
Durch die Wirkung von Temperatur und Druck lösen sich an den erhabenen Stellen des Prägestempels die Transferschichten vom Trägermaterial ab und werden auf den Bedruckstoff übertragen, wo sie dauerhaft und wischfest verankern.

Dank seiner verschiedenen Wirkungen und Effekte (metallische Effekte, matte Effekte auf glänzendem Untergrund, Übertragung heller Farben auf dunklen Untergrund) und die gleichzeitige partielle Farbübertragung und Verformung des Werkstoffs mit dem gleichen Werkzeug ist das H. heute das prädestinierte Verfahren der Buchdeckenveredlung. Es wird überwiegend als einseitiges → Vollprägen mittels eines Prägestempels ausgeführt. Prinzipiell möglich ist ebenfalls das → Reliefprägen.
Abzulehnen sind die Bezeichnungen Trockendruckverfahren oder Prägefoliendruck, da es sich beim H. nicht um ein Druckverfahren handelt. Die Unterschiede zu den Druckverfahren liegen in der Erwärmung des Prägestempels, der Verwendung einer Prägefolie anstelle der viskosen Druckfarbe und der Erzielung einer Materialverformung durch partielle Verdichtung, die in dieser Stärke bei Hochdruckverfahren nicht vorhanden ist.

Heißleim
→ Glutinleim, → Knochenleim

Heißprägefolie
→ Prägefolie

Heißschmelzklebstoff (Hotmelt)
→ *Schmelzklebstoff, dessen Hauptbestandteile ein Basispolymer, Harze und Wachse und als Zusatzstoffe Antioxydantien und Füllstoffe sind.*
Als Basispolymer kommen hauptsächlich Ethylen-Vinylacetat-Copolymere (EVA-Hotmelt) zur Anwendung, in neuen Entwicklungen auch Polyamid (PA-Hotmelt).
Der Schmelzpunkt liegt zwischen 70 und 90°C, die Auftragstemperatur je nach Typ zwischen 160 und 180°C.
In der Buchbinderei werden H. beim → Klebebinden verwendet. Der H. beginnt sofort nach dem Auftragen abzukühlen und zu erstarren, bevor die Moleküle in die Faserzwischenräume eindringen können. Es entsteht ein auf den Fasern aufliegender, starrer Film, der für die Festigkeit, aber auch für eine schlechte Aufschlagbarkeit verantwortlich ist. Trockenzeiten sind nicht erforderlich, was eine Inline-Fertigung mit Hochleistungsklebebindern erlaubt.
H. neigen zum Verspröden und weisen eine geringe Alterungs- und Temperaturbeständigkeit auf. Sie zeigen geringe Adhäsionsbreite und Probleme bei bis in den Bundsteg bedruckten Bildern wegen ihrer Unverträglichkeit mit Bestandteilen der Druckfarbe.
H. werden vorwiegend für kurzlebige Literatur eingesetzt.

Heißsiegeln
Kleben fester Körper unter Druck und Wärmeeinwirkung, nachdem vorher mindestens eine der beiden Klebeflächen mit einem thermoplastischen Klebstoff beschichtet oder zwischen die Klebeflächen ein thermoplastischer Klebstofffilm gebracht wurde, der reaktiviert wird.
Die Klebstoffe sind charakterisiert durch einen Feststoffanteil von 100 %, werden erst durch Erwärmung verflüssigt, erstarren nach dem Zusammenfügen der Klebeflächen und nach Ausübung des zur Verklebung erforderlichen Druckes durch Abkühlen und führen so zum Abbinden.
Anwendungsgebiete ergeben sich beispielsweise bei der Verbindung von Buchblock und Buchdecke unter Verwendung eines beschichteten Vorsatzes und bei der Deckenherstellung mit beschichteten Bucheinbandmaterialien.

Hepadru Cover
Modifizierte Anwendung der → Drahtkammbindung, wobei ein drahtkammgebundener Block in eine feste Decke eingelegt wird, so dass das äußere Erscheinungsbild eines Buches entsteht.
Die einzelnen Blätter werden gestanzt und zusammengetragen, der entstehende Block vorn und hinten mit Viertelbogen versehen. Die Viertelbogen übernehmen beim späteren Einhängen die Rolle des Vorsatzes. Vor dem Einbringen der Drahtkammbindung wird auf den Blockrücken Klebstoff aufgetragen, damit sich die einzelnen Blätter nicht lose gegeneinander verschieben können und beim Aufschlagen kein Zwischenraum sichtbar wird.

Die Buchdecke unterscheidet sich von konventionellen Decken durch eine ausgeprägte Rückenrundung, die einem Dreiviertelkreis nahekommt und das Bindeelement umschließt.

HF-Trocknung
→ Hochfrequenztrocknung

HF-Schweißen
→ Hochfrequenzschweißen

Hinterkleben
Verfestigen und Stabilisieren des Blockrückens von Büchern durch Aufkleben eines Materialstreifens.
Der Hinterklebestreifen ist wenige Millimeter kürzer als die Blockhöhe und reicht im Rücken von Falz zu Falz im Gegensatz zum → Fälzel(streifen), der einen seitlichen Übergriff hat.
Das maschinelle H. erfolgt in der Regel in Kombination mit dem → Kapitalen in Buchfertigungsstraßen. Die technische Realisierung des H. ist vergleichbar mit dem → Begazen.

Hintertischbeschickung
Die Zufuhr des vorbereiteten Schneidgutes in → Planschneidern über den Hintertisch, um eine Arbeitserleichterung und Leistungssteigerung zu erreichen.
Für die H. klappt der Seitenanschlag nach unten und der Anschlagsattel fährt in die hintere Endposition. Ein Greifersystem schiebt den gerüttelten Schneidgutstapel über den Hintertisch in die Schneidemaschine, während vorn der gerade geschnittene Stapel beseitigt wird. Die Greifer übernehmen auch die Drehungen des Stapels, was die Bearbeitung großformatiger Bogen erleichtert.
Leistungssteigerungen von 10 % sind gegenüber der Vordertischbeschickung erreichbar.

Hochfrequenzschweißen (HF-Schweißen)
Herstellen einer stoffschlüssigen, homogenen Verbindung mehrerer Teile gleichartiger Werkstoffe ohne zusätzliche Fügemittel unter Einfluss von Wärme und Druck mittels Schweißelektrode. Gleichzeitig wird bei Anwendung von messerscharfen Trennelektroden ein Trennvorgang realisiert.
Das H. wird zur Herstellung von → Plastbuchdecken eingesetzt. In Verbindung mit dem Trennen und Schweißen können Plastbuchdecken gleichzeitig veredelt werden, z. B. durch Applizieren, Hochfrequenz-Blindprägen oder Einschweißungen in Klarsichtfolie.

Hochfrequenztrocknung (HF-Trocknung)
Dielektrisches Trocknungsverfahren im hochfrequenten Wechselfeld, das das Vorhandensein polarer Gruppen oder Moleküle in der zu trocknenden Substanz (beispielsweise Dispersionsklebstoff) voraussetzt.
Die Energie wird dem Trocknungsgut über zwei Elektroden zugeführt, zwischen denen das hochfrequente Wechselfeld aufgebaut wird. Der beständige schnelle Wechsel der Polarität des Feldes ruft heftige Molekülbewegungen hervor, da die molekularen Dipole bestrebt sind, sich in die jeweilige Richtung des Feldes auszurichten. Durch die gegenseitige Behinderung der Moleküle bei dieser schnellen Bewegung entsteht Wärme, die Verdampfen des Wassers bewirkt. Dabei entsteht ein Temperaturgefälle von innen nach außen.
Die H. wird eingesetzt als Endtrocknung im Klebebinder bei Verarbeitung von Dispersionsklebstoff, so dass der Dreiseitenbeschnitt nach einer Abkühlzeit von 3 min inline erfolgen kann. Temperaturen bei der H. liegen bei knapp 80° C.

Hochglanzprägefolie (Lackfolie)
→ Prägefolie für das Heißfolienprägen, deren optisch wirksame Schicht aus hochglänzendem Lack besteht, der transparent oder farbig ist.
Mit farblosem Lack versehene H. erhalten die Bezeichnung Transparentlackprägefolie, sie erzielen auf matten Bedruckstoffen wirksame Glanzeffekte.

Hochleistungsschnellstahl(HHS)messer
Heute als Standardmesser geltendes Flachmesser mit 18 % Wolfram als Legierungsanteil, das

in Planschneidern und Dreimesserschneidemaschinen zum Einsatz kommt.
H. sind universell einsetzbar für unterschiedliche und häufig wechselnde Bedruckstoffe.

Hohlbohrer
In Papierbohrmaschinen verwendete Sonderform von Bohrern zum Einbringen runder Löcher in Papier.
Der H. ist innen hohl und nimmt die ausgeschnittenen Papierteile in sich auf, die nach dem Bohren wieder ausgestoßen werden.

Hohler Rücken
Beim Aufschlagen eines Buches entstehender Hohlraum zwischen Buchblock und Buchdecke im Rücken, der dadurch entsteht, dass in diesem Bereich keine Verbindung von Block und Decke vorhanden ist.
Im Gegensatz dazu ist der feste Rücken (bei einigen handwerklich hergestellten Büchern, z.B. Franzeinband) dadurch charakterisiert, dass das Bucheinbandmaterial direkt auf den Buchblockrücken geklebt ist und kein Hohlraum beim Öffnen entsteht. Dadurch ist mit einer schlechteren Aufschlagbarkeit zu rechnen.
Bei verschiedenen Broschurenarten ist heute ebenfalls der h. R. anzutreffen. Um besseres Aufschlagverhalten zu gewährleisten (→ Lay-Flat-Verhalten), wird der Broschurenumschlag im Rücken nicht mehr mit dem Broschurenblock verklebt, sondern nur noch an seitlichen Übergriffen.

Hohle Schnittfläche (Pilzschnitt)
Schnittfehler beim Schneiden von Stapeln, bei dem die Schnittfläche über die Stapelhöhe gekrümmt ist.
Die in der Stapelmitte liegenden Bogen fallen kürzer aus als die oberen und unteren. Beim Eindringen des Messers in den Stapel werden die oberen Bogen unter dem Pressbalken stark abgebogen, beim weiteren Schneiden wird das Messer vom Stapel abgedrängt.
Die h. S. ist hauptsächlich bei hartem Karton und zu geringem Pressdruck zu beobachten, auch bei zu kleinem Messerfasenwinkel und unsachgemäßer Messerbefestigung.

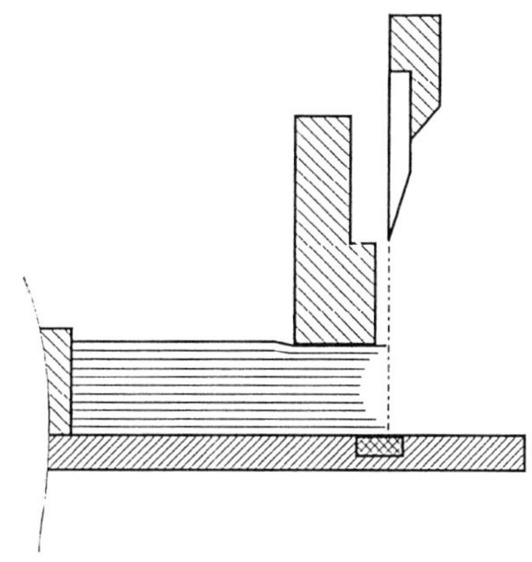

Hohlgoldschnitt
Anbringen eines → Goldschnitts an den gewölbten Vorderschnitt eines gerundeten Buchblocks.
Ein manueller Goldschnitt wird erst nach dem Runden auf den konkav geformten Vorderschnitt aufgetragen. Nachträgliches Verschieben (Schießen) der Blätter beim Runden kann nicht mehr eintreten. Dadurch bekommt der Goldschnitt das gleichmäßige Aussehen einer geschlossenen Goldschicht.

Hohlprägen
→ Reliefprägen

Hohlschnitt
1. → Hohlgoldschnitt
2. *Schnittfehler beim Schneiden von Stapeln, bei dem die Schnittfläche über die Schneidlänge gekrümmt ist.*
Der H. ist dadurch gekennzeichnet, dass das Schneidgut in der Mitte kürzer als an den Stapelrändern ausfällt. Ursache kann bei welligem Schneidgut oder Schneidgut unterschiedlicher Dicke (abhängig vom Farbauftrag) darin liegen, dass der Stapel am Rand mehr gepresst wird als in der Mitte. Beim Bogenschnitt verhält es sich umgekehrt; die Bogen sind an den Seiten kürzer

als in der Mitte, da sie in der Mitte stärker gepresst werden.

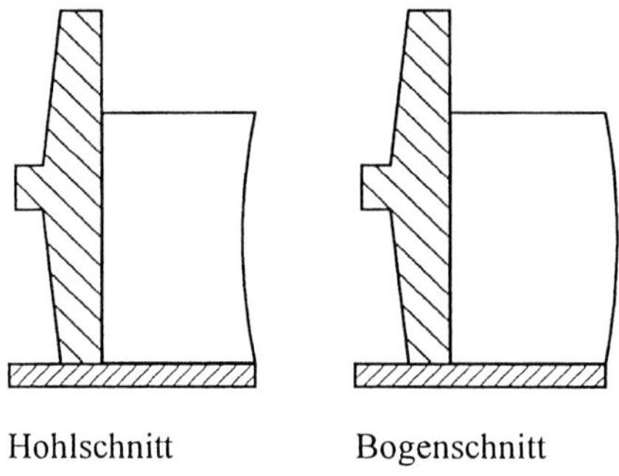

Holländern

Einzelbogenbindeverfahren, bei dem Fadenstücke durch vorgestochene Löcher im Bundsteg von innen nach außen durchgestochen werden und die heraushängenden Fadenenden nach dem Zusammentragen des Blocks mit Klebstoff am Blockrücken verklebt werden.

H. ist damit ein kombiniertes form- und stoffschlüssiges Bindeverfahren. Das → Fadensiegeln gründet sich in gewissem Sinne auf das H.

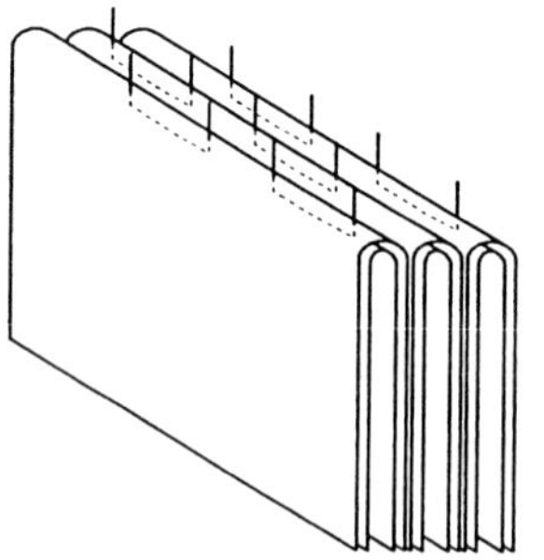

Holzpappe (Weißschliffpappe)

Aus hohem Anteil Holzschliff und einem Zusatz von Zellulose hergestellte weiche, voluminöse Pappe mit geringer Widerstandsfähigkeit.

Wegen ihrer geringen Stoß- und Bruchfestigkeit ist Holzpappe nicht für Buchdecken geeignet. Sie wird zum Kaschieren und für Bierdeckel verwendet.

Hooky

Patentierte Art der → Spiralbindung, bei der die Spirale in der Mitte eine Schlaufe bildet, die zum Aufhängen dient.

Hotmelt

(engl.: hot melt = heiß geschmolzen): → Heißschmelzklebstoff

Hotmelt-Tip-Technik

Verfahren des → Klebebindens, bei dem am Kopf und Fuß in etwa 10...20mm Breite ein Heißschmelzklebstoff (der sogenannte Hotmelt-Tip) aufgetragen wird und der dazwischen liegende Bereich des Rückens einen Auftrag aus Dispersionsklebstoff erhält.

Der im Beschnittbereich aufgetragene Heißschmelzklebstoff gewährleistet aufgrund seiner kurzen klebstoffoffenen Zeit, dass das Produkt inline dreiseitig beschnitten werden kann, ohne dass eine künstliche Trocknung eingesetzt werden muss. Andererseits werden die Nachteile des Heißschmelzklebstoffs vermieden, indem durch den Dispersionsklebstoff ausreichende Flexibilität und Elastizität des Blockrückens gewährleistet werden und damit eine gute Gebrauchsbeständigkeit einhergeht. Die Anwendung der H. erfordert besondere maschinentechnische Einrichtungen, weshalb dieses Verfahren heute nicht mehr praktiziert wird.

HSS-Messer

→ Hochleistungsschnellstahlmesser

HST-Rückenbearbeitungssystem

Spezielles Werkzeug zum → Aufrauen des Blockrückens beim → Klebebinden mit Blattverarbeitung, bestehend aus zwei sich gegenläufig drehenden Werkzeugen.

Durch die gegenläufige Bewegung entsteht eine Querkraftkompensation, die ein seitliches Verschieben des Blocks verhindert. Sie bewirkt außerdem ein Ausrichten der Papierfasern vom Blockrücken weg, so dass sie vom Klebstoff umschlossen werden können und eine hohe Blattausreißfestigkeit erzielt wird.

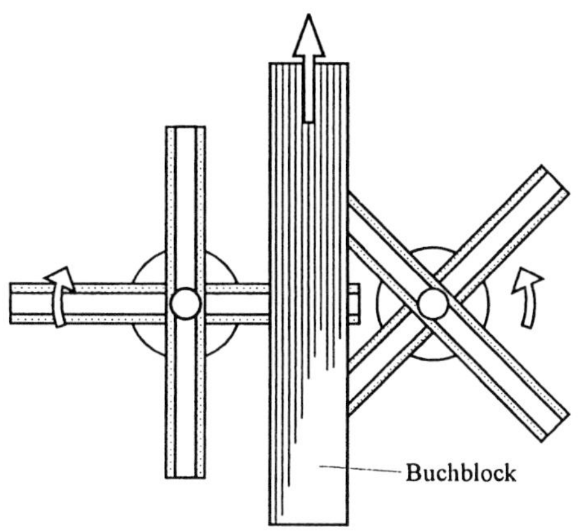

Abb. HST-Rückenbearbeitungssystem (Seite 102)

Hubtisch

→ Stapellift

Hülse

Schlauchartiges Gebilde aus dünnen, aber sehr festem Papier (Natronsackpapier mit einer flächenbezogenen Masse von 50 g/m²), das eine zusätzliche Verbindung zwischen Buchblock und Buchdecke bildet.

Die H. verbindet die Rückeneinlage der Buchdecke mit dem Blockrücken, ohne die Charakteristik des → hohlen Rückens zu beseitigen. Sie erhöht die Formstabilität und Haltbarkeit des Buches auch bei langer Aufbewahrung und häufiger Nutzung, weil durch die H. eine zusätzliche Gelenkverbindung hergestellt und der Falzbereich der Vorsätze verstärkt wird.

In der industriellen Buchbinderei findet die H. heute nur noch selten Anwendung. Sie wird vor allem für großformatige, schwere Produkte und solche mit hohen Qualitätsansprüchen (Lexika, Bibeln) eingesetzt.

Hülsen

Das Anbringen der → Hülse.

Das Anbringen der H. kann entweder in der Buchfertigungsstraße erfolgen, indem die H. auf den Buchblockrücken geklebt wird, oder in speziellen Hülsenfertigungsmaschinen, in denen die H. geformt, geschnitten und auf die Rückeneinlage in die Buchdecke geklebt wird. Um bei der Buchmontage eine Verklebung zwischen H. und Blockrücken zu gewährleisten, ist die Einhängemaschine mit einem zusätzlichen Leimwerk ausgerüstet, das den Blockrücken bzw. die dort aufgeklebte H. mit Klebstoff versieht.

Hülsen schließen

Manuelle Herstellung von → Hülsen, wobei aus Papierstreifen Schläuche entstehen, indem die Streifen entlang ihrer Längsseiten mit Klebstoff verschlossen wird.

Hypozykloide Messerbewegung

Spezielle Steuerung der Seitenmesser in der → Dreimesserschneidemaschine, die zu einer Verkürzung des Schneidzyklus führt. Die Seitenmesser führen eine Rundumbewegung ohne unteren Totpunkt (Stillstand) aus, die in der Form einem auf die Spitze gestellten Quadrat gleicht und einen fast gleichzeitigen Beschnitt mit allen drei Messern ermöglicht.

Bei der Schneidreihenfolge Kopf-/Fußschnitt vor Vorderschnitt kann sich das Vordermesser erst senken, wenn die Seitenmesser ihre Ausgangsposition wieder erlangt haben. Durch die h. M. verkürzt sich die Zeitspanne zwischen Seiten- und Vorderschnitt, es bleibt mehr Zeit für das Ausrichten der Produkte und die Maschine weist eine hohe Laufruhe auf.

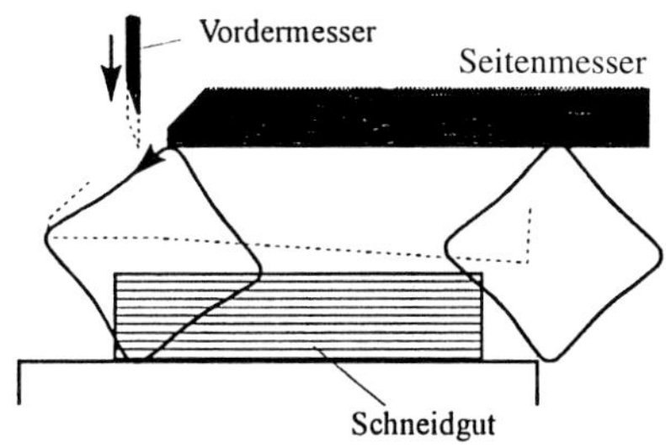

Industrielles (einfaches) Vorsatz

Das hauptsächlich angewandte → Vorsatz, das aus einem einmal gefalzten, vierseitigen Bogen besteht, der schmal an den Titel- und Endbogen

geklebt wird und die Verbindung zwischen Buchblock und Decke darstellt.
Die einfache Technologie des Anklebens erlaubt eine maschinelle Realisierung dieser Vorrichtearbeit in → Bogenanklebemaschinen oder → Vorsatzklebeaggregaten. Gegenüber anderen Arten von Vorsätzen ist die Beanspruchbarkeit im Falz jedoch gering, und beim Öffnen wird das erste Blatt des Titelbogens mit angehoben.

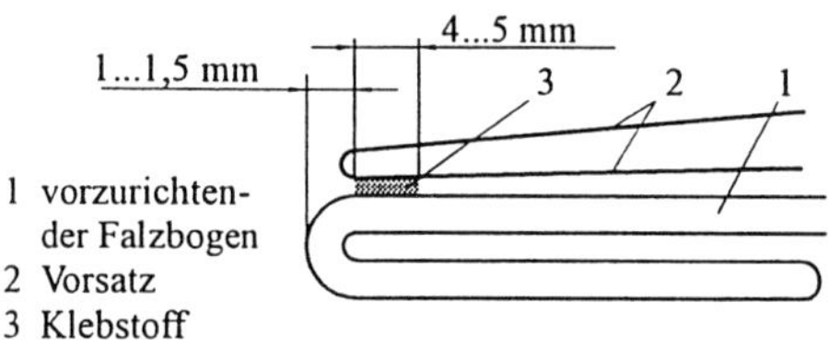

Ineinanderstecken
→ Einstecken, → Sammeln

Infrarotstrahler
Ausnutzung der Energie des Infrarotbereiches (Wellenlängen von 1...4 µm) der elektromagnetischen Strahlung zur Trocknung oder Warmhaltung von Klebstoff.
I. werden eingesetzt in Klebebindern als → Zwischentrocknung bei mehrschichtigem Klebstoffauftrag, in → Warmhaltestrecken und in Buchfertigungsstraßen, um den Blockrücken vor dem Runden zu erwärmen und die Verformung zu unterstützen.

Innentrichterfalz
Falzprinzip zur Erzeugung des letzten Falzbruches fadengesiegelter Falzbogen, das in Verbindung mit dem rotativen → Fadensiegelautomat in Bogenfalzmaschinen eingesetzt wird.
Der Bogentransport erfolgt durch die oberhalb der Bogen angebrachten Fadenplattenkette und eine untere Förderkette. Nach einer Rillstation beidseitig angeordnete Leitbleche heben während des Transports allmählich die Außenkanten der Falzbogen an. Die falzbildenden Elemente bestehen aus einer Trichterspitze und aus beiderseitig angeordneten Falzleisten. Falzleisten und Trichterspitzen bilden einen schmalen Spalt, durch den der Falzbogen in seiner Mitte hindurchgeschoben wird. Die hinter der Trichterspitze angebrachten Falzrollen vollenden den Falz und übernehmen den Weitertransport.

Insert
(engl.: Beilage, Einlage): Falzprodukte unterschiedlicher Art, die der Werbung dienen.
Es wird unterschieden in Beilagen, die Zeitungen und Zeitschriften beigefügt (eingesteckt) werden, und I. im Kleinstformat, die als Beipackzettel oder Werbung einem Produkt in der Verpackung beigefügt werden. Zur Erreichung des Kleinstformates ist z. T. eine hohe Anzahl Falzbrüche, meist im Parallelfalz, erforderlich. Das dadurch relativ dicke Endprodukt wird mit Klebstoffpunkten geschlossen gehalten.

Ins Leder machen
→ Einledern

Integralbuchdecke
Häufig als Synonym für → einteilige Buchdecken verwendet, wobei sich die Bezeichnung urspünglich nur auf die → einteilige Plastbuchdecke bezog.
Entstanden ist die Bezeichnung I. mit Entwicklung der einteiligen Plastbuchdecke, bei der verschiedene Arbeitsgänge (Heraustrennen der Nutzen, Ausformen der Deckenfälze durch Schweißnähte, Veredeln der Buchdecke) in einem integriert wurden. Der Begriff wird heute auch generell für einteilige Buchdecken verwendet (vgl. Integral-Flexicover).

Integraldecke
→ Integralbuchdecke

Integral-Flexicover
Englische Bezeichnung für eine flexible → einteilige Buchdecke aus Karton.

Integriertes Vorsatz
Im Titel- und Endbogen eines Buchblocks enthaltene unbedruckte Blätter, die als → Vorsatz

dienen und die mit der Buchdecke verbunden werden.

Es wird so ausgeschossen, dass im Titelbogen die ersten vier, im Endbogen die letzten vier Seiten ohne Text versehen sind und somit der Verbindung mit der Buchdecke und der Funktion als fliegendes Blatt zur Verfügung stehen. Voraussetzung ist, dass das Auflagenpapier den Anforderungen an → Vorsatzpapier gerecht wird.

Das i. V. lässt sich nur bei fadengehefteten und -gesiegelten Buchblocks anwenden. Es erspart den Arbeitsgang des Vorrichtens und dient damit einer schnellen und ökonomischen Herstellung. Der ästhetische Gesamteindruck wird durch die sichtbaren Nadeleinstiche jedoch beeinträchtigt.

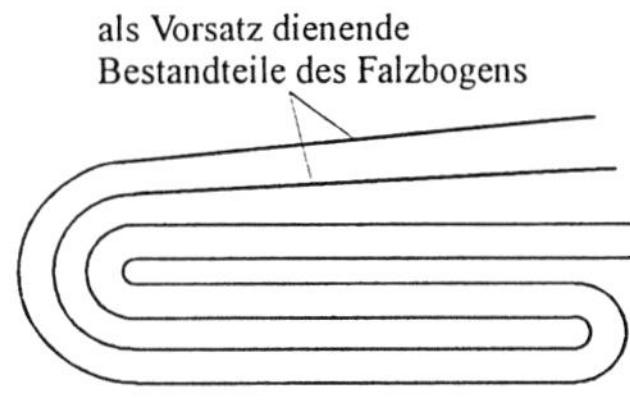

Interimseinband

Vorläufiger Schutz für die Bogen wertvoller Werke, die zu einem späteren Zeitpunkt handwerklich gebunden werden sollen.

Der Buchblock wird meist maschinell fadengeheftet (auf Band oder übergreifende Gaze) und ohne Rückenbeleimung und Dreiseitenbeschnitt in eine mit Papier überzogene Buchdecke lose hineingelegt. Die Herstellung von I. kommt heute nur noch selten vor.

IR-Trocknung

→ Infrarotstrahler

Jahrbuch

Periodisch, meist jährlich erscheinendes fortlaufendes Sammelwerk, das von Organisationen, Institutionen oder Personen herausgegeben wird und einen Überblick über wichtige Ereignisse und Ergebnisse des erfassten Zeitraums gibt.

Die einzelnen Werke (Bücher, Hefte u. a.) erhalten einen gleichlautenden Gesamttitel und eine einheitliche Gestaltung und sind meist auch mit einer fortlaufenden Zählung versehen.

Japanholzpapier

Papierdünnes Zedernholz, das auf Seidenpapier kaschiert ist.

J. wird als Bucheinbandmaterial verwendet, als Spiegel oder zum Auskleben von Kästen. Die Verwendung erfolgt handwerklich.

Japanpapier

Handgeschöpftes, langfasriges Papier aus dem Bast des japanischen Maulbeerbaums und dem Bast strauchartig wachsender Pflanzen, das als Bucheinbandmaterial, Vorsatzpapier, zur Ausbesserung alter Bücher oder zur Verstärkung von Vorsätzen und Bogen (Fälzel) Verwendung findet.

Da das Papier aus der Bütte geschöpft wird, weist es keine Laufrichtung auf. Die Festigkeit ist trotz fehlender Leimstoffe wegen der Langfasrigkeit des Materials sehr hoch. Durch die eingebetteten Faserbüschel ergeben sich interessante Strukturen und Muster. Das Papier selbst ist weiß bis gelblich oder bedruckt und geprägt.

J. ist besonders geeignet für Festschriften, Urkunden, bibliophile Sonderausgaben u. ä.

Jetfeeder

Spezielle Bezeichnung für ein → Blasluftöffnungssystem in Fadenheftmaschinen.

Kalbsleder

Als Bucheinbandmaterial verwendetes feines, weiches, glattes → Leder, das sich an der Oberfläche leicht abstößt.

Das beste Leder erhält man von 5...6 Wochen alten Tieren. Es lässt sich leicht verarbeiten, gut prägen und vergolden und wird für die Verarbeitung gespalten.

Kalbspergament

Als Bucheinbandmaterial verwendetes → Pergament in leuchtendem Weiß mit feiner, großzügiger Äderung oder in naturellem Farbton mit dunklen, fein verästelten Adern.

Die dunklen „antiken“ Pergamente stammen von verendeten Tieren, bei denen das Blut im Gegensatz zum Schlachttier nicht abfließen konnte und in den Adern gerann.

Kaliko

Durchappretiertes Baumwollgewebe in → Leinwandbindung, das als → Bucheinbandmaterial verwendet wird.

Die → Appretur ist wasserlöslich und bewirkt hohe Feuchtigkeitsempfindlichkeit. Sie enthält einen hohen Füllstoffgehalt und wird dick aufgetragen, so dass die Fadenstruktur schwer erkennbar ist. Das Gewebe wird glatt kalandriert oder erhält eine aufgeprägte Oberflächenmusterung, so dass es leicht mit Kunstleder verwechselt wird. Ältere Bezeichnungen für K. sind Druckkattun und Druckperkal.

K. wird für religiöse Literatur und Fachbücher verwendet.

Kammbindemaschine

Maschine für die → Plastikbindung, in der meist Stanzen und Einbringen des Bindeelements kombiniert erfolgen.

Die zusammengetragenen Einzelblätter werden gestanzt. Das vorgeformte Bindeelement wird geöffnet, die Blätter werden eingelegt, und die Kammenden rollen sich in die Ausgangsposition zurück, so dass die Blätter nicht mehr entfallen können.

Es gibt K. als Tischgeräte für Einzelexemplare und Geräte für mittlere Auflagen.

Kammbindung

Andere Bezeichnung für → Plastikbindung, wird aber teilweise auch als Kurzform für → Drahtkammbindung verwendet.

Kante

1. Der Teil der Buchdeckel, der über den Buchblock hinaussteht.

Durch die K. wird die – teilweise durch Schnittfärben veredelte – Schnittfläche geschützt. Die K. weisen je nach Größe des Buchblocks unterschiedliche → Kantenbreiten auf.

2. Die Linien der Schnittpunkte, in denen die Teile der Oberfläche eines Körpers (z. B. Schachtel) sich berühren.

Um an diesen Stellen das Durchscheuern des Bezugsmaterials zu verhindern, werden die K. handwerklich oft abgerundet oder abgeschrägt.

Kante abschrägen

Abstumpfen einer ursprünglich rechtwinkligen → Kante bei bestimmten buchbinderischen Erzeugnissen.

Dadurch kann das Bezugsmaterial an den scharfen Kanten nicht so leicht durchgescheuert werden. Außerdem verbessert das Abschrägen die Form des Erzeugnisses.

Kantenbeleimung

1. Auftragen von Klebstoff an den Kanten von Zuschnitten aus Karton, Pappe, Leder u. a. Werkstoffen, um andere Werkstoffteile anzusetzen und zu fügen, z. B. die Seitenwände an den Boden eines Kastens.

2. Beim Klebebinden wird K. auch im Sinne von → Fächerbeleimung verwendet.

Kantenbreite

Maß für die Breite der über den Buchblock hinausstehenden → Kanten der Buchdecke nach der Verbindung von Block und Decke.

Allgemein wird eine geringe K. bevorzugt, wobei ein genaues Maß vom Format des Buches und seinem Charakter abhängt. Die Breite liegt zwischen 2...3 mm, kann bei großformatigen Bildbänden oder Atlanten jedoch auch größer sein. In der Regel sind die Kanten am Kopf-, Fuß- und Vorderschnitt gleich groß, dies muss jedoch nicht zwingend sein.

Kanteneinschlagvorrichtung

In → Buchdeckenmaschinen integrierte Vorrichtung zum Umlegen und Andrücken des Bucheinbandmaterials an die Deckelpappen.

Die Deckelpappen werden auf dem vollständig eingeleimten Bezugsnutzen positioniert und leicht angedrückt. Rollen oder Schienen jeweils an den gegenüberliegenden Seiten legen die Kanten um und drücken sie an. Nachdem die Kanten umgelegt sind, wird die Decke durch weitere Rollenpaare hindurchgeführt und abgepresst.

Kapital

Am Kopf und Fuß des Buchblockrückens angebrachtes Zierband aus Gewebe, Leder oder Pergament.

Ursprünglich wurde das Bucheinbandmaterial am Kopf und Fuß durch Kettstiche mit dem Buchblock vernäht, wodurch eine Befestigung des Einbandmaterials mit dem Rücken des Buchblocks entstand. Diese Naht stellte das K. dar. Heute wird in der industriellen Buchbinderei ein separates → Kapitalband an den Blockrücken geklebt. Es übt vornehmlich eine Schmuckfunktion aus und verhindert den Einblick in den hohlen Buchrücken. Es wird auch als Maschinenkapital bezeichnet. In der handwerklichen Buchbinderei sind zu unterscheiden → handumstochenes K., → Leder-K., → eingearbeitetes K.

Kapitalband

Zierband von etwa 15 mm Breite aus Baumwolle, Zellwolle oder Kunstseide mit einer raupenartigen Wulstborte an der oberen Webkante. Die Raupe ist ein- oder mehrfarbig. Das Kapitalband ist appretiert, um für die Verarbeitung eine notwendige Steifigkeit zu erhalten und das Durchschlagen von Klebstoff zu vermeiden.

Diese Art des → Kapitals wird auch als Maschinenkapital bezeichnet. Für die maschinelle Verarbeitung wird zwischen links- und rechtsgewickelten Spulen unterschieden. Die Spulen unterscheiden sich in der Lage der Wulstborte und sind notwendig für die getrennte Zuführung der Bänder für das Kopf- und Fußkapital.

Das K. wird so mit dem Blockrücken verklebt, dass es vom ersten bis zum letzten Bogen reicht und die Wulst gleichmäßig dem Schnitt aufsitzt.

Kapitalen

Anbringen eines Zierbandes (→ Kapitalband) am Kopf und Fuß des Buchblockrückens.

Das manuelle K. erfolgt am Einzelexemplar oder im Stapel (Stoßkapitalen). Beim Stoßkapitalen wird das Kapitalband vom obersten bis zum untersten Block so geführt, dass die Raupe gleichmäßig der Schnittkante aufsitzt. Das Band wird anschließend zwischen den einzelnen Buchblocks mit der Schere oder mit dem Messer getrennt.

Das maschinelle K. ist mit dem Hinterkleben verbunden. Aus technischen Gründen wird zunächst das Kapitalband auf das Hinterklebematerial geklebt und beides gemeinsam auf den Blockrücken aufgebracht. Dazu werden → Buchfertigungsstraßen eingesetzt, seltener separate Kapital- und Hinterklebeaggregate.

Kapital stechen

→ handumstochenes Kapital

Karawanenziegenleder

Als Bucheinbandmaterial verwendetes Ziegenleder von zentralafrikanischen Weidetieren, das in der Narbung dem Oasenziegenleder ähnelt, aber weniger fehlerhaft ist.

K. ist von kräftiger Färbung und unempfindlich. Es ist heute kaum noch erhältlich.

Karbonieren

Unerwünschtes Abfärben von Druckfarbe.

Karbonierfestigkeit

Widerstand, den die Oberfläche eines Bedruckstoffs dem Mikroscheuern von Druckfarbe gegenüber liegender Seiten entgegen setzt, die durch Druckbelastung von Maschinenteilen ausgelöst wird. Eine Relativbewegung tritt dabei kaum auf.

Die Druckbelastung wird unter anderem ausgeübt durch Falzwalzen bei Kreuzbruchbogen, die am Kopf dicker sind, durch das Messer im Dreimesserautomaten (Gefahr bei angeschnittenen Bildern), durch Transportelemente wie Greifer oder Transportrollen, durch Öffnungselemente, Presselemente und berührend arbeitende Dickenmesseinrichtungen.

Die Belastung führt besonders bei Bildelementen, die sich gegenüber unbedruckten Stellen befinden, zu Karboniererscheinungen. Auch bei hoher → Scheuerfestigkeit eines Druckbildes ist Karbonieren nicht auszuschließen.

Karreeklotz
Rechtwinkliger Holzklotz mit schiefer Ebene, dessen Anlage für das Buch ein Holzlineal bildet. Der K. dient zur Stütze des Buches beim Handvergolden.

Karreevergoldung
Handvergolden des Buchrückens oder der Deckelkanten mit quadratischen Mustern (Karreeformen).

Kartenheft
1. Sammlung von Landkarten, die als Heft gefügt werden und als zusätzliche Ausstattungsteile z. B. ein Buch ergänzen und entweder lose beigefügt oder auch mit einem Streifband am hinteren Vorsatz angeklebt werden.
2. Sammlung von Bildpostkarten eines bestimmten Genres, beispielsweise Kunstwerke, Baudenkmäler, Orts- und Landschaftsschönheiten oder ähnliches, die Touristen oder Sammelliebhabern statt eigener Fotos als wertvolle Erinnerungen dienen.

Kartenkleber
Möglicher, nicht zwingend notwendiger Bestandteil von → Sammelheftern zum Einkleben von Karten, in Beuteln abgepackten Warenproben, Prospekten, gefalzten Bogen u. a.
Die Elemente werden im Innenteil des Produktes oder auf dem Umschlag angeklebt. K. können anstelle eines Bogenmagazins eingesetzt werden, indem die betreffende Anlegestation abgeschwenkt oder abgehoben wird. In der Regel werden die Produkte mit einem schmalen Streifen Heißschmelzklebstoff gefügt.

Karton
Flächiger, im wesentlichen aus Fasern meist pflanzlicher Herkunft bestehender Werkstoff, der durch Entwässerung einer Faseraufschlämmung auf einem Sieb gebildet wird. Es entsteht dabei ein Faserfilz, der verdichtet und getrocknet wird. Hinsichtlich der flächenbezogenen Masse (150...600 g/m²) reicht K. sowohl in das Gebiet der Papiere als auch in das der Pappen hinein.
K. ist steifer als Papier und wird im allgemeinen aus höherwertigen Stoffen als Pappe hergestellt. K. wird als endlose Bahn gefertigt.
Die Benennung K. ist nur im deutschen Sprachgebrauch üblich. Zum Angleich an die international übliche Zweiteilung der aus Papierstoff bestehenden Werkstoffe soll die Bezeichnung „Papier“ bis zu einer flächenbezogenen Masse von 225 g/m² angewendet werden, Werkstoffe mit höherer flächenbezogener Masse sind danach Pappen.

Kartonage
1. Fälschlicherweise gebrauchte Bezeichnung für die → kartonierte Broschur.
2. Nicht exakte Bezeichnung für unterschiedliche Erzeugnisse der Papierverarbeitungs- und Verpackungsmittelindustrie, insbesondere für Schachteln.

Kartonierte Broschur
Mehrlagenbroschur, bei welcher der Broschurenblock Vorsätze erhält und wie ein Buch in den zwei- oder vierfach gerillten Umschlag eingehängt wird.
Das Vorsatz ist am Umschlag angeklebt. Ein möglicherweise vorhandener Schutzumschlag wird am Rücken angeklebt und an den Vorderkanten eingeschlagen.

Karussellbinder
→ Klebebinder

Karussellpresse
Einrichtung mit mehreren kreisförmig angeordneten Stationen zum Einpressen von frisch eingehängten Büchern.
An der Ein- und Ausgabestation werden die verschränkt gestapelten Bücher in die jeweilige Station gelegt. Nach vollständigem Umlauf der Stationen, während dem die Pressung erfolgt, werden die Exemplare entnommen und die Station

neu beschickt. Der Pressdruck ist einstellbar und wird hydraulisch realisiert.

Kaschieren (Laminieren)
Vollflächiges Zusammenkleben zweier nahezu gleich großer flächiger Teile des gleichen oder verschiedenen Materials.
Im Gegensatz dazu weisen beim Aufkleben die beiden Teile unterschiedliche Größen auf. Das Material wird beim K. an den Rändern nicht eingeschlagen.
Das K. in der buchbinderischen Verarbeitung erfolgt, um beispielsweise Plakaten und Bildern die nötige Steifigkeit zu verleihen, die Festigkeit zu erhöhen, eine Planlage zu erreichen (→ Gegenkaschieren) oder eine Schmuck- und Glanzwirkung zu erzielen (→ Glanzfolienkaschieren).

Kaschiermaschine
Maschine für das → Kaschieren.
Das Kaschieren erfolgt entweder von Bogen auf Bogen oder von Rolle auf Rolle/Bogen. Werden z. B. Druckbogen mit Pappe kaschiert, wird die von einem unteren Anleger zugeführte Pappe vollflächig beleimt, das zu kaschierende Material von oben zugeführt und ausgerichtet und beides beim Durchlaufen von Presswalzenpaaren verpresst.
Wird mit Folie kaschiert, wird dieses Material von der Rolle abgezogen und über Klebstoffauftragswalzen geführt. Die bedruckte Bahn bzw. die Bogen werden vom Anleger zugeführt und durch Kaschierwalzen unter Einwirkung von Wärme und Druck mit der Folie verpresst. Die kaschierten Bahnen werden entweder aufgerollt oder direkt zu Bogen getrennt.

Kasein
Natürlicher tierischer Klebstoff auf Basis einer in der Milch enthaltenen Eiweißverbindung, die stark aufquillt und in Wasser nicht löslich ist.
Um K. löslich zu machen, werden ihm Basen oder alkalische Salze zugesetzt. Der Feststoffgehalt ist gering (15 %). K. neigt wegen seiner alkalischen Reaktion zum schnellen Zersetzen. Der Klebstofffilm ist klar und transparent, die Klebkraft hoch.

Kassette
Handliches Behältnis zur Aufbewahrung von Büchern oder anderen Druckerzeugnissen, Dokumenten, Grafiken, Wertsachen u. a.
K. gibt es in offener oder geschlossener Ausführung, verziert oder schmucklos. Die Anfertigung von K. ist Bestandteil der handwerklichen Buchbinderei.

Kastenauslage
Auslage in Buchbindereimaschinen (z. B. → Bogenfalzmaschine, → Sammelhefter), in der die Produkte oder Teilprodukte flach übereinander liegen und manuell abgenommen werden.
K. fangen die Produkte direkt hinter der Maschine auf, so dass z. B. die Falzbogen oder Einlagenbroschuren aufeinander fallen. Die Aufnahmekapazität ist sehr begrenzt, so dass häufig entnommen werden muss. Eine Erweiterung stellen Doppelkastenauslagen dar, in die wechselweise eine vorwählbare Anzahl von Produkten ausgelegt wird, so dass manuelles Abzählen entfällt.

Katalog
Aus Aufzählungen bestehendes, gedrucktes Verzeichnis, meist aus bestimmten Wissensgebieten, Sammlungen, Bestände, Ausstellungen o. a. betreffend.
K. können auch, besonders als Werbemittel, reich illustriert sein (z. B. Versandhauskataloge).

Keilwinkel
→ Messerfasenwinkel

Kerben
→ Einkerben

Kettfaden
Bei Geweben, Heftgaze und anderen gewebten Materialien der Faden, der den Stoff in seiner gesamten Länge durchzieht und somit die Laufrichtung des Materials bildet. K. sind in der Re-

gel die festeren und glatteren, da sie stärker verdrillt sind.
Die Schussfäden dagegen sind die Fäden, die während des Webvorgangs quer zu den K. eingeschossen werden. Sie sind weniger straff gedreht und ergeben die Dehnrichtung des Gewebes. Es dehnt sich in Schussrichtung (Dehnrichtung) meist mehr als in Kettrichtung.
Wegen der häufig auftretenden Größenänderung der Gewebenutzen bei der Verarbeitung mit wasserhaltigen Klebstoffen sollen diese möglichst so aus der Gewebebahn geschnitten werden, dass die K. parallel zum Blockrücken verlaufen, in jedem Fall jedoch für eine Auflage in gleicher Richtung.

Kinderbilderbuch
Für Kinder bestimmtes (überwiegend farbiges) Druckerzeugnis in Buch- oder Broschurenform, bei dem bildliche Darstellungen gegenüber dem Text den Vorrang haben.
Die Buchdeckel und häufig auch die einzelnen Bildtafeln sind mit entsprechend dicker Pappe bzw. dickem Karton versteift. Gern wird die Form des → Leporellobuches angewendet, wobei bei Verwendung von Pappe das bedruckte Papier beidseitig auf die miteinander verbundenen Tafeln kaschiert wird.

KITAC
Methode der → Falschbogenkontrolle durch Erfassen des Druckbildes.
Eine Fläche in Größe von 20 mm x 20 mm oder 43 mm x 43 mm ist mit zehn oder fünf fotoelektrischen Sensoren ausgestattet und in die Tisch- oder Frontplatte des Bogenmagazins eingelassen. Jeder einzelne Ablesekopf ermittelt einen Helligkeitswert von 0 (weiß) bis 256 (schwarz), der mit einem vorher eingelesenen Referenzwert verglichen wird. Die einstellbare Toleranzschwelle richtet sich nach der Beschaffenheit (Kontrast) des Druckbildes. Die Bogenerfassung erfolgt im Stillstand des Bogens bei Leistungen bis 15 000 T/h.
Das Verfahren ähnelt dem → OPTICONTROL-System.

Klammer
In der Buchbinderei verwendeter Oberbegriff für → Drahtklammern und → Fadenklammern.

Klammerwirkung
Einer guten → Aufschlagbarkeit entgegen wirkende Erscheinung bei Büchern oder Broschuren, bei der im Bundsteg ein Klammereffekt auftritt.
Die K. wird begünstigt durch die Anwendung bestimmter Bindeverfahren (z. B. Blockheften), starren, dicken Klebstofffilm, steifes Umschlagmaterial u. a.

Klang
1. Charakteristisches Geräusch beim leichten Schütteln eines senkrecht hängenden Papier- oder Kartonbogens, das auf eine gewisse Härte und einen bestimmten Leimungsgrad schließen lässt.
2. Bei Papierrollen ein Kriterium für die Festigkeit und Güte der Wicklung.

Klappenfalz
Im → Falzapparat von Rollenrotationsdruckmaschinen angewandtes Falzprinzip zum Falzen der Abschnitte in Querrichtung.
Die nach dem Querschneiden der meist längs gefalzten Bahn entstandenen Abschnitte werden von Greifern oder Punkturnadeln geführt, die sich auf dem Falzmesserzylinder befinden.
Die Falzbildung erfolgt im Zusammenwirken von Falzmesser- und Falzklappenzylinder. An der Berührungsstelle beider Zylinder drückt das federnd im Falzmesserzylinder angeordnete Falzmesser den Bogen in den von einer festen und einer beweglichen Klappe gebildeten Schlitz des Falzklappenzylinders. Bei der weiteren Bewegung der Zylinder entfernt sich das Messer wieder aus dem Schlitz, und der Bogen verbleibt zwischen den Klappen des Falzklappenzylinders.
Die Herstellung von Parallelfalzen ist möglich durch Zwischen- oder Nachschaltung eines weiteren Zylinders, der eine Falzklappe und gegebenenfalls ein weiteres Messer hat.

Klebebinden
Stoffschlüssiges Bindeverfahren, bei dem durch Fügen der zusammengetragenen Bogen oder Blätter durch Auftragen eines speziellen Klebstoffs (→ Dispersionsklebstoff, → Heißschmelzklebstoff oder → Polyurethanklebstoff) auf den Blockrücken eine unlösbare Verbindung entsteht.
Man unterscheidet beim K. in Verfahren mit vollständiger, teilweiser und ohne Bundstegzerstörung. Als Unterscheidungskriterium dient die Klebstoffangriffsfläche, die bei ganz oder teilweise erhaltenem Bundsteg größer ist und damit eine bessere Voraussetzung für hohe Blattausreißfestigkeit bietet.

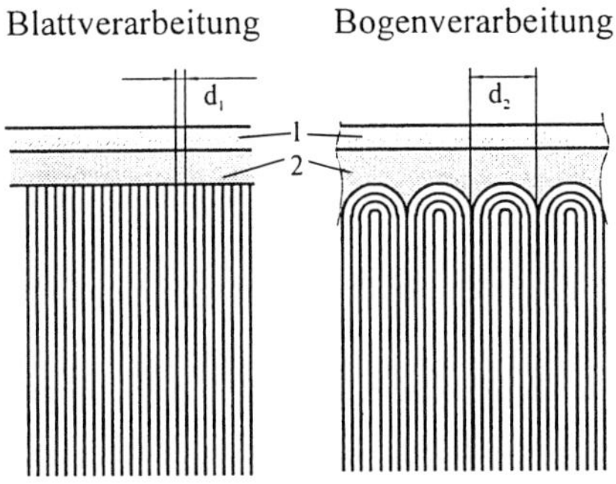

d_1 = Blattdicke (0,05...0,10 mm)
d_2 = Bogendicke (0,8...1,8 mm)
1 = Fälzelstreifen
2 = Klebstoffschicht

Beispiele für das K. ohne Bundstegzerstörung sind die → Viertelbogen-Klebebindetechnik und das → Falzkleben, teilweise Bundstegzerstörung tritt auf bei → Perforationsbindung, → Flexstabilbindung.
Das am häufigsten angewandte Verfahren ist das K. mit Blattverarbeitung, bei dem der Bundstegfalz mit unterschiedlichen Methoden der → Rückenbearbeitung vollständig abgetrennt wird, so dass einzelne Blätter vorliegen (daher auch unter der Bezeichnung Rückenfräsverfahren bekannt). Unter der Bezeichnung K. wird in der Regel diese Technologie verstanden. Dieses Verfahren ist schnell und preiswert zu realisieren, birgt jedoch aufgrund der geringen Klebstoffangriffsfläche und einer Vielzahl von Einflussfaktoren Risiken in Bezug auf Festigkeit, Gebrauchsbeständigkeit und Qualität.

Klebebinder
Buchbindereimaschine für das → Klebebinden.
Nach ihrem Aufbau unterscheidet man Rundläufer (auch Karussellbinder) mit kreisförmiger Anordnung der einzelnen Bearbeitungsstationen, linear arbeitende K. und Ovalläufer. Im Einlauf des K. wird der Block in einer Rüttelstation ausgerichtet. Im eingespannten Zustand (Plattenkette oder Klammerwagen) wird er über sämtliche Stationen (→ Rückenbearbeitungsstation, → Rückenleimwerk, → Zwischentrocknung, → Seitenleimwerk, → Fälzel- und Gazestation, → Warmhaltestrecke, → Umschlaganleger, Trocknungseinrichtung) geführt. Dabei ist nicht jede Station zwingend notwendig.
K. können als Solomaschine arbeiten, sind jedoch meistens mit z. B. Zusammentragmaschine und Dreimesserschneidemaschine in Fließstrecken eingebunden. Ihre Leistung liegt zwischen 3500...18000 T/h.

Kleben
Stoffschlüssiges Fügen fester Körper aus gleichem oder aus verschiedenem Material mittels Klebstoff, so dass eine unlösbare Verbindung entsteht.
Die Festigkeit des Verbundes wird vorrangig durch Adhäsion und Kohäsion bestimmt. Die vom Klebstoff verbundenen Fügeteile werden als Adhärenten oder Kleblinge bezeichnet. Der Klebvorgang besteht aus drei Phasen: Benetzung, Anfasszeit und Aushärtung des Klebstoffs. In der Bedruckstoffverarbeitung findet eine Vielzahl von Klebvorgängen statt, beispielsweise beim Falzkleben, Vorrichten, Klebebinden, Erzeugnis montieren, Kaschieren und bei der Deckenherstellung.

Klebling
Bezeichnung für feste Körper aus gleichem oder verschiedenem Material, die beim → Kleben

durch den viskosen Klebstoff stoffschlüssig gefügt werden.

Neben dem Klebstoff haben die K. wesentlichen Einfluss auf die Festigkeit einer Verklebung. Die den Klebvorgang beeinflussenden Größen und ihre funktionellen Zusammenhänge sind vielseitig und kompliziert. Von Bedeutung für die nötige Benetzung der K. sind die Oberflächenspannungen.

Klebstoff

Nichtmetallischer Werkstoff, der zu fügende Teile (Kleblinge) durch Kohäsion und Adhäsion verbindet, wobei Stoffeigenschaften und -gefüge nicht oder nur unwesentlich verändert werden.

K. als Oberbegriff schließt → Leime, Klebdispersionen (z. B. → Dispersionsklebstoff auf Basis von Polyvinylacetat), Kleblacke, Haftkleber und → Schmelzklebstoffe ein.

Klebstoffangriffsfläche

Fläche, die auf einem → Klebling oder auf beiden Kleblingen durch den Klebstoff beim → Kleben oder → Klebebinden benetzt wird.

Die Benetzungsvoraussetzungen und -bedingungen auf der K. der Kleblinge sollten nach Möglichkeit so sein, dass sich ein gleichmäßiger Klebstofffilm bilden kann. Ausreichend feste Verklebungen sind auch bei kleinen K. (Papierblattdicke) möglich, wie sie z. B. beim Klebebinden mit Blattverarbeitung vorkommen. Zur Vergrößerung der K. beim Klebebinden werden unterschiedliche Methoden der Rückenbearbeitung eingesetzt.

Klebstoffeinlauf

Qualitätsparameter, der das zu tiefe Eindringen von Klebstoff beim Klebebinden oder Rückenbeleimen zwischen zwei Bogen oder Bogenteilen ausdrückt.

Der K. entsteht z. B., wenn die Blocks vor dem Klebstoffauftrag am Blockrücken ungenügend eingepresst sind, der Klebstoff eine zu geringe Viskosität hat, die Auftragswalzen zu straff gegen den Blockrücken drücken oder das Papier eine hohe Glätte aufweist. Zu tiefe K., die das flache Aufschlagen des Produktes beeinträchtigen, sind bedeutende technische, aber auch ästhetische Mängel.

Klebstoffoffene Zeit

Kenngröße für → Schmelzklebstoffe, die die Zeit zwischen dem Klebstoffauftrag nach Verlassen der letzten Auftragswalze bis zu dem Moment beschreibt, da sich beide Kleblinge nicht mehr schadlos trennen lassen und folglich eine dauerhafte Verbindung gewährleistet ist.

Die k. Z. (vereinfacht auch offene Zeit) hängt u. a. von der Zusammensetzung des Klebstoffs, seiner Temperatur, der aufgetragenen Schichtdicke und den Materialeigenschaften (z. B. Wärmeleitfähigkeit) der Kleblinge ab. Die k. Z. ist beim → Klebebinden von Bedeutung, da eine sichere und dauerhafte Haftung des Broschurenumschlags am Block gewährleistet werden muss.

Kleinfalzmaschine

Tischausführung einer → Bogenfalzmaschine für kleinformatige Erzeugnisse.

K. arbeiten hauptsächlich nach dem Prinzip des → Taschenfalzes. Möglich sind mehrere Parallelfalzungen mit meist einem Kreuzbruch zum Abschluss. Haupteinsatzgebiete sind Falzprodukte wie z. B. Beipackzettel.

Kleinfalzungen

Ausführung maschineller Falzungen an Druckerzeugnissen in besonders kleinen Abmessungen, die das Minimalformat normaler Falzmaschinen unterschreiten (z. B. Beipackzettel für Arzneimittel).

Kleinklebebinder

Handbedientes oder halbautomatisches Gerät für das Klebebinden.

Die Kleinklebebinder arbeiten taktgebunden, wobei der Takt von Hand ausgelöst wird. Der Block wird von Hand eingespannt, der Transport über Rückenbearbeitungsstation, Leimwerk und Umschlaganleger wird durch Tastendruck ausgelöst, und der Block muss manuell entnommen werden. Danach wird die Einspannvorrichtung wieder in die Ausgangsstellung gefahren. Es sind keine variablen Rückenbearbeitungsmethoden und nur einschichtiger Klebstoffauftrag möglich.

Kleister
→ Leim

Kleister geben
Bei fadengehefteten Blocks das Verbinden der ersten mit der zweiten und der letzten mit der vorletzten Heftlage durch einen schmalen Klebstoffstreifen.
Durch diesen Arbeitsgang, der mittels eines Zusatzgerätes in der Fadenheftmaschine realisiert wird, werden die sich besonders leicht lösenden äußeren Lagen außer durch den Heftfaden noch mit Klebstoff seitlich im Bereich des Bogenrückens verbunden. Durchgehend K. g. bedeutet, dass jede Lage mit der benachbarten durch einen Klebstoffstreifen am Rücken verbunden wird. Dieses Verfahren wird heute jedoch nicht mehr ausgeführt.

Kleisterpapier
Buntpapier, für dessen Herstellung mit Anilinfarbe versetzter Kleister auf Papier aufgetragen wird und mit Pinseln, Stäbchen oder ähnlichen Gegenständen in Muster gezogen wird. K. dienen z. B. als Bezugspapier.
Eine weitere Variante ist das Aufstreichen von farblosem Kleister, auf den anschließend flüssige Farbe aufgetragen wird. Die raue empfindliche Oberfläche der getrockneten K. wird mit Klarsichtfolie laminiert oder durch aufgeriebenen Wachs geschützt.

Klemmmappe
Bindeelement für ein kraftschlüssiges → Einzelblattbindeverfahren, das aus einer Mappe mit festen Deckeln besteht, in deren Rückenbereich Stahlfedern eingearbeitet sind. Die Federn ermöglichen Einklemmen von Einzelblättern oder Bogen.
Die Stahlfedern sind durch das Bezugsmaterial abgedeckt und damit nicht sichtbar. Die K. wird geöffnet, indem die Deckel nach hinten gebogen werden und der Inhalt eingelegt wird. Die Blätter können ausgewechselt werden. Die Blockdicke kann bis zu 20 mm betragen.

Klopfer
Kombinierte Broschuren- und Blockdrahtheftmaschine zum Heften von ineinander gesteckten Bogen durch den Falz in Form von → Drahtrückstichheften oder von zusammengetragenen Bogen für das → seitliche Blockdrahtheften.
Die Zuführung der zu heftenden Bogen erfolgt durch Handanlage, das Auslösen des Arbeitstaktes mittels Fußpedal. Die Umstellung zwischen beiden Heftarten erfolgt über den flachen Auflagetisch, der für das Rückstichheften zum Sattel umschwenkbar ist. Den Namen hat der K. nach dem hämmernden Arbeitstakt.

Klotzpresse
Kleine Presse aus Holz mit großflächigen Backen, die zur Aufnahme des Blocks beim Abbinden, Handvergolden u. a. dient.

Kniehebelpresse
Einrichtung zum Prägen von Buchdecken u. a. Materialien oder Teilerzeugnissen nach dem Prinzip „Fläche gegen Fläche“.
Über einen Hebel wird der Aufnahmeschlitten von unten gegen das Prägewerkzeug (Prägestempel) angehoben, das an einer oberen Platte mit Klebeband angebracht oder im Schließrahmen fixiert ist. Der Prägedruck wird über ein Kniehebelsystem übertragen und erfordert bei Übertragung großformatiger Informationen eine große Kraftwirkung.
Manuell betätigte K. werden hauptsächlich in Sortimentsbuchbindereien und zur Anfertigung von Musterdecken verwendet. Halbautomatische K. mit automatischer Auslösung des Prägevorgangs werden auch für die Auflagenherstellung genutzt.

Knitterpapier
Durch Zusammenknüllen von → Kleisterpapier entstehendes Buntpapier, das sich durch feine Äderung auszeichnet.

Das noch feuchte Kleisterpapier wird geknittert und getrocknet. An den Bruchstellen wird der gefärbte Kleister besser angenommen, so dass eine feine Äderung entsteht.

Knochenleim
Aus dem tierischen Eiweiß von Knochen und Knorpel gewonnener Leim, der in kaltem Wasser vorgequollen und im Wasserbad verflüssigt wird. Die Verarbeitungstemperatur liegt bei 60° C, weshalb K. auch als Heißleim bezeichnet wird.
Wiederholtes Aufwärmen und Überhitzung vermindern die Adhäsionsfähigkeit. K. hat eine hohe Haftkraft und bindet schnell ab (im Gegensatz zu → Glutinleim). Es wird ein spröder Film gebildet. Der Einsatz erfolgt ausschließlich handwerklich, beispielsweise zum Fügen von Zusatzteilen am Buchblock wie dem Kapitalband.

Knotenfadenheften
Heftstichart beim → Fadenrückstichheften. Sie ist dadurch gekennzeichnet, dass durch meistens drei Nadeleinstiche im Bundstegfalz Doppelklammern geformt werden, deren Fadenenden durch Knotung innen oder außen fixiert sind.
Die eingesteckten Bogen werden in der Mitte geöffnet, auf einen feststehenden dachförmigen Tisch gelegt und anschließend durch den Falz

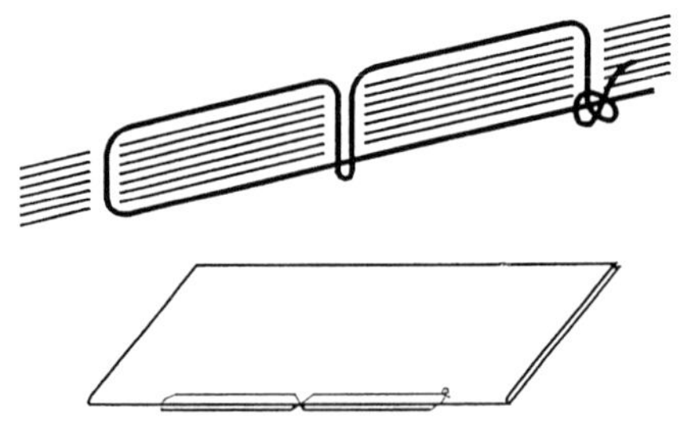

geheftet. In einem Arbeitsrhythmus wird der Knotenfadenheftstich gebildet.
Charakteristisch ist, dass die Fadenenden durch das Verknoten frei hängen, was dem Produkt ein unvollkommenes, unschönes Aussehen verleiht. Der Hauptmangel dieser Heftung besteht darin, dass die Heftung nicht sehr fest ist und die Gefahr des Aufgehens der Knoten besteht.

Kohäsion
Die Wirkung von Anziehungskräften zwischen gleichartigen Atomen oder Molekülen ein und desselben Stoffs im Gegensatz zur → Adhäsion, die das Aneinanderhaften verschiedener Stoffe umfasst.
Die K. bewirkt einen Zusammenhalt, der sich bei festen Körpern in deren großer Zerreißfestigkeit äußert. Bei Flüssigkeiten ist die K. kleiner als bei festen Körpern. Deshalb haben Flüssigkeiten eine wesentlich geringere Zerreißfestigkeit.

Kollationieren
Ursprüngliche Methode der → Falschbogenkontrolle, mit der zusammengetragene Bogen und/oder Blätter von Buch- oder Broschurenblocks auf Vollständigkeit und richtige Reihenfolge kontrolliert werden.
Als Hilfsmittel dienen bei Bogen die Bogensignatur oder → Flattermarken, bei einzelnen Blättern die Seitenzahl. Bei aufgeschnittenen Bogen, eingeklebten Bildern und Tafeln muss das K. möglichst nach einem Inhaltsverzeichnis erfolgen.

Kombifalzmaschine
Bogenfalzmaschine, in der sowohl → Taschenfalz als auch → Messerfalz realisiert werden.
Die K. vereint die Vorteile des Taschen- und des Messerfalzprinzips: hohe Falzleistung, geringer Platzbedarf, hohe Falzvariabilität, Verarbeitung unterschiedlicher Papierarten. Das erste Falzwerk ist in der Regel als Taschenfalzwerk ausgelegt, dem Messerfalzwerke nachgeordnet sind. In Großfalzmaschinen mit Einlaufbreiten von über 1,2 m können wegen der Instabilität der großen Planobogen auch für den ersten Falz Messerfalzwerke eingesetzt werden.
K. werden vorrangig als Maschinen mit mittleren und kleinen Einlaufbreiten hergestellt für eine effektive Fertigung konventioneller Kreuzbrüche

für die Buch- und Broschurenproduktion sowie für einfache Werbedrucksachen.

Kombinierte Sammel-Drahtheft-Falz-Beschneidmaschine
Drahtheftmaschine für → Drahtrückstichheften aus Einzelblättern, bestehend aus Einzelblattzusammentragmaschine und dem Aggregat zum Drahtheften, Falzen und Schneiden, auch Bookletmaker genannt.
Die Einzelblätter werden in der Einzelblattzusammentragmaschine übereinander gelegt, ausgerichtet und der Heftstation zugeführt. Dort wird entlang der späteren Falzlinie (Bundstegfalz) drahtgeheftet. Typisch ist, dass erst nach dem Drahtheften der letzte Falz ausgeführt wird, indem ein Schwert die Broschur von unten zwischen Bänder drückt oder die geheftete Broschur in eine Falztasche mit verstellbarem Anschlag einläuft. Durch einen Frontbeschnitt nach dem Scherschnitt- oder Messerschnittprinzip erhalten die Produkte ihr Endformat.
Es können Flachklammern oder Ringösen geheftet werden. Teilweise sind auch Eckheftungen am Kopf möglich.

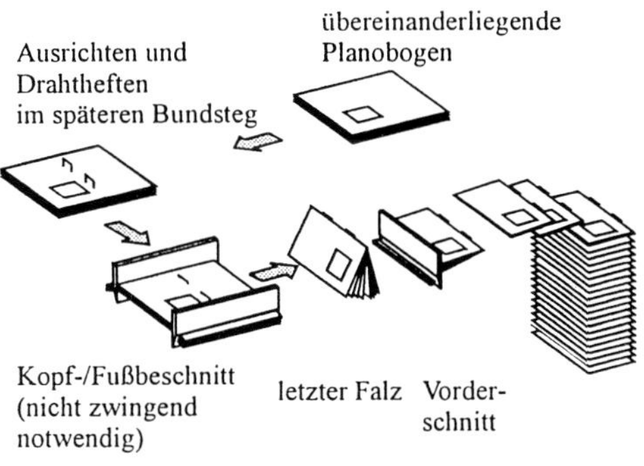

Komplettdrucksystem, Komplettfertigungssystem
→ Bücher-Komplettfertigung

Komplettieren
Das Vervollständigen von Blocks, bei denen aus irgendeinem Grund ein Teil ausgelassen wurde oder ausgewechselt werden muss; vgl. auch Erzeugnis komplettieren.

Kompressibilität
Prozentuale Dickenänderung, die durch Druckbeanspruchung zwischen zwei ebenen parallelen Messflächen eintritt. Sie charakterisiert die Zusammendrückbarkeit eines Materials.
Die K. von beispielsweise Papier beruht auf der in den Hohlräumen vorhandenen Luft, die zusammendrückbar ist. Daher sind locker gearbeitete (voluminöse) Papiere stärker kompressibel als dichte (z. B. satinierte) Papiere.

Kontakttrocknung
Trocknungsverfahren, bei dem die Wärmeübertragung in Abhängigkeit von der Wärmeleitfähigkeit des Trocknungsgutes und einer beheizten Fläche erfolgt, auf der das Trocknungsgut abgesetzt wird.
Da bei der K. dem Block einseitig Wärme zugeführt wird, beginnt die Verdampfungszone von der beheizten Seite her in das Innere des Produktes zu wandern. Dabei wird ein großer Teil der Feuchtigkeit in das Innere des Buchblocks verlagert, was zum Werfen oder Welligwerden der Blätter führt.
Die K. wird z. B. in Verbindung mit Kleinklebebindern eingesetzt, die gebundenen Blocks werden dazu auf eine elektrisch beheizte Platte abgesetzt.

Konturenvergoldung
Technik, beim → Handvergolden ein farbiges, ausgeschnittenes und dünngeschärftes Leder in Form eines → Ledermosaiks auf eine andersfarbige Ledergrundfläche zu kleben und die Konturenumrandung zu vergolden.

Konvektionstrocknung
Trocknungsverfahren, bei dem die Luft als Wärmeträger dient, die die Energie ihrer Moleküle an die Oberfläche des zu trocknenden Gutes abgibt.
Die K. ist eine Oberflächentrocknung mit relativ langer Trockenzeit. Sie ist vor allem von der

Lufttemperatur, der Strömungsgeschwindigkeit, dem Luftdruck und der Luftfeuchte abhängig. Bei Erhöhung der Lufttemperatur steigt die Trocknungsgeschwindigkeit, sie ist jedoch mit intensiver Dampfbildung im Klebstoff verbunden und führt im Papier zu Spannungen, die ein Welligwerden des Papiers und Rissbildung in der Klebstoffschicht zur Folge haben. Luftumwälzung und Absaugen der feuchten Luft begünstigen die K.

Kopfheftung
→ Eckheftung

Kopfperforation
Möglichkeit des → Perforierens, wobei die Perforationslinie im Falz des Kopfstegs bei kreuzbruchgefalzten Bogen verläuft.
Mit Hilfe der K. werden bei Falzbogen, die im Kreuzbruch gefalzt sind, → Quetschfalten vermieden. Bei Summierung der Seiten während des Falzens entstehen Spannungen und ein gewisses Luftpolster; die Blätter können sich nicht verschieben. Durch die K. kann die Luft entweichen, die Spannungen werden abgebaut. Die Faltenbildung wird eliminiert. Auch die → Bundstegperforation dient der Vermeidung von Quetschfalten, sie kann jedoch nicht für alle Bindeverfahren eingesetzt werden. Außerdem wird an der künftigen Biegestelle der Biegewiderstand verringert, womit die Falzgenauigkeit erhöht wird.

Kopfschnitt
Beschnitt sowie die dabei erhaltene Schnittfläche der oberen Begrenzungsfläche eines Blocks, eines Buches oder einer Broschur, die durch → Schnittfärben eingefärbt sein kann.

Kopfsteg
→ Steg

Köperbindung
Art der Anordnung der Schuss- und → Kettfäden in Geweben, wobei der Schussfaden mehrere Kettfäden überspringt, so dass ein diagonales Webbild entsteht.
Die Anzahl der übersprungenen Kettfäden ist immer gleich. Verläuft die Diagonale von links oben nach rechts unten, spricht man von S-Bindung; beim Verlauf von rechts oben nach links unten von Z-Bindung. Die Anwendung erfolgt für Heftband.

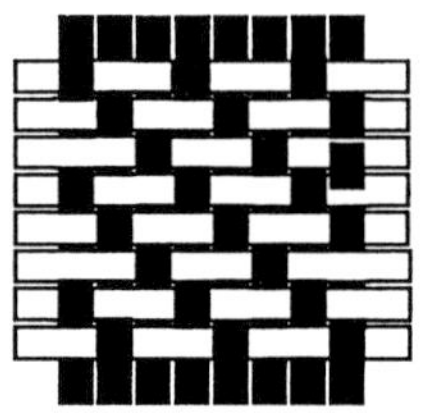
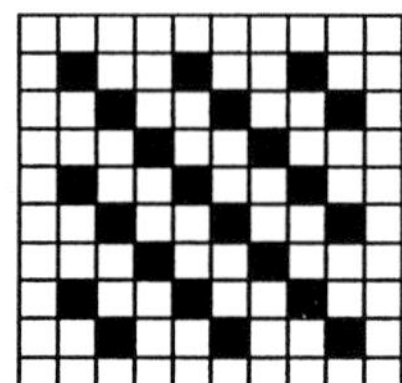

Köper-S-Bindung

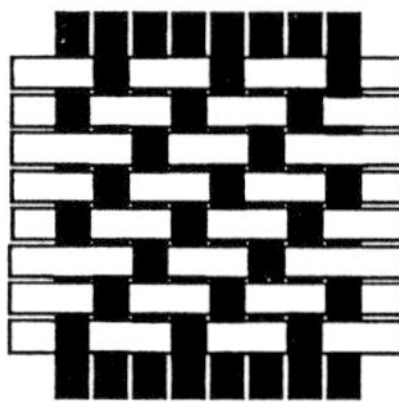
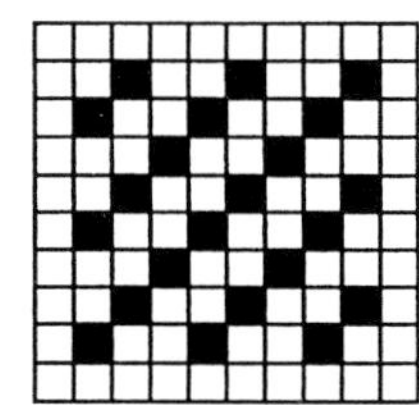

Köper-Z-Bindung

Körperfarbe
→ Erdfarbe

Kösel-Broschur
Mehrlagenbroschur mit gutem → Lay-Flat-Verhalten in verschiedenen Ausführungsvarianten, bei der im Rücken keine Verbindung zwischen Broschurenblock und mehrfach gerilltem Broschurenumschlag besteht.

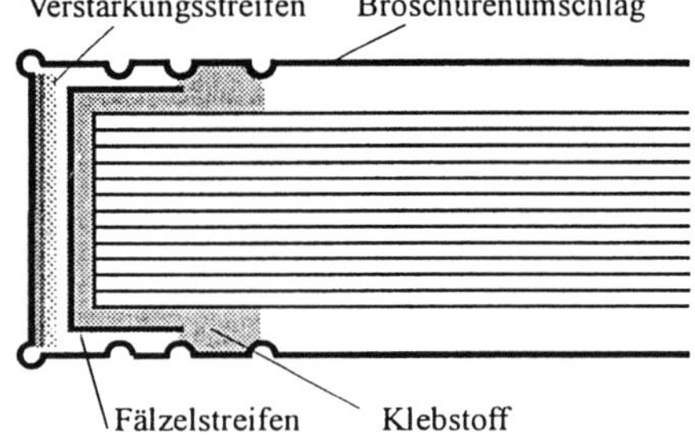

Für Produktdicken bis 20 mm wird ein z. T. achtfach gerillter Umschlag im Bereich der jeweils äußeren beiden Rillen mit dem gefälzelten Block verbunden. Bei dickeren Broschuren wird der Rückenbereich des Broschurenumschlags innenseitig mit einem Polyesterstreifen verstärkt. Der Block kann mit Vorsätzen vorgerichtet sein.
Für eine weitere Variante wird ein Broschurenumschlag mit langen Klappen hergestellt, die fast bis zur Rückenrille reichen. Etwa 10 mm von der Rückenrille entfernt werden die Klappen durch einen schmalen Klebstoffstreifen mit dem Umschlag verklebt. Zur Erhöhung der Festigkeit kann der Umschlagkarton mit Gewebe kaschiert werden. Der gefälzelte Broschurenblock erhält einen Vorderschnitt und wird seitlich bis zur Breite des Fälzelübergriffs in den Umschlag eingeklebt. Danach wird der Dreiseitenbeschnitt mit Kopf-/Fußschnitt beendet, wodurch der Umschlag am Vorderschnitt minimal übersteht.

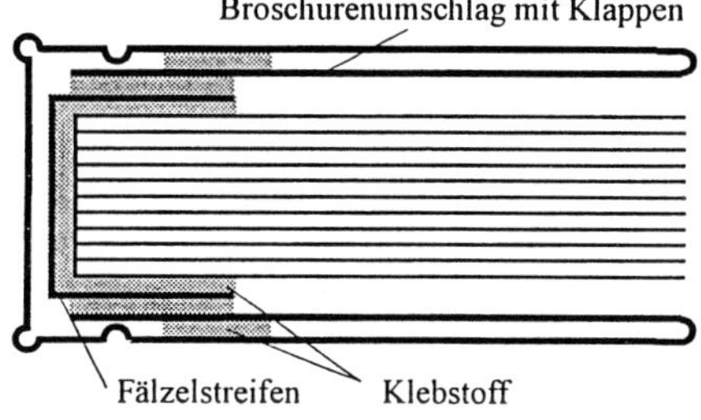

Krebse
In der Buchbinderei bei Kontrollen ausgesonderte mangelhafte Teil- oder Endprodukte, die einer Reparaturabteilung zugeführt werden.
In einer separaten Abteilung werden die Produkte nach Fehlern sortiert und repariert. Es handelt sich z. B. um Fehler an der Buchdecke, am Vorsatz, Kapitalband oder um verkehrt eingehangene Bücher. Die Reparatur erfolgt manuell.

Kreideschnitt
→ Sprengschnitt

Kreismesser
→ Rundmesser

Kreispappenschere
→ Pappkreisschere

Krepppapier
Langfasriges Natronkraftpapier, welches durch kreppartige Nachbehandlung quer zur Laufrichtung eine hohe Dehnbarkeit in Laufrichtung aufweist.
Die Verarbeitung als → Fälzelmaterial erfolgt nur im → Querfälzeln (Verarbeitung von der Breitrolle). Die Kreppung gewährleistet eine gute Rundefähigkeit der Blocks. Im Vergleich zu anderen Fälzelmaterialien ist die Festigkeit nicht sehr hoch. K. mit Gummierung neigt bei der Anwendung von Dispersionsklebstoff zur Faltenbildung.

Kreuzbruch (Kreuzfalz)
Falzart, bei der jeder Falzbruch im rechten Winkel zum vorhergehenden erfolgt und mit diesem bei aufgeklapptem Bogen ein Kreuz bildet.
Der am meisten verwendete K.-Bogen ist der → ganze Bogen.

Kreuzleger
Aggregat zum Bilden von Stapeln aus Zeitungen, Broschuren, Zeitschriften u. a., die in jeweils um 180° versetzten Teilstapeln zum Gesamtstapel übereinander gelegt werden.
Durch das Kreuzlegen wird die → Rückensteigung im Gesamtstapel ausgeglichen, so dass der Weitertransport bzw. das Verpacken der Erzeugnisse erleichtert wird.
Die einzeln oder schuppenförmig ankommenden Erzeugnisse werden abgezählt und der Stapelvorrichtung des K. zugeführt. Das entstandene Teilpaket wird um 180° gedreht. Das nächste Teilpaket erfährt keine bleibende Lageänderung. Dieser Vorgang wiederholt sich bis zum Erreichen der vorprogrammierten Exemplaranzahl des Gesamtpaketes.

Krimpen (Krimp-lock-Heftung)
Verfahren, das eine Kombination aus Perforieren und Prägen darstellt und eine Verbindung übereinander liegender Blätter herstellt. Es ent-

steht eine Kräuselung einer kleinen Fläche; die dabei eintretende Verklemmung zwischen den Falten stellt das Verbindungselement dar.
Das K. wird als Verschlussmöglichkeit genutzt. Es findet Anwendung bei parallel gefalzten Bogen, die auf Sammelheftern weiterverarbeitet werden, bei Broschurenumschlägen mit eingeschlagenen Klappen in Klebebindern, bei der Herstellung von Losen oder Formularsätzen.

Kunstdruckpapier
Holzfreies oder gering holzhaltiges, außerhalb der Papiermaschine gestrichenes Papier, mit einem Streichmasseauftrag von mindestens 20 g/m² je Seite, mit matter bis glänzender Oberfläche, auch farbig oder zweifarbig.

Kunstleder (Lederin, Dermatoid)
Beschichtetes Gewebe, das durch Kunststoffauftrag eine wasserabweisende, abwaschbare Oberfläche, Säureunempfindlichkeit, Schimmelpilzresistenz, Schutz vor mechanischen Verletzungen, Farb- und Lichtechtheit sowie eine glatte Oberfläche als Voraussetzung für Buchdeckenveredlungen erhält und überwiegend als → Bucheinbandmaterial verwendet wird.
Als Kunststoffe für die Beschichtung kommen Nitrozellulose (Zellulosenitrat), Polyvinylchlorid (PVC), Polyurethan und Mischpolymerisate zum Einsatz. Durch Zusätze von Weichmachern wird eine verarbeitungsfähige Biegsamkeit erzielt, aber auch eine nachteilige Weichmacherwanderung.
Die Kunststoffbeschichtung wird mit einer Prägung versehen (z.B. Lederstruktur, die zur Bezeichnung K. geführt hat, Gewebestruktur).

Lage
Teil- oder Fertigerzeugnis, das aus mehreren in der Mitte gefalzten Doppelblättern oder aus mit schmalen Papierstreifen zusammengeklebten, gefalzten und eingesteckten Blättern oder aus eingesteckten Bogen besteht.
Allgemein betrachtet, können L. durch mehrere in der Mitte gefalzte und anschließend eingesteckte Blätter oder Bogen, durch gleichzeitiges Falzen mehrerer aufeinander liegender Blätter oder Bogen, durch Zusammenkleben von jeweils zwei Blättern im Bund, die nach dem Trocknen in der Mitte gefalzt und ineinander gesteckt werden, oder durch → Einstecken einzelner Bogenteile (z.B. zwei achtseitige Bogen) gebildet werden. Die L. werden meist durch Heften zu Erzeugnissen in Buch- oder Broschurenform weiterverarbeitet (z.B. Geschäftsbücher, Schreibbücher, Diarien, Schreibhefte). Die Bezeichnung L. findet sich auch in den Begriffen → Einlagenbroschur und → Mehrlagenbroschur.

Lagenfalzen
Falzen von mehreren aufeinander liegenden Blättern einmal in der Mitte.
Beim maschinellen L. werden die zugeführten Bogen vor dem Falzwerk in einem Akkumulator gesammelt und nach Erreichen der vorgewählten Bogenanzahl dem Falzwerk übergeben. Die Anwendung erfolgt z.B. bei der Geschäftsbuchherstellung. Ein Sonderfall des L. ist das Falzen von Vorsätzen und Umschlägen für Rückstichbroschuren auf Lagenfalzmaschinen, die nur ein Falzwerk (ein Falzmesser oder eine Falztasche) enthalten.

Lagenkleben
→ Falzkleben

Laminieren
→ Kaschieren

Landkartenfalz
Falzart, die überwiegend aus einer verhältnismäßig großen Anzahl von → Parallelfalzen und einem Kreuzbruch oder mehreren darauf folgenden Kreuzbrüchen besteht.
Die Bezeichnung L. ergibt sich aus dem Hauptanwendungsgebiet, wobei häufig Landkarten in relativ großen Formaten und mit relativ dicken und widerstandsfähigen Papieren verarbeitet werden müssen. Die dafür eingerichteten Bogenfalzmaschinen müssen entsprechende Größe und Ausstattung hinsichtlich der vorhandenen Anzahl von Falztaschen aufweisen.

Längsfälzeln
Anbringen eines → Fälzels, das von einer Schmalrolle über eine Klebstoffauftragswalze geführt und beleimt wird und in gleicher Transportrichtung wie die Blocks diesen kontinuierlich zugeführt wird. Die Trennung des Fälzelstreifens zwischen den Blocks erfolgt nach dem Andrücken.
Das L. ist das in linear arbeitenden Klebebindern übliche Verfahren.
Beim L. verläuft die Faserrichtung des Fälzelmaterials parallel zum Blockrücken. Die Materialdehnung unter Einwirkung des Klebstoffs erfolgt quer zum Rücken, was Vorteile beim späteren Runden bringt. Außerdem ist vorteilhaft, dass wegen des separaten Anschmierens des Fälzelmaterials bereits eine Dehnung eintritt, ehe die Verklebung erfolgt.

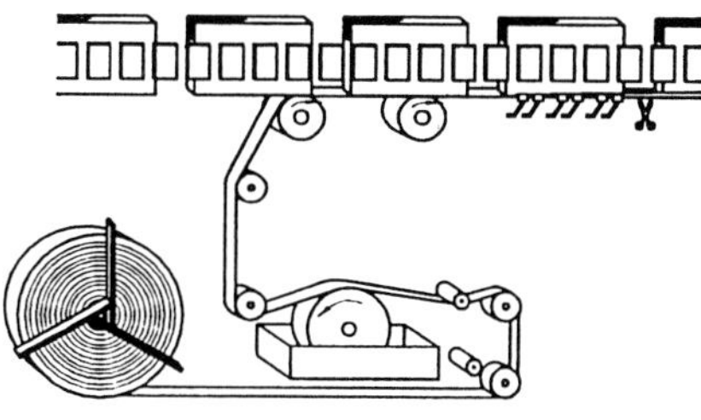

Längsrichtung
→ Laufrichtung

Längsschneiden
Schneiden von Bogen oder Bahnen in Transportrichtung, um Streifen oder Nutzen herauszuschneiden.
Das L. wird mit Rundmessern, meist nach dem Scherschnittprinzip, ausgeführt. Anwendung erfolgt z.B. beim Zuschneiden von Buchdeckeln aus Papptafeln in Pappkreisscheren oder von Bezugsnutzen aus Bahnen im Rollenschneider.

Längstitel
Buchrückentitel, der bei aufrecht stehendem Buch vertikal, d.h. parallel zur Buchhöhe verläuft (im Gegensatz zum → Quertitel).

Längs- und Schrägbogenkontrolle
Optische Kontrolleinrichtung in Sammelheftern zur Kontrolle der korrekten Auflage und Ausrichtung der Falzbogen auf der Sammelkette.
Mit der L. werden gegeneinander versetzte Bogen erfasst, die durch die Mitnehmer und Anstreifelemente nicht exakt übereinander geschoben werden konnten. Die S. erkennt schief aufgelegte Bogen (z.B. im Umschlagfalzanleger verfalzte Umschläge).
Die L. erfolgt über Reflextaster, die in Abhängigkeit von der Maschinengeschwindigkeit und der Produktlänge eine definierte Zeit lang von der Broschur abgedeckt werden. Bei Überschreitung dieser Zeit liegt ein Fehler vor. Die Abstandserfassung von Produktanfang und Produktende kann auch über zwei Lichtschranken erkannt werden, die im Abstand der Produktlänge installiert sind. Für die S. wird ebenfalls eine variabel einstellbare Lichtschranke genutzt.

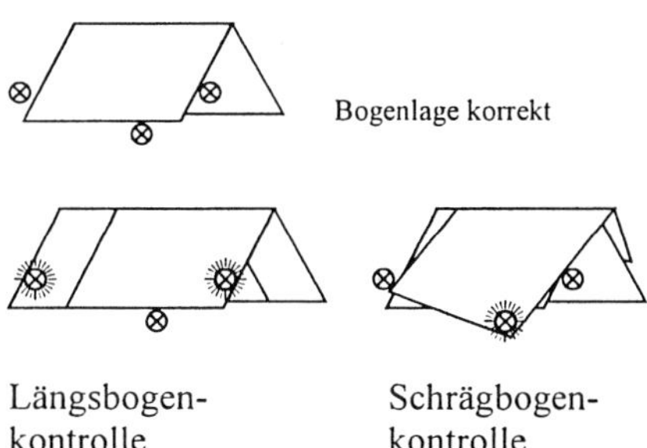

Lasting
Mit → Moleskin vergleichbares glattes Baumwollgewebe, dessen Rückseite nicht aufgeraut, sondern appretiert oder kaschiert ist, was die Verarbeitung erleichtert. L. wird als → Bucheinbandmaterial z.B. für dünne, billige Geschäftsbücher verwendet.

Laufrichtung (Faserlaufrichtung, Längsrichtung, Maschinenlaufrichtung)
Arbeitsrichtung der Papiermaschine, die im allgemeinen die bevorzugte Faserrichtung im Papier ist.

Bei der Herstellung von Papier auf Langsieb-Papiermaschinen orientieren sich die Fasern bevorzugt in L. Daraus resultieren unterschiedliche Eigenschaften in L. und Querrichtung (Anisotropie); so weisen Papiere in L. z. B. höhere Festigkeit und Biegesteifigkeit sowie geringere Dehnung auf.
Die Fasern haben die Eigenschaft, sich durch Feuchtigkeitseinfluss zu dehnen, wobei sich dies in ihrer Breite mehr auswirkt als in ihrer Länge. Durch den Einfluss von Feuchtigkeit dehnt sich deshalb das Papier in L. weniger als in Querrichtung. Die in Querrichtung höhere Dehnung führt auch zu der Bezeichnung Dehnrichtung.
Die Bestimmung der L. erfolgt durch → Biegeprobe, → Nagelprobe, → Reißprobe, → Anfeuchtprobe.
Die L. ist für die buchbinderische Verarbeitung von großer Bedeutung. Bei Büchern und Broschuren muss die L. des Papiers stets parallel zum Rücken laufen, damit sich die Blätter gut aufschlagen lassen, sich durch den Klebstoffauftrag auf den Rücken keine Wellen bilden oder andere qualitätsmindernde Erscheinungen auftreten.
Die L. gilt auch für andere bahnförmige Materialien (z.B. Bucheinbandmaterial, Fälzelmaterial). Auch hier gilt als bevorzugte Verarbeitungsrichtung bei der Buch- und Broschurenherstellung der parallele Verlauf der Laufrichtung zum Rücken des Produktes.

Lay-Flat-Verhalten
(englisch: lay flat = flach liegen): Bezeichnung für verbesserte → Aufschlagbarkeit von Broschuren.
Die Bezeichnung entstand im Zusammenhang mit neu entwickelten Broschurenarten, die im Klebebinden hergestellt werden. Als charakteristisches Merkmal dieser Erzeugnisse gilt, dass der Broschurenumschlag im Rücken nicht mit dem Broschurenblock verbunden ist, womit beim Öffnen der für Bücher typische → hohle Rücken entsteht. Die Broschurenblocks werden mit einem flexiblen, dehnbaren Material gefälzelt; der durch den Umschlagkarton entstehende starre Rücken mit seiner Klammerwirkung entfällt. Als Beispiele für Broschuren mit L.-F.-V. existieren u.a. → Eurobind, → Kösel-Broschur, → Libretto, → Otabind, → Repkover, → Tubebind. Die Herstellung erfordert z.T. zusätzliche Ausrüstung im Klebebinder (z.B. Düsenbeleimung des Umschlags) oder mehrmaligen Produktdurchlauf.
Die Bezeichnung L.-F.-V. erfasst darüber hinaus sämtliche Erzeugnisse mit gutem Aufschlagverhalten, damit auch Bücher und Broschuren im → Einzelblattbindeverfahren.

Leder
Enthaarte, gegerbte und häufig gefärbte Tierhaut, die z. B. als Bucheinbandmaterial Anwendung findet.
Von den drei Schichten der Tierhaut wird nur die mittlere, die Lederhaut (auch Blöße), verwendet. Sie wird von Schmutz und Haaren gesäubert, mit Kalk und Schwefelnatrium geäschert, gebeizt, in Narbenspalt (Vollleder) und Fleischspalt (Spaltleder) gespalten und auf unterschiedliche Art gegerbt (Sämischgerbung mit tierischen Stoffen, vegetabile Gerbung mit pflanzlichen Stoffen, Gerbung mit mineralischen oder synthetischen Stoffen) gefärbt, geglättet und getrocknet.
L. und → Pergament gelten als älteste und heute wertvollsten Bucheinbandmaterialien, die aufgrund ihres hohen Preises nur für sehr wertvolle Ausgaben oder Einzelexemplare Anwendung finden. Als Bucheinbandmaterial verwendete L. werden aus den Häuten von Ziegen, Schafen, Rindern, Kälbern und Schweinen hergestellt.

Lederauflage
→ Ledermosaik

Lederbund
Aus Leder geschnittene unechte → Heftbünde.

Ledereinlage
→ Lederintarsia

Lederfalz
Streifen aus Leder, der in den Falz des Vorsatzes geklebt wird und ein haltbares Gelenk ergibt.

Lederfalzbein
Besonders kleines und schmales → Falzbein aus Knochen oder Elfenbein, das für die Be- und Verarbeitung von Leder vielseitig Verwendung findet.
Die Ausbildung von → Häubchen beispielsweise kann man nur mit dem kleinen L. fachgerecht vornehmen.

Lederfeile
Schmale, mit Leder beklebte Holzleiste, die zum Polieren von Vergoldestempeln dient.

Lederin
→ Kunstleder

Lederintarsia (Ledereinlage)
Verzierungstechnik (wie beispielsweise Buchdeckenveredlung) in der handwerklichen Buchbinderei, bei der verschiedenfarbige Lederstücke ausgeschnitten oder ausgestanzt und vertieft in entsprechende Ausschnitte des Bezugsleders so eingelegt werden, dass die Einzelteile ein Ganzes bilden.
Im Unterschied zum → Ledermosaik entsteht eine stufenfreie Oberfläche des Gesamtmaterials. Die Fugen können durch Vergoldung verdeckt werden.

Lederkapital
Manuelle Technik der Herstellung eines → Kapitals, bei der ein gefalzter Lederstreifen auf den Buchblockrücken geklebt wird.
Das Leder wird dünn ausgeschärft. In den Falz des Leders wird ein Leder- oder Pergamentstreifen oder eine Schnur eingeklebt, so dass eine wulstartige Verdickung entsteht (ähnlich der Wulstborte des industriell verwendeten → Kapitalbandes). Diese Wulst sitzt auf dem Kopf- bzw. Fußschnitt auf.

Ledermosaik (Lederauflage)
Verzierungstechnik (wie z. B. Buchdeckenveredlung) in der handwerklichen Buchbinderei, mit der dünn ausgeschärfte, farbige Lederteile auf das Bezugsleder aufgeklebt, festgepresst und mit Blind- oder Goldlinien umrandet werden; siehe auch Lederintarsia.

Lederpappe (Braunschliffpappe)
Aus thermisch vorbehandeltem Rundholz (meist Kiefer) hergestellte Pappe von brauner Farbe.
Beim anschließenden Schleifen entsteht ein langfasriger Pappenrohstoff, der Braunschliff. Lederbestandteile sind nicht in der Stoffzusammensetzung enthalten. Lederpappe ist leicht und zäh. Sie lässt sich gut biegen, ritzen und rillen. L. wird für die Buchdeckenherstellung verwendet.

Lederplastik
Motive und Schriftzeichen, die aus Karton oder Pappe geschnitten, auf Pappe (zum Beispiel Deckelpappe) o. a. geklebt und mit Leder überzogen werden.

Lederschälung
Mit → Lederschnitt abgegrenzte Elemente werden durch Abschälen der oberen Lederschicht hervorgehoben; es entsteht ein velourartiges Erscheinungsbild.
Anwendung erfolgt z. B. zur Buchdeckenveredlung in der handwerklichen Buchbinderei.

Leder schärfen
In der Buchbinderei das verlaufende oder auch absatzmäßige Verringern der Dicke des Leders an den Einschlägen eines Zuschnitts und zuweilen in den Falzgelenken.
Das L. s. erleichtert das Umbiegen und Ankleben der Einschläge und begünstigt die Bewegung sowie das Aufschlagen im Deckenfalz der Buchdecke. Es kann manuell mit einem Schärfmesser oder mit einer Schärfmaschine erfolgen. Das L. s. gibt dem verhältnismäßig dicken Leder die notwendige Weichheit, um qualitativ gute Einschläge und Ecken sowie ein gutes → Lederkapital zu erhalten.

Lederschnitt
Schneiden von Schmuckformen in Leder, ohne Material auszuheben oder die Elemente weiter zu bearbeiten. Das Motiv kann durch Modellie-

ren der umliegenden Fläche reliefartig hervorgehoben werden.
Für den L. wird das Leder angefeuchtet. Mit spitzem Stift wird eine Zeichnung aufgepaust. Nach dem Trocknen werden die Linien mit dem Messer nachgeschnitten. Die Schnittlinien werden angefeuchtet und erweitert.
Der L. war im 14./15. Jh. eine übliche Verzierungstechnik und erfolgt heute z.B. zur Buchdeckenveredlung in der handwerklichen Buchbinderei.

Leermuster
→ Blindband

Leerstich
→ Fadentrennvorrichtung

Leim
Wässrige, meist kolloidale Lösung von natürlichen und synthetischen Polymeren.
Als natürliche pflanzliche Rohstoffe werden Stärke, Zellulose und vereinzelt Pflanzengummi eingesetzt. Sehr hochviskose Lösungen werden auch als Kleister bezeichnet. Aus natürlichem tierischem Eiweiß werden Glutin- und Kaseinleime gefertigt. Synthetische L. haben in der Buchbinderei keine Bedeutung; eingesetzt werden → Dextrinleim und → Glutinleim.

Leimen
Das stoffschlüssige Verbinden einzelner Bogen und/oder Blätter eines Blocks durch Auftragen von Klebstoff auf den Rücken.
Typische Anwendungsbeispiele sind das → Ableimen in der handwerklichen und das → Rückenbeleimen in der industriellen Fertigung.

Leimrad
Scheibenförmige Vorrichtung zum Aufbringen eines Klebstoffstreifens auf einen Klebling.
Anwendung finden L. in → Bogenanklebemaschinen bzw. → Vorsatzklebeaggregaten sowie in → Seitenleimwerken in Klebebindern. Die Bogen oder Buchblocks werden an dem L. vorbeigeführt, wobei ein dünner Klebstofffilm übertragen wird. Danach erfolgt das Ankleben der Vorsätze oder des Umschlags.

Leimtopf
Elektrisch beheizbarer Metalltopf, der zum Erhitzen des → Leims im Wasserbad dient.

Leimwerk
In verschiedene Buchbindereimaschinen eingebautes Aggregat zum Auftragen von Klebstoff.
Der Klebstoffauftrag erfolgt mit Düsen (→ Düsenleimwerk, beispielsweise beim Falzkleben), Walzen oder Bürsten (→ Walzenleimwerk, z.B. Rückenleimwerk im Klebebinder) oder Scheiben (beispielsweise Seitenleimwerk im Klebebinder). Im Klebebinder wird unterschieden in Rückenleimwerk, in dem die bearbeitete Blattkante beleimt wird, und in Seitenleimwerk für einen seitlich übergreifenden Klebstoffauftrag. Die Beschaffenheit der L. ist abhängig von der Klebstoffart.

Leinen
Aus Flachs- und Hanffäden bestehendes Gewebe, das als → Bucheinbandmaterial Verwendung findet. Für Rohhalbleinen (auch Halbleinen oder Rohleinen) und Naturleinen bestehen Schuss- oder → Kettfaden aus Leinengarnen, für Reinleinen werden ausschließlich Leinenfäden verwendet.
Zu erkennen ist L. an seinem ungleichmäßigen Aussehen, da Leinenfäden Knoten und Verdickungen aufweisen. Der Farbton von Leinenstoffen ist naturell, sie werden nicht gefärbt. Eine → Appretur wird nicht angebracht, Leinen sind nur gesteift.
Die Verwendung ist problematisch, da L. leicht verschmutzt und sich an den Schnittkanten Fäden lösen können. Die grobe Oberfläche lässt nicht jede Form der Veredlung zu. Reinleinen zählt zu den teuren Einbandgeweben. Eingesetzt wird L. überwiegend für Belletristik und Bildbände, die durch Schutzumschläge geschützt werden.
Die Bezeichnung L. wird häufig für Gewebe allgemein verwendet, was nicht korrekt ist.

Leinenfalz

Verstärkung des Bedruckstoffs durch einen Gewebestreifen zur Erhöhung der Festigkeit der Biegestellen im → Falz von Buchblocks.

Besser drückt die Bezeichnung „Gewebefalz" diese Art der Verstärkung aus, weil für derartige Arbeiten meistens Schirting oder ein anderes Buchbindergewebe verwendet wird.

Typisch sind Schirtingfälze vor allem bei der handwerklichen Herstellung von → gefälzelten Vorsätzen.

Leinwandbindung (Tuchbindung, Taftbindung)

Art der Anordnung der Schuss- und → Kettfäden in Geweben, wobei der Schussfaden jeweils einmal unter und über einen Kettfaden geführt wird. Es entsteht ein sehr straffes, festes und gleichmäßiges Gewebebild.

Die L. ist für Gewebe, die als Bucheinbandmaterial genutzt werden, die typische Stoffbindung.

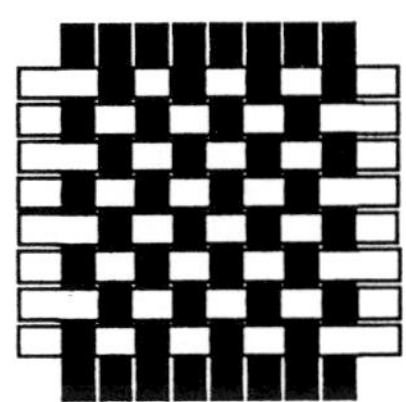

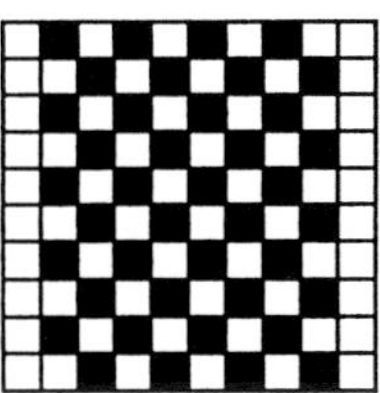

Leporellobuch

Ursprünglich auf chinesische Vorbilder zurückzuführende Buchform, bei der die einzelnen Blätter durch → Leporellofalz aneinander gereiht sind.

Diese Buchform wird beispielsweise für Kinderbilderbücher mit geringem Umfang angewendet. Dabei werden die Bildseiten z.B. auf Papptafeln kaschiert, die vorher durch Gewebestreifen miteinander verbunden wurden. Es ist auch möglich, die Bildreihen auf Pappstreifen zu kaschieren, die dann zwischen den Bildern wechselweise nach der einen und nach der anderen Seite gerillt und gefalzt werden.

Leporellofalz

Parallelfalz, bei dem jeder Bruch zum vorhergehenden in entgegengesetzter Richtung erfolgt.

Es entsteht eine zickzackförmige Falzung von meist gleicher Papierbreite. L. ist z.B. gebräuchlich für Landkarten.

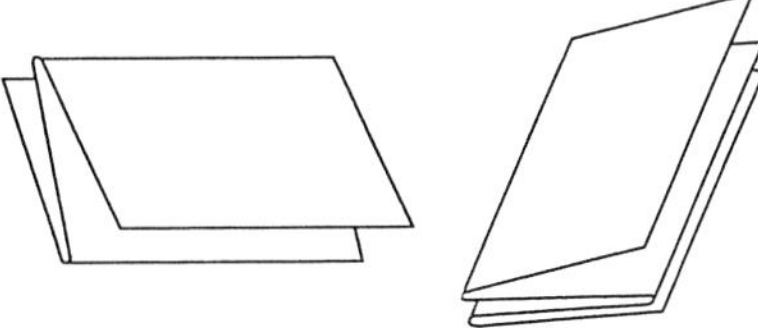

Leseband, Lesezeichen

→ Zeichenband

Lexikon

Nachschlagewerk mit alphabetisch geordnetem Inhalt.

Während das L. ursprünglich vorwiegend ein Wörterbuch darstellte, vollzog sich im Laufe der Jahrhunderte ein Wandel in der Bedeutung des Begriffs. Der Inhalt eines L. geht heute meist über das rein sprachliche Gebiet hinaus, da jeder darin enthaltene Begriff mehr oder weniger umfangreich erläutert ist.

Libretto

Mehrlagenbroschur mit gutem → Lay-Flat-Verhalten, bei der der Broschurenblock am Rücken und außerhalb des Rückens mit einem speziell kaschierten, vierfach gerillten Broschurenumschlag verbunden ist.

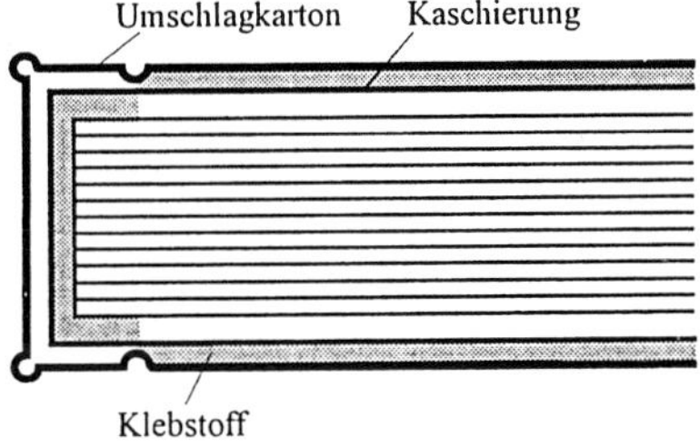

Der Umschlag wird partiell mit einem Papier kaschiert, wobei der Bereich zwischen der ersten und vierten Rille unkaschiert bleibt. Dieser nicht mit dem Umschlag verklebte Streifen des Kaschierpapiers dient als Fälzelmaterial für den Block und gleichermaßen als Verbindungselement zwischen Block und Umschlag. Zwischen Kaschierpapier und Umschlag bildet sich an dieser Stelle ein Hohlraum.

Lochen

Arbeitsgang, bei dem Blätter, Blocks, Karten, Bilder, Aufhänger u.a. mit Löchern versehen werden.

Das L. erfolgt durch Bohren (Rundlöcher) mit einer Papierbohrmaschine oder Stanzen (auch andere Lochformen).

Lochperforieren

→ Perforieren

Lockstichheftung (abgeschlossene Heftung)

Ausführung der Heftung beim → Einzelbogenfadenheften, wenn kein Leerstich erfolgt; vgl. → Fadentrennvorrichtung.

Die Blocktrennung erfolgt zwischen dem letzten Bogen und dem ersten Bogen des nachfolgenden Blocks. Um trotz fehlender Verschlingung des Fadens Haltbarkeit zu gewährleisten, werden die beiden ersten und letzten Bogen eines Blocks mit einem schmalen Klebstoffstreifen parallel zur Falzlinie mittels Düsenbeleimung zusammengeklebt. Der Faden lässt sich dann von außen nicht mehr lösen.

Die Produktivität erhöht sich bei Wegfall des Leerstichs umso mehr, je geringer die Bogenanzahl je Block ist.

Lose-Blatt-Bindung

→ Einzelblattbindeverfahren

Luftbrettpuffer

Puffersystem, um das Rütteln und Schneiden am Planschneider zeitlich und räumlich voneinander zu trennen.

Die Funktionsweise entspricht den → Stapelbrettpuffern. Die Stapelbildung erfolgt, indem Teilstapel auf Brettern abgelegt werden, die übereinander abgesetzt werden. Im Unterschied zum Stapelbrettpuffer wird das jeweils oberste Brett mit Luft versorgt, um ein leichtes reibungsarmes Gleiten des Schneidgutes zu ermöglichen (vgl. Lufttisch). Die Bretter sind mit Lufteintrittsöffnungen versehen, die in der Beladeposition mit den Luftventilen an den Auflageklappen übereinstimmen.

Luftfördertisch

Als → Lufttisch gestaltetes Verbindungsstück zwischen Planschneider und Peripheriegeräten (z.B. Rütteltisch).

Lufttisch

Einrichtung in → Planschneidern zur Erleichterung der manuellen Bewegung des Schneidgutes und zum Schutz des unteren Bogens vor Abschmieren.

Dazu sind im vorderen und hinteren Schneidtisch in regelmäßigen Abständen kleine Löcher angeordnet, die im unbelasteten Zustand von unten durch Stahlkugeln verschlossen werden. Beim Auflegen des Schneidgutes werden die Kugeln nach unten gedrückt. Durch die entstehenden Öffnungen entströmt Druckluft, die sich zwischen Tischoberfläche und Schneidgut ausbreitet. Das Luftpolster verringert die Reibung; der unterste Bogen wird geschont, und auch großformatige, schwere Stapel lassen sich horizontal leicht verschieben. Das automatische Einschalten des L. beim Abarbeiten eines → Schneidprogramms erfolgt über einen entsprechenden Zusatzbefehl.

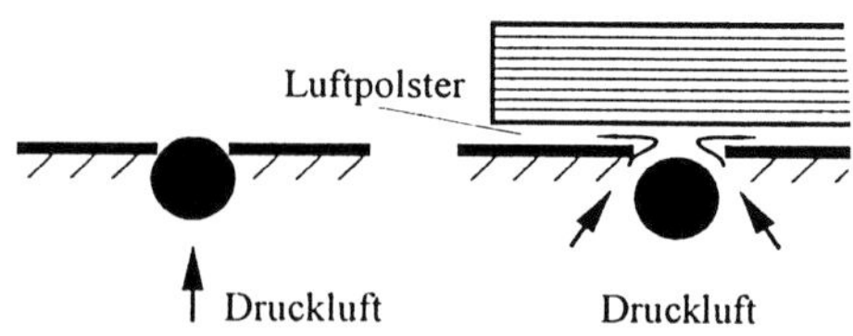

LUMBECK-Verfahren

→ Fächerbeleimung

Magazin

→ Bogenmagazin

Magazinfüllstandskontrolle
Kontrolleinrichtung in Anlegern von z. B. Zusammentragmaschinen, Sammelheftern oder Fadenheftmaschinen, die eine Schutzfunktion ausüben und somit die Produktionskontinuität sichern.
Wenn sich ein Bogenminimum im Bogenmagazin befindet, wird die Maschine abgeschaltet. Damit wird verhindert, dass beim Nachlegen mit den Händen in rotierende Teile des Anlegers gegriffen wird. Außerdem werden auf diese Weise bereits → Fehlbogen vermieden. Bei automatischer Beschickung dient die M. als Steuerung für den Bogenvorschub ins Magazin.
Die M. kann optoelektronisch mit Lichtschranke bzw. Reflextaster oder elektromechanisch mit Taster verwirklicht werden (z. B. in Form einer Blattfeder seitlich neben dem Stapel, die bei ausreichender Füllhöhe zur Seite gedrückt wird und so einen Kontakt schließt).

Mailing
(engl.: mail = Post, Postsendung): Adressierter Werbeträger, der entweder im direkten Postversand verteilt wird oder Bestandteil von Zeitschriften ist.
Während M. ursprünglich jenen Geschäftsbereichen wie z. B. Lohnabrechnungen oder Behördenzustellungen zuzuordnen waren, dienen sie heute vorrangig Werbezwecken.
Ausgangsprodukte sind bedruckte Bogen, Rollen oder Endlosstapel, die durch Falzen, kontinuierliches oder taktgesteuertes Schneiden, Perforieren und Kleben, Beschriften und Etikettieren und z. T. Siegeln bearbeitet werden. Basisbaustein für die Herstellung von M. ist eine → Bogenfalzmaschine, die mit Messerwellen und Trägern für die Aufnahme unterschiedlicher Werkzeuge sowie mit verschiedenen Förder-, Umlenk- und Verschließelementen ausgestattet ist.
In der Regel wird kein separater Briefumschlag verwendet, sondern Inhalt und Umschlag bestehen aus dem gleichen Material (Nutzenmailer) und der Umschlag wird um den Inhalt herum gefalzt und verschlossen. Werden verschiedene Materialien genutzt (Sammelmailer), erfolgt dennoch innerhalb einer Fließstrecke eine Zusammenführung von Inhalt und Umschlag. Bevor die Produkte ausgelegt werden, erfolgt das Adressieren mittels Inkjet-Druckkopf oder mittels Etikettierung.

Makulatur
Teil- oder Endprodukte, deren Beschaffenheit den an sie gestellten Anforderungen nicht genügt und die daher nicht weiterverarbeitet bzw. ausgeliefert werden können.

Makulieren
Aussortieren von Endprodukten, die wegen bestimmter Mängel nicht an den Besteller ausgeliefert werden dürfen, sowie die Zuführung des Materials zur Abfallverwertung.

Marmorieren
Aus dem Mittelalter stammende Kunst, bei der in einem aufwendigen Verfahren feine, dem Aussehen von Marmor ähnliche Musterungen und Äderungen hergestellt werden. Das M. dient der Herstellung von Marmorpapier und der Verzierung von Schnittflächen an Buchblocks (→ Marmorschnitt).
Es wird ein Grund aus Karragheenmoos (isländische Algenart) hergestellt, der mit Formalin und Borax versetzt wird. Auf diese abgestandene und schleimige Flüssigkeit werden Temperafarben (mit Ochsengalle als Treibmittel gemischt) getropft und mit einem Ziehstift oder Kamm zu Mustern verstrichen. Das Muster wird dann mit einem Papierbogen oder der Schnittfläche des Blocks abgenommen und haftet auf diesen.
Beim M. werden individuelle, sich nicht wiederholende Muster erzeugt.

Marmorpapier
Buntpapier, das durch Übertragung eines separat hergestellten Marmormusters entsteht, für das eine aufwendige Prozedur erforderlich ist.
Die Muster werden nicht direkt auf das Papier gebracht, sondern durch → Marmorieren in einem Marmorbecken hergestellt. Das Papier wird vor-

sichtig und ohne Lufteinschluss aufgelegt und wieder abgehoben. Im Vergleich zum → Öltunkpapier sind wesentlich feinere Musterungen und Äderungen möglich.

Marmorschnitt
Aufwendige Variante des → Farbschnitts, bei der ein separat hergestelltes Marmormuster auf die Schnittflächen übertragen wird.
Im Marmorbecken wird ein Farbmuster (→ Marmorieren) erzeugt, das durch Aufsetzen des Buchblocks auf die Farboberfläche übertragen wird. Durch die sehr filigranen Muster mit feinen Äderungen wird das Fehlen eines Blattes besonders deutlich, weshalb der M. für Kontobücher zur Sicherung einer korrekten Buchführung verwendet wurde. Heute wird der M. als → Abziehschnitt hergestellt.

Maroquinleder
Als Bucheinbandmaterial verwendetes Ziegenleder, das ursprünglich aus Marokko, heute aus südafrikanischen Ziegenfarmen bezogen wird.
Wegen seiner grob genarbten Oberseite und großen Dicke gilt es als das schönste Buchbinderleder. Es lässt sich gut verarbeiten und vergolden.

Maschinenkapital
→ Kapitalband

Maschinenlaufrichtung
→ Laufrichtung

Maschinenoffene Zeit
Kenngröße für Schmelzklebstoffe, die die Zeitspanne zwischen dem Klebstoffauftrag nach Verlassen der letzten Auftragswalze bis zum Anpressen des zweiten Kleblings (z. B. Broschurenumschlag) beschreibt; vgl. klebstoffoffene Zeit.

Maschinenpappe
Von der Art der Pappenherstellung abgeleitete Bezeichnung für Pappen, die hergestellt werden durch das Zusammenführen mehrerer nasser Papierbahnen, die von verschiedenen Siebpartien kommen und zusammengegautscht werden, oder durch Zusammenkleben mehrerer trockener Papier- oder Kartonbahnen.
Im Gegensatz zur → Handpappe entsteht eine endlose Bahn, die durch Längs- und Querschneider in Tafeln geschnitten wird. Die erreichbare flächenbezogene Masse liegt bei 1000 g/m², durch Verkleben mehrerer Schichten auch höher.

Maßband (Umfangband)
Hauptsächlich für den innerbetrieblichen Gebrauch bestimmtes Buch, das in der gleichen Weise hergestellt wird wie die gesamte Auflage und der Abnahme aller benötigten Maße dient.
Der M. ist entscheidend für die gesamte industrielle Fertigung und Voraussetzung für den parallelen Verlauf von Blockherstellung und Buchdeckenherstellung. Der Buchblock wird aus den gleichen Materialien (u. a. mit bedrucktem Auflagenpapier) wie der komplette Auftrag und mit dem für die Fertigung vorgesehenen Bindeverfahren und Ausstattungsmerkmalen hergestellt. Der M. dient der Abnahme aller erforderlichen Maße, z. B. Breite von Heftgaze oder Fälzelmaterial, Maße der Buchdeckenmaterialien, Größe und Stand von Prägestempeln.

Mattgewebe
Das am häufigsten verwendete → Bucheinbandmaterial auf Basis von Gewebe. Es ist in → Leinwandbindung aus Baumwollfäden mittlerer Garndicke gewebt.
M. ist rückseitig appretiert und mit Seidenpapier kaschiert. Die Oberfläche ist rau und matt, leicht bedruckbar und beprägbar, aber auch leicht beschmutzbar. Es findet Anwendung für vierteilige Buchdecken (vorwiegend für Belletristik), außerdem zum → Fälzeln.
Glanzgewebe ist durch eine zusätzliche Kalandrierung mit heißen Zylindern geglättetes M., das teilweise mit Griffschutzappretur (→ Appretur) ausgerüstet ist. Bedingt durch die glattere Oberfläche ist ein Drucken und Prägen filigraner Motive möglich.
Matt-Grobgewebe ist ein M. aus dickem Garn mit grober Struktur. Die raue Oberfläche erlaubt

nur großflächige Prägungen. Es wird vorrangig für großformatige Bücher wie Bildbände verwendet.

Maximalausstattung
→ Ausstattungsmerkmal

Mehrfachnutzen
Auf einem Teilprodukt (zum Beispiel Falzbogen) befinden sich mehrere kleinformatige Nutzen, die während der Verarbeitung getrennt werden; vgl. Doppelnutzen.

Mehrlagenbroschur
→ Broschur, bei der die Buchbinderbogen oder Blätter durch folgerichtiges Aufeinanderlegen zum Block zusammengetragen und gefügt werden.
M. sind in der Regel mit einem Broschurenumschlag aus einem Werkstoffzuschnitt (Karton) versehen. Typische Vertreter sind M. mit zwei- oder vierfach gerilltem Umschlag, der am Rücken bzw. am Rücken und an seitlichen Übergriffen mit dem Broschurenblock verbunden ist. Daneben sind zahlreiche Neuentwicklungen mit verbessertem → Lay-Flat-Verhalten entstanden, die sich dadurch auszeichnen, dass der Broschurenblock gefälzelt ist und im Rücken keine Verbindung zwischen Block und Umschlag besteht (z. B. → Eurobind, → Libretto, → Otabind, → Repkover, → Tubebind).
Seltener sind M. mit geteiltem Umschlag, d. h. zwei Deckblättern (→ Fälzelbroschur, → Steifbroschur).

Messer
Allgemeine Bezeichnung für das Werkzeug zur Ausführung des → Schneidens.
Beim Messerschnittprinzip wird mit einem M. gegen eine Schneidleiste, beim Scherschnittprinzip mit Ober- und Untermesser gearbeitet. Unabhängig davon werden → Rundmesser und → Flachmesser unterschieden. Das M. ist mit einer keilförmigen Schneide versehen, deren Begrenzungsflächen den → Messerfasenwinkel einschließen.
Die Bezeichnung M. wird auch für das Werkzeug zum → Perforieren verwendet sowie im Zusammenhang mit dem → Messerfalzprinzip für das → Falzmesser und das Rillmesser beim → Rillen, wobei es sich bei den beiden letzten Beispielen nicht um ein Werkzeug zum Schneiden handelt.

Messerautomat (Vollautomat)
Zusatzbefehl in → Schneidprogrammen, der das Schneiden von parallel zueinander liegenden Schnitten im Planschneider automatisch realisiert.
Nachdem der erste der parallelen Schnitte manuell ausgelöst wurde, erfolgen alle weiteren ohne Eingreifen der Bedienkraft. Der Sattel fährt automatisch auf die Position des folgenden Schneidmaßes und schiebt dabei das Schneidgut vor sich her. Der Pressbalken und das Messer werden automatisch ausgelöst, eine manuelle Schneidgutbewegung ist nicht erforderlich.

Messerbewegungswinkel
Maß für die horizontale Bewegungskomponente beim Messerschnittprinzip mit Flachmesser bei den → Schneidarten, die einen Schrägschnitt (Parallelschrägschnitt und Schwingschrägschnitt) charakterisieren.
Neben der vertikalen Messerbewegung kommt beim Schrägschnitt eine horizontale hinzu, die zu einem fließenden Durchschneiden führt. Je größer der M., desto geringer sind die aufzubringenden Schneidkräfte.

Messerfalz (Schwertfalz)
Falzprinzip, bei dem ein oszillierendes messerähnliches Werkzeug (→ Falzmesser) den ausgerichteten Bogen zwischen zwei sich gegenläufig drehende Falzwalzen drückt.

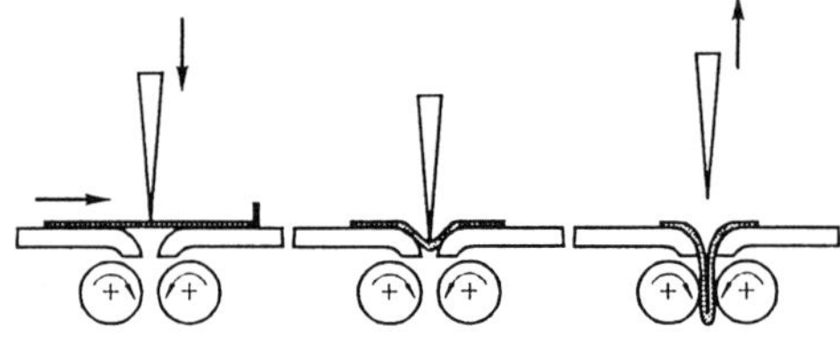

Der M. ist das älteste maschinelle Falzprinzip. Der Bogen wird ähnlich wie in Druckmaschinen mit Vorder- und Ziehmarken gegen Anschläge ausgerichtet. Die Falzwalzen erfassen den Bogen und führen den Falz aus. Durch das Auftreffen des Falzmessers wird an ortsdefinierter Stelle gefalzt und eine hohe Genauigkeit erzielt.

Messerfalzmaschine
→ Bogenfalzmaschine, deren Falzwerke ausschließlich nach dem Prinzip des → Messerfalzes arbeiten, die aber heute kaum noch im Einsatz sind.

Messerfasenwinkel
Beim → Flachmesser der vom Messerrücken und der Messerwate (Stirnfläche), beim → Rundmesser der von den beiden Messerbegrenzungsflächen eingeschlossene Winkel, der auch als Keil- oder Watenwinkel bezeichnet wird.
Der M. richtet sich nach dem zu schneidenden Material und der Ausführung des Messers. Für Flachmesser, wie sie in Planschneidern oder Dreimesserschneidemaschinen eingesetzt werden, sind M. von 16...26° üblich, wobei generell gilt, dass für weiche Materialien kleine, für harte große M. eingesetzt werden.
Beim Scherschnittprinzip ist der M. des Untermessers unveränderlich und liegt zwischen 85...88°. Das Obermesser wird in Abhängigkeit vom Bedruckstoff ausgewählt, der Fasenwinkel liegt zwischen 25...85°.

Messerschnittprinzip
Prinzip des Schneidens, bei dem eine keilförmige Schneide gegen eine starre Schneidunterlage (z.B. → Schneidleiste im Planschneider) oder gegen den Bedruckstoff ohne Unterlage zur Realisierung des Verarbeitungseffektes eingesetzt wird.
Das Schneidgut wird dabei von einem Presselement in seiner Lage fixiert. Einsatz findet das M. mit Flachmesser z.B. im → Planschneider oder in der → Dreimesserschneidemaschine, mit Rundmesser im → Drahtheftkopf zum Schneiden des Endlosdrahtes.
Im weitesten Sinne fällt unter das M. auch das Schneiden ohne Gegenhalterung gegen das Verarbeitungsgut, das durch Zugspannungen gehalten wird (→ Berstschnitt).

Messerwate
→ Flachmesser

Metallisierte Prägefolie
→ Prägefolie für das Heißfolienprägen, deren optisch wirksame Schichten aus einer Aluminiumschicht und einer Lackschicht bestehen.
Das silberfarbige Aluminium ist mit einer transparenten Lackschicht abgedeckt. Je nach Einfärbung der Lackschicht entsteht ein metallischer Farbton (z.B. goldfarbig). Je nach Transparenz der Lackschicht entsteht unterschiedlicher Glanz.
Die Lackschicht dient gleichzeitig als Schutzschicht vor mechanischem Abrieb und Verfärbung.

Metallklemmschienenbindung
Kraftschlüssiges → Einzelblattbindeverfahren, bei dem eine gestanzte und vorgeformte, zum Teil auch verzierte Metallschiene in den Rücken des zusammengetragenen Blocks gepresst wird.
Nach dem Zusammentragen werden die Blocks dreiseitig beschnitten und mit zwei Deckeln oder Deckblättern versehen. Die Bindung erfolgt in der Pressstation eines Schienenklemmaggregats, wonach die Metallschiene am Rücken zangenartig in den Block drückt und die Materialspannung den Block festhält. Steife Deckel müssen im Falz mit einer Biegestelle (z.B. durch Rillen) versehen werden.
Nachteilig ist die schlechte → Aufschlagbarkeit. M. werden heute sehr selten angewendet.

Metallprägefolie
→ metallisierte Prägefolie

Metallschnitt
Verfahren des → Schnittfärbens, bei dem Blattmetall auf die Schnittfläche aufgetragen wird. Der bekannteste M. ist der → Goldschnitt.

Der früher teilweise verwendete Aluminium- und Silberschnitt hat heute keine Bedeutung mehr.

Midibuch

Formatunabhängige Bezeichnung für ein relativ kleines Buch, wobei die Bezeichnung lediglich die Mittelstellung zwischen den Größen von Minibüchern und gebräuchlichen Formaten zum Ausdruck bringen will.

Die Buchblockhöhen liegen bei etwa 100 mm; gängige Formate sind z.B. 62 mm x 95 mm, 67 mm x 100 mm, 70 mm x 100 mm. Die gegenüber dem Minibuch größeren Formate der M. haben Lesevorteile und lassen einen höheren Informationsgehalt zu.

Mikrobuch

Kleinstformatiges Buch, dessen Inhalt nur mit optischen Hilfsmitteln aufgenommen oder erschlossen werden kann.

Teilweise können M. zu den Kuriositäten gezählt werden, oder sie sind das Ergebnis von Leistungsproben optischer und reproduktionstechnischer Systeme. Sofern sie in den Handel kommen, werden eine Vergrößerungslupe und eine normale Textausgabe beigefügt.

Minibuch

Auffallend kleinformatiges Buch, dessen textlicher und bildlicher Inhalt im Gegensatz zum Mikrobuch jedoch ohne Hilfsmittel aufgenommen werden kann.

Als M. werden z.B. Kunst- und Bildbände, aber auch Heiteres, Besinnliches und Ernstes aus dem Gebiet der vielseitigen Belletristik herausgegeben. Es haben sich Gewohnheitsformate in den verschiedenen Ländern herausgebildet, die vom Format der Druckbogen oder auch von technologischen und technischen Bedingungen der Herstellerbetriebe abhängig sind. Die buchbinderische Herstellung von M. erfolgt überwiegend mit gering mechanisierten Anlagen oder rein manuell. Als Formate sind Buchblockhöhen von etwa 50 mm zu finden, so z.B. 38 mm x 48 mm, 38 mm x 53 mm, 53 mm x 53 mm.

Die Buchblocks werden in der Regel als → Doppelnutzen hergestellt.

MiniDisc

Spezielles System für die Zwischenlagerung, die Handhabung und den Transport von Falzbogen, Zeitungen oder Einlagenbroschuren, bei dem Falzprodukte im Schuppenstrom aufgewickelt, als Rolle gelagert und für die weitere Verarbeitung wieder abgewickelt werden.

M. unterliegt dem gleichen Grundprinzip wie → VarioDisc der Wickeltechnik, unterscheidet sich jedoch in der konkreten Anwendung. M. wird eingesetzt im Zusammenhang mit der Buch- und Broschurenproduktion im hohen Auflagenbereich für die Zwischenlagerung von Falzbogen und das automatische Beschicken (→ Rollenbeschickung) von Sammelheftern und Zusammentragmaschinen. Die Rollen (auf einen Rollenkern aufgewickelter und mit einem Band fixierter Schuppenstrom) mit einem Durchmesser von 1,5 m können hängend oder auf Paletten liegend gelagert werden und sind zwischen verschiedenen Produktionsstätten transportabel.

Mittenfalz

Form des → Parallelfalzes, wobei der Bogen jeweils in der Mitte gefalzt wird, auch als einfacher Parallelfalz bezeichnet.

Die Seitenanzahl verdoppelt sich mit jedem Bruch.

mobiles Messerfalzwerk

→ Falzwerk, das nach dem Messerfalzprinzip arbeitet, fahrbar konstruiert ist und variabel an verschiedenen Falzmaschinen eingesetzt werden kann.

Mohndruck-Broschur

Mehrlagenprodukt, das seinem Erscheinungsbild nach keine eindeutige Zuordnung zur Mehrlagenbroschur oder zum Buch mit einteiliger Buchdecke zulässt.

In Anlehnung an gestanzte → einteilige Buchdecken aus Karton wird ein vierfach gerillter Kartonumschlag mit gefalzten Klappen und Einschlägen an Kopf- und Fußschnittkanten hergestellt. Die Klappen reichen in der Mitte des Rückens zusammen. Bis zu den Seitenrillen wird eine Verklebung der Klappen vorgenommen, im Rückenbereich entsteht eine Hohlstelle. Der gefälzelte Block wird dreiseitig beschnitten und separat in den vorbereiteten Umschlag eingeklebt. Es entstehen überstehende Kanten wie bei einem Buch.

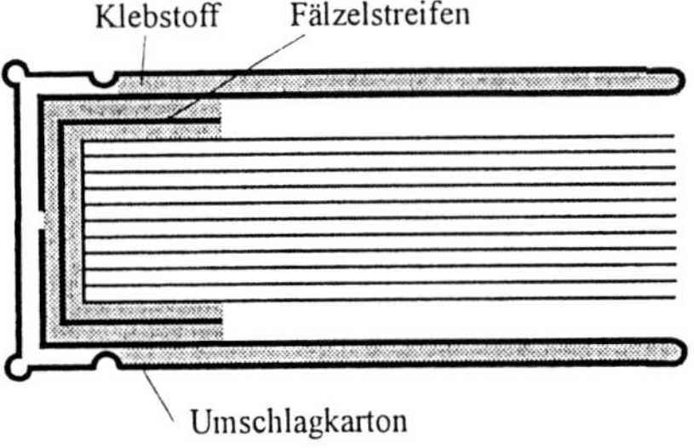

Moleskin
(engl.: mole = Maulwurf; skin = Haut, Fell): Feines, dichtes, glattes Baumwollgewebe in → Satinbindung mit wildlederartiger Oberfläche, das als → Bucheinbandmaterial verwendet wird.
Die Unterseite ist aufgeraut und flauschig. M. ist nicht appretiert oder kaschiert. Die Verarbeitung gebietet besondere Vorsicht, da ein sofortiger Klebstoffdurchschlag durch das nicht behandelte Gewebe zu erwarten ist. In diesem Fall wird der Klebstoff auf die Deckelpappen aufgetragen. Vorrangige Anwendungsgebiete ergeben sich für Geschäftsbücher.

Molton
Baumwoll- oder Zellwollgewebe, das auf der Unterseite maschinell aufgeraut ist und dadurch einseitig eine flauschige Oberfläche hat.
M. ist ein nicht appretiertes Gewebe, das als Rückenmaterial für dicke Bücher (z.B. Alben) verwendet werden kann. Die aufgeraute Gewebeseite liegt auf dem Buchblockrücken auf. Um ein Durchschlagen durch das saugfähige Gewebe zu vermeiden, wird hochviskoser Klebstoff verwendet.

Montieren
→ Erzeugnis montieren

Mouton
→ Schafsleder

Musterband
→ Blindband

Musterdecke
Für einen → Blindband oder → Maßband gefertigte Buchdecke.
M. werden vor der Auflagenproduktion in wenigen Exemplaren nach den Vorgaben des Auftraggebers gefertigt. Sie sind in Bezug auf Format, Konstruktion, Material und Veredlung Vorlagemuster zur Produktionsfreigabe.

Nachfalz
→ Überfalz

Nachfalzen
Manuelles Nachbessern der nicht einwandfrei gefalzten Bogen.
Die betreffenden Bogen müssen bis zu dem schief oder nicht maßhaltig ausgeführten Falzbruch geöffnet und von Hand mit einem Falzbein nachgefalzt werden.

Nachsatz
→ Vorsatz

Nachschlagewerk
Literarisches Werk, dessen Inhalt so gegliedert ist, dass rasches Auffinden des Gesuchten ermöglicht wird und der Benutzer sich über bestimmte Fakten, Begriffe, Wissensgebiete oder Teile eines Wissensgebietes schnell unterrichten kann.
Zu den N. zählen unter anderem bibliografische und biografische N., Lexika, Enzyklopädien, Wörterbücher, Kataloge, Tabellen- und Formelsammlungen.

Nachsehen
Prüfen der zum Buchblock gehörenden Einzelteile, der Buchdecke und des fertigen Buches auf

Vollständigkeit und eventuell vorhandene Qualitätsminderungen.

Nadeln
→ Aufnadeln

Nagelprobe
Methode zur Bestimmung der → Laufrichtung von Papier, Karton und Pappe.
Wenn die Nägel von Daumen und Zeigefinger an rechtwinklig zueinander verlaufenden Kanten des Materials entlang gleiten, erfolgt eine unterschiedlich starke Wellenbildung. Die glattere Kante ist identisch mit der Laufrichtung.

Nähnadel
Für die Stichbildung beim → Einzelbogenfadenheften notwendiges Wirkelement.
Beim maschinellen Fadenheften ist die N. für den Fadentransport von der Fadenspule zur Stichbildung verantwortlich. N. sind auch beim manuellen Fadenheften erforderlich.

Narben
Natürliche oder künstlich erzeugte Oberflächenstruktur des Leders oder Kunstleders.
Der natürliche N. ist ein sicheres Erkennungszeichen der Lederart. So weist z.B. Schweinsleder eine deutlich erkennbare Borstenspur auf, während Kalbs- und Rindsleder fast narbenlos sind. Bei Kunstleder wird häufig ein künstlicher N. erzeugt, um ihm ein lederähnliches Aussehen zu geben.
Das durch Prägen erzielte Oberflächenrelief hat jedoch oft einen eigenen materialgerechten Charakter und entspricht in seinem Muster nicht mehr dem N. des echten Leders.

Nassabziehbild
→ Abziehbild

Natronsackpapier
Zähes, braunes Papier mit einer flächenbezogenen Masse von etwa 50...70 g/m² ohne Gummierung, das u. a. als → Fälzelmaterial Anwendung findet.
N. hat eine hohe Falzfestigkeit, ist aber aufgrund starker Rollneigung für die maschinelle Verarbeitung ungeeignet.

Natureller Schnitt
Die durch dreiseitigen Beschnitt entstehenden Schnittflächen am Buch- oder Broschurenblock, die noch besonders behandelt werden können.
Die meisten industriell hergestellten Bücher werden ohne → Schnittfärben weiterverarbeitet.
Bei handwerklichen Büchern kann ein geglätteter Naturschnitt angewendet werden. Dazu wird die Schnittfläche mit Sandpapier abgerieben, mit Kleister dünn überstrichen und mit einem Lappen überrieben, bis sie glänzt.

Naturschnittfläche
→ natureller Schnitt

Neigesattel
→ Drehsattel

Nessel
Sehr festes, nicht appretiertes, ungebleichtes Baumwollgewebe in Leinwandbindung mit grober, dichter Struktur.
N. wird zum → Hinterkleben von mit Heißschmelzklebstoff gebundenen Buchblocks verwendet. N. wird auch für das Kaschieren von Landkarten genutzt.

Nestfalzen
Gemeinsames Falzen unterschiedlich langer Bogen, wobei die kürzeren von den längeren eingeschlagen werden.
Vor dem Falzen wird das Arbeitsgut, das als bahnförmiges Material zugeführt wird, in unterschiedlich lange Abschnitte quergeschnitten. Die Abschnitte werden in einem Akkumulator gesammelt und durchlaufen dann gemeinsam das Falzwerk.

Nettofläche
Fläche des → Bedruckstoffs, die in einer bestimmten Anzahl von Druckerzeugnissen vorhanden ist.

Die N. ergibt sich aus dem Format des Blattes, multipliziert mit der Anzahl der Blätter je Exemplar und der Anzahl der ausgelieferten Auflagenexemplare; vgl. Bruttofläche.

Niederhalten (Falzniederhalten)
Zusammenpressen der Buchblocks im Rückenbereich, um → Rückensteigungen zu beseitigen.
Das N. wird in der Regel vor dem Dreiseitenbeschnitt ausgeführt. Es hat zur Aufgabe, die Höhendifferenz zwischen Rücken und Vorderschnitt auszugleichen und den Blocks einer Auflage eine gleichmäßige Dicke zu verleihen. Der Block erhält eine exakte, rechtwinklige Rückenform. Die Klebstoffnähte zwischen den Falzbogen werden zusätzlich verfestigt.
Es wird gewährleistet, dass die Dicke des Blockrückens mit der Breite der Rückeneinlage der Buchdecke identisch ist. Damit wird gesichert, dass der Buchblock gut in der Buchdecke sitzt.
Das N. wird mit einer Buchblockpresse (Niederhaltemaschine, Falzniederdruckpresse) durchgeführt.

Niet
Hohler oder massiver Bolzen zum dauerhaften Verbinden von Einzelblättern oder Buchdeckeln.
Der N. wird durch vorgebohrte Löcher gesteckt und mit Spezialwerkzeugen gestaucht. Ein Auswechseln der Blätter ohne Zerstörung des N. ist nicht möglich.

Nigerziegenleder
Als Bucheinbandmaterial verwendetes Ziegenleder aus Nigeria, das von natureller Färbung bleibt oder pflanzlich rot eingefärbt wird.
N. wird pflanzlich gegerbt. Es ist ein zähes, haltbares Leder, das heute sehr gedünnt wird, was die Verarbeitbarkeit und Beprägbarkeit einschränkt.

Nonstopanleger
→ Anleger in Buchbindereimaschinen, der das Nachlegen von Bogen, Materialzuschnitten oder Teilprodukten ohne Maschinenstopp erlaubt.
Bei N. erfolgen die Vereinzelung von Bogen oder Teilprodukten und das Nachlegen an getrennten Stapelenden. Beispielsweise wird in den Bogenanlegern der Sammelhefter der jeweils unterste Bogen vereinzelt, während von oben nachgelegt werden kann. Auch → Rundstapelanleger an Falzmaschinen sind N.

Nubukleder
→ Rauleder

Nuten
Vorbereiten einer Biegestelle durch Ausheben eines Spanes aus der Pappe.
Das N. wird besonders bei dicken Pappen angewendet, um die Entstehung von Falten und Wülsten beim Biegevorgang zu vermeiden. Dafür tritt jedoch ein Festigkeitsverlust an der genuteten Stelle auf. Das N. wird mit rotierenden Rundmessern ausgeführt. Entweder wird der Span mit zwei schräg gestellten Messern ausgehoben (Dreieck-N), oder es wird mit zwei Schneidwerkzeugen und Spanausheber genutet (Viereck-N.).
N. ist nicht mit → Ritzen oder → Rillen zu verwechseln.
Das N. ist z.B. bei der Herstellung einteiliger Buchdecken aus Pappe notwendig und wird auch bei der Schachtelherstellung eingesetzt.

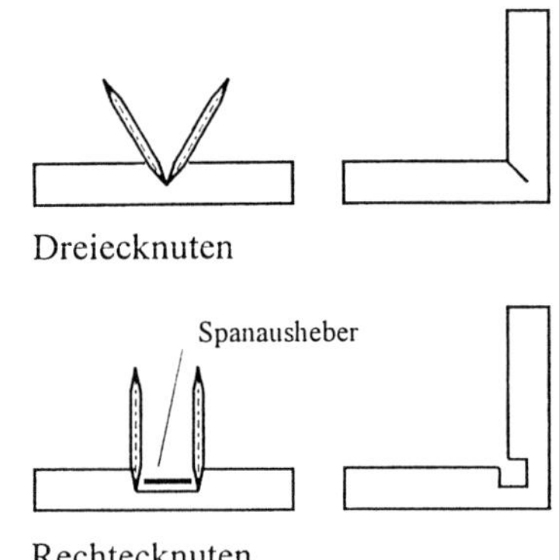

Nutmaschine
Maschine zum Abheben eines drei- oder viereckigen Spanes aus einer Pappe zur Vorbereitung einer Biegestelle; vgl. Nuten.

Mit zwei rotierenden Nutmessern werden aus den Pappen Späne herausgeschnitten, indem die Pappen unter dem Werkzeug hindurchgeführt werden.

Nutzen

Ein Stück Papier, Pappe, Gewebe oder anderes Material in vorgegebener Größe, das aus einem größeren Stück herausgeschnitten wurde.

Ausgehend von der Größe der einzelnen N., kann unter Berücksichtigung des notwendigen Beschnitts die optimale Anzahl der aus einem Bogen oder einer Bahn zu schneidenden N. berechnet werden.

Oasenziegenleder

Als Bucheinbandmaterial verwendetes Ziegenleder der kleinen afrikanischen Oasenziegen (Sudanziegen), das oft mit kleinen Rissen und Narben durchzogen ist, die von Verletzungen herrühren.

O. gilt als ein schönes und haltbares Leder, das sich gut verarbeiten und veredeln lässt.

Obladen kleben

Spannen eines Papierzuschnitts über die Vertiefung der Buchdeckenrückseite, die beim Reliefprägen entstanden ist, um am fertigen Buch eine glatte Vorsatzverklebung zu erreichen.

Ähnliche Wirkung kann erreicht werden, wenn der Vorsatzspiegel mit Karton verstärkt wird.

Offene Zeit

Verkürzte Bezeichnung für die → klebstoffoffene Zeit.

Öffnungssystem

→ Bogenöffnungssystem

Oktav

Bezeichnung für einen 16-seitigen Bogen ohne Größenbestimmung (→ Buchformat).

Öltunkpapier

Buntpapier, das durch Übertragung eines separat hergestellten Farbmusters entsteht.

Die Muster werden nicht direkt auf das Papier gebracht, sondern von einem Träger abgehoben. Öl- oder Druckfarben, verdünnt mit Terpentin, werden auf Wasser oder verdünnten Kleister getropft oder gespritzt. Mit einem Holzstäbchen wird die Flüssigkeitsoberfläche zu beliebigen Mustern durchzogen. Das Papier wird vorsichtig und ohne Lufteinschluss aufgelegt und wieder abgehoben. Jedes Muster ist individuell.

One-Shot-Verfahren

Einschichtiger Klebstoffauftrag beim → Klebebinden, bei dem in der Regel Heißschmelzklebstoff auf den Blockrücken aufgetragen wird.

Gegenüber dem mehrschichtigen Klebstoffauftrag (→ Two-Shot-Verfahren) wird eine geringere Blattausreißfestigkeit erzielt.

Opticontrol

Methode der → Falschbogenkontrolle durch Erfassen des Druckbildes.

Eine Sensorplatte mit 9 kreisförmig oder 20 rechteckig angeordneten Fotozellen tastet eine Fläche von rund 20 cm^2 auf dem Bogen ab. In Abhängigkeit von der Dichte des Druckbildes wird das von Leuchtdioden ausgestrahlte und vom Bogen reflektierte Licht in Helligkeitsstufen von 0 (schwarz) bis 256 (weiß) erfasst.

In einer Lernphase mit vorwählbarer Bogenanzahl werden Referenz- und Toleranzwert für jedes Sensorelement errechnet. Die Toleranzschwelle richtet sich nach der Beschaffenheit (Kontrast) des Druckbildes. Die Bogenerfassung erfolgt im Stillstand des Bogens bei Leistungen bis 20000 T/h.

Originalband

Vom Auftraggeber der Buchbinderei als Vorlage für die Fertigung der Auflage übergebenes Exemplar eines Buches bzw. einer Broschur.

Dieses Exemplar ist einer vorhergehenden Auflage entnommen und in manchen Fällen das einzige noch vorhandene Exemplar. Während der Verlag vom O. spricht, dient er der Buchbinderei als Vorlage für die Fertigung und wird deshalb als Vorlageband bezeichnet.

Ösenbindung
→ Einzelblattbindeverfahren, bei dem durch die gelochten Blätter Ösen gesteckt, dann mit der Ösenzange eingedrückt und geschlossen werden.

Ostindischsaffian (Bocksaffian)
Als Bucheinbandmaterial verwendetes Ziegenleder einer indischen Steppenziege.
Die Felle sind klein, aber wegen einer gleichmäßigen Oberfläche wirtschaftlich gut nutzbar. Die Narbung wird manuell herausgearbeitet, das Leder mit Deckfarbe gespritzt.

Otabind
Mehrlagenbroschur mit gutem → Lay-Flat-Verhalten, bei der im Rücken keine Verbindung zwischen Broschurenblock und sechsfach gerilltem Broschurenumschlag besteht.
Das Merkmal ist ein sechsfach gerillter Umschlag, der jeweils zwischen den äußeren Rillenpaaren mit dem mit Krepppapier gefälzelten Block verbunden ist. Die Klebebindung erfolgt mit Dispersionsklebstoff, der Umschlag wird mit Heißschmelzklebstoff am Block fixiert, was eine schnelle Fixierung und passgenaue Verbindung ermöglicht.

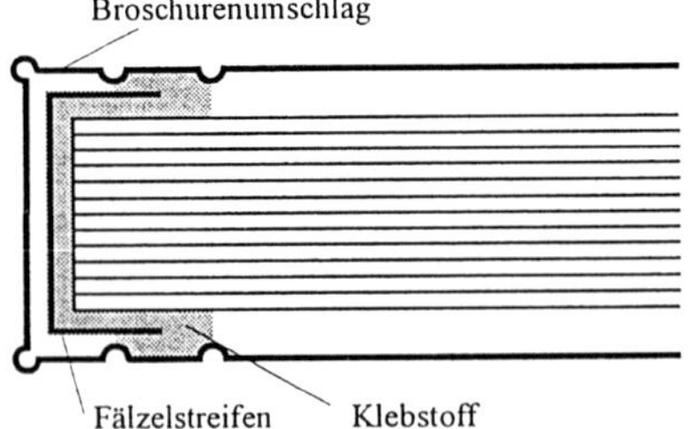

Outsert
Falzprodukt im Kleinstformat, das als Werbung oder Bedienhinweis außen auf Flaschen, Dosen o.ä., die keine Umverpackung erhalten, aufgeklebt oder angehängt wird.
O. können über Etikettieranlagen mit einem speziellen Klebstoff, der beim Ablösen die Papierfaser nicht zerstört, angeklebt werden, oder sie erhalten eine Lochstanzung und werden mit einem Faden beispielsweise über einen Flaschenhals gestülpt.

Päckchenauslage
Auslage in → Bogenfalzmaschinen, bei der die Falzbogen zu abgezählten, abgepressten und banderolierten Päckchen zusammengefasst und ausgelegt werden.
Die Falzbogen durchlaufen eine integrierte Pressstation, nach der sie mittels einer Fotozelle überwacht und gezählt werden. Die vorgewählte Anzahl Bogen wird in eine schachtähnliche Press- und Banderolierstation geleitet. Endlosbanderolen (Kunststoff, kunststoffbeschichtetes Papier) werden zugeführt, um den Stapel gelegt und durch Reaktivierung eines Klebstoffauftrags geschlossen.
P. erlauben durch Reduzierung der körperlichen Arbeit eine hohe Leistung der Falzmaschine. Typisch ist ihr Einsatz für Glückwunschkarten oder Prospekte.

Pagina
(lat.: Blatt, Seite): Veraltete Bezeichnung für die Seitenzahl (Kolumnenziffer) in Büchern, Broschuren und Zeitschriften.

Paginieren
Fortlaufendes Nummerieren von Seiten, Spalten oder Blättern.
Wenn jeweils zwei gegenüber liegende Seiten eines Buches, beispielsweise eines Geschäftsbuches, die gleiche Nummer erhalten, so wird diese Tätigkeit als Foliieren bezeichnet.

PA-Hotmelt
→ Heißschmelzklebstoff

Paketieren
Herstellen einer → Sammelverpackung mehrerer polygrafischer Erzeugnisse.

Palettenanleger
Besondere Form der → Flachstapelanleger, z. B. in Falzmaschinen, wobei als Besonderheit eine

Palette in den Anleger gebracht wird, die den gesamten Stapel aus Planobogen enthält.
Die Palette samt Stapel wird angehoben, bis die Sauger den obersten Bogen erreichen können. Die Vereinzelung erfolgt wie in herkömmlichen Flachstapelanlegern. Der P. findet vorrangig bei Maschinen mit großem Bogenformat Anwendung und verkürzt die Einrichtezeiten wesentlich, da der Stapel außerhalb der Maschine vorbereitet und danach komplett angelegt werden kann.

Palettendrehtisch
Vorrichtung zum Drehen von Paletten.
Um das Stapelgut auf Paletten gegen Rutschen zu sichern, wird die Palette mit dem Stapel schraubenförmig mit Stretchfolie umwickelt. Bei automatischen Anlagen wird die Palette auf dem P. gedreht und die Folienrolle oszillierend bewegt.

Palettenpressung
Maßnahme, mit der das auf Paletten abgestapelte Gut (Teil- oder Endprodukte) mit einer festen glatten Abdeckplatte (z. B. eine umgedrehte Palette) abgedeckt und möglicherweise mit Packpapier oder Folie eingeschlagen und mit Bandeisen umreift wird.
Auf diese Weise werden Paletten für Zwischenlagerungen oder den außerbetrieblichen Transport vorbereitet und ihre Stapelfähigkeit ermöglicht. Die P. wird ebenfalls z. B. nach dem → Palettieren von Halbfabrikaten angewendet, um den Falz der Falzbogen zusammenzudrücken oder nach dem Palettieren von Büchern unmittelbar nach deren Montage eine Planlage der Buchdecken zu gewährleisten.

Palettieren
Das manuelle oder automatische (→ Palettierer) Abstapeln von Teil- und Endprodukten (Falzbogen, Buchblocks, Buchdecken, Broschuren, Bücher, Pappen u. a.) auf Paletten.
Der Aufbau und die Lageordnung der einzelnen Schichten muss so erfolgen, dass die palettierten Stapel nicht verrutschen und auch für den Transport eine genügende Standfestigkeit haben; gegebenenfalls müssen die einzelnen Schichten durch Zwischenlagen getrennt werden.
Für Papierbogen und Druckerzeugnisse in Einzel- und Sammelverpackungen kommen vorzugsweise Flachpaletten aus Holz zur Verwendung, wobei die Austauschpalette in der Größe von 800 mm x 1 200 mm stark verbreitet ist. Für großformatige Bogen stehen Paletten bis zu 1 200 mm x 1 800 mm zur Verfügung.
Obenauf gelegte Packdeckel, anschließende Umschnürung mit Stahl- oder Kunststoffband oder Umhüllung mit Schrumpf- oder Stretchfolie dienen der Festigung und dem Schutz der Ladeeinheit.

Palettierer
Maschine zum automatischen Abstapeln (→ Palettieren) von gebildeten Stapeln von Teil- oder Fertigerzeugnissen auf eine Palette.
Es existieren P. mit unterschiedlicher Arbeitsweise. Die ankommenden Stapel werden z. B. in einer Wendestation um 90° gewendet oder ungewendet einem Zwischentisch zugeführt, auf dem eine Reihe aus 4...6 Stapeln gebildet wird. Von diesem Zwischentisch wird die vollständige Reihe mittels Greifer oder Abschubzange auf die Palette abgesetzt. Nach Bildung einer Palettenlage wird automatisch ein Zwischenbogen aus Pappe oder Karton aufgelegt.

Panamabindung
→ Ripsbindung

Paperback
Im Verlagswesen und im Buchhandel häufig gebrauchte Bezeichnung für ein → Taschenbuch.

Papier
Flächiger, im wesentlichen aus Fasern meist pflanzlicher Herkunft bestehender Werkstoff, der durch Entwässerung einer Faseraufschwemmung auf einem oder zwischen zwei Sieben gebildet wird. Es entsteht dabei ein Faserfilz, der verdichtet und getrocknet wird. Die flächenbezogene Masse reicht bis 225 g/m².

Außer dem Faserstoff gehen in die Papierherstellung noch Füllstoffe, Leim und Leimungshilfsstoffe, gegebenenfalls Farbmittel, optische Aufheller und Zusätze zur Erzielung spezieller Eigenschaften ein. Die Faseraufschlemmung wird auf einem Lang- oder Rundsieb entwässert, in der nachfolgenden Pressenpartie zur Papierbahn verdichtet und in der Trockenpartie bis auf einen Restfeuchtegehalt von 5...8 % getrocknet. Danach sind Oberflächenbehandlungen möglich (z. B. Satinieren, Streichen).
Eine Einteilung der P. kann u. a. nach folgenden Kriterien vorgenommen werden: nach der Lieferform (Rolle, Bogen), der Stoffzusammensetzung (beispielsweise holzhaltig, holzfrei, hadernhaltig, Recyclingpapier), der Oberflächenbehandlung (beispielsweise maschinenglatt, satiniert, gestrichen, oberflächengeleimt), dem Verwendungszweck (beispielsweise Druckpapier, Schreibpapier, Packpapier), dem Leimungsgrad (beispielsweise vollgeleimt, halbgeleimt, ungeleimt).
Druckpapiere werden außerdem eingeteilt nach dem Druckverfahren (beispielsweise Offsetdruckpapier, Tiefdruckpapier) und der Erzeugnisart (Zeitungsdruckpapier, Illustrationsdruckpapier, Banknotenpapier).

Papierbahn
Papierband, das nach dem Auflauf des Papierstoffs auf das Sieb der Papiermaschine durch Feuchtigkeitsentzug entsteht und später, soweit es nicht zu Bogen geschnitten wird, auf Rollenrotationsdruckmaschinen bedruckt oder auf Papierverarbeitungsmaschinen veredelt wird.
Unter Berücksichtigung der für den Verwendungszweck benötigten Papierformate und Rollenbreiten erfolgt durch Längs- und Querschneiden eine Aufteilung der in der Papiermaschine entstehenden P. in verarbeitbare Rollenbreiten bzw. Bogen.
Darüber hinaus wird auch das von der Rolle ablaufende „endlose“ Papierband auf den weiterverarbeitenden Maschinen, insbesondere den Rollenrotationsdruckmaschinen aller Druckverfahren, als P. bezeichnet.

Papierbogen
Plan liegender unbedruckter Papierzuschnitt im Format A3 und größer.
Papierzuschnitte in einem kleineren Format als A3 bezeichnet man als Blatt.

Papierbohrmaschine
Maschine zum Bohren von Löchern in Papier oder Pappe, z. B. als Abheftlochung.
P. haben meist zwei Bohreinrichtungen, die seitlich verstellbar sind und deren Köpfe Hohlbohrer mit unterschiedlichen Durchmessern aufnehmen können. Kleine Stapel werden an einem verstellbaren Anschlag positioniert und die Hohlbohrer meist durch ein Pedal gesenkt.

Papierformat
Abmessungen eines Papier- oder Kartonbogens oder -blattes nach Länge und Breite.
Das P. wird durch den Verwendungszweck des Papiers oder Kartons bestimmt. Mitunter ist es durch Standardisierung für einen bestimmten Bereich festgelegt. Die bekanntesten P. sind die Formate der A-Reihe, die für den Geschäftsverkehr und den Bürobedarf große Bedeutung erlangt haben. In die internationalen Standards wurden drei Formatreihen aufgenommen, deren Seitenverhältnis $1:\sqrt{2}$ ist. Die Reihe A enthält die Ausgangsformate, beginnend mit A0 (841 mm x 1189 mm = 1 m^2 Flächeninhalt). Durch Teilung erhält man die weiteren Formate. Die Zusatzreihen B und C gelten nur für abhängige Papiergrößen wie Briefumschläge, Mappen, Deckel u. a. Für die Formate von Büchern, Broschuren und Zeitschriften sind andere P. erforderlich.

Papierschere
Handschere, mit der einzelne Blätter oder Produktteile, z. B. Gewebenutzen für Buchdecken, geschnitten werden.
Das Schneiden erfolgt nach dem Scherschnittprinzip.

Pappe
Flächiger, im wesentlichen aus Fasern meist pflanzlicher Herkunft bestehender Werkstoff,

der durch Entwässerung einer Faseraufschwemmung auf einem oder zwischen zwei Sieben gebildet wird. Es entsteht dabei ein Faserfilz, der verdichtet und getrocknet wird. Die flächenbezogene Masse liegt über 225 g/m².

P. wird unterschieden in Vollpappe und Wellpappe. Vollpappe wird einlagig oder mehrlagig gegautscht bzw. geklebt hergestellt, sie kann beklebt, imprägniert oder beschichtet sein. Die Herstellung erfolgt als → Hand- oder → Maschinenpappe.

Wellpappe besteht aus einer Lage oder mehreren Lagen eines wellenförmigen Papiers, das auf eine Lage oder zwischen mehrere Lagen eines anderen Papiers oder einer Pappe geklebt ist. Der Klebstoff wird auf die Wellenköpfe der gewellten Bahn aufgetragen und diese mit der glatten Bahn verklebt. Je nach Anzahl der Wellenbahnen unterscheidet man ein- und mehrwellige Wellpappe.

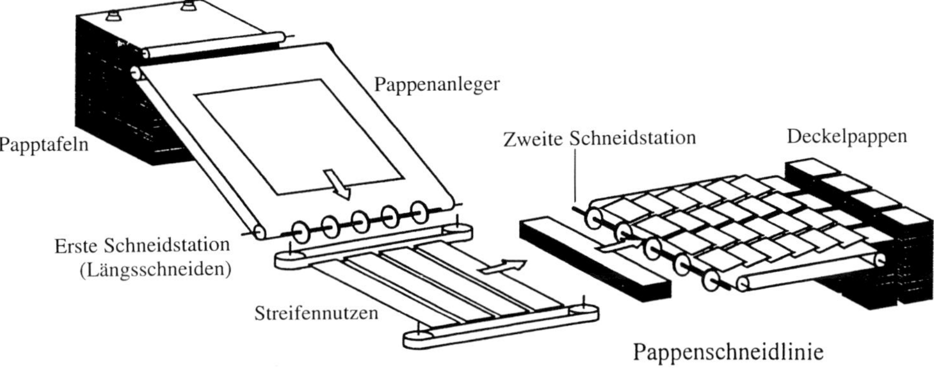

Pappenschneidlinie

Pappeinband

Häufig verwendete, aber nicht exakte Bezeichnung für ein Buch mit einer → vierteiligen Buchdecke mit Papier als Deckenbezugsmaterial (Ganzpapierband).

Als Edelpappeinband wird bezeichnet, wenn neben dem Papier edleres Material zur Verzierung eingesetzt wird. Dazu können beispielsweise die vorderen Ecken der Deckelpappen und die obere und untere Kante des → Buchdeckenrückens mit Leder oder Pergament beklebt werden; der Bezugsnutzen wird an diesen Stellen vor dem Fügen entsprechend abgeschnitten. Der P. erhält meist ein aufgeklebtes Schild als Träger der Beschriftung.

Pappenanleger

Aggregat zur Bereitstellung, Vereinzelung und Zuführung von Pappen zur Schneidstation in beispielsweise → Pappenschneidlinien, zum Teil auch in → Pappkreisscheren für die Buchdeckenherstellung.

Es können sowohl Papptafeln (meist 70cm x 100cm) als auch Pappstreifen angelegt werden. Die Pappenvereinzelung erfolgt durch Sauger.

Pappenschneidlinie

Verkettetes Maschinensystem zum Zuschneiden von → Deckelpappen für Buchdecken.

Für das Längs- und Querschneiden sind zwei Schneidstationen im rechten Winkel miteinander gekoppelt. Ein automatischer Pappenanleger vereinzelt die Papptafeln und führt sie der ersten Schneidstation zu, wo durch Längsschneiden die Pappen in Streifen aufgeteilt werden. Die schuppenförmig abgelegten Streifennutzen werden im rechten Winkel zur bisherigen Transportrichtung weitergefördert. Sie gelangen in ein Magazin der zweiten Schneideinrichtung, aus dem erneut Vereinzelung und Zuführung erfolgen. Das Schneiden geschieht mit Rundmessern nach dem Scherschnittprinzip. Durch anschließende Palettierung werden die Nutzen in exakten Stapeln auf Paletten abgesetzt.

In einer weiteren P. erfolgen das Längs- und Querschneiden in einer Station mit zwei hintereinander angeordneten Schneideinrichtungen, wobei zunächst mittels rotierender Rundmesser Längsstreifen geschnitten und mit einem anschließenden oszillierenden Flachmesser die Streifen in Nutzen geschnitten werden. Die unmittelbare Aufeinanderfolge beider Schneidvorgänge garantiert einen exakten rechtwinkligen Schnitt

Pappkreisschere

Maschine zum Zuschneiden von → Deckelpappen für Buchdecken.

P. arbeiten nach dem Scherschnittprinzip. Die Schneideinrichtung enthält zwei Messerwellen, auf denen bis zu 10 seitlich verschiebbare Messerpaare (Unter- und Obermesser) angebracht sind.

Die einzeln zugeführten Pappen (manuell oder durch einen Pappenanleger) werden von den rotierenden Messern gefördert. Das Zuschneiden der Deckelpappen erfolgt in zwei Arbeitsgängen. Zunächst werden die Papptafeln in Streifen aufgeteilt, die der Breite der Buchdeckel entsprechen. In einem zweiten Durchlauf werden die Streifen auf Deckelhöhe geschnitten. Die zugeschnittenen Deckelpappen werden manuell entnommen oder automatisch palettiert.

Pappschere

Gusseiserner Tisch, an dessen Kante ein Untermesser angeschraubt ist, mit beweglichem, hebelähnlichem Obermesser zum Schneiden von einzelnen flachförmigen Materialien (z.B. Papier, Pappe, Gewebe) nach dem Scherschnittprinzip.

Ein Gegengewicht, das am kurzen Hebelarm des Obermessers angebracht ist, verhindert selbsttätiges Niedergehen des Obermessers. Das Schneidgut wird während des Schneidens von einem Pressbalken durch Fußhebeldruck gegen Verschiebungen gesichert. Eine Anschlagleiste mit Maßeinteilung an der vorderen Tischkante (Bedienseite) und ein darauf verstellbarer Längswinkel gewährleisten das rechtwinklige Schneiden. Der abzuschneidende Nutzen kann gegen einen verstellbaren Vorderanschlag angelegt werden.

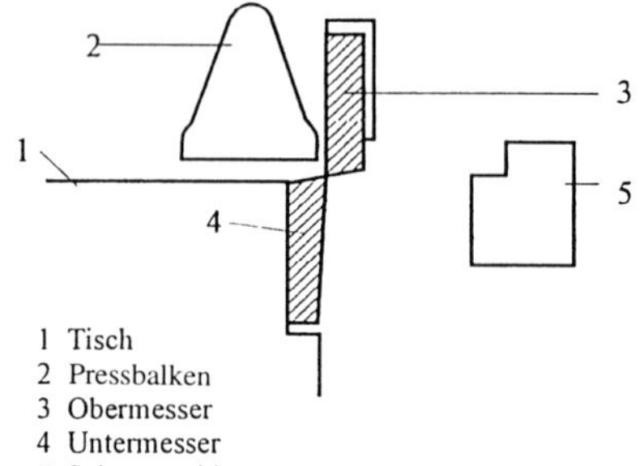

Papyrolin

→ Scharnierstoff

Parallelfalz

Falzart, bei der jeder Falzbruch parallel zum vorhergehenden erfolgt.

Wird der Bogen jeweils in der Mitte gefalzt, spricht man vom Mittenfalz oder einfachen P. Außerdem unterscheidet man → Wickelfalz, → Leporellofalz und → Fensterfalz.

P. werden vorrangig für Landkarten, Werbematerial und Spezialzwecke eingesetzt. Teilweise werden sie mit einem abschließenden → Kreuzbruch kombiniert.

Parallelschrägschnitt

→ Schneidart beim Messerschnittprinzip mit Flachmesser, wobei das Messer mit der gesamten Schneidlänge gleichzeitig auf das Schneidgut aufsetzt und unter Nutzung einer vertikalen und horizontalen Bewegungskomponente durch das Schneidgut geführt wird.

Parallelsenkrechtschnitt (Hackschnitt)

→ Schneidart beim Messerschnittprinzip mit Flachmesser, wobei das Messer mit der gesamten Schneidlänge gleichzeitig auf das Schneidgut aufsetzt und unter ausschließlicher Nutzung einer vertikalen Bewegungskomponente durch das Schneidgut geführt wird.

Beim P. tritt zu Schnittbeginn ein starker Schlag des Messers auf den Stapel auf, was mit hohen Schwingungen der Maschine verbunden ist. Die Schneidkraft ist bei dieser Schneidart am größten, da der Anteil horizontaler Schneidkraft fehlt. Spezielle Anwendungsgebiete sind das Schneiden mit Formmessern (z. B. das Büttenmesser), Schneiden von Gewebe, sehr harten oder elastischen Materialien.

Passepartout
Bildumrahmung aus Papier, Karton o. a. Material, die meistens am Bild befestigt wird und einen Übergang vom Bild zum Rahmen schaffen soll.

Patentfalz
Veraltete Bezeichnung für einen Papier- oder Gewebestreifen, mit dem Bilder, Tafeln, Karten u. a. in Kartondicke so an oder in einem Bogen eines Buches befestigt worden sind, dass sie sich gut aufschlagen lassen.
Von den Bildern oder Karten wird am Rücken ein Streifen abgeschnitten. Beide Teile werden anschließend mit einem geeigneten Material, beispielsweise zähem Papier oder Schirting, wieder so verbunden, dass zwischen ihnen eine scharnierartige Verbindung entsteht, die ein gutes Aufschlagen gewährleistet. Das Verbindungsmaterial wird so breit gewählt, dass man das Bild mit dem sogenannten P. an oder um den Bogen kleben kann oder dass auch eine Verbindung mit einem anderen Bild möglich wird. Der P. wird nur noch selten angewendet. Heute werden Papierstreifen mitgeheftet, an denen die Teile angeklebt sind (vgl. Falz, 3. Definition).

Perfobindung
Patentierte Bezeichnung für ein Verfahren des → Klebebindens mit Blattverarbeitung, bei dem eine Perforationslinie etwa 4 mm von der späteren Blattkante (Bundsteg) entfernt eingebracht wird, die bei Gebrauchsbeanspruchung als Biegelinie dient.
Die P. ist nicht mit der herkömmlichen → Perforationbindung zu verwechseln.
Die Perforation erfolgt nicht im Bundstegfalz, sondern parallel neben der Falzlinie. Sie wirkt wie ein Scharnier, was ein leichtes Aufschlagen auch bei vorhandener Klammerwirkung ermöglicht. Durch die Verlagerung der Biegestelle weg von der Bindestelle wird der Blockrücken entlastet, was sich positiv auf die Gebrauchsbeständigkeit und Formstabilität auswirkt (geringere Verlagerung im Rücken, keine Knickbildung des Umschlags).

Perforationsbindung
Verfahren des → Klebebindens mit teilweiser Zerstörung des Bundstegs, bei dem der Bundsteg partiell über die Länge mit Schlitzen oder Ausstanzungen versehen wird (→ Bundstegperforation).
Der Bundsteg wird in der Falzmaschine vor dem letzten Falz im Abstand von jeweils 4 mm mit 12 mm langen Schlitzen versehen. Beim Klebstoffauftrag werden diese bis zu den inneren Viertelbogen mit Klebstoff ausgefüllt. Für die inneren Viertelbogen ergeben sich geringere Festigkeitswerte als für die äußeren.
Unterschieden wird nach Schlitz- und Stanzperforation. Bei der Stanzperforation ergeben gestanzte Löcher eine größere Öffnung im Bund der gefalzten Bogen, so dass der Klebstoff sicher jedes Blatt erreichen kann.

Perforieren
Partielles Trennen flachförmiger Stoffe, wobei in das Material in Reihe angeordnete Schlitze (Schlitzperforieren) oder Löcher (Stanzperforieren, Lochperforieren) eingebracht werden. An den Perforationslinien verringern sich der Einreiß- bzw. Durchreißwiderstand des Materials und sein Biegewiderstand.
Das P. dient der Vorbereitung von Trennstellen (z. B. → Abrissperforation an Kalendern, Eintrittskarten, Briefmarken u. a.), von Biegestellen (Vorbereitung von Falzbrüchen an definierter Stelle bei hoher Falzgenauigkeit) und von Fügestellen (→ Bundstegperforation, bei welcher der Bundsteg der Falzbogen mit Schlitz- oder Stanzperforationen versehen wird; vgl. auch Perfora-

tionsbindung; perforierte Lochreihe zum Einbringen der Bindeelemente bei verschiedenen → Einzelblattbindeverfahren) sowie der Vermeidung von Quetschfalten (→ Kopfperforation zum Entweichen der in den Falzbogen eingeschlossenen Luft). Das P. erfolgt rotativ in Falzmaschinen (Einsatz rotierender → Perforiermesser mit unterschiedlichen Schlitz- und Stegbreiten) oder oszillierend in Rill- und Perforiermaschinen (ein → Perforierkamm arbeitet gegen eine mit Löchern versehene Schnittplatte).

Perforierkamm
Zum → Perforieren eingesetzter Kamm mit Stanzstiften, die durch den Bedruckstoff in eine mit Löchern versehene Gegenschnittplatte gedrückt werden.
P. werden in → Rill- und Perforiermaschinen eingesetzt. Es wird oszillierend perforiert.

Perforiermaschine
→ Rill- und Perforiermaschine

Perforiermesser
Auf einer Messerwelle befindliches → Rundmesser, dessen Messerfase in gleichmäßigen Abständen unterbrochen ist.

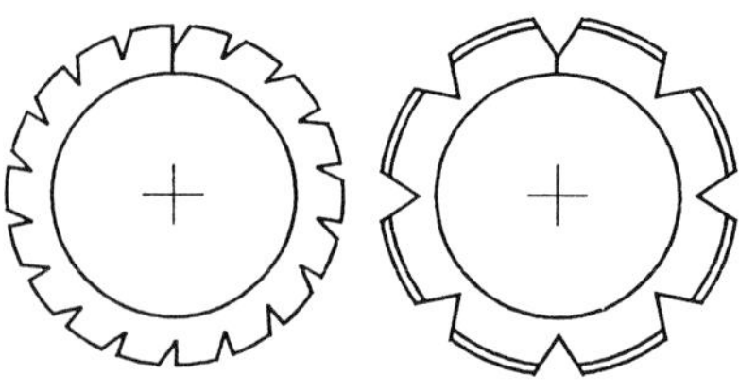

Kopfperforation Bundstegperforation

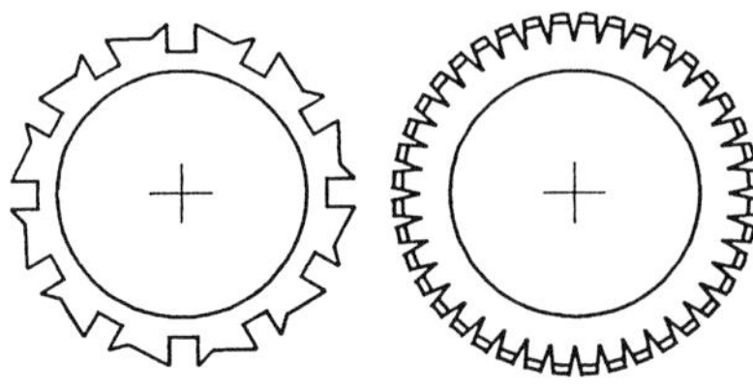

Stanzperforation Abrissperforation

P. weisen unterschiedliche Schlitz- und Stegbreiten auf. Ihr Einsatz wird auf die Papierart abgestimmt und auf die Art der auszuführenden Perforation (→ Perforieren). Sie werden z. B. in Bogenfalzmaschinen eingesetzt.

Pergament
Durch Spannen, Schaben, Schleifen und Trocknen behandelte Tierhaut, die als wertvollstes, unverwüstliches Bucheinbandmaterial gilt und die deshalb im Mittelalter auch als Beschreibstoff diente.
Von den drei Schichten der Tierhaut wird nur die mittlere, die Lederhaut (auch Blöße genannt), verwendet. Nach dem Säubern, Äschern, Enthaaren, Entkalken, Beizen und Spalten werden die nassen Blößen einzeln in Holzrahmen gespannt und mit dem Halbmondeisen, einem Ausdrückeisen, beidseitig geschabt, um das Wasser herauszudrücken und eine glatte Oberfläche zu erhalten. Charakteristisch für P. sind die Äderung und Porung, die je nach Tierart mehr oder weniger ausgeprägt sind. Für buchbinderische Zwecke wird hauptsächlich das P. von Ziegen und Kälbern verwendet, andere P. sind von geringerer Qualität.
Das P. ist in den Festigkeitseigenschaften dem → Leder noch überlegen. Aufgrund seiner hygroskopischen Eigenschaften ist es schwierig zu verarbeiten.

Pergaminpapier
Hochsatiniertes, aus Zellstoff mit oder ohne Zusatz von Hilfsmitteln hergestelltes, weitgehend fettdichtes Papier und – soweit nicht gefärbt – im allgemeinen mit hoher Transparenz.

Pigmentfarbprägefolie (Farbfolie)
→ Prägefolie für das Heißfolienprägen, deren optisch wirksame Schicht aus fein gemahlenen schwarzen, weißen oder Farbpigmenten und einem Bindemittel besteht und die unterschiedliche Glanzwirkungen erzielen.

Pilzschnitt
→ hohle Schnittfläche

Planobogen
Flach liegender, ungefalzter unbedruckter Papierbogen oder Druckbogen.

Planprägen
→ Vollprägen

Planschneider
Schneidemaschine, die nach dem → Messerschnittprinzip mit Flachmesser überwiegend → Winkelschnitte und → Trennschnitte an Planobogen (im Stapel) realisiert. Vorrangig wird der → Schwingschrägschnitt eingesetzt.

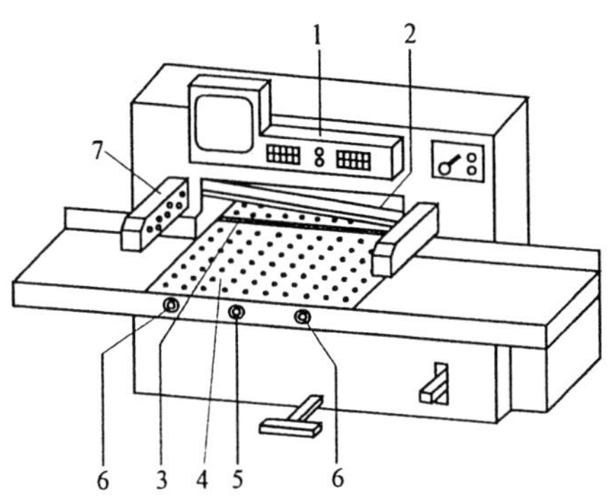

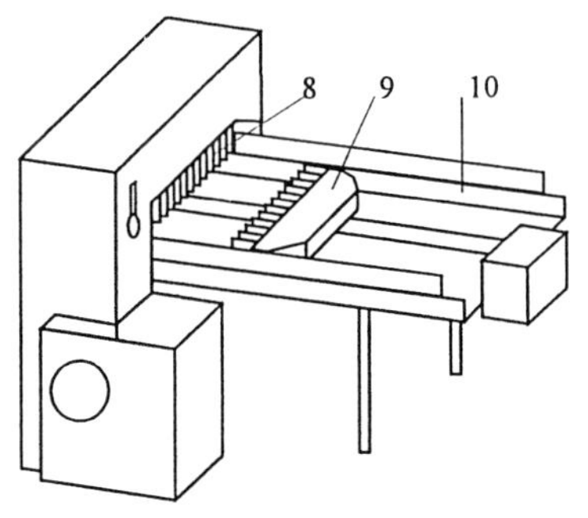

1 Bedienpult
2 Messer
3 Schneidleiste
4 Lufttisch
5 manueller Sattelvorschub
6 Messerauslösung
7 Lichtschranken
8 Pressbalken
9 Sattel
10 Seitenanschlag

Der P. besteht im wesentlichen aus Vorder- und Hintertisch mit Seitenanschlägen, dem Flachmesser, das von einem Messerträger gehalten wird, → Pressbalken, → Sattel und Bedienpult. Im Vordertisch ist die Schneidleiste eingelassen. Der Sattel dient als hinterer Schneidgutanschlag und befindet sich in paralleler Stellung zum Messer. Das Schneidgut wird während des Schnitts vom Pressbalken komprimiert und fixiert.
In Ausnahmefällen kann auch ein Dreiseitenschnitt ausgeführt werden.

Plastbuchdecke
Aus Polyvinychlorid bestehende Buchdecke, die mit Hilfe des Hochfrequenzschweißverfahrens aus einem PVC-Folienteil oder aus mehreren PVC-Folienteilen mit unterschiedlichen Weichmacheranteilen herausgeschweißt wird.
Besondere Bedeutung haben → einteilige Plastbuchdecken erlangt, daneben kommen drei-, vier- und fünfteilige vor, bei denen z. T. Deckel bzw. eine Rückeneinlage aus Karton oder Pappe zwischen die Foliennutzen eingeschweißt wird. Zeitgleich mit der Herstellung werden an den Deckenfälzen Schweißnähte aufgebracht, und bei Bedarf kann die Buchdecke durch → Applizieren veredelt werden.
Aufgrund des Materials werden P. für Bücher verwendet, die häufig benutzt werden, z. B. Wörterbücher, Taschenkalender, Notizbücher. Vor allem der Schutz vor Verschmutzung wird hervorragend gewährleistet, da die Buchdecke abgewischt werden kann. Festigkeits- und Gebrauchseigenschaften werden positiv eingeschätzt.

Plastfolienkaschieren
→ Glanzfolienkaschieren

Plastikbindung
→ Einzelblattbindeverfahren, bei dem die elastischen, ringförmigen Zinken eines kammartigen Bindeelements aus Kunststoff in eine parallel zur Blattkante verlaufende Lochreihe eingreifen.
Die P., auch Plastkamm-, Kamm- oder Rollierbindung, lässt sich flach aufschlagen, im Gegen-

satz zu → Drahtkamm- und → Spiralbindung stört jedoch das durchgehende Rückenelement. Die ringförmigen Zinken können gerätetechnisch zur Entnahme von Blättern wieder geöffnet werden. Es können Blocks bis zu einer Dicke von 50 mm gebunden werden. P. werden meist für Preislisten, Angebotsmappen u. a. angewendet.

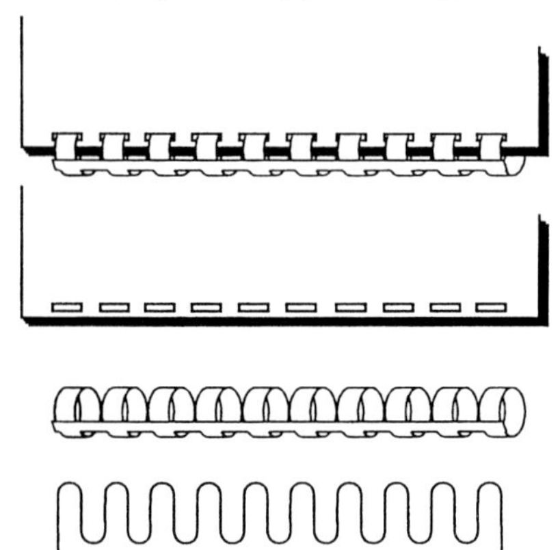

Plastkammbindung
→ Plastikbindung

Plus-Minus-Kontrolle
Andere Bezeichnung für → Dickenkontrolle im Sammelhefter.

Polyurethanklebstoff (PUR-Klebstoff)
Reaktiver → Schmelzklebstoff aus reaktiven Präpolymeren mit endständigen Isocyanatgruppen, die für eine chemische Vernetzung des Films verantwortlich sind.
Hinsichtlich seiner Eigenschaften unterscheidet sich der P. wesentlich von den konventionellen Schmelzklebstoffen, indem nach physikalischem Abbinden eine langsame chemische Vernetzung der Moleküle durch Reaktion mit Feuchtigkeit, die der Umgebungsluft und den zu verklebenden Substanzen entzogen wird, folgt.
Aus dieser Eigenschaft ergeben sich spezielle Anforderungen an Herstellungs- und Verarbeitungsbedingungen. Transport- bzw. Lagergebinde und Fördersysteme müssen luftdicht abgeschlossen sein. Speziell beschichtete → Polyurethanleimwerke sind so ausgelegt, dass Kontakt des P. mit Luftfeuchtigkeit und die Gefahr vorzeitiger Vernetzung gering gehalten werden.
Einsatz findet der P. vor allem beim Klebebinden. Die rasche physikalische Trocknung erlaubt nach 1,5...2,5 min den Dreiseitenbeschnitt; die endgültige Festigkeit wird nach etwa 70 h erreicht. Nach dem vollständigen Aushärten liegt ein Block mit hoher Formstabilität vor. P. zeichnet sich aus durch seine große Adhäsionsbreite. Bei Papieren, die mit Dispersions- oder Heißschmelzklebstoffen nicht verklebbar sind, bei Mischpapieren, querlaufenden Papieren oder bei schweren Kunstdruckpapieren werden hohe Blattausreißfestigkeit (deutlich besser als bei anderen Klebstoffen) und Gebrauchsbeständigkeit bei vergleichsweise geringeren Schichtdicken erreicht.

Positiver Bogentransport
Transport von Falzbogen zwischen schlupffreien Bändern oder Zahnriemen.
Damit wird gewährleistet, dass bei einem Maschinenstillstand die aktuelle Position des Bogens beibehalten wird. Ohne diese taktgebundene Bogenführung ist bei einem Maschinenstopp ein Verkanten des ungeführten Bogens mit nachfolgendem Materialstau nicht ausgeschlossen.

Prägeautomat
→ Prägepresse

Prägefolie
Aus mehreren dünnen Schichten, die auf eine Trägerfolie aus Polyester aufgebracht sind, bestehende Folie, die für das → Heißfolienprägen eingesetzt wird.
Der Beginn des Folienprägens war durch die Verwendung trägerloser, blattförmiger Folien gekennzeichnet, die manuell auf den Bedruckstoff aufgeprägt wurden. Heute werden P. als Rollenmaterial hergestellt. Die einzelnen Schichten werden durch Aufwalzen oder Aufdampfen im Hochvakuum aufgebracht. Die Foliendicke beträgt 12...15 μm.

Unter Einwirkung von Wärme und Druck löst sich die Trennschicht (Wachs) vollständig auf und gibt die optisch wirksame Schicht oder Schichten an den erhabenen Stellen des → Prägestempels ab. Die Haftschicht (Schmelzklebstoff) fixiert diese Schicht(en) auf dem Bedruckstoff.
Die optisch wirksamen Schichten sind unterschiedlich und bestimmen die Art der Prägefolie (z. B. → metallisierte P., → Pigmentfarbprägefolie, → Hochglanzprägefolie). Zusätzlich aufgetragene Lackschichten verleihen neben der optischen Wirkung chemische und physikalische Beständigkeit. Sie verhindern unerwünschte Verfärbungen durch Oxidation, was besonders bei metallisierten Folien von Bedeutung ist, und mechanischen Abrieb.
Eine Sonderform der P. stellen → Echtgoldfolien dar.

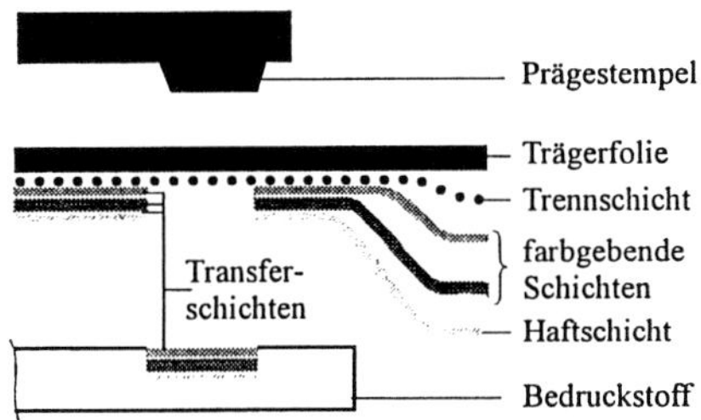

Prägefoliendruck

→ Heißfolienprägen

Prägegravur

→ Prägestempel

Prägen

Profilartige Umformung der Oberfläche von Flächengebilden unter Einfluss von Druck, Temperatur und Zeit, wobei gleichzeitig eine Farbübertragung vorgenommen werden kann.
Das Prägen ist die wichtigste Gestaltungsmöglichkeit der buchbinderischen Verarbeitung. Eine Unterteilung kann vorgenommen werden z. B. nach der Ausdehnung der Verformung (partiell, über die gesamte Bedruckstofffläche), der Art der Verformung (→ Vollprägen, → Reliefprägen, auch Hohlprägen genannt, Hohlkörperprägen), der Art der Farbübertragung (→ Blindprägen, → Heißfolienprägen, → Farbprägen) und dem Arbeitsprinzip der Prägepresse (Flachprägen mit „Fläche gegen Fläche“, Rotationsprägen mit „Zylinder gegen Fläche“ oder „Zylinder gegen Zylinder“).
Ein großes Anwendungsfeld (besonders Heißfolienprägen) in der buchbinderischen Verarbeitung stellt die Buchdeckenveredlung dar.
Geprägt wird z. B. auf manuell betätigten oder halbautomatischen → Kniehebelpressen oder automatischen Prägepressen.

Prägepresse

Gerät oder Maschine zum → Prägen von Materialien oder Teilprodukten (z. B. Buchdecken).
Es werden Systeme eingesetzt, die nach dem Prinzip „Zylinder gegen Zylinder“, „Zylinder gegen Fläche“ und „Fläche gegen Fläche“ arbeiten. In der Buchbinderei kommen nach letztem Prinzip die manuell oder halbautomatisch bedienten → Kniehebelpressen, → Titelprägepressen und die Prägeautomaten (Tiegeldruckpressen, die aus dem Buchdruck bekannt sind, und sogenannte → Schnellprägepressen) zum Einsatz. Voraussetzung ist, dass das Prägewerkzeug beheizt werden kann.

Prägestempel

Metallischen Hochdruckformen ähnelndes Prägewerkzeug für das einseitige → Vollprägen, bei dem die erhabenen Elemente die prägenden sind und die für → Blind- und → Heißfolienprägungen gleichermaßen eingesetzt werden.
Die in der buchbinderischen Verarbeitung eingesetzten P. haben eine einheitliche Höhe von 6,6 mm. Die Herausarbeitung des Prägemotivs erfolgt durch Ätzen (Zink-, Magnesium-, Hartkupferlegierungen) oder Gravieren (Messing, Stahl).
Gravierte Prägewerkzeuge werden bevorzugt eingesetzt, daher auch die Bezeichnung Prägegravur. Auf das Metall wird eine lichtempfindliche Schicht aufgebracht, auf die ein Negativ des

Prägemotivs kopiert wird. Nach der Entwicklung entsteht das seitenverkehrte Original auf der Platte, aus dem die vertieften Stellen herausgefräst und manuell mit Stichel herausgearbeitet werden.

Premelter

Vorschmelzbehälter, im Zusammenhang mit Leimwerken für Heißschmelzklebstoff, in dem der feste Klebstoff aufgeschmolzen und vorgewärmt wird, bevor er in das Auftragsbecken gelangt.

Durch Einsatz von P. wird vermieden, dass der bereits geschmolzene Klebstoff großen Temperaturschwankungen unterworfen wird, was bei direkter Zugabe des festen Klebstoffgranulats in das Leimbecken der Fall wäre. Die Temperatur im Premelter richtet sich nach dem Verbrauch und sollte 20...40 K unter der Auftragstemperatur liegen. Der Zufluss wird über eine Füllstandskontrolle im Leimbecken geregelt.

Pressbalken

Vorrichtung in → Planschneidern zum Fixieren des Schneidgutes.

Das Schneidgut wird an den Sattel und die seitliche Begrenzung im Planschneider angelegt. Der P. hat die Aufgabe, das Schneidgut während des Schneidens zu fixieren und vor einer Lageabweichung zu sichern, den Stapel zu komprimieren, das Hervorziehen oberer Bogen zu verhindern.

Pressen

Ausüben eines vollflächigen Druckes auf Materialien, Teil- oder Endprodukte in einer Presse oder in einer Pressstation einer Verarbeitungsmaschine mit dem Ziel z. B. der Fixierung des Verarbeitungsgutes, der Materialverdichtung oder Erreichung einer Planlage.

Bei der Papierherstellung erfolgt ein P. z. B. als Kalandrieren insbesondere zur Glättung der Bedruckstoffoberfläche. In der buchbinderischen Verarbeitung erfolgt nach dem Falzen das → Bogen einpressen, um die Rückensteigung, die durch den Falz entsteht, zu minimieren. Nach der Montage von Buchblock und -decke erfolgt bis zur endgültigen Trocknung das P. des Buches, damit eine gute Verbindung zwischen Buchblock und Buchdecke erzielt, die Vorsätze faltenfrei verklebt und das Buch infolge der durch den Klebevorgang auftretenden Spannungen nicht deformiert wird (kein Wölben der Buchdeckel).

Für das P. werden z. B. → Spindelpressen genutzt, in denen verschränkt gestapelte Bücher 4...16 Stunden verweilen (handwerkliche Fertigung). Nach dem kurzzeitigen P. in → Karusssellpressen und → Buchformpressen werden die Bücher bis zur endgültigen Trocknung auf Paletten abgestapelt und beschwert (industrielle Fertigung).

Die Verwendung der Bezeichnung P. für das → Prägen ist falsch.

Pressleder

→ Vlies

Pressstation

1. Zusatzeinrichtung in der Auslage von Falzmaschinen, die an den Falzbogen einen scharfkantigen Falz erzeugt und das Bogenvolumen dadurch verringert.

P. bestehen aus zwei Presswalzenpaaren und können zwischen dem letzten Falzwerk und der Falzbogenauslage integriert werden. Die Bogenpressung erzielt eine Planlage der Bogen, verringert die Rückensteigung und verbessert die Handhabung beim Abstapeln und der weiteren Verarbeitung der Falzbogen.

2. Station im Klebebinder zum Anpressen der Umschläge bzw. Fälzelstreifen. Die Pressung erfolgt von unten und an den seitlichen Übergriffen durch mitlaufende Schienen.

Pressstempel

Vorrichtung in → Dreimesserschneidemaschinen zum Fixieren des Schneidgutes.

Der P. hat die Aufgabe, das Schneidgut während des Schneidens zu fixieren und eine Abweichung aus der rechtwinkligen Rückenform der Blocks zu vermeiden sowie den Schneidgutstapel zu komprimieren. P. sind für verschiedene sich überschneidende Formatbereiche vorgesehen.

Um eine bis an die Schneidlinie reichende Pressung zu garantieren, wird unter den P. eine formatgenaue Pappe geklebt (→ Zurichten).

Pressvergolden
Veraltete und nicht korrekte Bezeichnung für die Buchdeckenveredlung mit Blattgold (→ Handvergolden) oder Folie (→ Heißfolienprägen).

Primer
Bei mehrschichtigem Klebstoffauftrag auf den Blockrücken beim Klebebinden mit Blattverarbeitung die zuerst aufgetragene Schicht, die die Blattkante benetzen und einen geschlossenen Klebstofffilm erzielen soll.
Dafür wird ein niedrigviskoser Klebstoff verwendet. Mit dem zweiten Auftrag eines Klebstoffs von höherer Viskosität wird eine Deckschicht aufgebracht, die zum Erzielen der benötigten Festigkeit dient.

Primer-Two-Shot-Hotmelt
→ Two-Shot-Verfahren beim Klebebinden, wobei Dispersions- und Heißschmelzklebstoff kombiniert werden.

PrintRoll
Vorläufer von → FlexiRoll.

Programmschnittsteuerung
Mittels → Schneidprogramm erfolgende Steuerung von → Planschneidern bei wiederkehrenden Schneidfolgen.

Publishing on demand
(engl.: Veröffentlichen, Publizieren auf Anforderung): Das bedarfsgerechte Herstellen von Druckerzeugnissen von der Datenerfassung über den Druck bis zum fertigen buchbinderischen Erzeugnis unter Nutzung digitaler Daten und digitaler Druckverfahren.
Das P. o.d. bezieht sich auf die gesamte Herstellung von Druckprodukten. Dieser Prozess beinhaltet die Autorenschaft, die Erstellung des Layouts und Druckspiegels, zum Teil die datenbankbezogene Verwaltung der Daten und entstandenen Dokumente (möglicherweise durch weltweite elektronische Vernetzung) und dann schließlich den eigentlichen Druck und die Weiterverarbeitung der gedruckten Seiten zu einem Finalprodukt.
Die Realisierung des P. o. d. setzt neue Formen der Arbeitsorganisation und des Arbeitsablaufes voraus. Die wichtigste Voraussetzung ist das Vorhandensein eines durchgängig digitalen Informationsflusses (Workflow). Die Aufbereitung der Informationen für den Druck erfolgt ausschließlich auf elektronischem Wege, was eine Datenspeicherung, ständige Aktualisierung und den Abruf zum Druck erlaubt, sobald eine Anfrage erscheint. Der Druck erfolgt überwiegend in digitalen Druckverfahren (z.B. Laserdruck), die keine Druckformenherstellung im herkömmlichen Sinne erfordern.
Ziel ist nicht der Druck hoher Auflagen in bestechender Qualität und Auflösung, sondern die kurzfristige und wirtschaftliche Realisierung von Einzelexemplaren, Klein- und Kleinstaufträgen mit hoher Aktualität, die Möglichkeit der Personalisierung und Erstellung individueller Druckerzeugnisse.
Anwendungsbeispiele sind u. a. Vorabexemplare für Messen vor Erscheinen der Hauptauflage, Bedienungsanleitungen, spezielle Fachbücher von geringem Bedarf, Firmeninformationen oder Tagungsberichte.
Vielfach werden die Bezeichnungen Printing (Drucken) oder Binding (Binden) on demand gleichbedeutend verwendet, die Zusammenfassung zur Bezeichnung P. o. d. charakterisiert die Bedeutung dieser neuen Technologie, die im Print- und Medienbereich einen zunehmend höheren Stellenwert einnimmt, aber wesentlich besser.

Pulltest
Statische Prüfmethode für die Bestimmung der Blattausreißfestigkeit beim → Klebebinden, bei der ein Einzelblatt über die gesamte Blattlänge senkrecht zum Blockrücken mit einer kontinuierlich steigenden Kraft bis zum Ausreißen des Blattes belastet wird.

Die Blattausreißfestigkeit wird bestimmt, indem die ermittelte Kraft durch die Rückenlänge dividiert wird, die Angabe erfolgt in N/cm.

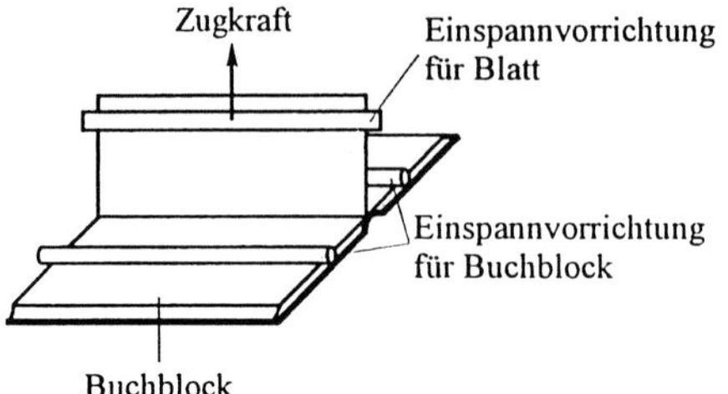

Punktleimung
Klebstoffauftrag über taktgesteuerte Auftragsdüsen, die keine durchgehende Klebstofflinie oder Klebstofffläche aufbringen, sondern eine punktförmige Linie oder einzelne Punkte.
Die P. kann für Spezialarbeiten eingesetzt werden, wenn eine punktförmige Verklebung ausreicht, z. B. zum Verschließen von Mailings.

Punkturen
→ Punkturnadeln

Punkturnadeln
Auf dem Falzmesserzylinder von → Falzapparaten in Reihe angeordnete nadelförmige Elemente, die den von der bedruckten Papierbahn abgeschnittenen Teil übernehmen und ihn bis zur Übergabe an den Falzklappenzylinder festhalten.
Die dabei entstehenden Einstichlöcher, die an den Produkten (z. B. Zeitungen) sichtbar bleiben, werden als Punkturen bezeichnet.

Punzen
Eine mit kleinem Stempel (ebenfalls P. genannt) und Punzhammer geschlagene Blindprägung auf einem vorgefeuchteten Leder.
Die Stempel enthalten Punkte, Halbkreise, Kreise, Sterne u. a. geometrische Figuren. Werden sie in dichter, gleichmäßiger Folge und vorher festgelegten Zwischenräumen nebeneinander eingeschlagen, so entstehen ziselierte Abbildungen. Die Ziseliertechnik wurde früher u. a. auf Buchdecken in Verbindung mit → Lederschnitt oder → Handvergolden angewendet.

PUR-Klebstoff
→ Polyurethanklebstoff

PUR-Leimwerk
Spezielles Leimwerk für die Verarbeitung von → Polyurethanklebstoff im Klebebinder.
Aufgrund seiner Vernetzungseigenschaften ist der Polyurethanklebstoff nicht in konventionellen Leimwerken zu verarbeiten. Aus der Reaktion des Klebstoffs mit der Luftfeuchtigkeit ergibt sich die Notwendigkeit, ihn unter Luftabschluss zu transportieren und weitestgehend auch zu verarbeiten. Generelle Merkmale von P. sind die spezielle Beschichtung der mit dem Klebstoff in Berührung kommenden Teile, die relativ geringe Füllmenge und eine besonders präzise Temperatur- und Niveauregelung.

PVAC-Dispersion
→ Dispersionsklebstoff

Quartbogen
Andere Bezeichnung für einen → halben Bogen (Bogen mit 8 Seiten).

Querbretter
Bretter aus Holz, deren natürlicher Faserlauf parallel zur kurzen Seite liegt, was ein Spalten der Bretter bei Eindringen von Feuchtigkeit verhindert.
Mit Q. werden Einzelprodukte oder Stapel von Teil- oder Endprodukten während der Bearbeitung begrenzt, beispielsweise beim Einpressen oder beim Klebstoffauftrag. Sie werden überwiegend in handwerklichen Buchbindereien eingesetzt.

Querfälzeln
Anbringen eines → Fälzels, das von einer Breitrolle im rechten Winkel zur Transportrichtung der Blocks zugeführt, auf Länge und Breite ge-

schnitten und von einem Hubtisch von unten an den Blockrücken gedrückt wird.

Das Q. ist das in den Fälzelstationen von oval laufenden Klebebindern übliche Verfahren. Wegen des richtungsabhängigen Dehnungsverhaltens hat das Q. gegenüber dem → Längsfälzeln den Nachteil, dass infolge nachträglicher Dehnung quer zum Blockrücken Wellenbildung auftreten kann.

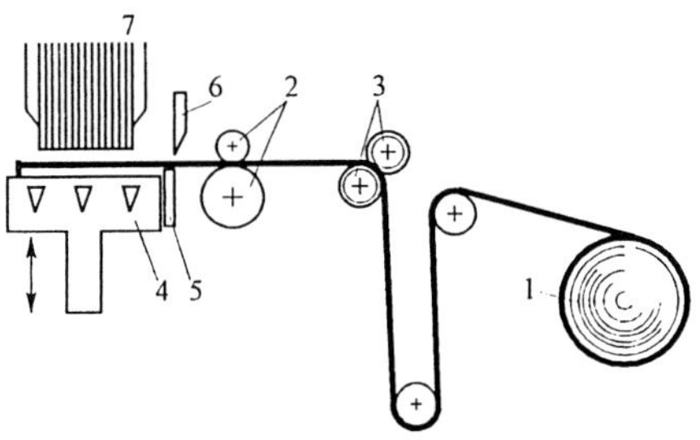

1 Rollenabwicklung
2 Zugrollen
3 Kreismesser
4 Hubtisch
5 Untermesser
6 Obermesser
7 Buchblock

Querformat

Format von Bogen, Blättern, Büchern u. a. Teil- oder Endprodukten der Druckindustrie, bei denen die Druckzeilen parallel zu deren längerer Kante verlaufen.

Bei z. B. Büchern und Broschuren ist dabei der Block an seiner kurzen Seite gebunden. Die Angabe Q. ist hier wichtig für die richtige Wahl der → Laufrichtung des Papiers, um Qualitätseinschränkungen zu vermeiden.

Querlaufendes Papier

→ Querrichtung

Querrichtung

Bei z. B. Papier, Karton und Pappe die Richtung, die im rechten Winkel zur → Laufrichtung verläuft.

Bei quer laufendem Papier oder anderem Material ist die Laufrichtung quer (rechtwinklig) zu der für den Verwendungszweck erforderlichen Laufrichtung. Für die Buch- und Broschurenproduktion bedeutet das, die Laufrichtung verläuft senkrecht zum Produktrücken. Damit sind Qualitätsminderungen (z. B. Wellenbildung im Bundsteg bei Klebebindung, Störung der Planlage von Buchdecken, schlechte Aufschlagbarkeit) verbunden.

Querschneiden

Schneiden von Bogen oder Bahnen quer zur Transportrichtung, um daraus Nutzen zu schneiden.

Hauptanwendungsgebiet ist das Schneiden von Bahnen zu Bogen, z. B. in der Rollenrotationsdruckmaschine. Der Querschneider enthält in der Regel ein feststehendes und ein rotierendes Messer. Es wird im Scherschnittprinzip mit Flachmesser geschnitten. Bahneinzugselemente sowie Bogenführungseinrichtungen sind für den Bahn- bzw. Bogentransport verantwortlich.

Querstapelauslage

Auslage an Buchbindereimaschinen (z. B. Zusammentragmaschine), in der die Teil- oder Endprodukte, quer (um 90°) zur bisherigen Förderrichtung versetzt, auf einem Auslagetisch ausgelegt werden.

Die Blocks z. B. stehen dabei auf dem Rücken, und es wird ein liegender Stapel gebildet.

Quertitel

Buchrückentitel, der bei aufrecht stehendem Buch horizontal verläuft (im Gegensatz zum → Längstitel). Q. sind nur bei dicken Büchern anzubringen.

Quetschfalte

Qualitätsmindernde Falte, die besonders bei kreuzgefalzten Bogen im Bereich von Kopf- und Bundstegfalz auftritt.

Das Falzen der Bogen und Pressen des Falzbruches führt zum örtlichen Dehnen der äußeren Viertelbogen und zum Zusammendrücken der inneren Viertelbogen, wobei in der Falzzone innere Spannungen entstehen. An den Kreuzungsstellen zweier Falzbrüche werden im inneren Viertelbogen Falten ausgebildet, die Papier-

längenunterschiede zwischen den äußeren und inneren Bogenvierteln ausgleichen, die infolge der Krümmungsbildung beim Falzvorgang an der geschlossenen Kante entstehen. Die Q. bezeichnen plastische irreversible Verformungen.
Zur Vermeidung der Faltenbildung werden Perforiereinrichtungen (→ Kopfperforation) eingesetzt, um durch die örtliche Zerstörung des Papiers die inneren Spannungen zu verringern und eingeschlossene Luft entweichen zu lassen. Abhängig ist die Bildung von Q. von der flächenbezogenen Masse und der Dicke des Papiers und der Anzahl der Kreuzfalzungen.

Räderfalz
→ Zykloidenfalz

Randbeschnitt
Das Schneiden von einer oder mehreren Kante(n) eines Papierstapels oder Teilproduktes in einer Schneidemaschine, um gleichmäßige und rechtwinklige Schnittkanten und ein vorgegebenes Format zu erhalten.

Rauleder
Bei der Spaltung der Lederhaut (→ Leder) entstehendes Spaltprodukt, das sich durch eine raue, samtige Oberfläche auszeichnet.
Der obere Teil der Lederhaut (Narbenspalt) ist als Leder bekannt.
Der untere Teil der Lederhaut (Fleischspalt oder Spaltleder) wird separat weiterverarbeitet, z.B. für Schuhe und Bekleidung (Rindsleder) oder als Fensterleder (Schafsleder). Das von Ziegen, Schafen, Rindern und Kälbern gewonnene R. ist billiger als das von Wildtieren wie Gemse, Gazelle und Reh gewonnene R. (echtes Wildleder). Meist sind R. chromgegerbt, um geschmeidig zu werden und reichhaltige Färbemöglichkeiten zuzulassen. Man unterscheidet Nubukleder, das auf der Narben-, d.h. Oberseite geschliffen ist und eine seidige Oberfläche aufweist, und Velourleder, das auf der Fleisch-, d.h. Rückseite bearbeitet ist und gröber wirkt. Durch mechanische Bearbeitung werden die charakteristischen feinen, weichen Oberflächen erzeugt. In der Buchbinderei werden die R. vorwiegend als Futterleder, aber auch als Bucheinbandmaterial eingesetzt.

Rauschnitt
→ Ebarbieren

Reaktiver Klebstoff
Klebstoff, der durch chemische Vernetzung aushärtet.
Die chemische Reaktion erfolgt z.B. unter Aufnahme von Feuchtigkeit (→ Polyurethanklebstoff) oder durch Reaktion beim Zusammenbringen mehrerer Klebstoffkomponenten (z.B. → Twinflex).

Recordleinen
Baumwollgewebe mit ähnlichen Eigenschaften wie → Bibliotheksgewebe, das als → Bucheinbandmaterial verwendet wird.
Der Begriff „Leinen“ ist unkorrekt, da es sich um ein Gewebe aus Baumwolle handelt. Der Griffschutz (→ Appretur) ist besonders stark ausgeprägt.

Recyclingpapier
Vollständig mit Sekundärfasern aus Altpapier hergestelltes → Papier.
Die Spezifik von R. führt zu einer Reihe von Nachteilen bei der buchbinderischen Verarbeitung. Wegen kurzer brüchiger Fasern neigen R. zur vermehrten Staubbildung, besonders beim Falzen. Dort besteht ebenfalls die Gefahr elektrostatischer Aufladung. Mangelnde Verankerung der Fasern im Klebstofffilm führt zu verringerter Klebebindefestigkeit.

Register
1. In Büchern das meist alphabetisch geordnete Verzeichnis von Stichwörtern unter Angabe der Seitenzahlen, das zum schnellen Auffinden der betreffenden Stellen im Buch dient.
Je nach Inhalt wird zwischen Sachwort-, Personen- und Orts-R. unterschieden. Das R. steht stets am Schluss des Erzeugnisses.
2. In den Vorderschnitt von Blocks reichende Markierungen zum schnellen Auffinden betref-

fender Seiten, beispielsweise in Katalogen und Wörterbüchern.
Diese Markierungen können als Druckmarkierungen (versetzt zueinander und/oder unterschiedlich farbig) aufgebracht sein oder als zueinander versetzte Ausstanzungen unterschiedlicher Form (→ Register stanzen).

Registerband
Zur Erleichterung der Benutzung mehrbändiger Werke (z. B. Lexika) dienender Band, der Inhaltsverzeichnisse oder -angaben, → Register und andere bibliografische Zusammenstellungen enthalten kann.

Registerschere
Schere zum Schneiden von Registern mit kurzen Schnittschenkeln und einer Stellschraube für das Einstellen der Einschnitttiefe (= Länge eines Registerabschnitts).
Mit jedem Schnitt lassen sich mehrere Blätter einschneiden.

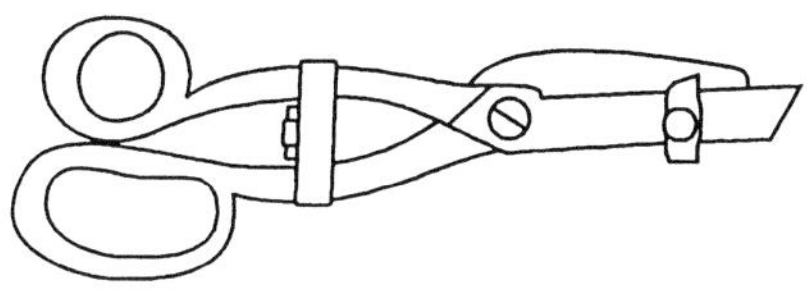

Registersonne
Hilfstafel zur gleichmäßigen Einteilung der Registerabschnitte.

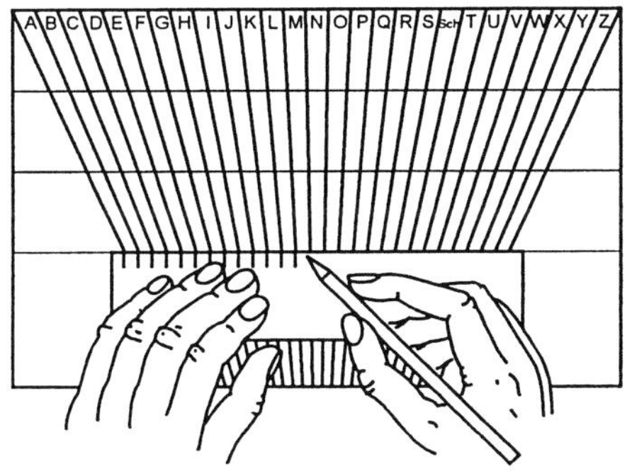

Register stanzen
Anbringen stufenförmiger Ausschnitte, meist an den Vorderkanten mehrerer Blätter eines Buch- oder Broschurenblocks, zum Zweck des schnelleren Auffindens gesuchter Stellen.
Das R. s. ist vor allem bei Nachschlagewerken, Geschäftsbüchern u. a. vorteilhaft. Je nach Art des Registers ergibt sich die Anzahl der Registerfelder und deren Seitenumfang. Für die Gestaltung stehen unterschiedliche Ausschnittformen zur Verfügung, z. B. Daumenregister, Schrägregister oder rechtwinklige Ausschnitte. Bei jeweils geringer Anzahl von Blättern wird das Register mit der → Registerschere eingeschnitten. Bei hohen Auflagen nutzt man Registerstanzen.

Reinleinen
→ Leinen

Reißlänge
Länge eines gleich breiten Papierstreifens, der bei Aufhängung an einer Einspannstelle unter seinem eigenen Gewicht abreißt.
Diese experimentell nicht zugängliche Größe wird aus der Bruchkraft errechnet; die Werte liegen etwa zwischen 2...10 km. Das Verhältnis der Werte in Lauf- und Querrichtung ist 100:40 bis 100:80. Die R. ist für die Beurteilung der Papierfestigkeit von Bedeutung.

Reißprobe
Methode zur Bestimmung der → Laufrichtung von Papier, Karton und Pappe.

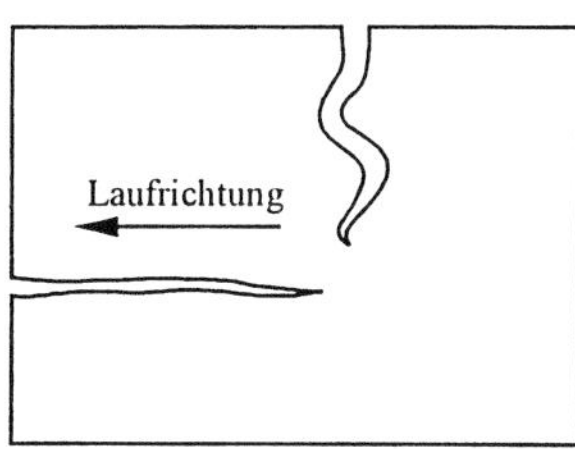

Das zu prüfende Material wird an zwei rechtwinklig zueinander liegenden Kanten eingerissen. Der Riss, der sich leichter erzielen lässt und nahezu gerade verläuft, erstreckt sich in Laufrichtung.

Relative Luftfeuchte

Verhältnis der bei gegebener Temperatur in Luft enthaltenen Menge an Wasserdampf in g/m³ zur Sättigungsmenge in g/m³, angegeben in %.

Luft kann bei einer gegebenen Temperatur nur eine begrenzte Menge an Wasserdampf aufnehmen – die aus Tabellen ersichtliche Sättigungsmenge, die bei steigender Temperatur zunimmt. Jede Temperaturänderung führt daher zu einer Änderung der r. L. Die Messung erfolgt in ausreichender Genauigkeit mittels Haarhygrometer. Als günstiges Lagerklima gilt für Papier und Pappe eine r. L. von 65 % bei einer Raumtemperatur von 20° C. Diese Bedingungen gelten bei Papierprüfungen meist auch als Normalklima. Daneben ist heute auch die Festlegung von 50 % /23° C als Normalklima zulässig.

Reliefprägen (Hohlprägen)

Umformung des Bedruckstoffs durch Verlagerung der Querschnittlinie bei gleichzeitiger Verdichtung und Dehnung des Gefüges. Es entsteht eine dreidimensionale Verformung, die erhaben über der ursprünglichen Ebene des Bedruckstoffs liegt.

Für die Verformung wird eine Matrize als vertiefter Teil und als Gegenstück eine Patrize als erhabener Teil des Werkzeugs eingesetzt. Das R. wird als → Blindprägen oder → Heißfolienprägen durchgeführt, wobei Verformung und Folienübertragung gleichzeitig oder in zwei Arbeitsgängen erfolgen können.

R. dient der Hervorhebung von Linien, Schriften und Ornamenten. Es findet u. a. bei der Herstellung von Broschurenumschlägen Anwendung, um den Titel oder bestimmte Teile des Druckbildes hervorzuheben. Für die Veredlung von Buchdecken ist die Anwendung selten. Die auf der Deckelinnenseite entstehende Vertiefung muss mit einer Paste ausgestrichen oder mit Papier überklebt werden (→ Obladen kleben), um Beschädigungen des Vorsatzes zu vermeiden, hinter dem sich ein Hohlraum bilden würde.

Das rotative R. mittels Prägewalze wird als Gaufrieren bezeichnet und z. B. für Bucheinbandmaterialien verwendet.

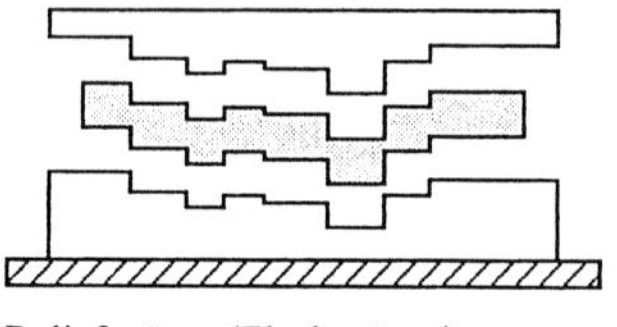

Reliefprägen (Flachprägen)

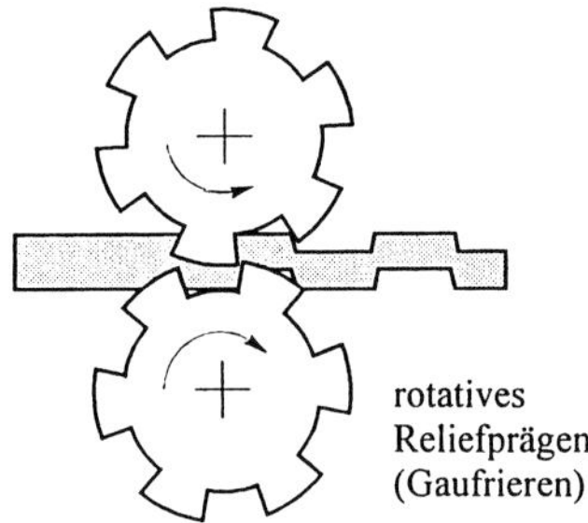

rotatives Reliefprägen (Gaufrieren)

Remittenden

Broschuren oder Bücher, die vom Käufer, von der Buchhandlung oder vom Verlag an die Buchbinderei zurückgegeben werden, weil sie derartige Mängel aufweisen, dass sie reparaturbedürftig sind.

Oftmals können die Fehler durch Reparatur beseitigt werden, andernfalls werden die Produkte der Abfallverwertung zugeführt. Die innerhalb der Buchbinderei bei Kontrollen ausgesonderten reparaturbedürftigen buchbinderischen Teilprodukte werden als → Krebse bezeichnet.

Repetierschnitt

Zusatzbefehl in → Schneidprogrammen, der das Schneiden von parallel zueinander liegenden Schnitten, die das gleiche Maß aufweisen, automatisch im Planschneider realisiert.

Der R. ist dann vorteilhaft, wenn Druckbogen in viele gleich große Einzelnutzen zu schneiden sind, wie z. B. bei Etiketten oder Postkarten, und sich ein Schneidmaß mehrfach wiederholt. Die Nutzen können dabei auch durch Zwischenschnitte (→ Streifenausschnitt) voneinander getrennt sein. Der R. gibt an, wie oft sich die Maße wiederholen.

Repkover

Mehrlagenbroschur mit gutem → Lay-Flat-Verhalten, bei der im Rücken keine Verbindung zwischen Broschurenblock und vierfach gerilltem Broschurenumschlag besteht.

Der Broschurenblock wird mit einem Fälzelstreifen versehen, der jedoch nur im Rücken und nahen Rückenbereich (zwischen Rücken- und Seitenrille) mit dem Block verklebt wird. Die frei stehenden Ränder des Fälzelstreifens werden mit dem Umschlag außerhalb der Rillungen verbunden und sind beim Öffnen des Umschlags sichtbar.

Der Fälzelstreifen wird in der Regel vor der Verarbeitung in den Umschlag geklebt.

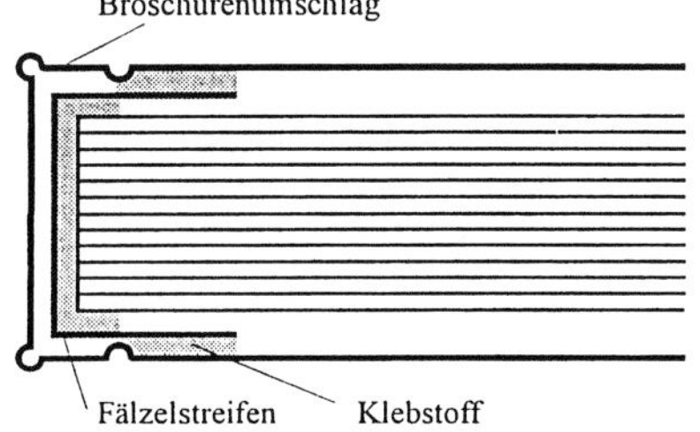

Restaurieren

Annäherndes Wiederherstellen der ursprünglichen Form von beschädigten Büchern oder Kunstwerken.

Durch Buchrestauratoren, die in diesem Falle häufig Buchbinder sind, werden besonders die durch Gebrauch, Alterung, Schädlinge, Witterung, mikrobiellen Befall u. a. beschädigten wertvollen Schriften, Bücher u. a. Druckerzeugnisse vergangener Zeiten wiederhergestellt und vor dem Verfall bewahrt. Dieses Haltbarmachen, das häufig mit Bekämpfung von Papierkrankheiten verbunden ist, wird als Konservieren bezeichnet.

Restfeuchte

Der nach dem → Kleben mit wässrigen Klebstoffen in den → Kleblingen zum Zeitpunkt der Weiterverarbeitung noch vorhandene Rest der Feuchtigkeit.

Der prozentuale Anteil der R. bei der Weiterverarbeitung rückengeleimter Buchblocks hat z. B. bei den anschließenden Arbeitsschritten Niederhalten, Dreiseitenbeschnitt und Runden, bei denen der Block mechanisch bearbeitet wird, einen qualitativen Einfluss.

Ries

Nicht exakt definierte Mengeneinheit für Papier- und Kartonbogen.

Je nach Dicke oder flächenbezogener Masse des Materials sind in einem Ries 100, 250, 500 oder 1000 Bogen desselben Formats.

Rillen

Verformung von Karton oder Pappe zu einer wulstartigen Linie durch Materialverdrängung und -verdichtung zur Vorbereitung einer Biegestelle.

Die Adhäsion zwischen den Einzellagen wird dabei aufgehoben und der Biegewiderstand an definierter Stelle herabgesetzt, so dass sich der Werkstoff nach Formung einer Rille unter Einwirkung einer geringeren Kraft und ohne Brechen der Außenseite umbiegen lässt. Vorteil gegenüber dem → Ritzen ist, dass keine Materialzerstörung auftritt und damit kaum eine Verringerung der Festigkeit.

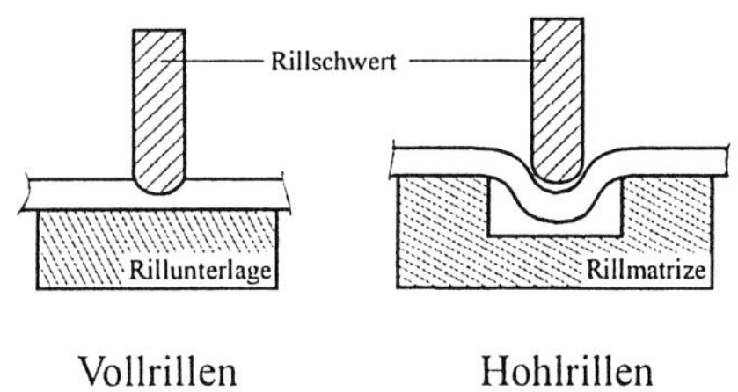

Das R. wird nach Voll- und Hohlrillen unterschieden, wobei für die Buchbinderei das Hohlrillen typisch ist. Beim Vollrillen arbeitet ein Rillschwert, auch als Rillmesser bezeichnet, gegen eine feste Unterlage, es entsteht eine Materialverdichtung. Beim Hohlrillen entsteht eine Ma-

terialverdrängung durch das Rillschwert, das gegen eine Matrize arbeitet.
Das R. erfolgt rotativ in Falzmaschinen (Einsatz rotierender → Rillwerkzeuge) oder oszillierend in Rill- und Perforiermaschinen (ein linienförmiges Rillmesser arbeitet gegen eine Matrize). Es werden mit Hilfe des R. Biegestellen z. B. an Falzbogen, Broschuren- und Schutzumschlägen vorbereitet. Für einen ästhetischen Eindruck wird die Rillwulst in der buchbinderischen Verarbeitung meist auf die Außenseite gelegt (positive Rille). Abweichend davon befindet sich bei Broschurenumschlägen die Zierrillenwulst auf der inneren Kartonseite (negative Rille).

Rillmesser
→ Rillwerkzeug

Rillschwert
→ Rillwerkzeug

Rill- und Perforiermaschine
Arbeitsmaschine, mit der durch Austausch von Werkzeugen → Rillen oder → Perforieren ausgeführt werden kann.
Perforierkamm und Gegenschnittplatte werden gegen Rillschwert und Matrize ausgetauscht. Die R. arbeitet oszillierend. Es werden Bedruckstoffstapel von wenigen Millimetern Dicke an einen einstellbaren Anschlag angelegt; der Arbeitsvorgang wird per Fußpedal ausgelöst.

Rillwerkzeug
Rotierend oder oszillierend arbeitendes Werkzeug zum → Rillen zur Vorbereitung von Biegestellen in Karton oder Pappe.
Das R. wird als Rillmesser oder Rillschwert bezeichnet und arbeitet gegen eine feste Unterlage, Matrize oder Nut. Rotierende R. befinden sich auf Messerwellen, z. B. in Bogenfalzmaschinen. Die Rillvorrichtung besteht aus dem oberen Rillschwert und einer Matrize, zwei rundkantigen, im Spalt verstellbaren Gegenmuffen oder einer Gummirolle. In Rill- und Perforiermaschinen wird ein linienförmiges R. verwendet, das oszillierend arbeitet. In Stanzmaschinen eingesetzte Stanzformen können neben dem geschärften Bandstahl auch R. enthalten zum kombinierten Stanzen und Rillen.

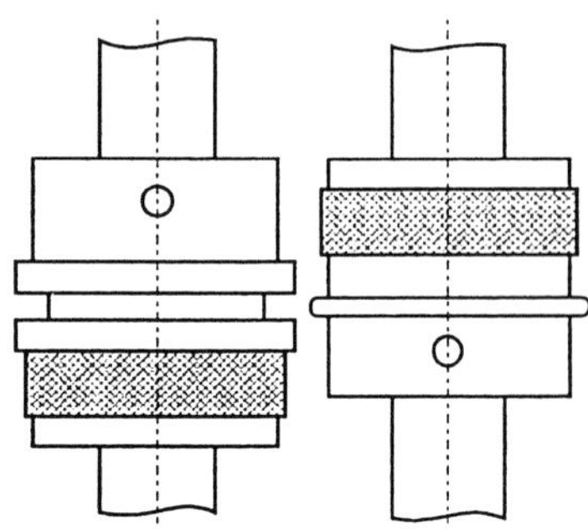

Rindsleder
Als Bucheinbandmaterial verwendetes → Leder, das im Gegensatz zu dem Leder der Jungtiere (Kalbsleder) sehr haltbar und von glatter, unempfindlicher Oberfläche ist.
Rindsleder ist großflächig und eignet sich für großformatige Buchdecken.

Ringbindung
→ Einzelblattbindeverfahren, bei dem als Bindeelement Kunststoffringe genutzt werden, die in parallel zur Blattkante verlaufende Spezialstanzungen eingreifen.

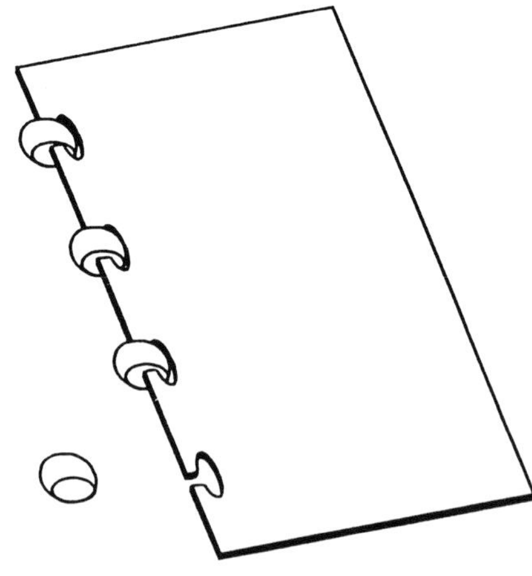

Die Ausstanzungen sind so vorgenommen, dass im Rücken eine Öffnung des Stanzloches zur Blattkante hin gegeben ist. Dadurch ist manuelles Auswechseln der Einzelblätter möglich.

Ringbuch
→ Ringordner

Ringordner
Buchdeckenähnliche Mappe, in deren innerem Rückenteil Metallringe angebracht sind, die sich mechanisch öffnen und schließen lassen und an der hinteren Blattkante gelochte Blätter aufnehmen können.
R. dienen besonders der Aufnahme von gedruckten Lose-Blatt-Sammlungen, deren Bestand im Laufe des Gebrauchs durch Hinzufügen und Herausnehmen einzelner Blätter häufig verändert werden muss, beispielsweise Kataloge, Preisverzeichnisse, Arbeitsanweisungen, wobei es sich im wesentlichen um Auswechseln der Blätter handelt.
R. für Schreibzwecke sowie die zur Ergänzung und Wiederauffüllung benötigten Ringbucheinlagen (passend gelochte, abgezählte und mit Streifband versehene Blätter mit der gewünschten Lineatur) sind handelsüblich.

Ringöse
Spezielle Form der → Drahtklammer, die ein Abheften drahtrückstichgehefteter Broschuren in z. B. Ringordner oder Mappen erlaubt.
Entgegen der allgemein üblichen Flachklammer ist die R. durch Ausformung der Klammern zu Ösen gekennzeichnet, die in paarweiser Anordnung Einheften in Ordnern, Mappen u. a. gestatten. Der Ösenabstand beträgt analog zu Schriftgutlochungen vorzugsweise 80 mm. Es sind spezielle Heftköpfe erforderlich.

Ring-Wire-Bindung
→ Drahtkammbindung

Rips
Gewebe aus Viskosefäden, das als → Bucheinbandmaterial verwendet wird.
R. zeichnet sich durch hervortretende Rippen in Längs- und Querrichtung aus. Diese Rippen haben ihre Ursache in der Verwendung von dünnen Schuss- und dicken → Kettfäden (oder umgekehrt). R. wird für großformatige Buchdecken verwendet.

Ripsbindung, Panamabindung
Art der Anordnung der Schuss- und → Kettfäden in Geweben, wobei mehrere Schussfäden die gleichen Kettfäden überspringen.
R. und P. sind spezielle Stoffbindungen, die bei Geweben für die buchbinderische Verarbeitung nur sehr selten zur Anwendung kommen. Durch Verwendung ungleicher Fadendicken für Kett- und Schussfäden entsteht bei der R. ein ungleichmäßiges Gewebebild.

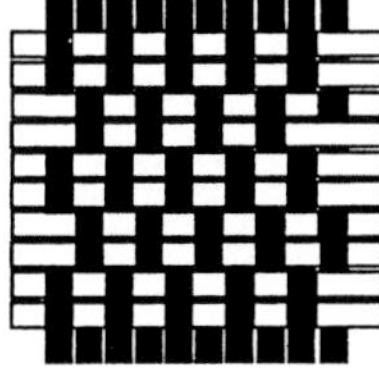
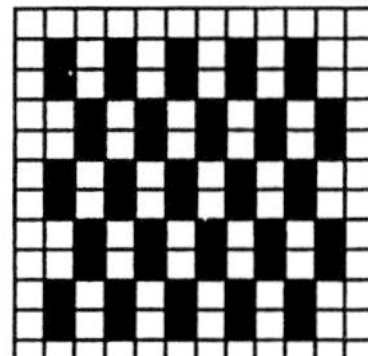

Ripsbindung

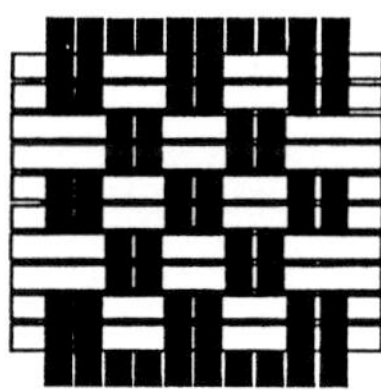
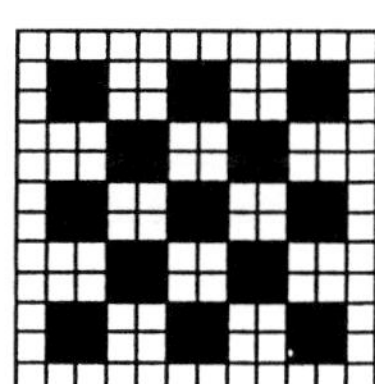

Panamabindung

Ritzen
1. Der Vorbereitung von Biegestellen dienendes Arbeitsverfahren, dadurch gekennzeichnet, dass das Verarbeitungsmaterial von einer Seite her senkrecht eingeschnitten wird, wodurch der Drehpunkt von der Innenseite des Materials in dieses hinein verlegt wird.
Die Einschnitttiefe beträgt etwa 50 % der Materialgesamtdicke. Das R. führt zu einer Reduzie-

rung des Biege- und Rückfederungsmoments sowie zur Verringerung der Materialfestigkeit.
2. Häufig verwendete fälschliche Bezeichnung für das → Einkerben.

Rohblock
Schlusslos gefügter Buch- oder Broschurenblock, der nach dem → Sammeln oder → Zusammentragen entstanden ist, die richtige Seitenreihenfolge aufweist und für das Fügen nach beliebigen Bindeverfahren bereit steht.
Die Bogen oder Blätter stecken lose ineinander bzw. liegen lose übereinander.

Rohbogen
→ Formatbogen

Rohexemplar
→ Rohblock

Rohhalbleinen, Rohleinen
→ Leinen

Röllchenbahn
Hinter Auslagen an Buchbindereimaschinen (z.B. Fadenheftmaschine, Buchdeckenmaschine) angebrachte Verlängerung, die aus antriebslos gelagerten Röllchen besteht und als Pufferstation dient.
Die von einem Transportband kommenden Produktstapel werden auf die R. übergeben. Der nächstfolgende Stapel versetzt dem vorher gehenden einen Stoß, so dass dieser die leichtgängigen Rollen antreibt und gegen einen Anschlag bewegt wird.

Röllchentisch
→ Röllchenbahn

Rollenanleger
→ Rollenbeschickung

Rollenbeschickung
Einrichtung zur automatischen Beschickung der Bogenmagazine in beispielsweise Sammelheftern, Einstecktrommeln oder Zusammentragmaschinen durch Abwicklung von im Schuppenstrom aufgewickelten Falzbogen.
Hinter dem Falzapparat der Rollenrotationsdruckmaschine werden die gefalzten Produkte im Schuppenstrom vollautomatisch auf Rollen aufgewickelt, wobei der Bundsteg nach außen zeigt.
Für die Weiterverarbeitung stehen Einfach- und Doppelabrollstationen zur Verfügung. Doppelabrollstationen enthalten pro Anleger zwei Rolleneinheiten mit automatischer Umschaltung. Der abgewickelte Schuppenstrom gelangt auf einen Zuführtisch, auf dem die Bogen ausgerichtet werden. Vom Zuführtisch wird ein → Flachstapelanleger beschickt.
Im Vergleich zur → Stangenbeschickung wird bei der R. die Bogenbereitstellung um ein Vielfaches übertroffen. Die Bogenanzahl einer Rolle (Durchmesser 2,2 m) entspricht etwa der Bogenanzahl von 12 Stangen (über 30000 16-seitige Bogen). Die Verarbeitungsprobleme minimieren sich, da die Bogen bereits vereinzelt sind.

Rollenschneider
Maschine zum Längsschneiden von Bahnen nach dem Scherschnittprinzip mit Rundmesser.
Auf zwei gegenüber angeordneten Wellen sind paarweise und seitlich positionierbar Rundmesser angebracht. Das von einer Rolle abgewickelte Verarbeitungsgut (beispielsweise Papier, Gewebe) wird über Führungswellen unter Zugspannung gehalten, der Schneideinrichtung zugeführt und in einer Aufwickelstation wieder aufgewickelt. Mit dem Längsschneiden erfolgt eine Anpassung der Rollenbreite an die Verarbeitungsmaschinen.
Bei Umgehung der Schneideinrichtung kann der R. auch zum Umrollen verwendet werden.

Rollflat
Speziell für Zeitungen oder Zeitschriften entwickelte → Einzelverpackung.
Falzen, Verpacken und Adressieren werden in den Verarbeitungsfluss integriert. Die für den Postvertrieb bestimmten Einzelexemplare werden automatisch abgerufen, gefalzt, mit adhäsi-

ver Stretchfolie verpackt und dann anschließend mit Klebeetiketten oder mit Inkjet (Tintenstrahl) adressiert.

Rollierbindung
→ Plastikbindung

Rollpack
Speziell für Zeitungen oder Zeitschriften entwickelte → Sammelverpackung.
Der die Rollenrotationsdruckmaschine verlassende Schuppenstrom wird sektionen- oder exemplarweise aufgelöst und auf einen Dorn gerollt. Die entstandene Rolle wird mit Stretchfolie, die adhäsive Eigenschaften aufweist, umwickelt. Dadurch entfällt das Verschweißen des Folienendes oder ein Umreifen. Es bleiben der Zeitungstitel, zugeführte Deckblätter und Kioskaushänger sichtbar.
Verpacken mit Kraftpapier ist ebenfalls möglich; am Ende des Wickelvorgangs wird der Packstoff mit eingewickelt, die Rolle ist vertriebsfertig. Der Durchmesser der Rolle wird von Anzahl und Dicke der Exemplare bestimmt.

Rotaschneider
→ Rotationsschneider

Rotationsfalzapparat
→ Falzapparat

Rotationsschneider
Schneidsystem zum Ausführen des → Dreiseitenbeschnitts, z. B. an Einlagenbroschuren, das in zwei Stationen die im Schuppenstrom transportierten Produkte mit einem rotierenden Ober- und Untermesser nach dem Scherschnittprinzip schneidet.
R. arbeiten in Kopplung mit Rotationsdruckmaschinen bzw. sie werden von Anlegern beschickt. Das Schneiden erfolgt in Bewegung des Produktstroms, der von Pressbändern fixiert wird. Zwischen der Schneidstation für den Kopf-/Fußschnitt und der für den Vorderschnitt befindet sich eine Eckstation, in der der Schuppenstrom um 90° umgelenkt wird.

Rotative Abziehtechnik
Vereinzelung von Bogen in → Trommelanlegern.

Rotatives Fadensiegeln
→ Fadensiegelautomat

Roter Verfall
Verfallserscheinung bei Leder, wobei es sich in pulverartige rote Teilchen auflöst.
Die Ursache liegt in der Verwendung von ungeeigneten Stoffen beim Gerben des Leders.

Rotorstoff
→ Scharnierstoff

Rückenbearbeitung
Arbeitsverfahren beim → Klebebinden mit Blattverarbeitung.
Die R. umfasst das Abfräsen des Bundstegfalzes mit → Staub- oder → Schnitzelfräser (selten Abschneiden mit Rundmesser), das → Aufrauen und/oder → Einkerben und das Abbürsten des anfallenden Papierstaubs. Beim Abfräsen wird der Bundstegfalz völlig abgetrennt, wobei auch die innersten Viertelbogen geöffnet werden und nach der Bearbeitung der Block in Form von Einzelblättern vorliegt. Durch verschiedene Methoden des Aufrauens und Einkerbens wird die Blattkante vergrößert, um dem Klebstoff eine optimale Klebstoffangriffsfläche zu bieten und die spezifische Adhäsion zu verbessern. Die Papierfaser wird freigelegt, ohne dabei Fasergefüge und -verbindung zu verringern oder zu zerstören. Der bei R. entstehende Papierstaub, lose auf dem Blockrücken liegende bzw. nicht mehr fest verankerte Partikel werden mit Bürsten entfernt, da sie sonst als Trennschicht zwischen Klebling und Klebstoff die Blattausreißfestigkeit beeinträchtigen.
Für die R. stehen im Klebebinder → Rückenbearbeitungsstationen zur Verfügung, die unterschiedliche Werkzeuge enthalten.

Rückenbearbeitungsstation
Bestandteil von → Klebebindern, in dem die verschiedenen Werkzeuge für die → Rückenbearbeitung angeordnet sind.

Nach dem Rütteln durchlaufen die ausgerichteten Blocks eine oder mehrere R. In Abhängigkeit von der Größe des Klebebinders sind die notwendigen Rückenbearbeitungswerkzeuge in separaten Stationen mit jeweils nur einem Werkzeugtyp oder als Kombination mehrerer Werkzeuge in einer Station angeordnet. Die den Staub- und/oder Schnitzelfräser enthaltende R. wird auch als Frässtation bezeichnet.
In kleineren Klebebindern befinden sich auf einem Bearbeitungskopf ringförmig angeordnet die verschiedenen Werkzeuge (→ Staub- oder → Schnitzelfräser auf dem äußeren Radius, Messer zum → Einkerben, Schmirgelscheibe und Bürste auf inneren Radien). Meist sind die Ringe separat in Höhe und Neigung verstellbar. In größeren Klebebindern sind z.T. bis zu fünf R. mit separaten Aufnahmeköpfen vorgesehen, die einzeln verstellbar sind.
In der Regel sind die Werkzeugköpfe auf der Auslaufseite um einige Zehntel Millimeter geneigt, um dort Berührung mit dem Blockrücken zu vermeiden. Den Abschluss der R. bilden immer eine oder zwei feststehende Bürste(n).
Die R. wird abgesenkt oder ausgeschwenkt, wenn fadengeheftete oder -gesiegelte Blocks eine Rückenbeleimung erhalten.

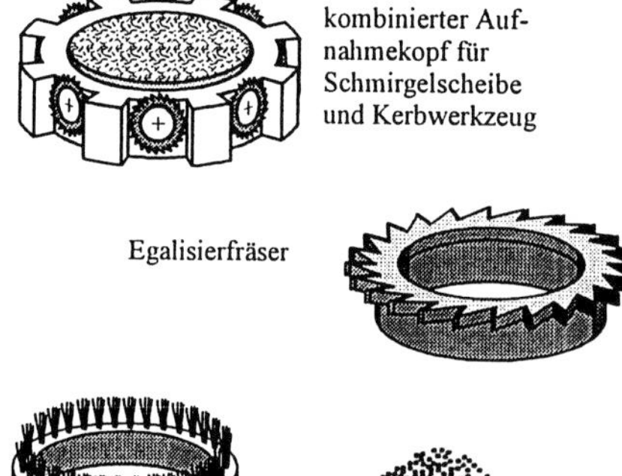

Werkzeuge für die Rückenbearbeitung

Rückenbeleimen
Das stoffschlüssige Verbinden der einzelnen Bogen eines Buch- oder Broschurenblocks nach dem → Einzelbogenfadenheften, → Fadensiegeln oder → Falzkleben durch Auftragen von Klebstoff auf den Rücken im Rahmen der industriellen Fertigung.
Durch das R. kann eine Heftgaze, die mitgeheftet wurde oder zusätzlich aufgebracht wird, befestigt werden. Meist erfolgt das R. jedoch in Verbindung mit dem → Fälzeln der Buchblocks in Fälzelmaschinen oder Klebebindern.

Rückeneinlage
Materialzuschnitt aus → Schrenzkarton oder Schrenzpappe entsprechend der Buchblockdicke, der als Bestandteil der → Buchdecke im Rückenbereich die Festigkeit und Haltbarkeit des Buches maßgeblich beeinflusst.
Für ungerundete Buchblocks wird häufig ein starres Material (Pappe) für die R. verwendet, um dauerhafte Formstabilität zu gewährleisten. Gerundete Buchblocks erfordern flexibles Material (Karton), das der Blockrundung angepasst werden kann. Die Breite der R. richtet sich nach der Blockdicke (gerader Rücken) bzw. dem Umfang der Rundung (gerundeter Rücken).

Rückenfalz
→ Falz

Rückenfelder
Auf dem Buchrücken die Felder zwischen den echten oder unechten → Heftbünden bei Leder- oder Pergamentbuchdecken.

Rückenfräsverfahren
Verfahren des → Klebebindens mit vollständiger Zerstörung des Bundstegs (Klebebinden mit Blattverarbeitung), wobei der Blockrücken mit unterschiedlichen Methoden der → Rückenbearbeitung vollständig abgetrennt wird, so dass einzelne Blätter vorliegen.
Dieses Verfahren ist schnell und preiswert zu realisieren, birgt jedoch aufgrund der geringen Klebstoffangriffsfläche und einer Vielzahl von

Einflussfaktoren Risiken in Bezug auf die Festigkeit, Gebrauchsbeständigkeit und Qualität.

Rückenleimwerk
Aggregat, z. B. im Klebebinder, zum Auftragen von Klebstoff auf den Blockrücken.
Der Klebstoffauftrag erfolgt mittels Walzen, selten mit Bürsten. Neben den Auftragswalzen, die sich gleichlaufend mit dem Block bewegen, gibt es im Abstand regulierbare Rakel oder gegenläufige Spinnerwalzen (Rückspinner), um den Klebstofffilm zu egalisieren.
Die meisten Klebebinder erlauben das Auswechseln von Dispersions-, Hotmelt- und PUR-Leimwerken; die beiden letzteren sind mit zusätzlichem Vorschmelzbehälter ausgestattet. Größere Klebebinder realisieren mehrschichtigen Klebstoffauftrag über zwei R. Zwischen ihnen ist eine Infrarotheizung zur → Zwischentrocknung installiert. Damit kann entweder Dispersionsklebstoff unterschiedlicher Viskosität aufgetragen werden oder eine Kombination von Dispersions- und Heißschmelzklebstoff.

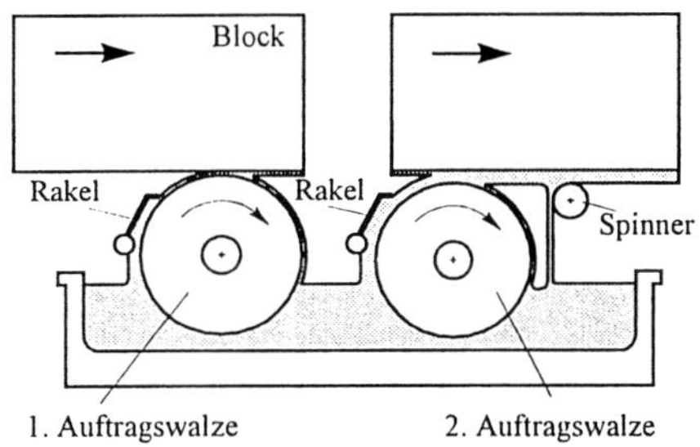

Rückenperforation
→ Bundstegperforation

Rückenrille
Bei → Mehrlagenbroschuren mit gerilltem Umschlag die beiden Rillen, die den Broschurenrücken begrenzen.
In der Regel wird der Broschurenumschlag zwischen den R. mit dem Blockrücken verbunden. Für einen ästhetischen Eindruck und die Ausbildung einer rechtwinkligen Rückenform wird die Rillwulst bei der R. auf die Außenseite gelegt (positive Rille).

Rückenritzeinrichtung
Sondereinrichtung an Dreimesserschneidemaschinen, mit der Buchblocks oder Broschuren vor dem Schnitt im Rücken an der Stelle eingeritzt werden, an der das Messer schneidet.
Damit wird die Einschnittstelle markiert und ein Ausplatzen von empfindlichen (z. B. kaschierten) Broschurenumschlägen bzw. bedruckten Vorsätzen verhindert.
Die Bezeichnung R. in Verbindung mit den Werkzeugen für das → Einkerben beim Klebebinden ist nicht korrekt.

Rückenschild
Auf den Rücken handwerklich gebundener Bücher geklebtes kleines Papierblatt, das den Titel und evtl. eine Registriernummer enthält.
Um Zeit und Kosten zu sparen, werden handwerklich gebundene, billigere Gebrauchsbücher, die in einzelnen oder wenigen Exemplaren gebunden werden, z. T. auch für Bibliotheken gebundene Zeitschriften, mit einem R. versehen, um das Auffinden in Regalen zu erleichtern. Sinngemäß können Papierschilder auch auf die Vorderseite der Buchdecke geklebt werden.

Rückensteigung (Falzsteigen, Falzüberhöhung)
Blockdickendifferenz zwischen Rücken und Vorderschnitt von Buch- oder Broschurenblocks, die durch den Bundstegfalz bzw. durch das Einbringen zusätzlicher Elemente im Falzbereich der Falzbogen entsteht, z. B. Fäden beim Fadenheften oder Fadensiegeln, Drahtklammern beim Drahtrückstichheften.
Durch diese R. ist der Blockrücken gegenüber der übrigen Blockdicke überhöht. R. bringt Verarbeitungsschwierigkeiten, z. B. beim Dreiseitenbeschnitt, und Probleme bei der Handhabung von Stapeln, z. B. von Rückstichbroschuren. Die durch den Bundstegfalz bedingte R. bei kreuzbruchgefalzten Bogen kann verringert werden durch → Bundstegperforation oder → Bogen

einpressen, die durch den Heft- oder Siegelfaden bedingte R. durch Anwendung des → versetzten Stiches.

Rückentitel
Auf dem Rücken der Buchdecke, des Schutzumschlags von Büchern oder des Broschurenumschlags angebrachter Titel.
Er soll das Auffinden des Buches oder der Broschur erleichtern.

Rückspinner
→ Rückenleimwerk

Rückstichbroschur
→ Einlagenbroschur, die durch → Drahtrückstichheften oder → Fadenrückstichheften gefügt wird.

Rückstichfließstrecke
→ Sammelhefter

Rückstichheften
Bindeverfahren, bei denen die gesammelten (ineinander gesteckten) Bogen eines Blocks in einem Arbeitsgang durch → Drahtrückstichheften oder → Fadenrückstichheften durch den Rückenfalz gefügt werden.
Das R. wird für die Herstellung von Einlagenbroschuren angewendet.

Runde- und Abpressstation
Bestandteil der → Buchfertigungsstraße, in dem nacheinander das → Runden und → Abpressen erfolgen.
In der Rundestation wird der Blockrücken mit einem Formstempel vorgerundet und anschließend zwischen angetriebenen Rundewalzen nach dem → Walzenrundeprinzip in die endgültige Form gebracht. Anpressdruck und Weg der Rundewalzen sind entsprechend Format und Festigkeit des Blockrückens einstellbar. In der Abpressstation halten Pressbacken den Block im Rückenbereich unter hohem Druck fest, während ein Formklotz in einer Schaukelbewegung den Rücken abpresst.

Runden
Mechanische Verschiebung der Blätter der einzelnen Bogen innerhalb eines Buchblocks, so dass im Rücken eine konvexe, im Vorderschnitt eine konkave Form entsteht. Die Rückenform soll nach Abschluss des Rundevorgangs einen Kreisbogen ergeben, der etwa ein Fünftel eines Kreises ausmacht, gleichmäßig ausgebildet und formstabil ist.
Das R. ist notwendig für die Beibehaltung der erzielten Blockrückenform und Gewährleistung der Formstabilität während der Benutzung, es dient der Vermeidung einer Wölbung des Vorderschnitts nach außen. Zudem erfolgt ein Ausgleich der → Rückensteigung als Voraussetzung für eine qualitätsgerechte Verbindung von Buchblock und Buchdecke. Anschließend wird meist die Formung des Buchblockrückens durch das → Abpressen vollendet.
Das R. sollte generell für Buchblocks ab einer Dicke von 15 mm ausgeführt werden. Ein dickes Buch mit geradem Rücken führt zu Schwierigkeiten beim flachen Aufschlagen, die steife Rückeneinlage der Decke gibt zu wenig nach und kann brechen und der Buchblock verlagert sich.
Das maschinelle R. erfolgt nach dem → Hammerbalkenprinzip, → Walzenrundeprinzip und → Fließrundeprinzip.

Rundmesser
Rotierendes Werkzeug für das Schneiden nach dem Messer- oder Scherschnittprinzip.
R. sind von scheibenförmiger Beschaffenheit und weisen eine geschlossene Schneide auf. Sie kommen beispielsweise in Rollenrotationsdruckmaschinen, Rollenschneidern, in Falzmaschinen oder Fälzel- und Gazestationen zum Längsschneiden von Bahnen oder Bogen zum Einsatz.
Auch → Perforiermesser und → Rillwerkzeuge können als R. ausgelegt sein.

Rundstapelanleger
→ Bogenanleger in Bogenfalzmaschinen zur Vereinzelung und Zuführung der zu falzenden Planobogen.

Die Bogen werden in geschuppter Form auf einen Obertisch gelegt und über eine Wendetrommel über den Untertisch der Falzmaschine zugeführt. Durch Sauger wird der jeweils vorderste Bogen angehoben und so weit vorgeschoben, dass ihn beispielsweise ein Saugrad auf den → Schrägwalzentisch führen kann. Im Gegensatz zum → Flachstapelanleger besteht die Möglichkeit einer kontinuierlichen Beschickung des R. während des Maschinenlaufs.
Aufgrund der geringen Stapelhöhe und der Aufschuppung der Bogen ergeben sich Vorteile bei der Verarbeitung unebener und welliger Bogen (z.B. durch Perforationslinien), aneinander haftender Bogen (z.B. durch Lackierung, Kaschierung) oder schlecht ausgelegter Stapel.
R. bieten ein großes Fassungsvermögen, das aber verbunden ist mit hohem Platzbedarf. Das Beschicken ist mit großer körperlicher Anstrengung für das Bedienpersonal verbunden. Der Einsatz erfolgt überwiegend für mittlere und hohe Auflagen.

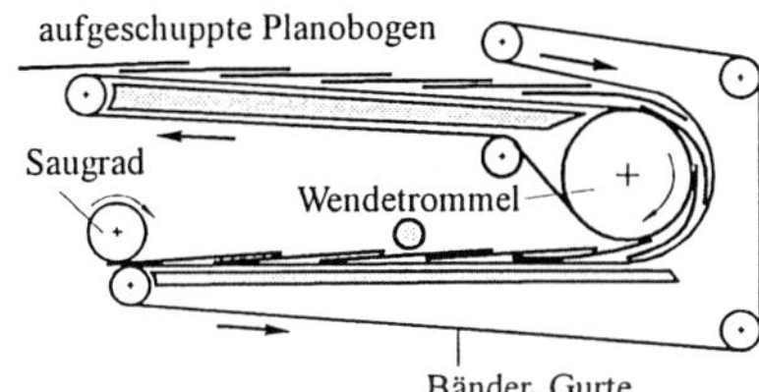

Rundumschnitt
Im Planschneider das Schneiden aller vier Kanten eines Papierstapels, um rechtwinklig zueinander verlaufende Kanten und saubere, gleichmäßige Schnittkanten bei vorgegebenem Format zu erhalten; vgl. Winkelschnitt.
Als R. gilt auch der → Vierseitenbeschnitt.

Rüttelautomat
→ Rütteltisch

Rütteln
Kantengenaues Ausrichten von Papierbogen an einem rechtwinkligen Anschlag im → Rütteltisch vor dem Schneiden im Planschneider.
Das R. ist notwendig, damit sämtliche Bogen im Stapel kantengenau übereinander liegen und das Druckbild nach dem Schnitt auf jedem Bogen die gleiche Position einnimmt. Werden die Bogen nicht gerüttelt, müssen sie beim Anlegen in den Planschneider manuell lagenweise gerade gestoßen werden, was zeitaufwendig und körperlich anstrengend ist und nicht mit gleicher Genauigkeit ausgeführt werden kann.

Rüttelstation
Aggregat im Einlaufbereich des → Klebebinders, in dem die zusammengetragenen Bogen durch Vibrationsbewegung im Rücken und am Kopf ausgerichtet werden, ehe sie von den Transportelementen eingespannt werden.
Das Ausrichten in der R. ist notwendig, um Satzspiegellageabweichungen im Endprodukt möglichst gering zu halten.

Rütteltisch
Aus einem größeren rechteckigen Tisch bestehende Einrichtung, die durch gleichmäßige Vibrationen die Papierbogen eines Stapels kantengenau an einem rechtwinkligen Anschlag ausrichtet (→ Rütteln).
Den Anschlag bilden senkrecht zur Tischebene angebrachte Bretter, gegen die der R. geneigt ist. Gegen diese Ecke werden die mit Luft aufgelockerten Bogen aufgelegt und durch die Rüttelbewegung ausgerichtet. Zusätzlich erfolgt über Düsen eine Luftzufuhr seitlich und von unten, um leichtes Übereinandergleiten der Bogen zu ermöglichen. Nach dem Rütteln wird die Luft mittels Luftausstreichwalze, die ohne eigenen Antrieb über dem Stapel abrollt, aus den Bogen gestrichen, so dass ein kompakter Stapel entsteht. Die Bogen können sich nicht mehr gegeneinander verschieben. Die Ausrichtgenauigkeit moderner R. beträgt ± 0,1 mm. Sie werden als Peripheriegeräte neben → Planschneidern eingesetzt oder als separate Rüttelstationen.

Saffianleder
Als Bucheinbandmaterial verwendetes, fein genarbtes, sehr weiches Ziegenleder aus Europa.

Das Leder wird sumachgegerbt (pflanzliche Gerbung mit Blättergerbstoffen des Essigbaums der Mittelmeerländer) und ist meist sehr hell gefärbt.

Salkante
→ Webkante

Sammeldrahtheftmaschine
→ Sammelhefter

Sammelheften
→ Drahtrückstichheften

Sammelhefter
Buchbindereimaschine für das → Drahtrückstichheften zur Herstellung von Einlagenbroschuren.
Der Anlegerbereich besteht aus in Reihe angeordneten Falzbogenanlegern, die als → Flachstapelanleger oder → Stehendbogenanleger ausgelegt sind. Aus Bogenmagazinen werden die Falzbogen vereinzelt, geöffnet und auf eine Sammelkette gelegt. Das Auflegen der Bogen erfolgt in der Reihenfolge von innen nach außen. Die Bogenöffnung wird mittels → Greiferöffnungssystem oder → Saugluftöffnungssystem realisiert. Der Umschlag kann über einen speziellen → Umschlagfalzanleger zugeführt werden.
Auf der Sammelkette befindliche Mitnehmer führen das Produkt zur Heftstation, wo bis zu 6 → Drahtheftköpfe Drahtklammern von außen nach innen in den Bundstegfalz einbringen. Hinter der Heftstation erfolgt durch rechtwinklige Richtungsänderung die Übergabe an eine taktweise arbeitende Schneideinrichtung (→ Trimmer), die an der Broschur den Dreiseitenbeschnitt ausführt. Die Leistung der S. liegt zwischen 8000...18000 T/h.
Neben dem Sammeln, Drahtheften und Schneiden können im S. auch das Einkleben von Karten, Musterbeuteln u.a. (→ Kartenkleber), das Drucken von Adressen und Textzeilen mittels Inkjet, das Einstecken loser Beilagen, das → selektive Binden nach vorgegebenen Daten, das Kreuzlegen, Bündeln, Folieneinschrumpfen von Paketen und das Palettieren erfolgen.

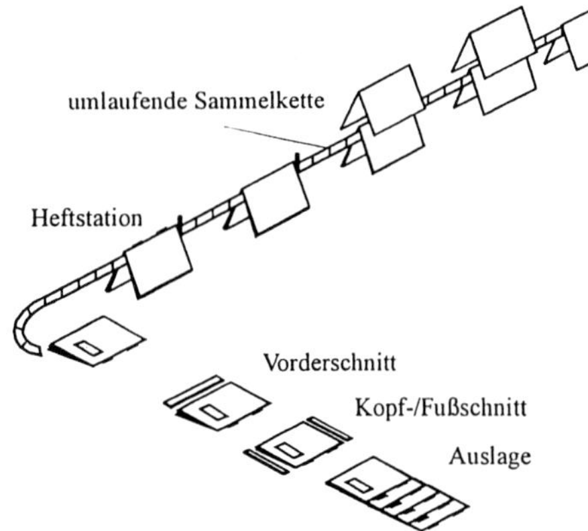

Sammelhefttrommel
Einrichtung zum Herstellen von Einlagenbroschuren durch Anwendung des → Drahtrückstichheftens, die im Hochleistungsbereich arbeitet.
Die S. besteht aus einer Trommel mit mehreren Stationen und über den Umfang verteilten sattelartigen Trommelsegmenten.
Die Beschickung erfolgt über Kettentransporteure, beispielsweise direkt von einer Rollenrotationsdruckmaschine, oder von einem Bogenanleger. Die mit der offenen Schnittkante voran zugeführten Falzbogen werden unmittelbar vor Erreichen der S. mittels Greifern oder Saugern geöffnet und auf die einzelnen Trommelelemente gelegt. Während eines Trommelumlaufs werden die Produkte jeweils seitlich in die nächste Trommelstation geschoben, wo der nächste Bogen aufgelegt wird. In der letzten Station werden die Exemplare direkt auf der Trommel geheftet. Leistungen bis 40000 T/h werden erreicht.
Siehe Abbildung auf der nächsten Seite.

Sammelkette
Bestandteil von → Sammelheftern zum Transport der geöffneten Bogen.
Die geöffneten Bogen werden von Mitnehmern, die in festen Abständen (Kettenteilung) auf der S. angebracht sind, mitgenommen und zur nächsten Anlegestation gefördert, wo der folgende Bogen aufgelegt wird. Es existieren zwei Varianten für den Aufbau der S.

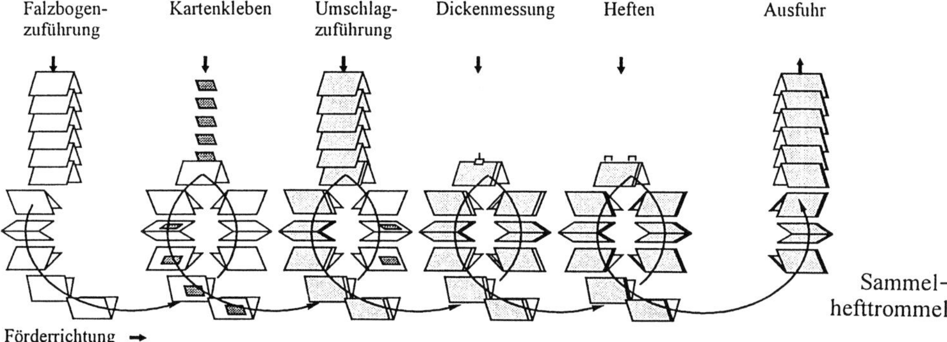

Die zweiteilige S. besteht aus zwei Kettenhälften, die die Aufnahme der unteren Heftwerkzeuge (Umbiegeflügel zum Schließen der Drahtklammern) und des Übergabeschwerts (Übergabe der Broschur an den Trimmer) gewährleisten. Sie ist eine durchgehende Kette, die die Produkte ohne Unterbrechung von den Anlegern durch die Heftstation bis zur Übergabestation befördert. Das Drahtheften erfolgt in der Bewegung, was mitlaufende Drahtheftköpfe erfordert. Bei der einteiligen S. erfolgt die Kettenumkehr kurz vor der Heftstation. An dieser Stelle wird das Produkt von Greifern übernommen, unter die Heftköpfe gefördert, bis zum Stillstand abgebremst, ausgerichtet. Die Heftung erfolgt im Stillstand mit stationär angebrachten Heftköpfen. Die S. ist schmal ausgebildet, da keine Notwendigkeit zur Aufnahme unterer Werkzeuge besteht.

Sammeln

Maschinelles Ineinanderstecken von Buchbinderbogen, gefalzten Bogenteilen und eventuell eines Umschlags, um einen schlusslos gefügten Rohblock zu erzeugen; vgl. Einstecken.

Das S. dient der Herstellung von → Einlagenbroschuren und wird z. B. in → Sammelheftern realisiert. Die Bogen sind so auszuschießen, dass nach dem S. eine fortlaufende Seitennummerierung gegeben ist, d. h. dass mit Ausnahme des innersten Bogens eine fortlaufende Nummerierung nur jeweils in der vorderen und hinteren Falzbogenhälfte auftritt.

Sammelverpackung

Verpackung mehrerer polygrafischer Finalerzeugnisse (Bücher, Mappen, Kartenspiele u. a.) in eine gemeinsame Verpackung.

Die Erzeugnisse können bereits einzeln verpackt sein (→ Einzelverpackung). Die S. wird auch als Umverpackung bezeichnet und dient der besseren Handhabung und dem Schutz auf dem Weg vom Hersteller zum Handel.

Im wesentlichen kommen die gleichen Verfahren wie bei der Einzelverpackung in Frage. Es besteht zusätzlich die Möglichkeit, mit einer Zuführung von Unter- und Oberbogen und anschließender Verschnürung mit Kunststoffband oder Umreifung mit Draht eine S. herzustellen. Für die Verpackung von Zeitungen und Zeitschriften wurde ein spezielles System entwickelt (→ Rollpack).

Sammelzylinder

→ gesammelte Produktion

Satinbindung

→ Atlasbindung

Satiniertes Papier (SC-Papier)

Außerhalb der Papiermaschine mittels Druck, Wärme und Feuchtigkeit verdichtetes und geglättetes Papier.

Die durch Kalandrieren bewirkte Verbesserung der Oberflächeneigenschaften ermöglicht die Verwendung von s. P. zum Druck von Rasterbildern; es wird daher vielfach als Illustrationsdruckpapier bezeichnet. Die durch die Verdichtung eingetretene Verringerung des Hohlraumvolumens im Papier führt zu einer geringeren Saugfähigkeit des Papiers im Vergleich zu maschinenglatten (nicht satinierten) Papieren.

Sattel

1. Beweglicher hinterer Schneidgutanschlag in → Planschneidern, auch als Anschlagsattel bezeichnet.

Der S. steht parallel zum Messer, der Abstand zwischen Messer und S. bildet das Schneidmaß. Der S. wird mit Motor und Spindelgewinden bewegt und auf exakte Position gebracht. An modernen Schneidemaschinen erfolgt das Steuern des S. durch → Schneidprogramme; es ist jedoch auch eine manuelle Positionierung mittels Handrad möglich.

2. Bezeichnung für dachförmige Auflageelemente in z.B. Fadenheftmaschinen (→ Heftsattel) oder Klopfern, auf denen geöffnete Falzbogen aufgelegt und weiteren Arbeitsoperationen zugeführt werden.

Satzspiegellageabweichung

Relative Abweichungen der Position der Satzspiegel zueinander auf den Seiten innerhalb eines Buch- oder Broschurenblocks.

Beim Durchblättern eines Buches oder einer Broschur machen sich S. als „tanzender Satzspiegel" bemerkbar. Ursachen für S. sind in den einzelnen Prozessen der Buch- und Broschurenherstellung zu suchen.

In der buchbinderischen Verarbeitung können S. entstehen durch ungenaues Rütteln vor dem Schneiden, Falzabweichungen, unexaktes Ausrichten der zusammengetragenen Bogen vor dem Fügen u.a.

Saugbandanleger

→ Saugeranleger

Saugeranleger

→ Bogenanleger für Planobogen oder Blätter, dadurch charakterisiert, dass die Vereinzelung von oben durch Saugluft erfolgt.

Das oberste Blatt bzw. der oberste Bogen des durch Blasluft aufgelockerten Stapels wird von Saugern oder einem Saugrad erfasst und abgezogen. Die Sauger befinden sich auf einer Saugerstange oder Saugerwelle. Anstelle einzelner Sauger werden auch Saugluftbänder eingesetzt (Saugbandanleger). Ein Band oder mehrere Bänder saugen den obersten Bogen unverrückbar an und heben ihn ohne Abbiegung vom Stapel.

Eingesetzt werden S. z. B. in Falzmaschinen oder Einzelblattzusammentragmaschinen.

Saugluftöffnungssystem

Bogenöffnungssystem in Buchbindereimaschinen, wobei die Öffnung der Falzbogen mittels Saugluft realisiert wird.

In der Fadenheftmaschine werden die vereinzelten Falzbogen zwischen rotierenden Saugerpaaren hindurch transportiert. Je nach Bogenbeschaffenheit (Falzart, an- oder eingeklebte oder eingesteckte Bogenteile) werden die erforderlichen Sauger für den Öffnungsvorgang aktiviert. Es stehen in der Regel vier Saugerpaare zur Verfügung. Die Rotationsbewegung der Sauger gewährleistet, dass das angesaugte Bogenteil auf dem nächstfolgenden Sauger abgelegt werden kann.

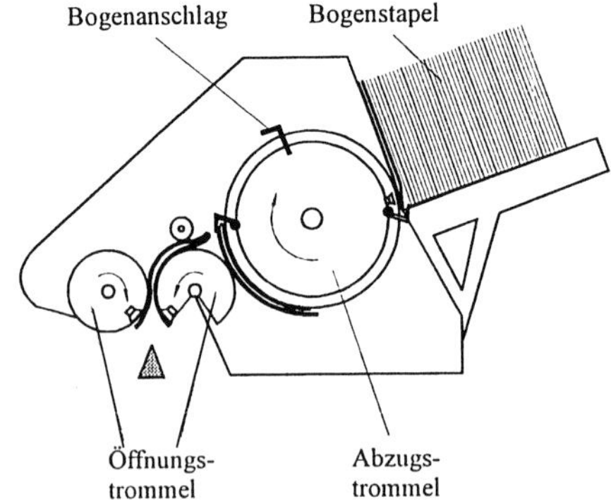

Das S. kann kombiniert mit Blasluft eingesetzt werden (bekannt unter der Bezeichnung Head-op). Dabei werden zwei Sauger als Kombisauger programmiert. In diesen Saugern wird zunächst

mittels Blasluft ein Unterdruck erzeugt, der die einzelnen Bogenteile anhebt (→ Coanda-Effekt), bevor der Saugeffekt mittels Vakuum aktiviert wird. Ein Durchsaugen bei porösem Papier wird vermieden.
Im Sammelhefter steht nur ein Saugerpaar zur Verfügung, das sich auf den beiden Öffnungstrommeln befindet. Die Sauger erfassen beide Bogenhälften und ziehen sie durch die Drehbewegung auseinander. Voraussetzung für die Anwendung des S. im Sammelhefter ist ein geschlossener Kopffalz.

Saugtaktsteuerung
Steuerung des Ansaugvorgangs beim Vereinzeln der Planobogen in der Bogenfalzmaschine durch Ermittlung der Bogenlänge.
Beim Transport eines Bogens durch die Falzmaschine wird dessen Länge erfasst und daraus automatisch die Sauglänge ermittelt. Um Kollisionen mit dem Folgebogen in den Falzwerken zu vermeiden, wird in Abhängigkeit vom Falzschema der optimale Bogenabstand berechnet. Daraus ergibt sich der Takt für den Ansaugvorgang. Bei variierender Maschinengeschwindigkeit erfolgt eine Anpassung, so dass konstante Bogenabstände eingehalten werden.

Savannenziegenleder
Als Bucheinbandmaterial verwendetes, großformatiges Ziegenleder aus Schottland, das mit großflächigen Narben versehen und in reichhaltiger Farbpalette erhältlich ist.

Schabklinge
Stahl mit abgebildetem Querschnitt, dessen Kante scharf ist.

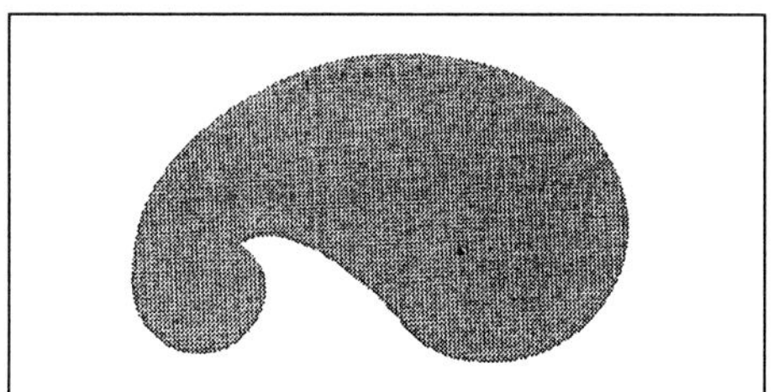

Die S. dient zum Schaben der Schnittflächen vor dem Anbringen eines → Goldschnitts.

Schablonenwischpapier
Mit Hilfe von Schablonen und Farbe hergestelltes Buntpapier, das z. B. als → Bezugspapier Verwendung findet.
Aus Karton geschnittene Schablonen werden auf Papier aufgelegt, und Druckfarbe wird mit Pinsel oder Schwamm über den Schablonenrand hinweggewischt. Verschiedene Farben und Schablonen lassen sich zu Mustern variieren.

Schafsleder
Als Bucheinbandmaterial verwendetes → Leder von deutschen, argentinischen und australischen Schafen.
S. ist von geringer Qualität. Es dehnt sich stark und reißt leicht ein, nutzt sich leicht ab und ist von geringer Farbbeständigkeit, daher ein billiges Leder, das kaum in der Handbuchbinderei verwendet wird. Der Einsatz ist für billige Industriebücher, Taschen- und Etuifutterale oder als Kapitale denkbar. Französisches Schafsleder wird unter der Bezeichnung „Mouton" (franz.: mouton = Hammel) gehandelt.

Schafspergament
Für buchbinderische Zwecke wenig geeignetes → Pergament von geringer Reißfestigkeit und geringer ästhetischer Attraktivität.

Schärfmaschine
Gerät zum → Leder schärfen.

Schärfmesser
Werkzeug zum → Leder schärfen.

Scharnierstoff (Diagonalstoff, Falzleinen, Rotorstoff, Papyrolin)
Ein- oder beidseitig mit Papier kaschierte Gaze mit hoher Falzfestigkeit und guter maschineller Verarbeitbarkeit, die vorwiegend als → Fälzelmaterial verwendet wird.
Die Gaze weist unterschiedliche Gewebestrukturen mit einer Fadendichte von 15...35 Fä-

den/cm² auf. Als Kaschierpapier wird meist Seidenpapier verwendet, aber auch Krepp- oder Leinenpapier. Aufgrund der hohen Falzfestigkeit wird die Gelenkwirkung im Falz der Vorsätze bzw. im Deckenfalz unterstützt. S. verfügt über gute Planlage und geringe Klebstoffdurchlässigkeit. Die Dehnbarkeit ist von der Kaschierung abhängig.

Schartige Schnittfläche
Schnittfehler beim Schneiden von Stapeln, bei dem die Schnittflächen sichtbare und fühlbare Markierungen aufweisen.
S. S. werden durch Messer mit Ausbrüchen hervorgerufen. Scharten im Messer entstehen, wenn die Messerschneide auf sehr harte Schneidgutbestandteile trifft, die z. B. in Recyclingpapier enthalten sein können, oder tief in die Schneidleiste eindringt. Besonders betroffen sind Messer mit kleinem Messerfasenwinkel und aus sehr hartem Messerstahl.

Schelllack
Tierischer Klebstoff aus dem gereinigten Ausscheideprodukt der ostasiatischen Lackschildlaus.
In Ethanol gelöst wird S. zum → Grundieren beim Handvergolden eingesetzt. S. bildet einen glänzenden, spröden Klebstofffilm.

Scherengittertisch
Einrichtung, beispielsweise zum Transport der Planobogen in der Falzmaschine zum ersten Falzwerk.
S. bestehen aus scherenförmig angeordneten, aufrecht stehenden Stahlbändern, was die Ableitung der statischen Elektrizität begünstigt. Sie transportieren die im Bogenanleger vereinzelten Bogen schuppenförmig an ein → Ausrichtlineal.

Scherschnittprinzip
Prinzip des Schneidens, bei dem zur Realisierung des Verarbeitungseffektes ein Obermesser gegen ein Untermesser eingesetzt wird.
Das Schneidgut wird durch ein Presselement in seiner Lage fixiert.
Das S. mit Flachmesser wird z. B. im → Trimmer, → Rollenschneider (Querschneiden) und an der → Pappschere eingesetzt, das S. mit Rundmesser im Rollenschneider (Längsschneiden), in der Pappkreisschere und der Bogenfalzmaschine.

Scheuerfestigkeit
Widerstand, den die Oberfläche eines Körpers oder eines flächigen Werkstoffs einer mechanischen Beanspruchung entgegensetzt, die in Form von Relativbewegung zweier Körper (z. B. zweier Bogen gegeneinander oder eines Bogens an Maschinenteilen) auftritt, wobei eine optische Veränderung der Oberfläche auftritt. Die Druckbelastung (Kraft senkrecht zur Oberfläche) ist beim Scheuern relativ gering.
Bei mangelhafter S. treten zwischen zwei Bogen Scheuererscheinungen auf wie z. B. Anfärben gegenüber liegender unbedruckter Stellen, Kratzer oder Beschädigungen im Druckbild, Glanzunterschiede o. ä. Scheuererscheinungen können u. a. entstehen beim Rütteln der Bogen vor dem Schneiden, beim Vereinzeln von Planobogen, Falzbogen oder sonstigen Materialzuschnitten im Bogenanleger (besonders Flachstapelanleger) oder beim häufigen Einstellen/Entnehmen von Büchern aus Regalreihen. Gefährdet sind vor allem mattgestrichene Papiere, vollflächige Druckbilder gegenüber unbedruckten Bereichen (z. B. in Bildbänden).
Das Scheuern wird in Prüfgeräten durch kreisendes oder oszillierendes Bewegen der Probe gegen z. B. unbedrucktes Papier simuliert. Die Anfärbung des Papiers nach unterschiedlichen Hubzahlen wird visuell nach einer Vergleichsskala oder mittels Reflektometers erfasst.

Schiebebild
→ Abziehbild

Schießen
→ Bogen schießen

Schimmelbogen
Druckbogen, der beidseitig bedruckt werden sollte, aufgrund von → Doppelbogen in der

Druckmaschine jedoch nur einseitig bedruckt ist und eine weiße, d. h. unbedruckte Seite aufweist.

Schimmerschnitt
Meist für Kirchenbücher verwendeter echter → Goldschnitt, bei dem vor dem Aufbringen des Blattgoldes die Schnittfläche rot gefärbt wird, wodurch der fertige Schnitt einen rötlichen Schimmer aufweist.

Schirting
Dichtes, unkaschiertes Baumwollgewebe mit einer Fadendichte über 65 Fäden/cm², das stark mit Füllstoffen appretiert und kalandriert ist.
S. ist klebstoffundurchlässig, weist hohe Festigkeit und Falzfestigkeit auf und schmiegt sich nach Klebstoffeinwirkung gut an den Klebling an. Quer zur Laufrichtung ist S. sehr dehnbar, was bei Einsatz als → Fälzelmaterial gute Rundbarkeit der Blocks garantiert.

Schlagschere
Andere Bezeichnung für → Pappschere.

Schließe
→ Buchschließe

Schlitzperforieren
→ Perforieren

Schloss
→ Buchschließe

Schmalbahn
Bezeichnung für einen Bogen oder ein Blatt, bei dem die lange Kante parallel zur → Laufrichtung verläuft.
Quer zur S. liegt die → Breitbahn.

Schmelzklebstoff
Wasser- und lösemittelfreier Klebstoff mit einem Festkörperanteil von 100%, der aus einem heterogenen Gemisch besteht.
Wesentliche Vertreter sind der konventionelle → Heißschmelzklebstoff und der → Polyurethanklebstoff.

Schmutztitel
Dem Haupttitel vorangestellter, meist gekürzter Titel eines Werkes, der auf die Vorderseite des ersten Bogens von Buch- oder Broschurenblocks gedruckt wird.
Oftmals wird dem Titel der Veröffentlichung der Name des Verfassers hinzugefügt. Die Bezeichnung S. dürfte in der Zeit entstanden sein, in der die Bücher vom Drucker ohne Buchdecke geliefert und erst später gebunden wurden. Durch den S. sollte der Haupttitel vor dem Verschmutzen geschützt werden.

Schneidarbeitsplatz
Komplettierung eines → Planschneiders mit Zusatzeinrichtungen und Peripheriegeräten mit dem Ziel, die körperlich recht schwere Arbeit bei der Schneidgutbewegung zu reduzieren, die Schneidleistung zu erhöhen und die Schneidqualität zu verbessern.
Die Gestaltung von S. macht sich erforderlich, da die Zeit, die für den eigentlichen Schneidvorgang benötigt wird, verhältnismäßig gering ist im Vergleich zu dem Aufwand, der für die Bewegung des Schneidgutes aufgebracht werden muss. Der Planschneider kann u. a. mit einer → automatischen Abfallentsorgung, → Dreh- und Neigesattel ausgestattet sein, als Peripheriegeräte kommen → Rütteltische, → Belade- und Entladeeinrichtungen (z. B. → Stapellifte) u. a. zum Einsatz. Die konkrete Ausstattung richtet sich nach den Schneidaufgaben und unterscheidet sich z. B. für das Schneiden von späteren Falzbogen und Etiketten erheblich.

Schneidart
Charakterisierung der Messerbewegung beim → Messerschnittprinzip mit Flachmesser.
Man unterscheidet den Parallelschnitt (Parallelsenkrechtschnitt, Parallelschrägschnitt) und den Schwingschnitt (Schwingsenkrechtschnitt bzw. Schwingschrägschnitt).
Beim Parallelschnitt setzt das Messer mit der gesamten Schneidenlänge gleichzeitig auf. Der Stapel wird unter dem Messer beträchtlich abgebogen, was zu Schnittfehlern (Maßabweichungen)

führt. Die Wahrscheinlichkeit, dass obere Bogen durch das Messer unter dem Pressbalken hervorgezogen werden, ist groß. Beim Schwingschnitt setzt das Messer partiell auf den Schneidgutstapel auf und schneidet fließend ein. Die Schneidkräfte wachsen langsam an, es treten weniger starke Stöße und insgesamt geringere Kräfte auf. Die Maschine arbeitet ruhiger, und die Schneidqualität ist hoch.

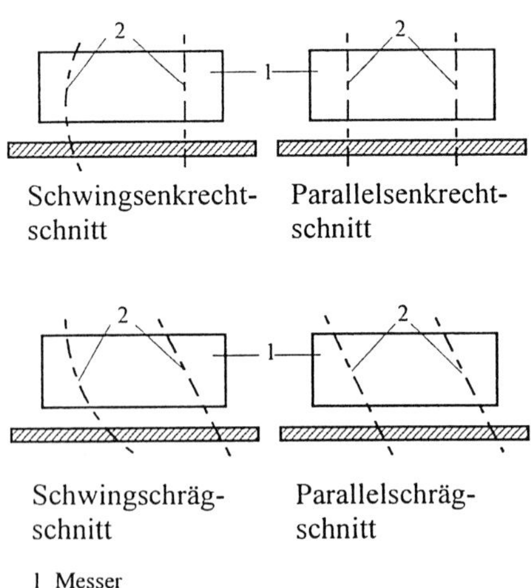

1 Messer
2 Bahnkurve

Schneidemaschine
Allgemein gebräuchlicher Oberbegriff für Maschinen zum Schneiden von Papier in der Buchbinderei.
Man unterscheidet S. zum Schneiden von Bogen und Blocks. Planobogen werden auf → Planschneidern geschnitten. Für den Dreiseitenbeschnitt stehen → Dreimesserschneidemaschinen und → Trimmer zur Verfügung.

Schneiden
Geradliniges Zerteilen eines Werkstoffs durch mechanische Beanspruchung. Dabei wird der Stoffzusammenhalt partiell über die Bedruckstoffdicke (z. B. → Ritzen), partiell über die Bedruckstofflänge (z. B. → Perforieren) oder vollständig aufgehoben.
Das S. kann klassifiziert werden u. a. nach Aufbau des Wirkpaares, das die Kraft auf den Bedruckstoff ausübt (→ Messerschnittprinzip, → Scherschnittprinzip), nach Ausführung der Schneidwerkzeuge (rotatives S. mit Rundmesser, oszillierendes S. mit Flachmesser), nach Lage der Schnitte zur Bahn und zur Laufrichtung des Papiers (→ Längsschneiden, → Querschneiden), nach Lagezuordnung der Schnitte zueinander (rechtwinklig, parallel); nach Anzahl der Bogen oder Bahnen, die gleichzeitig und übereinander geschnitten werden.
Der Trennvorgang erfolgt unter Druck-, Säge- und Zerreißwirkung. Der Zweck des S. besteht z. B. in der Auftrennung breiter Rollen in der Papierfabrik in verarbeitbare Rollenbreiten bzw. in Bogen, der Formatanpassung der Bogen und der Sicherung von exakten Anlagebedingungen für nachfolgende Verarbeitungsmaschinen; vgl. Trennschnitt, Winkelschnitt, Rundumschnitt.

Schneiden am Block
→ Dreiseitenbeschnitt

Schneidleiste
Für den Messerschnitt mit Flachmesser notwendiges leistenförmiges Gegenstück, in welches das Messer einschneidet.
Die S. ist in den Schneidtisch von → Planschneidern oder → Dreimesserschneidemaschinen eingelassen. Das Messer schneidet mehrere Zehntelmillimeter in die S. ein und garantiert damit, dass auch der unterste Bogen sauber durchtrennt wird.
Die S. bestehen aus elastischen, zähen Plastwerkstoffen (z. B. Polyamid, PVC) und können durch den asymmetrischen Einschnitt mehrmals gedreht werden, ehe sie verschlissen sind.

Schneidmarke
Mitgedruckte Markierungen, die die Schneidlinien für Rand- und Trennschnitte auf einem Druckbogen und für den Dreiseitenbeschnitt am Buchblock bzw. der Broschur markieren.
Anhand der S. werden → Schneidprogramme erstellt.

Schneidmaß

Im → Planschneider der Abstand zwischen hinterem Schneidgutanschlag (Sattel) und Schneidlinie.

Das S. wird durch Positionierung des Sattels eingestellt. Der Sattel wird automatisch durch Schneidprogramme positioniert, kann aber ebenfalls manuell per Handrad oder Tastendruck verstellt werden.

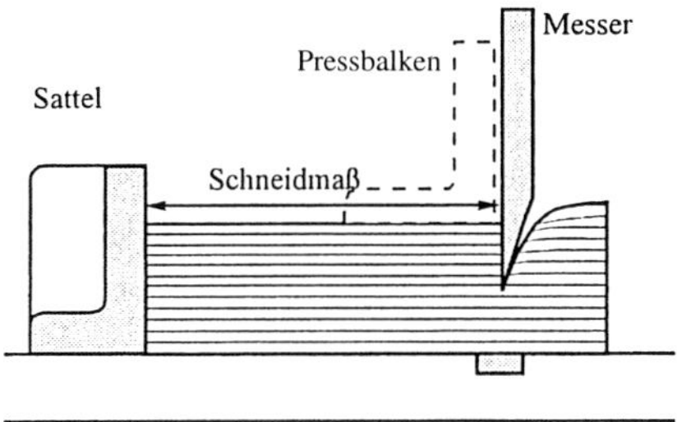

Schneidprogramm

Aus mehreren Datensätzen bestehendes Computerprogramm, das bei der Abarbeitung von Schneidaufträgen am Planschneider dazu dient, dass der → Sattel automatisch das jeweilige Schneidmaß anfährt.

Die Aufstellung von S. dient einem optimalen Arbeitsfluss am Planschneider; sie können gespeichert und wieder abgerufen werden. Für die Ermittlung eines S. werden zunächst die Schneidlinien festgelegt sowie eine optimale Schneidreihenfolge, wobei Drehbewegungen des Schneidgutstapels minimal zu halten sind. Die Schneidlinien ergeben sich anhand der mitgedruckten Schneidmarken. Danach werden die Schneidmaße ermittelt und Zusatzbefehle, die die Handhabung des Schneidgutstapels erleichtern (z. B. → „Lufttisch"), sich positiv auf die Schneidqualität auswirken (z. B. „Pressen ohne Schnitt", um welliges oder voluminöses Schneidgut zu ebnen), den Ablauf des Schneidvorgangs verkürzen (z. B. → „Messerautomat") oder das S. auf wenige Datensätze reduzieren (z. B. → „Repetierschnitt").

S. werden über Tastatur in den Computer des Planschneiders eingegeben und können bei modernen Maschinen per Bildschirm verfolgt werden. Daneben existiert die Möglichkeit des → externen Programmierens.

Schneidtrommel

Schneidsystem zum Ausführen des → Dreiseitenbeschnitts an Einlagenbroschuren, das nach dem Scherschnittprinzip arbeitet und aus zwei Trommeln für Kopf-/Fußschnitt und Vorderschnitt besteht.

Das Produkt (bis 12 mm bzw. 400 Seiten dick) wird in Taschen eingepresst, wobei die bewegliche Pressbacke gleichzeitig als Untermesser dient. Durch die Trommelbewegung wird das Produkt an einem stationären Obermesser vorbeigeführt und geschnitten. Die S. arbeitet meist in Verbindung mit einer → Sammelhefttrommel.

Schneidzylinder

Einrichtung zum Trennen der Bedruckstoffbahn rechtwinklig zur Transportrichtung in entsprechende Abschnittlängen, eingesetzt beispielsweise im → Falzapparat von Rollenrotationsdruckmaschinen.

Der S. enthält einen Gummibalken, der das Flachmesser trägt und federnd die Messerbewegung aufnimmt. Dem S. gegenüber ist ein Gegenschneidzylinder angebracht, der eine Leiste aus Kunststoff enthält, in die das Messer einschneidet.

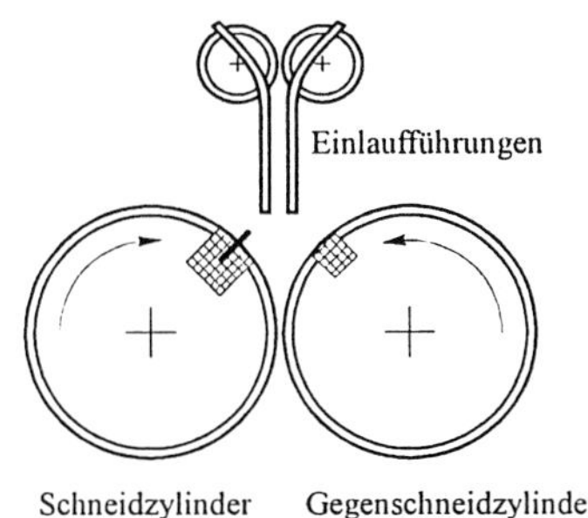

Schnellprägepresse

Automatische → Prägepresse nach dem Prinzip „Fläche gegen Fläche", meist für die Veredlung von Buchdecken eingesetzt.

Wesentlich an den in Buchbindereien eingesetzten vollautomatischen S. sind die automatische Zuführung und Auslage des Prägegutes. Die jeweils unterste Buchdecke wird aus einem Magazin vereinzelt. Über ein Transportband gelangt die Decke in die Ausrichtestation und wird an Anschlägen positioniert. Ein Saugarm legt die Decke auf dem Prägetisch ab, auf dem sie exakt ausgerichtet wird. Nach der Prägung übernimmt ein zweiter Saugarm die Decke und übergibt sie der Auslage.
Zwei oder vier Säulen, die die Prägeplatte führen, garantieren einen gleichmäßigen Prägedruck über die gesamte Prägefläche, auch wenn die Prägestempel nicht mittig auf der Platte sitzen.

Schnellschneider
→ Planschneider

Schnittabweichung
→ Schnittfehler

Schnittandeuter
Einrichtung am → Planschneider, mit der durch einen schmalen Lichtstreifen angezeigt wird, an welcher Linie das Messer aufsetzen und schneiden wird.
Mit Hilfe des S. kann am eingelegten Schneidgut die Schneidlinie angezeigt und damit vor dem Schnitt kontrolliert werden, ob der Sattel exakt positioniert wurde.
Neben diesem optischen S. kann auch der Pressbalken, der mittels Fußpedal abgesenkt wird, als S. dienen, da das Messer unmittelbar vor dem Pressbalken niedergeht.

Schnittfarbe
Für den → Farbschnitt verwendete Farbe, die auf eine oder mehrere Naturschnittfläche(n) des Buchblocks aufgetragen wird.
S. ist von hoher, gleichmäßiger Deckkraft, lichtbeständig, wischfest, sie verklebt nicht, dringt nicht zwischen die Seiten und führt nicht zum Welligwerden der Blattkante. Es werden hauptsächlich → Erdfarben eingesetzt, seltener Anilinfarben.

Schnittfärbemaschine
Einzelmaschine oder in Fließstrecken integrierter Baustein zum Anbringen eines → Farbschnitts an den Schnittflächen von Buchblocks.
Man unterscheidet zwei Prinzipe:
a) Die Buchblocks, einzeln oder im Stapel, werden senkrecht – auf der Schnittfläche stehend – über waagerecht angeordnete Farbauftragswalzen geführt. Es ist für jede Schnittfläche ein Durchlauf erforderlich.
b) Der Buchblock wird liegend – mit dem Rücken voran – an senkrecht angeordneten Farbauftragswalzen vorbei geführt, die gleichzeitig Kopf- und Fußschnittfläche einfärben. Für den Vorderschnitt ist eine Drehung des Blocks um 90° erforderlich.
Die Farbauftragswalzen sind mit feinporigem Polyurethanschaumgummibelag versehen; teilweise werden auch Bürstenwalzen eingesetzt.

Schnittfärben
Vollständige oder partielle Beschichtung der Naturschnittfläche am Buchblock mit Farbe, Metall oder Folie. Es dominiert das S. am Kopfschnitt, seltener werden alle drei Schnittflächen beschichtet.
In Abstimmung mit Zeichen- und Kapitalband, mit Bucheinbandmaterial, Deckenveredlung und Schutzumschlag wird durch das S. für eine farbliche Harmonie des Gesamtwerkes gesorgt. Daneben tritt eine Schutzfunktion auf; das Papier wird vor Staub und Lichteinwirkung geschützt, so dass frühzeitiges Vergilben an den Schnittflächen, zumal am Kopfschnitt, verhindert wird. Je nach Material, das für das S. verwendet wird, unterscheidet man in → Farbschnitt, → Goldschnitt und → Folienschnitt. Erfolgt kein S., spricht man von naturellem Schnitt.

Schnittfehler
Beim Schneiden von Stapeln entstehende Maßabweichungen oder aber unexakte, nicht glatte Schnittflächen.
Maßabweichungen zeigen sich in Differenzen von einem vorgegebenen und programmierten bzw. eingestellten Maß und in Abweichungen

vom rechten Winkel. Beispiele derartiger S. sind u.a. → Unterschnitt, → Überschnitt, → hohle Schnittfläche, → Hohlschnitt, → Treppenschnitt. Fehlerhafte Schnittflächen äußern sich in → schartigen, → verklebten oder glänzenden Schnittflächen.
Einfluss auf S. haben z.B. Messerfasenwinkel, Pressdruck, Abnutzungsgrad der Messerschneide und der Schneidleiste, Schneidgutbeschaffenheit (beispielsweise unebene Stapeloberfläche), Schneidguthöhe, Maschineneinstellungen und Bedienfehler.

Schnittfolie
→ Folienschnitt

Schnittoptimierung
Programmierbare Beschleunigung des Pressbalkenhubs und Sattelrücklaufs in Planschneidern zur Leistungssteigerung.
Dazu befinden sich im Schneidbereich zwei Sensoren. Ein seitlich angebrachter induktiver Sensor erfasst nach dem Schnitt während der Aufwärtsbewegung des Messers die Messerspitze und leitet Pressbalkenrückhub ein, der damit bereits beginnt, ehe das Messer seine obere Totlage erreicht hat.
Zusätzlich ist eine Lichtschranke seitlich am Pressbalken angebracht. Bei der Abwärtsbewegung des Pressbalkens wird vor dem Aufsetzen des Pressbalkens die Oberkante des Bedruckstoffstapels erkannt und die Aufsetzgeschwindigkeit verringert, was sanftes Aufsetzen und schonende Pressung bewirkt. Bei der Aufwärtsbewegung des Pressbalkens wird das Abheben des Presselements vom Stapel signalisiert, womit der Sattelvorschub aktiviert wird, ehe das Presselement seine obere Endlage erreicht hat.

Schnitzelfräser
Werkzeug zur → Rückenbearbeitung beim Klebebinden zur Abtrennung des Bundstegfalzes, wobei eine ebene, relativ glatte Schnittkante entsteht.
Die abgefrästen Teile des Bundstegs fallen als Schnitzel an. Durch den flachen Winkel der Fräsmesser und den fortlaufenden Einsatz ihrer Schnittkanten wird eine glatte Rückenfläche erzielt. S. werden eingesetzt für wenig geleimte, poröse und raue Papiere mit losem Fasergefüge, die nach der Bearbeitung eine Rückenfläche mit freistehenden Fasern bieten, die sich im Klebstofffilm gut verankern können. Bei Bearbeitung mit → Staubfräsern würden bei diesen Papieren Fasern aus dem Gefüge gerissen, die zwar im Klebstoff verankern, aber aus dem Blattverband gerissen werden (Kohäsionsbruch im Papier).

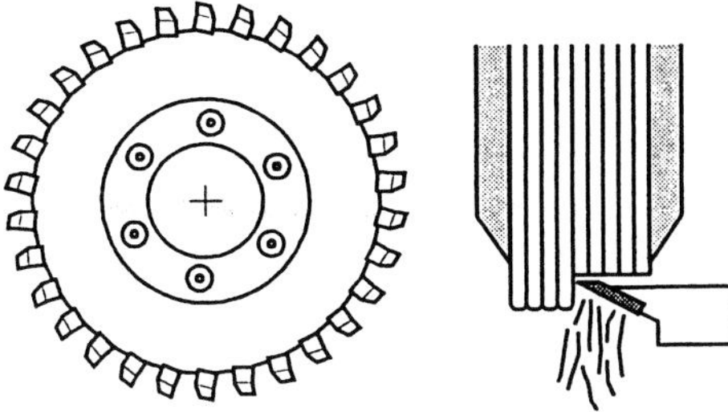

Schnüren
→ Abbinden

Schnurenbindung
→ Einzelblattbindeverfahren, bei dem durch die gelochten Blätter eine Schnur aus Kordel, Leder oder Pergament gezogen und verknotet wird. Der Schnurenschluss liegt innen oder außen.
Durch Lösen der S. lassen sich Blätter auswechseln. Die Anwendung erstreckt sich vorwiegend auf die Albenfertigung.

Schrägbogenkontrolle
→ Längs- und Schrägbogenkontrolle

Schräger Falz
→ Abpressfalz

Schrägwalzentisch
Fördertisch in → Bogenfalzmaschinen, der zum Transport und zum Ausrichten der Planobogen vor den Falzwerken dient.
Die Umfangsgeschwindigkeit der schräg gestellten Walzen erzeugt eine Bewegungskomponente in Richtung auf das Einlauflineal, an dem die Bogen ausgerichtet werden. Um Aufsteigen der Bogen zu verhindern, drücken Niederhalter und Kugeln die Bogen auf den S. Das Einlauflineal ist seitlich verstellbar.

Schrägzugtest
Prüfmethode zur Bestimmung der Blattausreißfestigkeit beim → Klebebinden, bei der an einem eingespannten Blatt unter einem Winkel von 45° eine linear steigende Kraft punktförmig auf den äußersten Punkt des Bundstegs am Kopf oder Fuß des Blocks angreift, bis die Zerstörung der Bindung erfolgt.
Das Einreißen über eine vorgegebene Wegstrecke von 30mm erfolgt diskontinuierlich in Abhängigkeit von der Festigkeit der Bindung. Zur Bewertung kommt in der Regel der Maximalwert der angreifenden Kraft. Der Kraftangriff beim S. entspricht der tatsächlichen Gebrauchsbelastung am ehesten. Die Messwerte sind gut reproduzierbar.

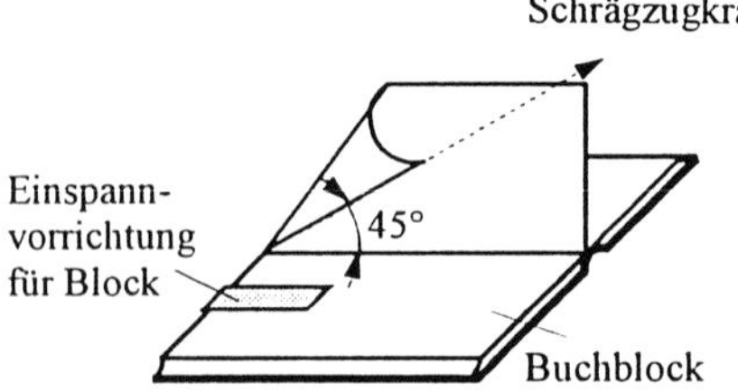

Schrankfalz
→ Fensterfalz

Schraubenbindung
→ Einzelblattbindeverfahren, bei dem die gelochten Blätter mittels Schrauben zusammengefügt werden.
Die mit Deckeln versehenen Einzelblätter werden etwa 8...10 mm seitlich von der Blockrückenkante mit zwei oder mehr Lochbohrungen versehen. Die Buchschrauben bestehen aus dem je nach Produktdicke verschieden langen Schaft und den beiden Schraubenköpfen mit Gewinde. Durch Lösen der Schrauben lassen sich Blätter auswechseln. Flaches Aufschlagen bis in den Bundsteg ist nicht möglich. Anwendung findet S. z.B. in Alben, Katalogen, Speisekarten.

Schrenz
Andere Bezeichnung für die → Rückeneinlage mehrteiliger → Buchdecken, die sich aus dem verwendeten Material (→ Schrenzkarton) ergibt.

Schrenzkarton
Karton mit einer flächenbezogenen Masse von 250...500 g/m², der in Stoffzusammensetzung und Aussehen dünner Graupappe ähnelt und als → Rückeneinlage bei mehrteiligen Buchdecken verwendet wird.
S. zeichnet sich durch hohe Zähigkeit, Reißfestigkeit (Bruchlast 120 N) und gleichmäßige Dicke aus. In Buchdeckenmaschinen wird vorwiegend Rollenschrenz verarbeitet. Als Rückeneinlage für runde Rücken wird ein S. geringerer flächenbezogener Masse (bis 350 g/m²) angewendet, der sich leicht runden lässt. Für gerade Rücken sollte die flächenbezogene Masse höher sein. Bei flächenbezogenen Massen um 500 g/m² wird auch der Begriff Schrenzpappe verwendet.

Schrenzpappe
→ Schrenzkarton

Schrumpffolienverpackung
→ Einschrumpfen

Schuber
Schachtelähnliches Schutzfutteral, welches das Buch fast vollständig umschließt, nur der Rü-

cken bleibt frei sichtbar. Ein S. nimmt z. T. mehrere Bände einer Ausgabe auf.

Der S. bewahrt das Buch vor äußeren Einflüssen wie Sonnenlicht, Staub, mechanischer Beanspruchung (z.B. Abrieb). Er trägt zur Formbeständigkeit des Buches bei, indem er das Buch durch seinen stabilen und rechtwinkligen Aufbau in seiner Endform bewahrt und vor Verlagerungen schützt. Außerdem dienen S. der Vervollkommnung wertvoller, langlebiger Exemplare wie Lexika, Minibücher oder Werke, die bibliophile Kostbarkeiten und Sammelobjekte darstellen.

Industriell werden einfache, d.h. unkaschierte Schuber hergestellt. Die gestanzten und gefalteten Schuberzuschnitte werden durch Kleben oder Drahtheften gefügt, die Kopf- und Fußteile eines Schubers liegen hierbei doppelt vor. In der Handbuchbinderei erhalten die Schuber eine Kaschierung aus Papier oder Gewebe, die dem Bucheinbandmaterial angepasst ist.

Schuppenanleger

→ Bogenanleger für Blätter oder Materialzuschnitte, die in geschuppter Form auf ein Transportband gelegt werden, von dem sie kontinuierlich den Vereinzelungsorganen zugeführt werden.

Eingesetzt werden S. z.B. als Umschlaganleger im Klebebinder. Sie verfügen über ein großes Fassungsvermögen. Auch aneinander haftende Umschläge (z.B. durch Kaschierung) können problemlos vereinzelt werden.

Schuppenauslage

Auslage in Buchbindereimaschinen (beispielsweise Bogenfalzmaschine, Sammelhefter), bei der die Teil- oder Endprodukte im Schuppenstrom auf zwei hintereinander angeordneten Bänderbahnen ausgelegt und manuell abgenommen werden.

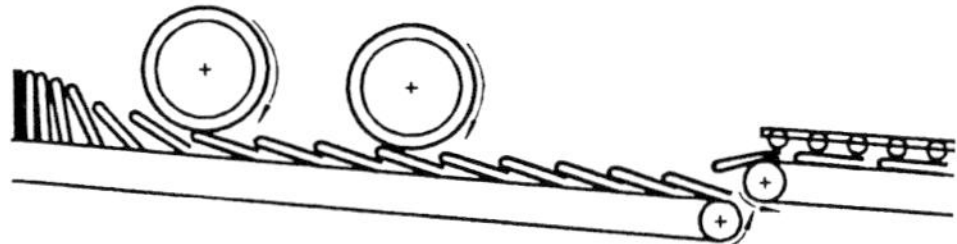

Dabei verlangsamt die zweite Bahn den Schuppenstrom, und die Produkte werden nahezu stehend gegen einen Anschlag aufgerichtet.

Die S. ist hinsichtlich Format, Produktdicke und Papierart universell einsetzbar, bietet aber nur ein geringes Fassungsvermögen und fordert erheblichen manuellen Aufwand für das Abnehmen, Bilden und Absetzen der Stapel. Eine Zähl- und Markiereinrichtung erleichtert das Abnehmen abgezählter Stapel.

Schuppenstrom

Charakteristische Form der auf einem Transportband an- oder ausgelegten dünnen Teil- oder Endprodukte (z.B. Falzbogen, Einlagenbroschuren), wobei die einzelnen Exemplare teilweise übereinander liegen; vgl. Schuppenauslage.

Schussfaden

→ Kettfaden

Schütteln

→ Rütteln

Schutzumschlag

Umschlag aus mehrfarbig bedrucktem, lackiertem oder kaschiertem Papier, der bei Büchern straff um die Buchdecke gelegt wird und an den Deckeln in einer Breite von mindestens 5 cm eingeschlagen wird.

Der S. hat die Aufgabe, das Buch eine gewisse Zeit vor mechanischen Beschädigungen, Fingerabdrücken oder anderen Schmutzflecken zu bewahren, was besonders bei hellen, empfindlichen Einbandmaterialien vorteilhaft ist.

Daneben hat der S. auch Informationsfunktionen und werbewirksame Aufgaben. So werden außer dem Titel des Buches und dem Namen des Autors auf den Umschlagklappen oder der Rückseite gern zusätzliche Informationen zum Buchinhalt oder zur Biografie des Schriftstellers gegeben.

Das Umlegen des S. erfolgt auch in der industriellen Buchbinderei häufig manuell, aber auch in → Schutzumschlagumlegemaschinen.

Broschuren erhalten in der Regel keinen S. (Ausnahme → Englische Broschur).

Schutzumschlagumlegemaschine
Buchbindereimaschine als Solomaschine oder in Kopplung an eine Buchfertigungsstraße zum maschinellen Umlegen des → Schutzumschlags.
Die Bücher gelangen auf dem Rücken oder auf den Deckenvorderkanten stehend in die S. Aus einem Flachstapelanleger wird über Greifertrommeln ein Umschlag vereinzelt, ausgerichtet und der Rillstation zugeführt. Während des Rillens richten sich die Klappen im spitzen Winkel auf. Die Rillung gewährleistet ein straffes und genaues Umlegen des Schutzumschlags um das Buch.
Buch und Umschlag werden zusammengeführt. Mit Hilfe von Teilermessern und Trennblechen werden die Buchdeckel vom Buchblock separiert und an den Umschlag gebracht. Die Umschlagklappen werden von Umlegeelementen an die Deckel gelegt und von beweglichen Kunststoffplatten angedrückt. Im Anschluss werden die Deckel geschlossen, das Buch wird ausgelegt.
Das Umlegen erfolgt kontinuierlich in der Bewegung bei Taktzahlen von 52 T/min.

in Planschneidern und Dreimesserschneidemaschinen zum Einsatz kommt.
S. werden heute nur sehr selten eingesetzt, da die verhältnismäßig geringe Messerhärte den heutigen Anforderungen der Bedruckstoffe (steigender Anteil an Recyclingmaterial, hoch gestrichene Papiere u. a.) nicht mehr gerecht wird und rascher Verschleiß die Folge ist.

Schweinsleder
Als Bucheinbandmaterial verwendetes sehr zähes, haltbares → Leder von schöner Narbung.
S. erkennt man an den Poren, in denen die Borsten saßen und durch die bei Verwendung von Heißleim der Klebstoff nach außen dringen kann. In Abhängigkeit von der Gerbung wird naturelles Schweinsleder (pflanzliche, teils synthetische Gerbung) und weißes Schweinsleder (mineralische Gerbung) unterschieden.

Schweinspergament
→ Pergament mit deutlich sichtbaren Poren, das sich aufgrund hohen Fettgehalts und großer Härte nicht für buchbinderische Arbeiten eignet, aber für kunsthandwerkliche Arbeiten verwendet wird.

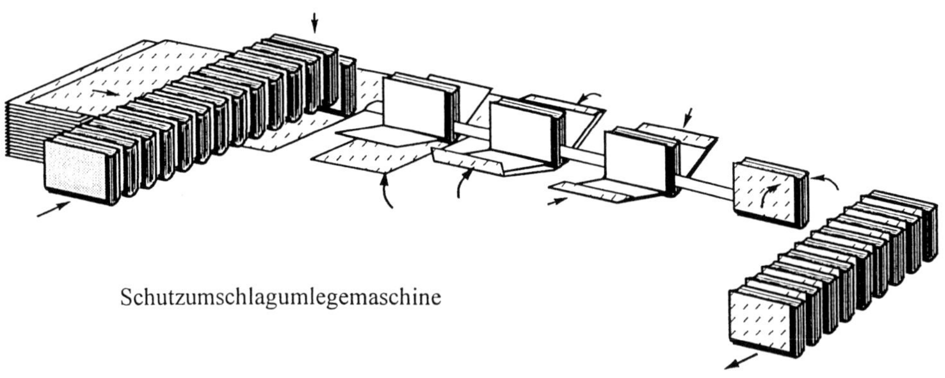

Schutzumschlagumlegemaschine

Schwanz
Unteres Ende eines Buchrückens.

Schwedenstahlmesser
Aus niedrig legiertem Kaltarbeitsstahl (< 5 % Legierungsanteil) bestehendes Flachmesser, das

Schweißbindung
Bindeverfahren, bei dem durch Energiezufuhr (beispielsweise durch Infrarotstrahlung) eine partielle Reaktivierung einer im Papier enthaltenen oder separat aufgetragenen Harzsubstanz erfolgt.

Eine thermoplastische Harzsubstanz wird bereits bei der Papierherstellung eingearbeitet, oder es wird ein Polyethylenharz auf das Papier aufgetragen.
Die Vorteile der S. liegen in hoher Festigkeit und guter Aufschlagbarkeit. Aufgrund der teuren Papierherstellung, des erforderlichen hohen Energieaufwands und infolge ungelöster Recycling-Probleme blieb die Anwendung bisher beschränkt.

Schweizer Broschur
Mehrlagenbroschur, bei der ein gefälzelter Broschurenblock durch einen schmalen Klebstoffstreifen nur mit der hinteren Umschlagseite verbunden ist.
Der zweifach (auch dreifach) gerillte Broschurenumschlag lässt sich vollkommen flach aufschlagen. Er kann aus dickem Karton, auch mit eingeschlagenen Klappen, hergestellt werden.
Die S. B. wird für dünne Produkte (bis etwa 10 mm Blockdicke) verwendet, sonst besteht die Gefahr des Herauslösens des Blocks aus dem Umschlag.

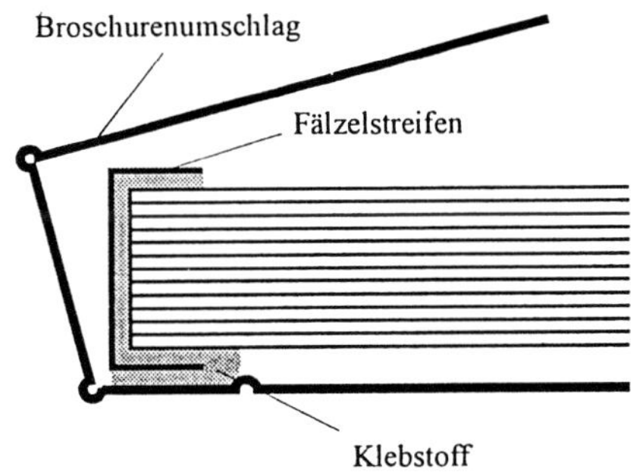

Schwertfalz
→ Messerfalz

Schwingnadelsystem
Spezielles Nadelsystem in Fadenheftmaschinen (→ Einzelbogenfadenheften), das durch schwingende Bewegung der Nähnadeln eine direkte Übergabe des Fadens an die Hakennadeln erlaubt, so dass kein Fadenzieher erforderlich ist.
Bei gleicher Geschwindigkeit von Bogentransport und Nadelbewegung wie in konventionellen Systemen wird der Heftvorgang beschleunigt ausgeführt.

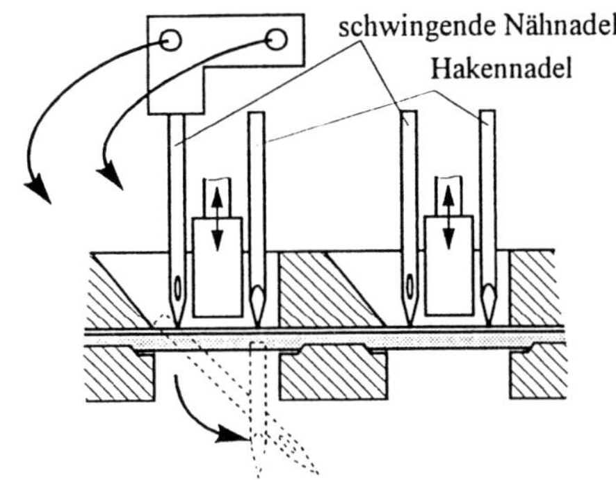

Schwingschrägschnitt
→ Schneidart beim Messerschnittprinzip mit Flachmesser, wobei das Messer partiell auf das Schneidgut aufsetzt und unter Nutzung einer vertikalen und horizontalen Bewegungskomponente durch das Schneidgut geführt wird.
Durch das partielle Einschneiden wachsen die Schneidkräfte langsam an, und es treten weniger starke Stöße auf. Die Maschine arbeitet ruhiger. Durch die waagerechte Bewegungskomponente des Messers, ausgedrückt durch den Messerbewegungswinkel, verringert sich die spezifische Schneidkraft. Das Bestreben des Messers, die Bogen unter dem Pressbalken hervorzuziehen, ist gering. Die Folge ist ein genauerer, sauberer Schnitt.
Mit den genannten Vorteilen begründet sich der häufige Einsatz dieser Schneidart, beispielsweise im Planschneider.

Schwingsenkrechtschnitt
→ Schneidart beim Messerschnittprinzip mit Flachmesser, wobei das Messer partiell auf das Schneidgut aufsetzt und unter ausschließlicher Nutzung einer vertikalen Bewegungskomponente durch das Schneidgut geführt wird.

SC-Papier
→ satiniertes Papier

Sechsteilige Buchdecke (Halbbandbuchdecke)
Buchdecke, bestehend aus zwei Deckelpappen, einer Rückeneinlage und drei Bezugszuschnitten. Charakteristisch ist, dass der Deckenbezugsnutzen geteilt ist: Der Buchdeckenrücken einschließlich eines auf die Deckel übergreifenden Teils erhält ein anderes Bucheinbandmaterial als Bezug als die beiden Deckelpappen.
Im Vergleich zu den Deckeln wird für den Rücken hochwertigeres Bucheinbandmaterial verwendet. Damit wird garantiert, dass die Deckenfälze und die oberen und unteren Rückenkanten, die einer höheren Beanspruchung unterliegen, aus widerstandsfähigem, falzfestem Material bestehen. Aus diesem Material leiten sich Bezeichnungen wie beispielsweise Halblederband, Halbpergamentband, Halbgewebeband ab.
Für das Beziehen der Deckel wird ein billigerer Werkstoff verwendet. Aufgrund der Materialkombination ergeben sich verschiedene Gestaltungsmöglichkeiten. Die Materialkosten liegen unter denen einer → vierteiligen Buchdecke, der technisch-technologische Arbeitsaufwand zum Fügen der Buchdecke ist jedoch höher.

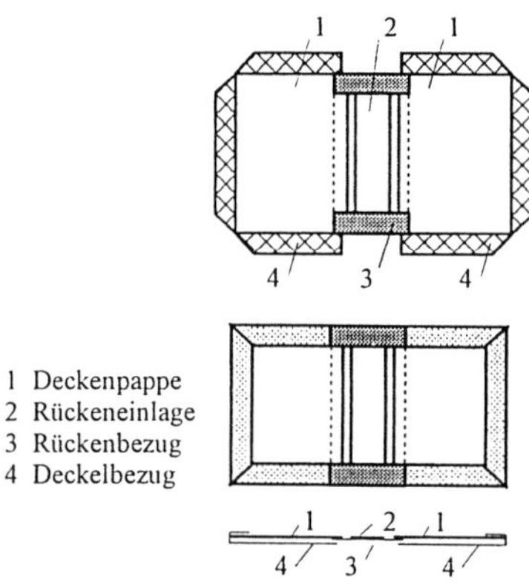

Sechzehnerteilung
Bei der manuellen Herstellung von Büchern mit Pergament- oder Lederdecken angewandte Bucheinteilung zur Erzielung einer optischen Harmonie.
Nach Abrechnen von 5 mm am Fuß des Buchrückens erhält der verbleibende Rückenteil 16 gleiche Teile, von denen eine beliebige Anzahl mit → Heftbünden versehen wird.

Sedezbogen
Bogen, der 32 Seiten enthält.

Seidenpapier
Dünnes, weiches, verhältnismäßig festes Papier, flächenbezogene Masse bis zu 30 g/m², das vorwiegend zum Verpacken empfindlicher Gegenstände bestimmt ist oder zum Kaschieren von Geweben (z. B. → Scharnierstoff), um Klebstoffundurchlässigkeit zu erreichen.

Seite
1. Im engeren Sinne die S. eines Buches, einer Broschur, Zeitschrift oder Zeitung.
Als kleinste Einheit dieser Druckerzeugnisse anzusehen, deren Umfang nach S. bemessen wird.
2. Im weiteren Sinne eine der zwei bedruckbaren Flächen von Papier- und Kartonbogen oder -blättern.
Durch das Herstellungsverfahren bedingt, hat jedes Papier bzw. jeder Karton eine Filz-(Ober-) Seite und eine Sieb-(Unter-)Seite). Man unterscheidet zwischen ein- und zweiseitig bedruckten Materialien.

Seitenbeleimung
Auftragen von Klebstoff auf der Vorder- und Rückseite des Buch- oder Broschurenblocks im rückennahen Bereich, um die seitlichen Übergriffe des Fälzels oder Broschurenumschlags zu fixieren.
Die S. wird mit → Seitenleimwerken im Klebebinder ausgeführt.

Seitenleimwerk
Aggregat im Klebebinder zum Auftragen von Klebstoff für die → Seitenbeleimung.
Das S. ist in der Regel dem → Rückenleimwerk nachgeordnet. Der Klebstoffauftrag erfolgt mittels Scheiben oder Düsen. Für die seitliche Fixierung von Broschurenumschlägen beträgt die Breite des Klebstoffauftrags 2...4 mm, für den Fälzelstreifen sind 8...12 mm üblich. Bei Zufuhr

eines beleimten Fälzelstreifens entfällt die seitliche Beleimung.

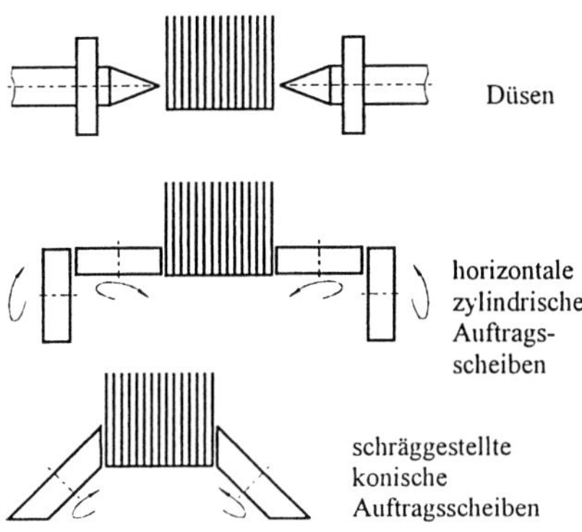

Seitliche Blattkantenbeleimung
→ Fächerbeleimung

Seitliches Blockdrahtheften
Technologie des → Drahtheftens, bei der zusammengetragene (übereinander gelegte) Bogen oder Blätter von oben nach unten durch Drahtklammern im Bundsteg nah am Rücken geheftet werden.
Bei Blockdicken unter 25 mm werden die Klammerenden rückseitig geschlossen; es entsteht allseitiger Formschluss. Bei Produktdicken darüber werden – beidseitig versetzt – zwei Klammern eingestochen, wobei teilweiser Kraftschluss vorliegt.
Der erforderliche Randabstand von rund 5 mm verhindert flaches Aufschlagen des Heftgutes; daher beschränkt sich die Anwendung auf einfache Broschuren, Kalender oder Notizblocks.

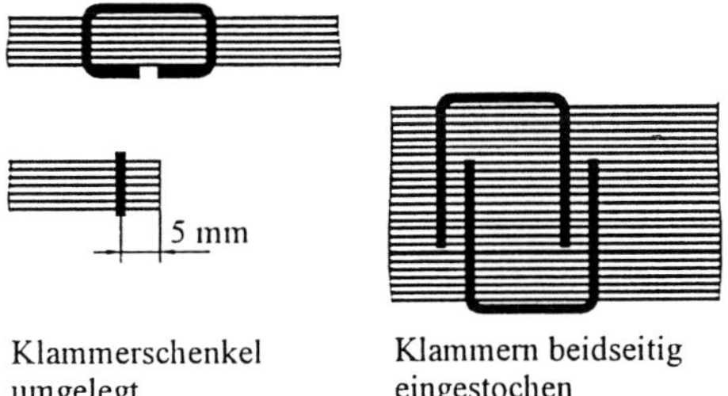

Klammerschenkel umgelegt

Klammern beidseitig eingestochen

Seitliches Blockfadenheften
Technik des → Fadenheftens, bei der zusammengetragene (übereinander gelegte) Bogen oder Blätter etwa 5 mm von der Rückenkante entfernt durch vorgebohrte Löcher fadengeheftet werden.
Der Block kann zur Vorbereitung am Rücken geleimt, gefälzelt oder seitlich drahtgeheftet werden. Geheftet wird mit einer Spezialheftmaschine, die mehrere Bohrköpfe und Heftmechanismen enthält. Das s. B. wird als → Knotenfadenheften oder → Steppfadenheften ausgeführt.
Von Vorteil ist trotz niedriger Produktivität die hohe Gebrauchsbeständigkeit, verbunden jedoch mit schlechter Aufschlagbarkeit durch großen Abstand (etwa 10 mm) zwischen Buchblockrücken und eingebranntem Falz. Die erforderliche Vergrößerung der Bundstegbreite führt zu einem höheren Papierverbrauch.

Selektives Binden (selective binding)
(engl.: selektive = auswählend): Das ausgewählte Gestalten, Personalisieren und Binden (Drahtrückstichheften, Klebebinden) leserspezifischer und zielgruppenorientierter Printmedien wie Zeitschriften, Kataloge, Werbedrucksachen u. a. Produkte, die in ihrem Inhalt und in der Werbung auf eine ganz bestimmte Person oder Personengruppe zugeschnitten sind.
Das s. B. ist charakterisiert durch das Sammeln/Zusammentragen leserspezifischer Falzbogen, Werbung und Beilagen, durch persönliche und demografische Innen- und Außenbeschriftung einschließlich persönlicher Anrede, individueller Beschriftung und Adressierung sowie die Beschriftung von Rückantwortkarten.
Das s. B. bietet die Möglichkeit, zielgruppenorientiert und damit wirkungsvoll werben zu können bei reduzierten Produktionskosten. Der Leser und damit potentielle Kunde erhält nur die Werbungen, die in seinem Interessensgebiet liegen. Das macht sich in steigenden Rücklaufraten und wachsenden Umsätzen im Vergleich zur allgemeinen Werbung bemerkbar.
Aus maschinentechnischer Sicht ergibt sich die Forderung nach flexiblen Fließstrecken (Sammelhefter, Klebebinder) mit rasch austausch-

baren Anlegestationen (Falzbogenanleger, Kartenkleber, Umschlagfalzanleger, Beschriftungseinheiten), einem Steuersystem für die gezielte Ansteuerung der Einzelaggregate und gleichzeitige Daten- und Steuerkoordination für alle Beschriftungseinheiten. Produktdurchlaufkontrollen überwachen jedes Exemplar an jeder Stelle in der Maschine, schleusen Fehlexemplare aus und sorgen für Wiederholung dieses speziellen Produktes.

Selektives Falzen
Falzen von unterschiedlich langen Abschnitten, die von einem bahnförmigen Ausgangsmaterial quergeschnitten und den Falzwerken zugeführt werden.
Über Sensoren wird die Länge des aktuellen Bogens erkannt. In den Taschenfalzwerken werden die jeweiligen Bogenablenker aktiviert und Falztaschen geöffnet oder geschlossen. Damit werden je nach Erfordernis unterschiedliche Falzvarianten realisiert oder Bogen ungefalzt transportiert.

Senkrechtstapelauslage
Auslage an Buchbindereimaschinen (z.B. Zusammentragmaschine), in der die Teil- oder Endprodukte flach liegend ausgelegt werden, wobei die Stapelbildung von unten erfolgt.
Die Blocks werden manuell abgenommen oder nach Erreichen einer vorgewählten Anzahl durch eine Hebevorrichtung auf einer Ablage abgesetzt.

Shirting
→ Schirting

Sichtbare Bünde
→ Heftbünde

Siegelfaden
Für das → Fadensiegeln verwendeter Zweikomponentenfaden aus zwei verzwirnten (umeinander gedrehten) Chemieseiden, wobei als Trägerfaden Viskose zum Einsatz kommt und als siegelfähige Komponente Polypropylen.
Das von der Siegelschiene erhitzte Polypropylen schmilzt und verbindet unter Einwirkung von Druck den Viskosefaden mit dem Papier. Die Siegeltemperatur steht in engem Zusammenhang mit der Siegelzeit, die durch die Taktzahl des Siegelaggregates beeinflusst wird. Bei einer Leistung von 100...110 T/min liegt die Siegeltemperatur im Bereich von 280...350° C.

Siegelfestigkeit
Die Festigkeit, mit der die Fadenklammern beim → Fadensiegeln mit dem Falzbogen im Bundstegfalz verbunden sind.
Faktoren, die die S. beeinflussen, sind u.a. Beschaffenheit des Siegelfadens, Siegeltemperatur, Siegelzeit, die von der Maschinenlaufgeschwindigkeit abhängt, und der Bedruckstoff.

Siegelnadeln
Nadelpaare, die den Siegelfaden beim → Fadensiegeln u-förmig durch den Falzbogen stechen.
Für Falzbogen bis 16 Seiten werden dünne Nadeln verwendet, die kleinere Einstichschlitze erzeugen. Der Klebstoffeinlauf wird so gering wie möglich gehalten. Bei Falzbogen mit größerem Seitenumfang oder bei dickeren Papieren finden Nadeln für große Einstichschlitze Anwendung, damit der Klebstoff bis zum innersten Viertelbogen der Lage vordringen kann und so eine erhöhte Lagenfestigkeit bewirkt.

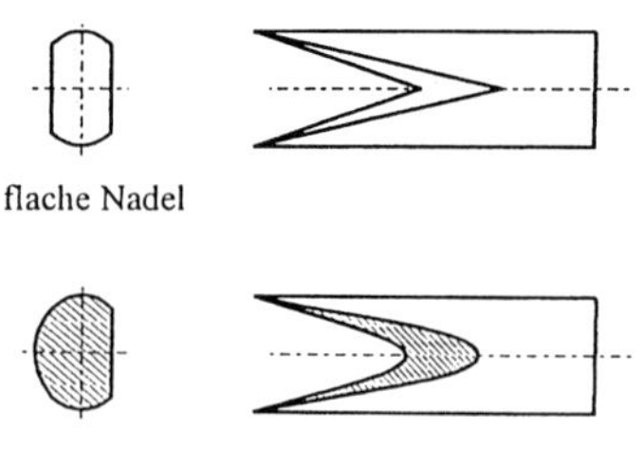

Siegelschiene
Beheizte Schiene beim → Fadensiegeln, die durch Federdruck gegen die Falzbogen gedrückt wird und dadurch das Verschmelzen der Fadenschenkel mit dem Papier bewirkt.

Signalband (Vorausband)
Ein Buch oder eine Broschur, die dem Auftraggeber auf Wunsch vor Beginn der buchbinderischen Verarbeitung an der Gesamtauflage vorgelegt wird.
Der Verlag prüft den S. in Bezug auf qualitätsgerechten Druck, Vollständigkeit des Textes oder Bildteils usw. und gibt daraufhin die Druckbogen zum Binden frei.

Signatur
Abgeleitet von der → Bogensignatur werden mitunter die einzelnen Buchbinderbogen eines Buch- oder Broschurenblocks als S. bezeichnet.

Softcover
(engl.: weicher Umschlag): Bezeichnung für eine Broschur, die sich durch einen flexiblen Umschlag auszeichnet.
Im weiteren Sinne fallen unter die Bezeichnung S. auch Bücher mit → biegsamen Buchdecken, beispielsweise mit einteiligen Kunststoffbuchdecken.

Sortieren
Das nach dem Auflagendruck mitunter erfolgende Durchsehen der Druckbogen und Herausnehmen der Makulaturbogen vor der buchbinderischen Verarbeitung.
Die Bezeichnung ist aber auch im Zusammenhang mit der Durchführung anderer Kontrollen zutreffend, bei denen eine Aussonderung qualitätsgeminderter oder unbrauchbarer Exemplare erfolgt.

Sortierpuffer
Puffersystem, um nach dem Schneiden am Planschneider unterschiedliche Nutzen, die sich auf einem gemeinsamen Druckbogen befanden, getrennt zwischenzulagern.
Der S. besteht aus einem Regalsystem mit automatischem Trennsystem, womit jeder Etagenboden frei bewegt werden kann. Das gewünschte Brett wird in Arbeitshöhe gefahren und fixiert. Die darüber befindlichen Bretter werden von Klappen gehalten, der übrige Stapel wird abgesenkt. Das betreffende Brett wird nach vorn gezogen und ist frei zugänglich.
Der S. kann mit beliebigen Bogenteilen gefüllt werden. Gleiche Sorten können später aus unterschiedlichen Etagen entnommen und fertig geschnitten oder verpackt werden.

Sortimentsbuchbinderei
Handwerkliche Buchbinderei, in der manuell hauptsächlich Einzelexemplare oder kleinere Auflagen von Büchern und Broschuren hergestellt sowie auch Sonderarbeiten ausgeführt werden.
Zu den Arbeiten der S. zählt u.a. das Herstellen von wertvollen Einbänden aus Pergament und Leder (z.B. Franzeinband), echten Goldschnitten und die Anwendung alter Handwerks- und Veredlungstechniken (z.B. Lederintarsia). Als Sonderarbeit gilt die Herstellung von Mappen, Kästen, Urkundenrollen u.a.
Sie kann selbständig oder als Abteilung einer industriellen Buchbinderei bestehen.

Spanausheber
Werkzeug beim → Nuten, das zwischen zwei Rundmessern eingesetzt wird, um den entstehenden Span auszuheben. Es entsteht eine rechteckige Nut.

Spannen
Art des → Anklebens oder → Einklebens von Vorrichteelementen.

Spanner
Eigenschaft eines Buches, bei dem beim Aufschlagen der Buchdecke das Vorsatz oder auch die ersten Blätter einer hohen Zugbeanspruchung ausgesetzt werden, die sich soweit auswirken kann, dass z.B. die Vorsätze im Falz einreißen. Das vollständige flache Aufschlagen der Buchdecke wird erschwert oder unmöglich.
Zu S. führen beispielsweise zu weit abgesetzte Vorsätze, zu enge Falzbreiten der Buchdecke, ungenügend festes oder schlecht angeklebtes Fälzelmaterial oder das ungenaue Verbinden von Buchdecke und Buchblock.

Spiegel

1. Der Teil des → Vorsatzes, der mit den Innenseiten des Buchdeckels verklebt ist.

Der S. kann mit dem → fliegenden Blatt des Vorsatzes direkt verbunden sein (das Vorsatz besteht dann aus einem Stück); er kann jedoch auch als selbständiger Teil (bei Vorsätzen mit sichtbarem Falz) auf die Deckel geklebt werden.

2. Karton- oder Papierblätter, mit denen die Innenflächen von Urkundenmappen, Fotoalbendecken, Kästen u. a. buchbinderischen Erzeugnissen kaschiert werden, wobei sie auf allen Seiten auf Einschläge und/oder auch Stege übergreifen.

Spindelpresse

Gerät zum Einpressen von z. B. frisch eingehängten Büchern, bestehend aus zwei gusseisernen Platten, die durch zwei Säulen verbunden sind.

Der Pressdruck wird über eine manuell oder elektrisch angetriebene Spindel bewirkt, mit der die Oberplatte auf die Produkte abgesenkt wird. Die Bücher werden verschränkt in Stapeln in die S. gesetzt. Die Verweilzeit in der S. beträgt bis zu mehreren Stunden. S. werden überwiegend in der handwerklichen Buchbinderei eingesetzt.

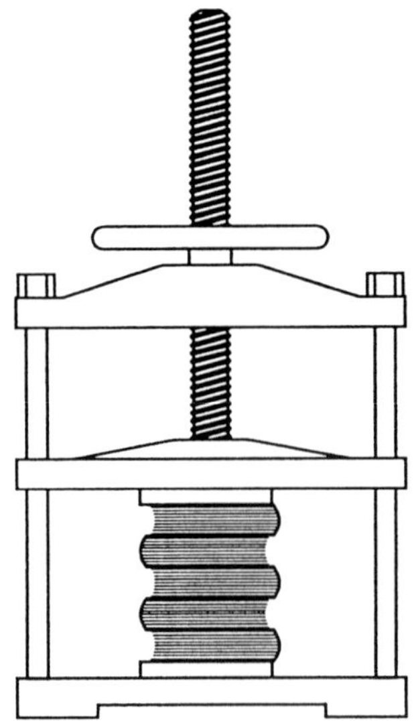

Spinnerwalze

→ Rückenleimwerk

Spiralbindung

→ Einzelblattbindeverfahren, bei dem ein schraubenförmig gewundenes Bindeelement aus Kunststoff oder Draht genutzt wird, das in eine parallel zur Blattkante verlaufende Lochreihe eingreift.

Die Enden der Spirale werden eingebogen, um ein Ausdrehen der Spirale bei Gebrauch zu vermeiden. Die entstehenden Schlaufen werden als Coilock bezeichnet.

Die S. lässt sich flach auf- und umschlagen, wobei ein Höhenversatz von einer halben bzw. ganzen Spiralwindung auftritt. Ein Austauschen von Blättern ist nicht möglich. Die Anwendung von S. erfolgt u. a. für Schreib- und Stenoblocks, Kalender, Handbücher und Stadtpläne.

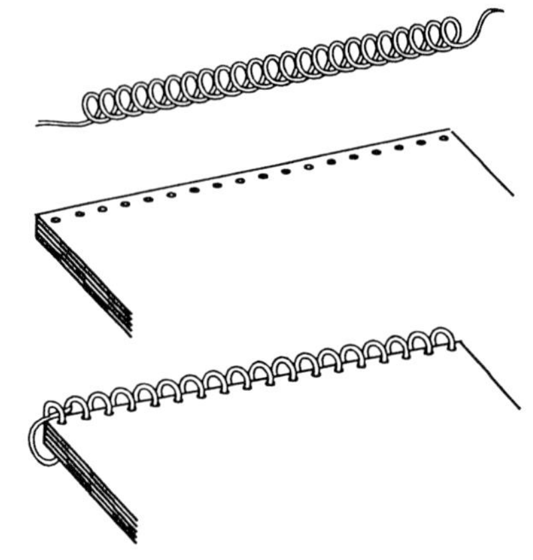

Spiralhakennadel

→ Hakennadel

Sprengschnitt

Variante des → Farbschnitts, bei dem eine partielle Farbübertragung an allen drei Schnittflächen erfolgt, indem die Schnittfarbe mittels Bürste durch ein Sprenggitter gleichmäßig aufgesprenkelt wird.

Der S. wird heute nur noch vereinzelt angewendet. Eine besondere Form des S. stellt der

Kreideschnitt dar. Vor dem Aufsprengen der Farbe wird die Schnittfläche mit fein geschabter Kreide bestreut, die anschließend entfernt wird und weiße Stellen zurücklässt.

Sprungrücken
Besondere Art der Bindung bei Geschäftsbüchern, die flaches Aufschlagen und Beschreiben der einzelnen Seiten bis in den Falz ermöglicht.
Das Charakteristische hierbei ist, dass beim Aufschlagen des Buches der Buchblock aus dem S. herausgedrückt wird, wodurch die einzelnen Blätter bei der Benutzung flach liegen. Wo sich bei gewöhnlichen Einbänden die Rückeneinlage befindet, sind hier mehrere Lagen eines steifen und zähen Kartons in gerundeter Form übereinander geklebt, so dass eine Art Feder (der sogenannte S.) entstanden ist, die den Rücken umschließt und infolge ihrer Elastizität beim Öffnen des Buches die geschilderte Funktion ausübt.

Stangenanleger
→ Stangenbeschickung

Stangenbeschickung
Einrichtung für die halbautomatische Beschickung der Bogenmagazine in Sammelheftern oder Zusammentragmaschinen durch Zufuhr von zu Stangen gebündelten Falzbogen.
Die Stangenbildung erfolgt halb- oder vollautomatisch hinter der Rollenrotationsdruckmaschine durch Aneinanderreihen der im Schuppenstrom ankommenden Falzbogen, die mit Endbrettern versehen, gepresst und umreift werden. Mittels Handkran werden die bis zu 1,2 m langen Stangen auf einem Anlegertisch abgesetzt, der ein oder zwei Bogenstangen fasst. Damit ist eine hohe Vorstapelkapazität gegeben; eine Bedienperson beschickt 4...6 Stangenanleger auch bei hoher Maschinentaktzahl.
S. erfolgt in der Regel mit → Stehendbogenanlegern, in denen die auf dem Bundsteg abgesetzten Falzbogen durch Ketten oder Bänder kontinuierlich der Bogenvereinzelung zugeführt werden.

Stanzen
Herstellen von Ausschnitten beliebiger Größe und Form aus Blättern, Bogen oder einer Bahn mit Werkzeugen, die mechanisch eine randscharf begrenzte Trennung herbeiführen.
Im Gegensatz zum Schneiden entsteht eine geschlossene, meist nicht gerade Schnittlinie. Der Werkstoff (Papier, Karton, Pappe, manchmal mehrlagig) befindet sich entweder zwischen Stanzwerkzeug und Unterlage (→ Messerschnittprinzip) oder zwischen Ober- und Untermesser (→ Scherschnittprinzip). Je nach Auflagenhöhe wird mit Stanzeisen (Stanzmessern), mit einer aus geschärftem Bandstahl zusammengesetzten Stanzform im Stanztiegel oder mit rotierenden Stanzwerkzeugen gestanzt.
Typische Erzeugnisse sind Etiketten, Verpackungen aus Papier, Karton und Pappe (z. B. Faltschachteln, Fensterbriefhüllen) sowie Werbemittel, Fest- und Scherzartikel.

Stanzperforieren
→ Perforieren

Stapel
Eine größere Anzahl übereinander liegender Materialien (z. B. Papierblätter oder -bogen, Deckelpappen), Teilprodukte (z. B. Falzbogen, Buchblocks) oder Endprodukte (z. B. Bücher) von meist gleichem Format.

Stapelbündler
Einrichtung zum Pressen (→ Bogen einpressen) und → Bündeln gefalzter Bogen, indem mit Endbrettern versehene Stangen gebildet und verschnürt werden, die platzsparend zwischengelagert werden können.
Im Gegensatz zur → Bündelpresse wird im S., der in Bogenfalzmaschinen integriert ist, automatisch gepresst und gebündelt. Hinter dem letzten Falzwerk wird ein Schuppenstrom gebildet, der von oben in einen Sammelschacht geführt wird. Nach Erreichen einer vorgegebenen Stapelhöhe wird der Stapel mittels Querschieber in eine Press- und Umreifungsstation gefördert, ein Enddeckel wird zugeführt, und der Stapel wird

gepresst und automatisch umreift. Die Stapellänge (bis zu 1 m) ist im Vergleich zu den Bündelpressen größer.
Der Einsatz von S. dient der Erzielung eines scharfen Falzes und der Volumenverringerung für Transport und Zwischenlagerung und bringt außerdem Arbeitserleichterung und Leistungssteigerung an der Falzmaschine.

Stapelheber
→ Stapellift

Stapelbrettpuffer
Puffersystem, um das Rütteln und Schneiden am Planschneider zeitlich und räumlich voneinander zu trennen.
Im S. werden tischhohe Stapel gebildet, wobei die mengengleichen Teilstapel auf Brettern übereinander abgesetzt werden. Die Bogenteile werden auf das jeweils oberste Brett geschoben, das mit automatischen Auflageklappen zur Tischoberfläche ausgerichtet wird. Danach wird das beladene Brett auf die übrigen Bretter abgesenkt.

Stapellift
Vorrichtung zur Aufnahme von Bogenstapeln oder Paletten, um das Arbeitsgut auf die erforderliche Arbeitshöhe zu heben bzw. zu senken und damit einen Materialtransport in einer Ebene zu gewährleisten.
S. werden an Buchbindereimaschinen (beispielsweise Planschneider, Falzmaschine, Fadenheftmaschine) eingesetzt, an denen von bzw. auf Paletten gearbeitet wird. Der Stapelhub wird mit einer Lichtschranke geregelt.
S. sind freistehend neben der Maschine oder fahrbar konstruiert, was einen Einsatz an unterschiedlichen Maschinen erlaubt. Teilweise sind sie auch fest mit Planschneidern verbunden und können über die Grundmaschine bedient werden.

Stapelschneider
Kleinformatige Buchbindereimaschine für das Schneiden von Stapeln, wobei ein Messer nach dem Messerschnittprinzip gegen eine Schneidleiste arbeitet.
S. werden eingesetzt in der handwerklichen Buchbinderei für den Dreiseitenbeschnitt von Einzelexemplaren oder für das Schneiden von Papierstapeln im Format bis etwa A3. Bei Anwendung des S. für den Dreiseitenbeschnitt muss das Schneidgut nach jedem Schnitt um 90° gedreht, neu positioniert und, im Gegensatz zum → Dreischneider, erneut eingepresst werden. Neben der rein manuellen Bedienung (Verstellen des Anschlags über Handrad, Absenken eines Presselements zum Fixieren des Schneidgutes über Spindel oder Hebel, Auslösen des Messers manuell über Hebel oder elektrisch) gibt es auch Ausführungen mit teilweiser oder vollständiger elektrischer Steuerung. Diese S. ähneln kleinformatigen → Planschneidern.

Stapelwender
Aggregat zum Wenden von Papierstapeln im Ganzen, um eine rationelle buchbinderische Verarbeitung ohne manuelles Wenden einzelner Bogenlagen durchzuführen.
Die bedruckten Bogen werden unter Umständen mit der falschen Seite nach oben aus dem Drucksaal angeliefert und müssen für die Weiterverarbeitung gewendet werden. Dazu wird eine Palette aufgelegt und der Papierstapel von beiden Seiten gepresst und gehalten. Durch eine Drehung über den Kopf kommt der Stapel auf der anderen Maschinenseite gewendet zum Stehen und kann nach dem Abnehmen der jetzt oben liegenden Palette herausgefahren werden.

Stärkekleister
→ Dextrinleim

Staubfräser
Werkzeug zur → Rückenbearbeitung beim Klebebinden zur Abtrennung des Bundstegfalzes, wobei eine ungleichmäßige, raue Schnittkante entsteht; vgl. Schnitzelfräser.
Die vom Blockrücken abgefrästen Teile fallen als Staub an. Die Blattkanten sind aufgefasert und weisen Vertiefungen auf. Die Rauigkeit der gefrästen Fläche ist durch den besonderen Schnittwinkel der Fräszähne bedingt. S. werden einge-

setzt für glatte und feste (satinierte, gestrichene) Papiere, die jedoch meist noch eine zusätzliche → Aufrauung benötigen, um ausreichende Klebstoffangriffsfläche zu schaffen.

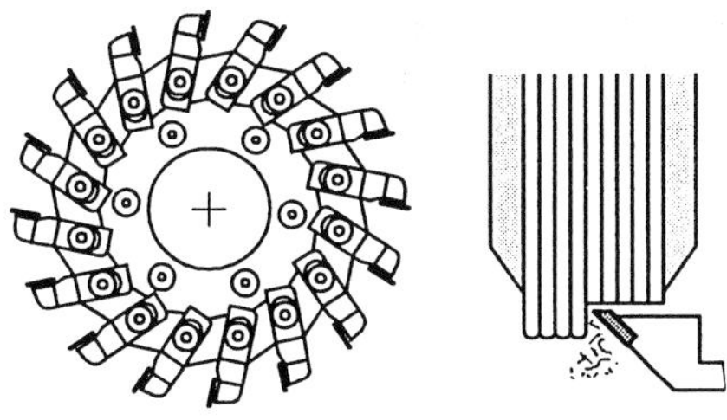

Stauchfalz

→ Taschenfalz

Steg

Auf den Seiten von z. B. Büchern und Broschuren der Randbereich um den Satzspiegel herum. Je nach Lage des S. unterscheidet man Kopfsteg, Fußsteg, Vordersteg und Bundsteg.

Der Bundsteg reicht bis zum Rückenfalz des Produktes. Seine Breite hängt u. a. vom Bindeverfahren ab, z. B. muss für das Klebebinden ein entsprechender Fräsrand berücksichtigt werden. Dem Bundsteg gegenüber befindet sich der Vordersteg.

Stehendbogenanleger

→ Bogenanleger in Buchbindereimaschinen, bei dem das Bogenmagazin so ausgelegt ist, dass Bogen, Blätter oder Materialzuschnitte im liegenden Stapel bevorratet werden.

Bei Einsatz von S. in beispielsweise Sammelheftern stehen die Falzbogen auf dem Rücken und werden durch Transportketten oder -bänder kontinuierlich zur Bogenvereinzelung transportiert. Vorteil gegenüber dem → Flachstapelanleger ist eine gleichbleibende Belastung für den zu vereinzelnden Bogen, unabhängig vom Magazinfüllstand.

Stehendbogenauslage

Auslage hinter Rollenrotationsdruckmaschinen oder Buchbindereimaschinen (z. B. Bogenfalzmaschine), bei der die Produkte oder Teilprodukte auf dem Rücken oder Vorderschnitt stehend ausgelegt und automatisch gebündelt oder manuell abgenommen werden.

In der Falzmaschine verlassen die Falzbogen das letzte Falzwerk als Schuppenstrom. Sie werden über eine Wendetrommel zu einem Auslagetisch geleitet, wo sie einen liegenden Stapel bilden. Häufig ist eine → Pressstation integriert. S. bieten höheres Fassungsvermögen und leichteres Abstapeln als beispielsweise → Schuppenauslagen. Hinter der Druckmaschine schließt sich nach der S. in der Regel eine Stangenbildung an (vgl. Stangenbeschickung).

S. für Kleinfalzbogen sind Spezialauslagen für kleinformatige Produkte von etwa 1,6...11 cm Formatlänge (z. B. Beipackzettel). Sie verhindern, dass die Bogen aufspringen, indem diese gegen einen gefederten senkrechten Anschlag gestellt werden.

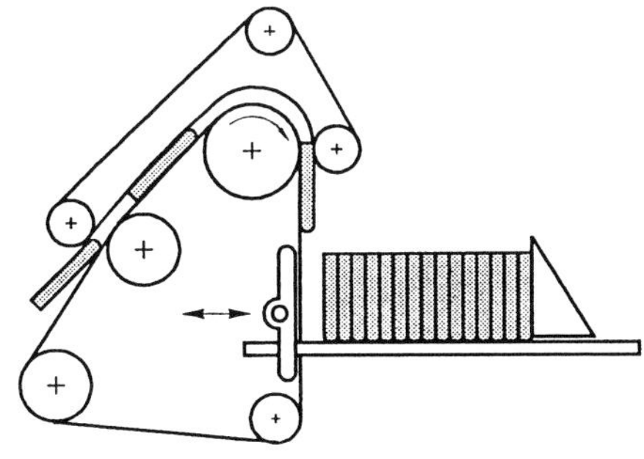

Steifbroschur

Sonderform einer Mehrlagenbroschur, die sich bezüglich ihrer technologischen Herstellung und des Erscheinungsbildes von den üblichen Broschurenkonstruktionen abhebt, vgl. Broschur. Die Bezeichnung ist durch Verwendung nicht flexiblen Materials für die Umschlagblätter entstanden.

Der Broschurenblock wird mit Vorsätzen vorgerichtet und am Vorderschnitt beschnitten. Auf die Vorsätze werden die Umschlagdeckel vollflächig geklebt. Über den Rücken wird ein Gewebefälzel mit schmalen Übergriffen auf die Deckel geklebt. Die Deckel selbst werden mit Papier kaschiert, das an den Kanten des Vorderschnitts eingeschlagen wird. Die Umschlagkanten stehen am Vorderschnitt geringfügig (bis 2 mm) über. Anschließend erfolgen Kopf- und Fußschnitt an Block und Deckeln gemeinsam.

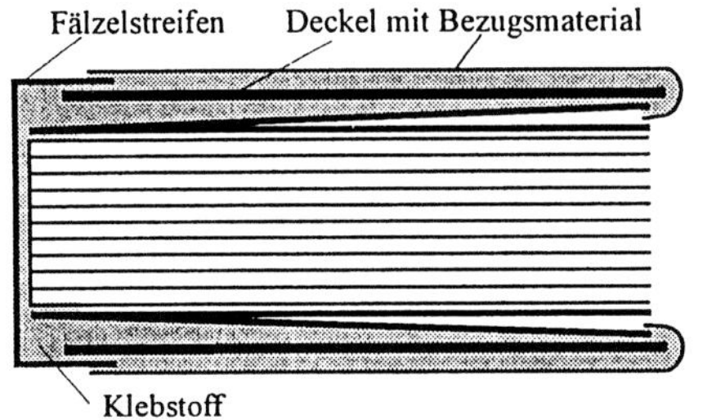

Steigung
→ Rückensteigung

Steppfadenheften
Stichart beim → Fadenrückstichheften oder → seitlichen Blockfadenheften, die mit einem Faden oder mit zwei Fäden ausgeführt wird.
Bei Verwendung von zwei Fäden wird mit einem Unter- und einem Oberfaden geheftet (genäht), die Stichweiten betragen 5...20 mm.

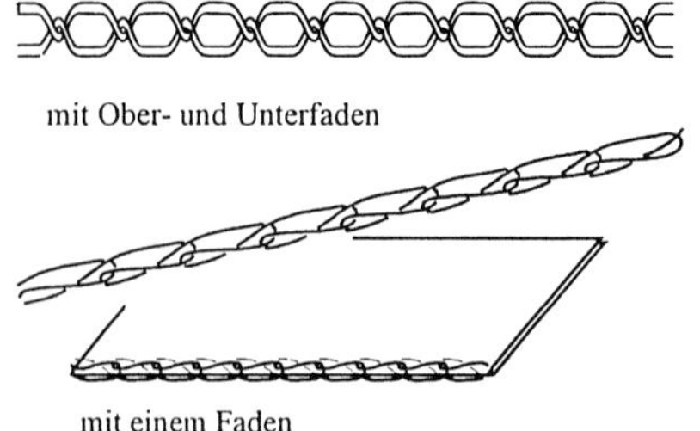

Bei Verwendung eines Fadens wird durch Verschlingung (Verkettung) eine Naht gebildet. Der Faden wird als Schlaufe durch das Produkt gestochen. Diese Schlaufe wird von einem Haken aufgenommen, das Produkt wird weitertransportiert, und im Abstand von etwa 20 mm erfolgt der nächste Einstich. Die erneut gebildete Schlaufe wird durch die vorhergehende gezogen, so dass sich eine Verkettung ergibt.
Wegen der Festigkeit der Verbindung und der Unmöglichkeit, einzelne Blätter ohne Zerstörung aus dem Gesamtverbund zu entfernen, wird das S. auch für Dokumente und Ausweise eingesetzt.

Sternanleger
Rotierendes taktgebundenes Maschinenteil zwischen zwei Aggregaten in z. B. Buchfertigungsstraßen.
Mit dem S. können liegende Buchblocks auf den Rücken oder den Vorderschnitt gestellt werden. Die Weitergabe kann linear oder rechtwinklig zur bisherigen Transportrichtung realisiert werden. Die Übergabe erfolgt produktschonend.

Stichtabelle
Einstellvorlage für → Fadenheftmaschinen zur Auswahl der Wirkelemente für eine vorgewählte Heftstichart.
Mit Hilfe eines zu heftenden Bogens werden von der S. die erforderlichen Nadeln (Vorstech-, Näh- und Hakennadeln, Fadenzieher) ausgewählt und markiert. In der Heftstation werden die entsprechenden Nadeln eingesetzt und der Kopfanschlag auf dem Heftsattel positioniert. Beim Wechsel zwischen → versetztem und → unversetztem Stich ist ein Umstecken von Bolzen für die exzentergesteuerten Bewegungsabläufe der Wirkelemente erforderlich.

Stiefel
Besondere stiefelähnlich gebogene Form eines Achates (Halbedelstein) am Glättzahn, der für → Hohlgoldschnitte dient und sich so am besten der Wölbung des Vorderschnitts anpasst.

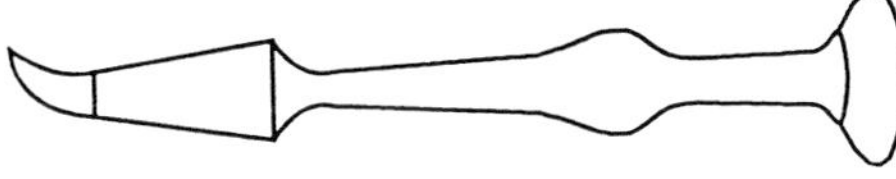

Stockpresse
Hohe Presse (ähnlich der → Spindelpresse) zum Einpressen von Bogen oder Büchern.

Stoffbindung
Die Art und Weise, wie Schuss- und → Kettfäden in einem Gewebe angeordnet sind.
Man unterscheidet → Atlasbindung, → Köperbindung, → Leinwandbindung, → Ripsbindung.

Stopper
Plötzliche und unerwünschte Unterbrechung des Arbeitsflusses in Maschinen infolge einer Störung, die meist mit einer Stauung des Materials und damit einer Verstopfung des Transportweges innerhalb der Maschine verbunden ist.

Stoßkapitalen
Das → Kapitalen mehrerer im Stapel übereinander liegender Buchblocks.

Streamfeeder
Spezieller Anleger für die → Stangenbeschickung, bei dem die Bogenstange zu einem Schuppenstrom aufgefächert wird und die Bogen über eine aufsteigende Zuführung in einen → Flachstapelanleger gelangen.

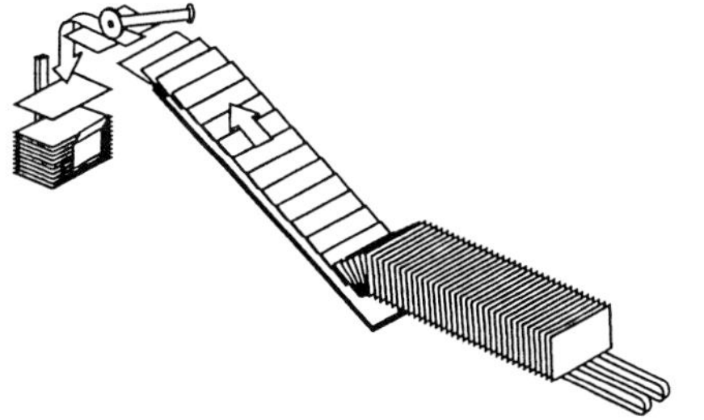

Damit lassen sich die Vorteile des Flachstapelanlegers (sichere Verarbeitung dünner, instabiler Bogen) nutzen.
Neben der halbautomatischen Stangenbeschickung besteht auch die Möglichkeit, den S. manuell zu beschicken.

Streifband
Bedruckter Papierstreifen, der um ein fertiges Buch oder eine fertige Broschur gelegt wird und als Werbemittel dient.
Die Enden des S. werden zwischen Buchdecke und Buchblock eingeschlagen.

Streifenausschnitt
Sonderform des → Trennschnitts, wobei zwei Nutzen nicht durch einen einzelnen Schnitt voneinander getrennt werden, sondern durch zwei Schnitte, zwischen denen ein Abfallstreifen entsteht.
Die Schneidlinien für den S. werden so auf dem Nutzen positioniert, dass das Druckbild jedes Nutzens etwa 2 mm angeschnitten wird. Damit wird gewährleistet, dass bei vollflächig bedruckten Nutzen kein weißer bzw. farbiger Rand entsteht. Das Schneiden entlang der Druckbildkante ohne Entstehung dieses „blitzenden" Randes ist nicht realisierbar.

Streifenbeleimung
Auftragen von Klebstoff auf das → Fälzel (manuell oder im Leimwerk beim Längsfälzeln in linear arbeitenden Klebebindern) oder auf den Broschurenumschlag im Rücken- und/oder rückennahen Bereich.

Streifenprobe
Methode zur Bestimmung der → Laufrichtung von Papier, Karton und Pappe.
Zwei rechtwinklig zueinander versetzte Streifen werden aus dem zu prüfenden Material herausgeschnitten und an einem Ende frei in die Luft gehalten. Dabei biegt sich ein Streifen mehr durch als der andere. Bei diesem liegen die Fasern quer

zur Streifenlänge; er zeigt somit die Querrichtung an; vgl. auch Biegeprobe.

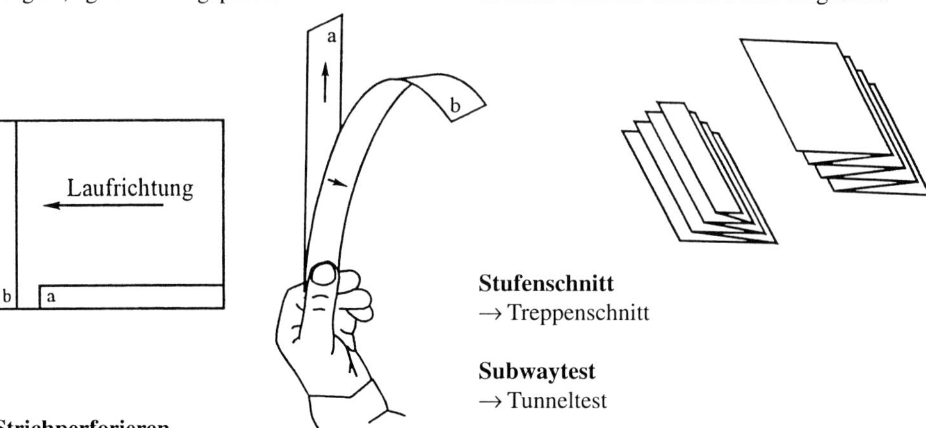

Strichperforieren
→ Perforieren

Strohpappe
Vorwiegend aus Weizen- und Roggenstroh hergestellte kurzfasrige Pappe geringer Festigkeit.
Das Stroh wird gehäckselt, gereinigt und mit Kalkmilch im Kugelkocher gekocht. Die Pappe ist an einer charakteristischen gelben Farbe zu erkennen. S. ist nicht rillfähig. Das Aufschließen mittels Kalk führt zu alkalischen Reaktionen, so dass aufkaschierte bedruckte Papiere Farbschwankungen unterliegen können.

Strukturprägen
Sonderform des → Heißfolienprägens.
S. kann als Vollprägen mit Hilfe eines Prägestempels oder als Reliefprägen mit Matrize und Patrize erfolgen. Ausgewählte flächige Teile der Prägung werden mit einer rasterartigen Struktur versehen. Durch die Lichtbrechung an den oberflächenstrukturierten Teilen wird Einfluss auf den Glanz der Prägung genommen. Auf groben Materialoberflächen wird die Wirkung von S. vermindert.

Stufenfalz
Sonderform des → Leporellofalzes, bei dem die Falzbrüche zueinander ein versetztes, stufenförmiges Erscheinungsbild ergeben.
Der S. wird aufgrund seines auffälligen Äußeren in erster Linie für Werbezwecke eingesetzt.

Stufenschnitt
→ Treppenschnitt

Subwaytest
→ Tunneltest

Synthetisches Papier
Papier, das teilweise oder vollständig aus Kunststofffasern (Polyacrylnitril, Polyamid, Polyester) besteht.
Die eingesetzten Fasern haben eine glatte Oberfläche und gehen keine Wasserstoffbrückenbindungen ein wie Zellulose; der Zusammenhalt muss deshalb durch Zusatz von Bindemitteln oder Sinterung durch Erhitzen erreicht werden. Die Kunststofffasern erhöhen Festigkeit, Falzfestigkeit und Alterungsbeständigkeit erheblich und machen das Papier wasserfest; es verrottet nicht. Es werden bessere Bedruckbarkeitseigenschaften und ein höherer Weißgrad erzielt.
S. P. werden für Dokumente, Landkarten (beispielsweise Unterwasserkarten) oder auch als Bucheinbandmaterial verwendet. Eine Blockbildung kann durch Hochfrequenzschweißen erzielt werden.

Tabloidfalz
Bezeichnung für einen Falz, der im Falzapparat von Rollenrotationsdruckmaschinen hergestellt wird. Anstelle des Trichterfalzes wird die Bahn durch Längsschneiden halbiert. Die Teilbahnen werden übereinander geführt und gemeinsam quergefalzt.
Es entsteht dabei ein Format, das der Hälfte der möglichen Zeitungsformate entspricht.

Taftbindung
→ Leinwandbindung

Taktperforieren
Das taktgesteuerte Perforieren mit Rundmessern in der Bogenfalzmaschine, womit Bogen nicht mit einer durchgehenden, sondern einer abgesetzten Perforationslinie versehen werden.
Damit können Trennstellen vorbereitet werden, um z. B. Postkarten heraustrennen zu können; vgl. Taktschneiden.

Taktschneiden
Das taktgesteuerte Schneiden mit Rundmessern in der Bogenfalzmaschine, womit Bogen nicht mit einer durchgehenden, sondern mit einer abgesetzten Schneidlinie versehen werden.
Es erfolgt keine vollständige Durchtrennung, so dass der Bogen eingeschnitten und nach einer Richtungsumkehr um 90° der Bogen partiell umgelegt werden kann.
Für das T. ist es erforderlich, mittels optischer Sensoren eine Bogenerkennung vorzunehmen, um den Bogenanfang zu ermitteln und die Länge der Schneidlinie, d. h. die Zeit des Aufsetzens des elektronisch gesteuerten Schneidwerkzeugs, zu berechnen.

Taschenbuch
Im Verlagswesen und im Buchhandel häufig gebrauchte Bezeichnung für ein literarisches Erzeugnis, das die Merkmale einer → Mehrlagenbroschur mit gerilltem Umschlag aufweist und dessen handliches Format (kleiner als A5) ein leichtes Mitnehmen in der Tasche oder im Handgepäck erlaubt.
Im Sinne der Produktkonstruktion handelt es sich beim T. nicht um ein → Buch, da die typischen Merkmale fehlen. T. sind überwiegend von belletristischem Inhalt.

Taschenfalz (Stauchfalz)
Falzprinzip, bei dem ein Bogen in einer Falztasche gegen einen Anschlag gestaucht und von zwei Falzwalzen erfasst wird, die den Falz quer zur Transportrichtung realisieren.
Der T. benötigt in seiner einfachsten Form drei Walzen und eine Falztasche. Der Bogen wird von zwei sich gegenläufig drehenden Einlaufwalzen bis an den einstellbaren Anschlag der Falztasche gefördert. Bei seiner Weiterbewegung bildet sich im Falzraum eine Stauchfalte aus, die an keiner definierten Stelle des Bogens liegt. Sie wird von der einen Einlaufwalze und der dritten Walze erfasst und scharfkantig zum Falz zusammengedrückt.
In einem Falzwerk sind mehrere Falztaschen angeordnet, in denen Parallelfalze hergestellt werden können. Für jeden weiteren Falz sind eine zusätzliche Walze und eine Falztasche erforderlich.

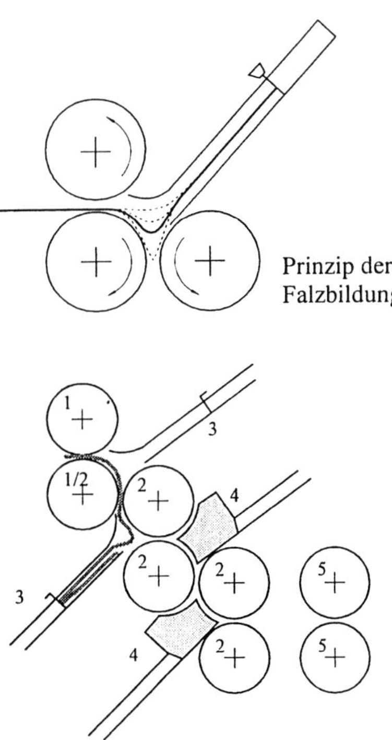

Prinzip der Falzbildung

Taschenfalzstation für Parallelfalze

1 Einlaufwalze
2 Falzwalze
3 Falztasche
4 Bogenablenker
5 Messerwelle

Ein Falzwerk kann bis zu acht Falztaschen enthalten, für Spezialfalzungen (z. B. Landkarten) bis 16 Taschen. Nicht benötigte Falztaschen werden durch Bogenablenker verschlossen. Für die Herstellung von Kreuzbrüchen wird das nachfolgende Falzwerk im rechten Winkel angeordnet.

Taschenfalzmaschine
→ *Bogenfalzmaschine, deren Falzwerke ausschließlich nach dem Prinzip des → Taschenfalzes arbeiten.*

Tauchschnitt
→ Berstschnitt

Tiefer Falz
→ Abpressfalz

Tierischer Heißleim
→ Glutinleim, → Knochenleim

Tippbetrieb
→ Zweihandbedienung

Tip-Technik
→ Hotmelt-Tip-Technik

Titelprägepresse
Prägepressen, mit denen ausschließlich Schrift geprägt wird.
Bei einfachen T. wird die Textzeile manuell zusammengesetzt. Bei modernen computergesteuerten T. werden die Textzeilen einschließlich gewünschter Buchstaben- und Zeilenabstände über einen Personalcomputer eingegeben. Die Prägung erfolgt, indem ein erhitztes Prägetypenrad mit gehärteten Stahllettern über den Computer angesteuert wird und die Buchstaben nacheinander auf die Buchdecke prägt, die sich auf einem Arbeitstisch befindet.
Für die verschiedenen Schriftarten und -größen werden die Typenräder ausgetauscht. Der Arbeitstisch mit der Decke bewegt sich horizontal in zwei Richtungen und wird so gesteuert, dass die Buchstaben und Zeichen richtig positioniert werden.

Transparentlackprägefolie
→ Hochglanzprägefolie

Trennsäge
Vorrichtung zum Trennen von im Doppelnutzen hergestellten Broschuren oder Buchblocks.
T. werden in Fließstrecken vor dem Dreimesserautomaten eingesetzt. Sie werden einzeln von Plattenketten oder Transportbändern durch die Maschine geführt und von einem rotierenden Sägeblatt getrennt.

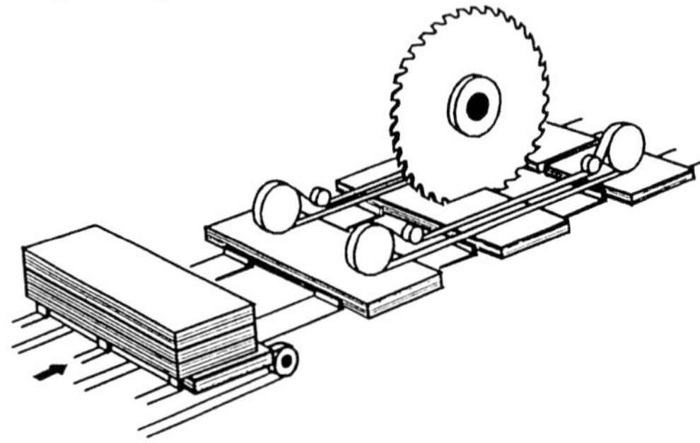

Trennscheibe
Element für das Vereinzeln von Falzbogen in Bogenmagazinen der Zusammentragmaschine.
Der Bogenstapel wird von einem Luftkissen über einer rotierenden T. gehalten. Durch Verminderung der Reibung ist eine schonende Vereinzelung auch druckfrischer Bogen gewährleistet. Ein Sauger erfasst von der untersten Lage eine Ecke und biegt sie nach unten ab. Die T. schiebt sich zwischen den untersten Bogen und den Stapel, schält damit den Bogen ab und übergibt ihn einem Greifer.
Abbildung Trennscheibe siehe nächste Seite.

Trennschnitt
Aufteilung von Papier- oder Druckbogen, aber auch von Teilprodukten, um mehrere → Nutzen voneinander zu trennen.
T. werden im Planschneider ausgeführt, wenn sich mehrere Nutzen auf einem Druckbogen befinden, die vor der Weiterverarbeitung voneinander getrennt werden müssen (z. B. mehrere Falzbogen je Druckbogen), oder wenn fertige Er-

zeugnisse erhalten werden (z.B. Postkarten, Etiketten). Letztere erfordern mitunter nicht nur einen einfachen T., sondern einen → Streifenausschnitt.

T. sind auch erforderlich, um → Doppelnutzen voneinander zu trennen, z.B. in der Bogenfalzmaschine zum Trennen von Falzbogen oder mit einer Trennsäge, um zwei Broschuren oder Buchblocks vor dem Dreiseitenbeschnitt voneinander zu trennen.

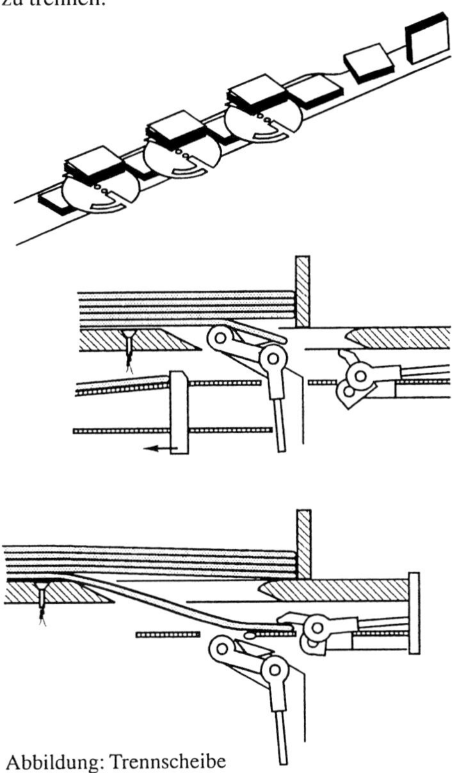

Abbildung: Trennscheibe

Treppenschnitt

Schnittfehler beim Schneiden von Stapeln, wobei einzelne Blätter oder Lagen nach dem Schnitt unterschiedliche Längen aufweisen. Die Schnittfläche ist über die Stapelhöhe lagenweise abgestuft; vgl. auch Bogen schießen.

Bei Betrachtung der Ursachen dieses Fehlerbildes muss nach Schneiden von Planobogen und Blocks unterschieden werden. An Planobogen tritt T. bei sehr rauen oder aneinander haftenden Materialien auf. Zu geringer Pressdruck und zu großer Messerfasenwinkel begünstigen das Fehlerbild.

Beim Dreiseitenbeschnitt tritt T. auf, wenn Materialien unterschiedlicher Eigenschaften gemeinsam geschnitten werden: Papiere unterschiedlicher Kompressibilität, die unter Pressdruck eine unterschiedliche Längenänderung erfahren, die nach dem Schnitt zurückgeht; Papiere unterschiedlicher Feuchtigkeit und damit auch unterschiedlicher Längenänderung bei Feuchtigkeitsausgleich; Papiere unterschiedlicher Laufrichtung in einem Block.

Trichterfalz

Falzprinzip, bei dem mit Hilfe des Falztrichters Bahnen (Außentrichter) oder Bogen (Innentrichter) längs zur Transportrichtung gefalzt werden.

Der → Außentrichterfalz wird im Falzapparat von Rollenrotationsdruckmaschinen eingesetzt, um die bedruckte Bahn längs zu falzen.

Der → Innentrichterfalz wird in Bogenfalzmaschinen in Verbindung mit dem rotativen Fadensiegelautomat eingesetzt, um am fadengesiegelten Falzbogen den letzten Bruch zu erzeugen.

Trimmer

Buchbindereimaschine für das Ausführen des → Dreiseitenbeschnitts, die nach dem Scherschnittprinzip arbeitet, wobei die Produkte in zwei Stationen geschnitten werden.

Zur Realisierung des Schnitts bewegt sich ein Obermesser gegen ein feststehendes Untermesser. Die Produkte müssen zwischen Kopf-/Fußschnitt und Vorderschnitt in die nächste Station transportiert werden. Es werden Einsatzhöhen bis maximal 15 mm bearbeitet.

T. sind in der Regel Bestandteil von → Sammelheftern und dienen zum Beschneiden von drahtrückstichgehefteten Einlagenbroschuren. Manchmal wird die unkorrekte Bezeichnung Fließdreischneider verwendet.

Triple-Shot-Verfahren

Mehrschichtiger Klebstoffauftrag beim → Klebebinden, bei dem Heißschmelzklebstoff in drei Schichten nacheinander auf den Blockrücken aufgetragen wird.

Das Verfahren findet heute kaum Anwendung, da drei Rückenleimwerke erforderlich sind.

Trockenabziehbild

→ Abziehbild

Trockengehalt

→ Feststoffgehalt

Trockenmasse

→ Feststoffgehalt

Trommelanleger

Bezeichnung für alle → Bogenanleger, in denen die Bogen durch Greifer vereinzelt werden, die auf rotierenden Trommeln sitzen.

Die Greifer erfassen den vom Stapel abgekippten Bogen im Bund und ziehen ihn vom Stapel ab, wobei der Bogen entsprechend der Rundung der Trommel abgebogen wird. Durch die kontinuierliche Drehbewegung der Greifertrommel wird der Bogen in der Bewegung erfasst und abgelegt.

Sind auf einer Trommel zwei Greifer angeordnet (Doppelgreifersystem), so werden mit jeder Trommelumdrehung zwei Bogen abgezogen. Die Vereinzelungsgeschwindigkeit halbiert sich und sanfteres Ablegen der Bogen wird erreicht. Durch den größeren Trommeldurchmesser ist die Abbiegung der Bogen geringer.

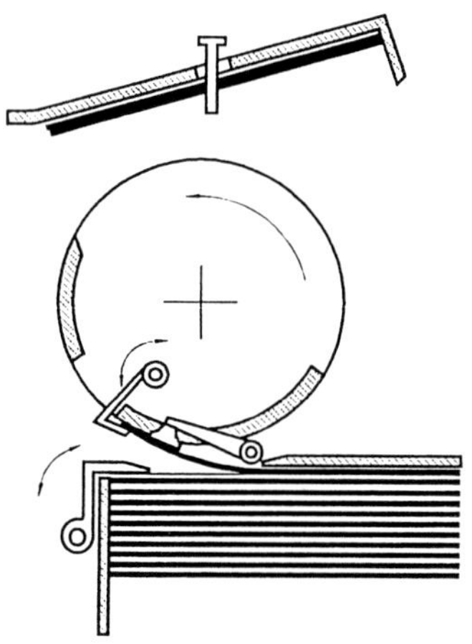

Tubebind

Mehrlagenbroschur mit gutem → Lay-Flat-Verhalten, bei der keine direkte Verbindung zwischen Broschurenblock und Broschurenumschlag vorhanden ist.

Die Verbindung von Block und Umschlag wird mittels einer → Hülse realisiert. Die Hülse dient dabei gleichzeitig als → Fälzel, das um den Rücken gelegt wird. Der vierfach gerillte Umschlag wird im Rücken und mit seitlichen Übergriffen mit der Hülse verbunden.

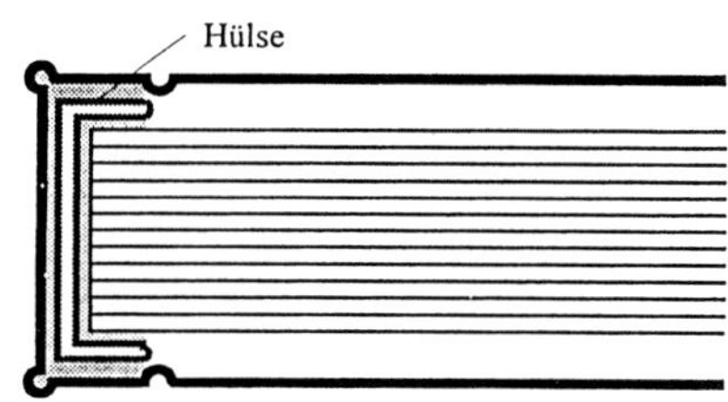

Tuchbindung

→ Leinwandbindung

Tunneltest (Subwaytest)

In den USA gebräuchliche Methode zur Beurteilung der Qualität klebegebundener Broschuren, bei der die Broschur um 360° nach hinten gebogen wird.

Es wird eine Belastung simuliert, die beim „einhändigen" Lesen entsteht. Neben der qualitativen

Beurteilung der Haltbarkeit der Klebebindung ist auch eine Aussage über die Qualität des Umschlagmaterials möglich, das auf dem Broschurenrücken zur Faltenbildung neigt. Weil ohne Messgeräte geprüft wird, sind nur subjektive Einschätzungen möglich. Der T. spielt eine untergeordnete Rolle.

Tupfschnitt
Variante des → Farbschnitts, bei dem die Schnittfarbe mit Hilfe eines Schwammes auf die Schnittflächen aufgetragen wird.
Der T. wird nur für Geschäftsberichte verwendet.

Twinflex
Bezeichnung für einen mehrschichtigen Klebstoffauftrag beim Klebebinden, bei dem zwischen Dispersionsklebstoff und Papier bzw. Heißschmelzklebstoff eine chemische Reaktion eintritt, die zur Vernetzung führt.
Das Twinflex-R-System ist als → Two-Shot-Verfahren bekannt. Voraussetzung ist die Verwendung eines Dispersionsklebstoffs, dem ein katalytischer Vernetzer beigemischt wird. Dieser Primer wird mit einer Gummiwalze gleichmäßig und dünn aufgetragen und einer → Zwischentrocknung unterzogen. Der Katalysator sorgt für die chemische Verbindung des Primers mit dem Papier und der zweiten Komponente, einem speziell entwickelten Heißschmelzklebstoff. Der Ablauf der chemischen Reaktionen bis zur Endfestigkeit dauert 24 h, Beschnittfähigkeit ist bereits nach 1,5 min erreicht.
Vorteile sind die hohen Produktionsgeschwindigkeiten (höher als mit Dispersionsklebstoff) und der Wegfall einer künstlichen Trocknung vor dem Dreiseitenbeschnitt. Die Blattausreißfestigkeit bei einer Trockenschichtdicke von etwa 0,3 mm wird als sehr gut angegeben.
Daneben existiert Twinflex 2000. Dabei wird eine wässrige Lösung als Pre-Primer aufgetragen, die eine chemische Reaktion mit dem Papierstrich eingeht. Dadurch wird die Haftung des Primers (Dispersionsklebstoff) und seine Adhäsionsfähigkeit mit einem modifizierten Polyurethanklebstoff gewährleistet. Bereits nach wenigen Minuten wird eine sehr hohe Blattausreißfestigkeit auch bei gestrichenen Papieren erreicht. Besonderheit ist, dass der Polyurethanklebstoff mittels Düsen auf den Broschurenumschlag aufgetragen wird, so dass kein zusätzliches Leimwerk erforderlich ist.

Two-Shot-Verfahren
Mehrschichtiger Klebstoffauftrag beim → Klebebinden, bei dem zwei Klebstoffe nacheinander auf den Blockrücken aufgetragen werden. Dabei kann es sich um zwei Klebstoffe gleicher Basis (2 x Dispersionsklebstoff oder 2 x Heißschmelzklebstoff) oder um eine Kombination beider Systeme handeln. Gegenüber dem einschichtigen Klebstoffauftrag (One-Shot-Verfahren) wird eine höhere Blattausreißfestigkeit erzielt.
Während bei der Verwendung des gleichen Klebstofftyps dessen Vor- und Nachteile erhalten bleiben, lassen sich beim Kombinationsauftrag (auch Primer-Two-Shot-Hotmelt genannt) die Vorteile zusammenfassen. Es wird zunächst eine dünne Schicht Dispersionsklebstoff (→ Primer) aufgetragen, die die aufgeraute Rückenfläche benetzt. Der Primer wird vollständig getrocknet (→ Zwischentrocknung), ehe anschließend eine Heißschmelzklebstoffschicht aufgebracht wird. Beide Klebstoffe müssen aufeinander abgestimmt sein. Es ergeben sich bei hoher Produktionsgeschwindigkeit gute Adhäsionseigenschaften, hohe Blattausreißfestigkeiten und keine Wellenbildung im Bundsteg. Eine Endtrocknung vor dem Inline-Dreiseitenbeschnitt ist nicht erforderlich. Eine Reaktion des Heißschmelzklebstoffs mit Druckfarbenbestandteilen kann jedoch nicht ausgeschlossen werden; es tritt lediglich eine zeitliche Verzögerung auf.
Beim T.-S.-V. wird weiterhin danach unterschieden, ob bei der Trocknung eine chemische Vernetzung (z. B. → Twinflex) eintritt oder nicht (z. B. → Disp-O-Fusion).

Überfalz (Greiffalz)
Überstehender Rand an einer der Bogenhälften von Falzbogen, der das Öffnen der Bogen mit Hilfe von Greifern oder anderen mechanischen

Hilfsmitteln erlaubt. Befindet sich der Ü. an der vorderen Bogenhälfte, wird er als Vorfalz bezeichnet, an der hinteren Bogenhälfte als Nachfalz.

Die Breite des Ü., der veraltet auch als „offener Sparüberfalz" bezeichnet wird, beträgt 5...8 mm und sollte gleichmäßig ausgebildet sein. Die Notwendigkeit eines Ü. muss bereits in der Vorbereitung des Auftrags berücksichtigt werden.

Ein Ü. ist an Falzbogen erforderlich, wenn parallel gefalzte, ineinander gesteckte oder angeklebte Bogen (kein geschlossener Kopffalz) zu öffnen sind, z.B. im Sammelhefter oder in der Fadenheftmaschine, und Saugluftsysteme nicht realisierbar sind.

Übergriff

Breite des Übergreifens eines Material auf ein anderes.

Als Ü. gilt beispielsweise die Breite des Übergreifens der Heftgaze oder des Fälzelstreifens auf die Seiten des Buchblocks. Bei sechsteiligen Buchdecken ist der Ü. das Maß für ein Übergreifen des Rückenbezugsmaterials auf die Deckelpappen oder des Deckelbezugsmaterials auf das Rückenbezugsmaterial.

Übernähstich

Heftstichart beim → Einzelbogenfadenheften, die der Fixierung des Rückenmaterials (Heftgaze bei Gazeheftung, Heftband beim Handheften) dient.

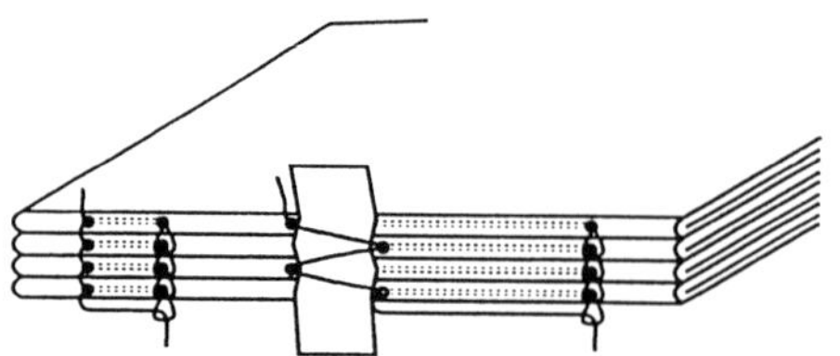

Fixierung von Heftband mit Übernähstich

Für die maschinelle Ausführung des Ü. sind bewegliche Nähnadeln erforderlich. Zu jeder beweglichen Nähnadel gehören zwei Vorstechnadeln, da die Nähnadel im Wechsel seitlich verschoben wird, ehe sie in den Bogen sticht.

Überschnitt

Schnittfehler beim Schneiden von Stapeln, bei dem die oberen Bogen kürzer ausfallen als die im Stapel unten liegenden.

Der Ü. tritt hauptsächlich bei hartem Schneidgut auf. Das Messer wird vom Stapel abgedrängt und weicht nach vorn aus. Häufige Ursachen sind ein stumpfes Messer oder ein für das Schneidgut zu geringer Messerfasenwinkel. Kürzere Bogen können auch entstehen, wenn bei zu geringem Pressdruck obere Bogen hervorgezogen werden und nicht mehr am Anschlag anliegen.

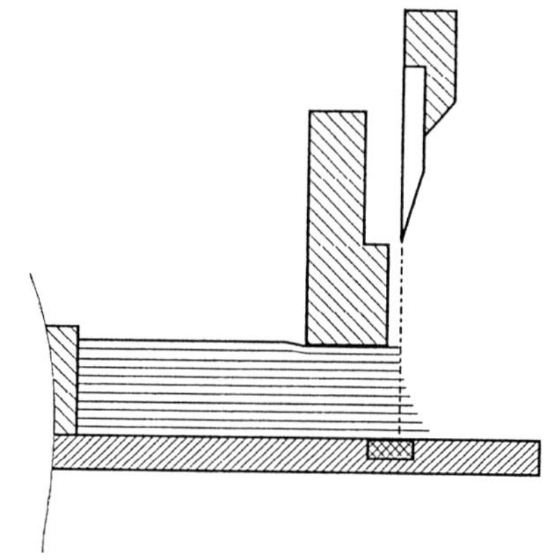

Überschuss

Über die eigentliche Auflage (bestellte Exemplare und → Buchbinderzuschuss) hinaus vorhandene Druckerzeugnisse, die bei nicht vollständig verbrauchtem Druckzuschuss zur Verfügung stehen.

Überziehen

Bekleben eines Grundmaterials mit einem anderen Bezugsmaterial mit anschließendem Einschlagen der Materialränder.

Durch Ü. wird das darunter liegende Material vollständig, auch an den Rändern, bedeckt und ist nicht mehr zu sehen. Das Ü. erfolgt z.B. bei der Herstellung sechsteiliger Buchdecken, wenn nach dem Hängen (→ Buchdecke hängen) die Deckelpappen bezogen werden, und bei der Herstellung von Schubern.

Überzugspapier
→ Bezugspapier

Umbinden
Auseinandernehmen eines Buches und erneutes → Einbinden.
U. erfolgt meist wegen einer notwendig gewordenen Reparatur eines schadhaften Buches und ist eine handwerkliche Tätigkeit. Häufig werden auch von Bibliotheken erworbene neue Bücher umgebunden, um ihnen größere Haltbarkeit zu verleihen.

Umfang
Dicke eines Buches oder einer Broschur, ausgedrückt in der Anzahl der Seiten oder der Falzbogen.
Fälschlicherweise wird mitunter auch die Dicke des Buchblocks in Millimetern als U. bezeichnet.

Umgehängtes Vorsatz
Mit einem zusätzlichen 5 mm breiten Falz versehenes → Vorsatz, das um den Titel- bzw. Endbogen gelegt und angeklebt wird.
Die Vorsätze werden zunächst an der letzten Seite des ersten Bogens oder an der ersten Seite des letzten Bogens angeklebt und nach dem Trocknen um den Rücken herum auf die andere Seite des Bogens gebrochen (gefalzt). Der Vorgang wird auch als Umkleben bezeichnet. Das Vorsatz wird gemeinsam mit dem Vorsatzbogen geheftet.
Die Festigkeit im Falz kann erhöht werden, indem entweder in oder außen um das Vorsatz ein Gewebestreifen geklebt wird, der im ersten Fall beim Aufschlagen sichtbar bleibt, im zweiten nicht. Das u. V. garantiert eine bequeme Handhabung; der Vorsatzbogen wird beim Öffnen der Buchdecke nicht mitgezogen. Nachteilig ist die komplizierte Vorrichtearbeit.

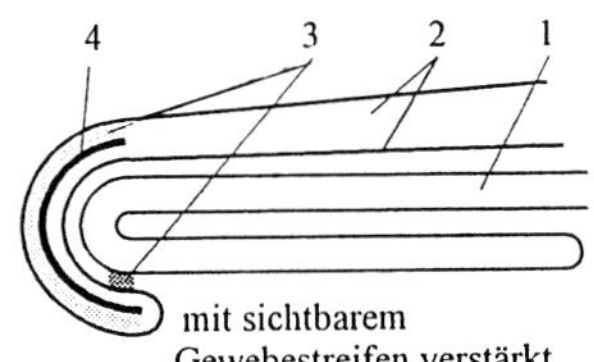

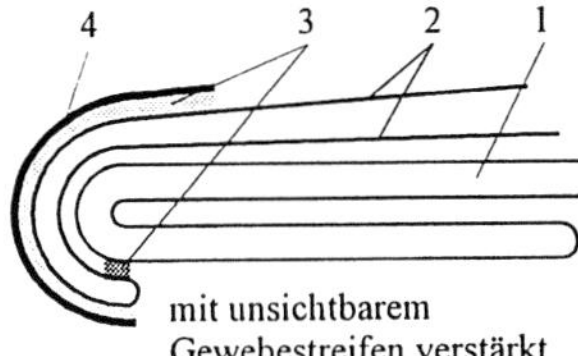

1 vorzurichtender Falzbogen
2 Vorsatz
3 Klebstoff
4 Gewebestreifen

Umgelegtes Vorsatz
Einmal gefalzter, vierseitiger Bogen, der um den gesamten Buchblock gelegt wird und die Verbindung zur Buchdecke sowohl mit dem vorderen als auch mit dem hinteren Deckel herstellt.
U. V. finden dann Anwendung, wenn der gesamte Inhalt des Buches aus einer Lage besteht. Der Viertelbogen wird um den Inhaltsbogen gelegt und mitgeheftet. Das Aussehen entspricht dem → integrierten Vorsatz, jedoch ohne das fliegende Blatt.

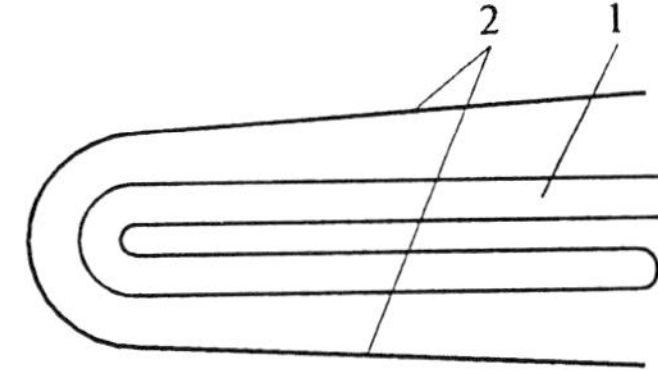

1 vorzurichtender Falzbogen
2 Vorsatz

Umkleben
→ umgehängtes Vorsatz

Umlegen
Vorrichtearbeit (→ Vorrichten), bei der ein Bogenteil geringeren Umfangs außen um einen Falzbogen gelegt wird; vgl. Einstecken.

Umrollen
Tätigkeit, durch die in Rollen angeliefertes Material (beispielsweise Gewebe, Schrenzkarton) abgewickelt und von neuem aufgerollt wird, wobei häufig Längsschneiden vorgenommen wird.
Das U. bei Bucheinbandgewebe z.B. hat den Zweck, dass die Biegung der Kettfäden entgegengesetzt zur ursprünglichen Biegung erfolgt, womit eine Planlage bei der Verarbeitung erreicht wird. Schrenzkarton erhält eine der Rückeneinlage angepasste Breite für den Einsatz in Buchdeckenmaschinen.

Umrüsten
→ Einrichten

Umschlag
→ Broschurenumschlag, → Schutzumschlag

Umschlaganleger
→ Bogenanleger zur Bereitstellung, Vereinzelung und Zuführung von Umschlägen in Klebebindern.
U. gibt es als → Flachstapelanleger, → Stehendbogenanleger oder → Schuppenanleger. Sie sind mit rotierenden Rillwerkzeugen (Rillmesser) ausgestattet, um die Biegestellen vorzubereiten und z.B. rechtwinklige Rückenform zu gewährleisten. Im Schuppenanleger können durch Führungsschienen zusätzlich eingeschlagene Klappen realisiert werden.

Umschlagfalzanleger
Möglicher, nicht unbedingt notwendiger Bestandteil von → Sammelheftern zum Falzen und Zuführen des Umschlags.
Durch U. ist der Arbeitsgang Falzen in den Sammelhefter integrierbar. Damit entfällt z.B. für Umschläge das separate Falzen. Die Planobogen werden in einem Bogenmagazin angelegt und während des Vereinzelungs- und Abziehvorgangs gerillt. Die Falzbildung erfolgt z.B. durch Formriemen (keil- und v-förmig). Pressrollen am Ende der Falzstation sorgen für einen sauberen scharfkantigen Falz, ehe die gefalzten Bogen auf die Sammelkette abgelegt werden.
Der U. wird zwischen dem letzten Standardanleger und der Heftstation installiert; zum Teil ist der U. auch mit jedem anderen Anleger austauschbar.

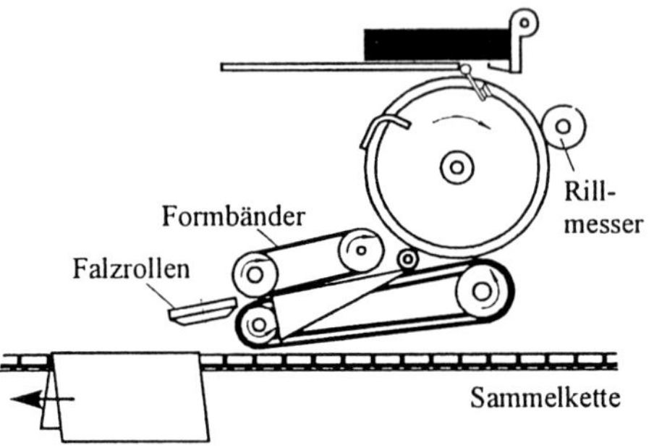

Umstochenes Kapital
→ handumstochenes Kapital

Unechte Bünde
→ Heftbünde

Unsichtbare Bünde
→ Heftbünde

Unterflursauganleger
→ Bogenanleger für Planobogen oder Blätter, dadurch charakterisiert, dass die Vereinzelung von unten durch Saugluft erfolgt.
Der Stapel wird im unteren Bereich seitlich aufgelockert. Damit wird der unterste Bogen entlastet. Die Absaugung des jeweils untersten Bogens erfolgt permanent durch ein Saugrad oder Saugband ohne separate Saugtaktsteuerung. Der Zeitpunkt des Ansaugens kann mittels eines Hebels, der das Saugsegment in der Saugwalze verstellt, geändert werden. U. erfordern häufiges Beschicken, da nur geringe Stapelhöhen eingelegt werden können. Sie werden in Kleinfalzmaschinen eingesetzt.

Unterschnitt
Schnittfehler beim Schneiden von Stapeln, bei dem die oberen Bogen länger ausfallen als die im Stapel unten liegenden.
Der U. tritt hauptsächlich bei rauem, voluminösem Schneidgut auf. Das Messer wird in den Stapel hineingezogen, oder obere Bogen werden unter dem Pressbalken stark abgebogen. Häufige Ursachen sind ein zu geringer Pressdruck, ein stumpfes Messer oder ein für den Bedruckstoff zu großer Messerfasenwinkel.

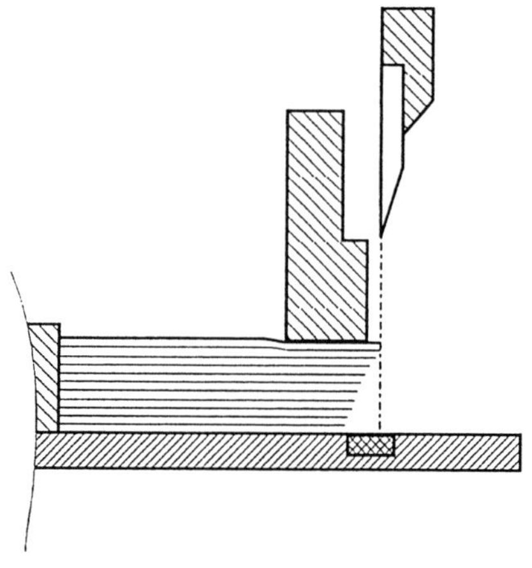

Unversetzter (einfacher, Broschuren-) Stich
Heftstichart beim → Einzelbogenfadenheften, dadurch gekennzeichnet, dass die Fadenklammern in jedem Falzbogen eines Buchblocks immer an gleicher Stelle liegen.
Für die Bildung eines Stiches sind zwei Vorstechnadeln, eine Nähnadel, ein Fadenzieher und eine Hakennadel zuständig. Die Lage der Fadenklammern im Bogen wird dadurch hervorgerufen, dass die von der Nähnadel gebildete Fadenschlaufe stets von der gleichen Hakennadel übernommen wird.
Bei dünnem Papier und hoher Bogenanzahl im Block besteht die Gefahr, dass die Fäden im Rücken stark auftragen (→ Rückensteigung). Durch Anwendung des → versetzten Stiches kann die Rückensteigung verringert werden.

Vakatseite
Leere Seite zum Einkleben von beispielsweise Bildern oder Karten in einen Buchblock o.ä.

VarioDisc
Spezielles System für die Zwischenlagerung und Pufferung von Falzbogen, Zeitungen oder Einlagenbroschuren, bei dem Falzprodukte im Schuppenstrom aufgewickelt, als Rolle gelagert und für die weitere Verarbeitung wieder abgewickelt werden.
Mit der Wickeltechnik bleibt der Schuppenstrom, in dem die Falzprodukte den Falzapparat der Rollenrotationsdruckmaschine verlassen, erhalten. Grundlage des Systems bildet ein Rollenkern mit einem Band. Während die Produkte auf den Kern aufgewickelt werden, sorgt das mitlaufende Band für eine Fixierung des Schuppenstroms.
Der Einsatz von V. liegt hauptsächlich in der Zeitungsproduktion zur Zwischenlagerung von Vorprodukten, die während der Nachtproduktion wieder abgewickelt (→ Rollenbeschickung) und mittels → Einstecktrommeln mit dem Hauptprodukt zusammengeführt werden. Sie sind nicht für den Transport außerhalb der Produktionsstätte gedacht. Es sind variable Rollendurchmesser bis maximal 2,4 m möglich.

Velourleder
→ Rauleder

Velourpapier
Durch Auftragen von (meist farbigen) textilen Fasern auf eine klebrige Schicht mit plüschartigem Ausstattungseffekt versehenes (beflocktes) Papier.
Die Beflockung wird überwiegend elektrostatisch durchgeführt; die in einem elektrischen Feld aufgeladenen Textilfasern lagern sich an das mit Klebstoff versehene, geerdete Papier hauptsächlich senkrecht zur Oberfläche an. Nach Trocknung des Klebstoffs werden überschüssige Fasern abgesaugt.
V. wird beispielsweise als → Bezugspapier verwendet.

Venturisauger
Programmierbarer Sauger in → Saugluftöffnungssystemen von Fadenheftmaschinen, der eine Umstellung zwischen Saugluft und Blasluft erlaubt.
Bei der Verarbeitung von dünnem, porösem Papier wird bei Blasluftöffnung Durchsaugen und Aufreißen von Kopfperforationen vermieden. Für die Bogenöffnung mit Blasluft wird der → Coanda-Effekt genutzt. Die Umschaltung des V. von Saugluft- auf Blasluftöffnung ist programmierbar.

Verblocken
Verhalten von Papierbogen, Druckerzeugnissen, thermoplastischen Materialien u. a. flächigen Werkstoffen im Stapel hinsichtlich des unerwünschten Zusammenklebens.
Die Gefahr des V. besteht z. B. bei auf Paletten gestapelten Broschuren oder Büchern, die mit lackierten oder kaschierten Broschuren- bzw. Schutzumschlägen versehen sind.
Das V. kann mit einfachen Prüfgeräten getestet werden, wobei die Stapelbedingungen hinsichtlich Temperatur, Stapeldruck und Zeitdauer der Druckausübung den praktischen Anforderungen entsprechend simuliert werden. Dadurch lassen sich Schäden und Verluste vermeiden, z. B. bei lackierten Drucken, Buchdecken und Büchern.

Verbundstahlmesser
Ausführungsform von → Flachmessern, die sich auf die Materialbeschaffenheit bezieht.
Im Gegensatz zu Ganzstahlmessern, die aus einheitlichem Material hergestellt werden, bestehen V. aus Messergrundkörpern mit aufgelöteten oder aufgeschweißten Schneiden, die aus höher legiertem und gehärtetem Werkstoff bestehen. Der Vorteil besteht darin, dass bei Herstellung der schmalen Schneide eine größere Härte erzielt werden kann, als wenn der gesamte Messerkörper gehärtet wird.

Vereinzeln
Auflösen von Stapeln durch nacheinander erfolgendes Abheben, Abziehen oder Abwälzen einzelner Bogen oder Herausschieben einzelner Teilprodukte.
Das V. erfolgt im → Anleger. Vereinzelt werden Planobogen (z. B. in Falzmaschinen), Falzbogen (z. B. in Zusammentragmaschinen, Sammelheftern oder Fadenheftmaschinen), Buchdecken (z. B. in Buchfertigungsstraßen), Blocks (z. B. im Blockanleger) oder Materialzuschnitte. Der Vorgang wird durch mechanisch oder pneumatisch wirkende Maschinenelemente wie z. B. Greifer, Schieber, Sauger, Blasluftströme eingeleitet und unterstützt. Dem V. schließt sich teilweise eine Bogenöffnung an (z. B. Sammelhefter).

Vergolden
→ Handvergolden

Vergoldepresse
Gerät zum Einpressen von Buchblocks für den manuellen → Goldschnitt, das auf einem Kugelgelenkfuß steht und dadurch in alle Richtungen einstellbar ist.
Das als Grundiermittel verwendete verdünnte Eiweiß wird auf die Schnittfläche aufgebracht und verläuft durch Neigen des Blockes nach allen Seiten gleichmäßig.

Vergolderolle
An einem Handgriff befestigte drehbare Messingscheibe, deren Kante zur Übertragung linienförmiger Muster beim → Handvergolden dient.

Vergoldestempel
An einem Handgriff befestigte ebene Messinggravur, die zum → Handvergolden genutzt wird.

Verklebte Schnittfläche
Schnittfehler beim Schneiden von Stapeln, wobei die Schnittfläche durch Verhaken freigelegter Fasern den Eindruck erweckt, die Bogen seien verklebt.
Ursache für eine v. S. ist ein stumpfes Messer, das Verhaken von Fasern benachbarter Bogen untereinander bewirkt und damit den Eindruck des Verklebens hervorruft. Die losen Faserpartikel an

der Schnittfläche führen zu unsauberem, ausgefranstem Aussehen. Tritt diese Erscheinung nur an den unteren Bogen auf, liegt ein Verschleiß der Schneidleiste vor. Die Bogen werden in den durch das Messer ausgebildeten Einschnitt in die Leiste gezogen und können nicht gratfrei getrennt werden.

Verschnitt

Beim Zuschneiden eines bestimmten Formats oder einer bestimmten Form aus einem größeren Bogen oder einer Bahn entstehender Abfall.

Verschränken

Das Übereinanderlegen von beispielsweise Büchern oder Broschuren in schichtweise wechselnder Richtung.

Es wird angewendet, um beim Lagern Unebenheiten, die z. B. durch den Buchrücken entstehen, auszugleichen oder eine bestimmte Anzahl abzugrenzen.

Versetzter Stich

Heftstichart beim → Einzelbogenfadenheften, dadurch gekennzeichnet, dass die → Fadenklammern von einem Falzbogen zum anderen versetzt liegen.

Für die Bildung eines Stiches sind drei Vorstechnadeln, eine Nähnadel, ein Fadenzieher und zwei Hakennadeln zuständig. Im ersten Bogen wird die gebildete Fadenschlaufe zur linken Hakennadel übergeben, im folgenden Bogen zur rechten.

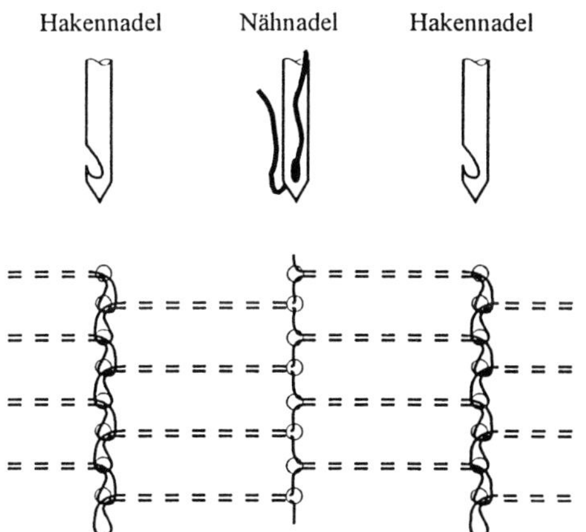

Der v. S. ist dadurch charakterisiert, dass durch das wechselseitige Beschicken der Hakennadeln einmal am Kopf, einmal am Fuß des Bogens freie Einstichlöcher entstehen. Im Gegensatz zum → unversetzten Stich verringert sich die Rückensteigung bei dünnem Papier und hoher Falzbogenanzahl im Block.

Vertikalstapelanleger

→ Stehendbogenanleger

Vertikalstapelauslage

→ Flachstapelauslage

Vierbruchbogen

Traditionell ein viermal kreuzgefalzter Bogen, der 32 Seiten aufweist.

Streng genommen ist jeder Bogen, der viermal gefalzt wurde, ein V., unabhängig von der Lage der Brüche.

Vierseitenbeschnitt

Rundumschnitt an Blättern, die Einzelblattbindeverfahren zugeführt werden, wie beispielsweise Ringbucheinlagen für Computerhandbücher, Ergänzungen für Steuerratgeber oder Gesetzbücher.

Für den V. enthält die Dreimesserschneidemaschine eine Sondereinrichtung. Zunächst erfolgt der Dreiseitenbeschnitt, und der Stapel wird zum Bediener zurückgeführt. Der Stapel wird manuell um 180° gedreht und erneut in den Schneidbereich eingefahren. Automatisch verstellt sich der Rückenanschlag um die Abschnittbreite des vierten Schnitts. Für den vierten Schnitt senkt sich nur das Vordermesser.

Vierteilige Buchdecke (Ganzbandbuchdecke)

Buchdecke, bestehend aus zwei Deckelpappen, einer Rückeneinlage und einem Deckenbezugsnutzen. Charakteristisch ist, dass der Deckenbezugsnutzen aus einem Zuschnitt besteht.

Das Bucheinbandmaterial für den Deckenbezugsnutzen wird in Abhängigkeit vom Verwendungszweck ausgewählt. Je nach Material ergeben sich z.B. die Bezeichnungen Ganzkunstlederband, Ganzgewebeband, Ganzpapierband. Die Herstellung von Ganzlederbänden und Ganzpergamentbänden obliegt vorwiegend der Handbuchbinderei für bibliophile Ausgaben.
Die v. B ist die in der industriellen Buchbinderei am häufigsten verwendete Buchdecke. Ihr technisch-technologischer Herstellungsaufwand ist im Vergleich zur → sechsteiligen Buchdecke geringer.

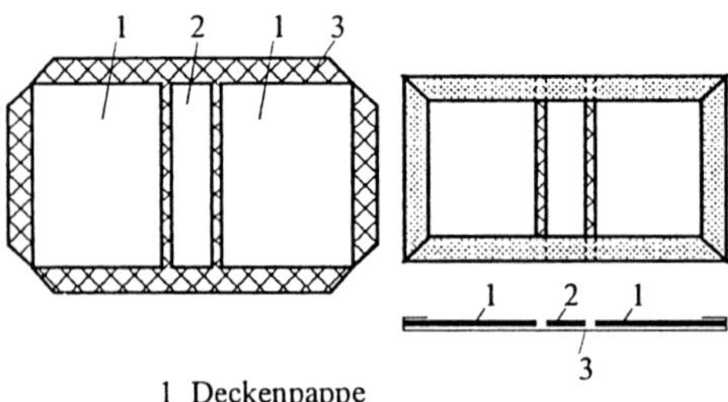

1 Deckenpappe
2 Rückeneinlage
3 Deckenbezug

Viertelbogen
Der vierte Teil eines 16-seitigen, dreimal kreuzgefalzten Bogens (→ ganzer Bogen).
Der V. besteht aus einem einmal gefalzten Bogen, enthält also vier Seiten.

Viertelbogen-Klebebindetechnik
Verfahren des → Klebebindens ohne Zerstörung des Bundstegs, bei dem einmal gefalzte Bogen (Viertelbogen) miteinander verklebt werden.
Die V. findet industriell begrenzt Anwendung bei Druckerzeugnissen, für die die Einbruchfalzung typisch ist (beispielsweise Atlanten, Alben mit Reproduktionen). Die Festigkeit liegt gegenüber der Blattverarbeitung (vollständige Zerstörung des Bundstegs) aufgrund der größeren Klebstoffangriffsfläche höher. Nachteilig ist der erhöhte Zeitaufwand für das Falzen und Zusammentragen der Bogen und die hohe Falzsteigung im Rücken.

Vlies
Aus miteinander verfilzten und durch ein Bindemittel verfestigten Textil-, Zellulose- und Lederfasern bestehendes gewebeähnliches Material, das als Bucheinbandmaterial oder Fälzelmaterial Verwendung findet.
Abhängig vom Verwendungszweck, unterscheiden sich V. in ihren Eigenschaften erheblich. Als Fälzelmaterial werden V. mit geringer Festigkeit und Falzfestigkeit sowie teilweiser Klebstoffdurchlässigkeit eingesetzt. Die flächenbezogene Masse beträgt 40...100 g/m^2.
Die Reiß- und Falzfestigkeit von V. als Bucheinbandmaterial lässt auch die Anwendung für dicke und schwere Exemplare zu. Man unterscheidet hierbei Wirkvliese (Malimo, Nähwirkvlies), bei denen die Faserlagen durch nebeneinander liegende Nähte, teilweise auch durch ein zusätzliches Bindemittel (z.B. Dispersionsklebstoff) verfestigt werden; Pressleder, für das Lederabfälle zerfasert und unter Klebstoffzusatz verpresst werden, und beschichtete V., bei denen Beschichtungen aus Polyurethan, Polyvinylchlorid oder Nitrozellulose hohe Festigkeiten hervorrufen. Pressleder erkennt man am typischen lederartigen Geruch.

Vollautomat
→ Messerautomat

Vollpappe
→ Pappe

Vollprägen
Umformen des Bedruckstoffs durch partielles Verdichten mit Hilfe eines Prägewerkzeugs, wobei die Gefügefasern des Bedruckstoffs in ihrer ursprünglichen Ebene verbleiben.
Beim einseitigen V. erhält der Werkstoff auf der Oberseite ein Profil, die Rückseite bleibt eben. Es wird auch als Planprägen bezeichnet. Das V. nach dem Prinzip „Fläche gegen Fläche" wird hauptsächlich als → Heißfolienprägen oder als → Blindprägen ausgeführt und beispielsweise für die Buchdeckenveredlung angewendet. Bei der Heißfolienprägung ist charakteristisch, dass

die übertragenen Folienschichten in einer geringfügigen Vertiefung zur Bedruckstoffoberfläche liegen.
Das einseitige V. mittels Prägewalze wird als Gainieren bezeichnet. Es wird für das vollflächige Prägen von Papier eingesetzt, das beispielsweise als Bucheinbandmaterial oder Broschurenumschlagkarton Verwendung findet.
Beim zweiseitigen Vollprägen erhält der Werkstoff von beiden Seiten unterschiedliche Prägeprofile. Für die buchbinderische Verarbeitung besteht keine Anwendung.

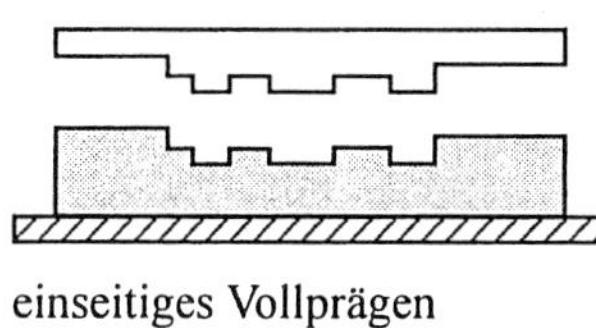

einseitiges Vollprägen

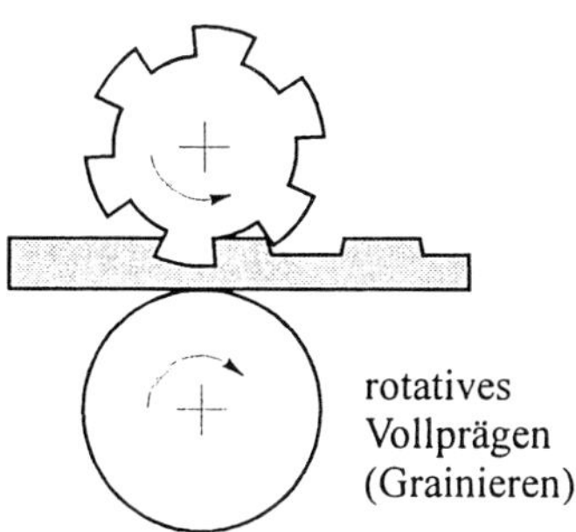

rotatives Vollprägen (Grainieren)

Vorausband
→ Signalband

Vorderschnitt
Beschnitt sowie die dabei erhaltene Schnittfläche der dem Rücken gegenüber liegenden Begrenzungsfläche eines Blocks, Buches oder einer Broschur.

Vordersteg
→ Steg

Vorfalz
→ Überfalz

Vorfase
Angeschliffene Fase an der Messerspitze von Flachmessern zur Vergrößerung des → Messerfasenwinkels über eine Breite von etwa 2...4 mm. Die V. hat einen 2...4° größeren Winkel.
Bedingt durch den größeren Winkel, erhöht sich die Standzeit und ergibt sich die Möglichkeit, auch härtere Materialien zu schneiden.

Vorlageband
→ Originalband

Vorrichten
Das stoffschlüssige (→ Ankleben, → Einkleben) oder schlusslose Fügen (→ Umlegen, → Einstecken) von Zusatzelementen an oder in Falzbogen, Buchblocks oder Broschuren.
Zu den Vorrichtearbeiten zählen u.a. Ankleben von → Vorsätzen, Ankleben oder Einkleben von Einzelblättern, Bogenteilen (4- oder 6-seitige Bogen) oder von Einzelteilen (Karten, Bildtafeln, Faltblätter, Bilder), das Ankleben oder Einkleben von Schutzelementen (Passepartouts, Schutzblätter), Einstecken oder Umlegen von Bogenteilen und Einstecken von Einzelteilen (Karten, Prospekte, Einzelblätter). Das V. ist technologisch notwendig (z.B. Vorsatz kleben, Einstecken von Viertelbogen für das Fadenheften) oder wird zur Erhöhung der Ausstattung ausgeführt.
Das maschinelle V. wird in separaten → Bogenanklebemaschinen oder → Vorsatzklebeaggregaten, die in Fließstrecken integriert sind, ausgeführt. Teilweise wird auch in der industriellen Buchbinderei manuell vorgerichtet.

Vorsatz
In der Regel ein einmal gefalzter Bogen, der an das erste Blatt des Titelbogens und an das letzte Blatt des Endbogens eines Buchblocks geklebt wird und das Bindeglied zwischen Buchblock und Buchdecke darstellt (vgl. auch Vorsatz kleben). Das hintere Vorsatz wird auch als Nachsatz bezeichnet.
Die äußeren Blätter der V. werden beim Einhängen in die Decke mit den Innenseiten der

Buchdeckel vollflächig verklebt, wodurch die unkaschierte innere Seite der Deckelpappen verdeckt wird. Man bezeichnet diesen Teil als Spiegel. Das andere Vorsatzblatt dient dem Schutz des Titelblattes und wird als fliegendes Blatt benannt. Die Auswahl des → Vorsatzpapiers entscheidet über Ästhetik und Lebensdauer des Buches, vor allem über die Verbindung von Buchblock und Buchdecke.
Man unterscheidet neben dem hauptsächlich angewandten → industriellen V. verschiedene Vorsatzarten (z. B. → umgehängtes, → umgelegtes, → integriertes V.), die z. T. nur in der Handbuchbinderei für schwere und wertvolle Exemplare gefertigt werden, für die sie hohe Gebrauchsbeständigkeit garantieren.

Vorsatzanleger
→ Vorsatzklebeaggregat

Vorsatzklebeaggregat
Aggregat zum Ankleben der → Vorsätze an zusammengetragene oder fadengeheftete Buchblocks, das in Klebebindefließstrecken vor dem Einlauf in den Klebebinder installiert wird.
Die Vorsätze werden aus zwei Magazinen vereinzelt und in jeweils einen separaten, höhenverstellbaren Transportkanal geführt. Der Block oder die Vorsätze werden mit einem schmalen Klebstoffstreifen versehen, ehe eine Zusammenführung und Anpressung mittels Rollen oder Schienen erfolgt. Der separate Arbeitsgang des Vorrichtens bleibt erspart.

Vorsatzklebemaschine
→ Bogenanklebemaschine

Vorsatz kleben
Das Ankleben der → Vorsätze.
Es wird bevorzugt ein hochviskoser Dispersionsklebstoff verwendet, der für schnelle Haftung der Kleblinge sorgt und eine Verschiebung der Teile ausschließt.
Für fadengeheftete Bogen wird das Vorsatz 1...1,5 mm vom Rücken abgesetzt, um Beschädigungen durch Nadeleinstiche zu verhindern. Beim Klebebinden richtet sich die Absetzbreite nach der Fräs- und Kerbtiefe und liegt zwischen 3...4 mm, die Vorsätze dürfen nicht angefräst werden.
Zu breit abgesetzte oder nicht parallel verklebte Vorsätze verursachen Spannen beim Aufschlagen des Buches (→ Spanner).

Vorsatzpapier
Vornehmlich einfarbigs helles, z. T. bedrucktes, ungestrichenes Papier mit maschinenglatter oder strukturierter Oberfläche für die Herstellung von → Vorsätzen, das den Anforderungen an Vorsätze in Bezug auf Festigkeit und Ästhetik gerecht wird.
Es werden Papiere mit flächenbezogenen Massen von 80...120 g/m² verwendet, die etwas dicker als das Textpapier sein sollen. Zähes, langfasriges und im Falz ausreichend festes V. sichert die Verbindung zwischen Buchblock und Buchdecke auch bei Gebrauchsbelastung. V. soll Di-

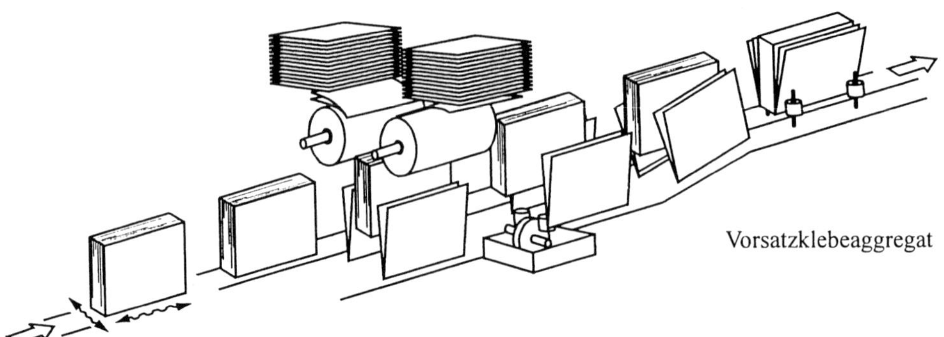
Vorsatzklebeaggregat

mensionsstabilität sowie hohe Opazität haben und mit zum Rücken paralleler Laufrichtung verarbeitet werden.

Vorschmelzbehälter
→ Premelter

Vorstechen
Anbringen von Löchern im Rückenfalz von Bogen, die danach durch → Einzelbogenfadenheften gefügt werden. In den Falz wird von innen nach außen gestochen.
Beim maschinellen Fadenheften ist das V. notwendig, um den Widerstand des Papiers zu verringern, damit Näh- und Hakennadel störungsfrei von außen nach innen in den Bogen einstechen können. Auch beim manuellen Fadenheften erweist sich V. als vorteilhaft, um bei besonders dicken Lagen leichter und genau im Falz heften zu können (zuweilen auch Abstechen genannt).
Als V. wird auch bezeichnet, wenn bei Verarbeitung von Leder oder anderem Material Löcher erforderlich sind, durch die ein Faden geführt wird.

Vorstecheisen
Nadel mit Handgriff zum Vorstechen bei der Verarbeitung von Leder.

Vorstechnadel
Für die Stichbildung beim maschinellen → Einzelbogenfadenheften notwendiges Wirkelement mit rundem, sich zur Nadelspitze verjüngendem Querschnitt.

Wachstafelbuch
Historische Buchform, bestehend aus holzumrahmten, mit Wachs beschichteten Tafeln, die jahrhundertelang als Schriftträger und später als Buchschmuck dienten.

Walzenleimwerk
Aggregat zur Realisierung von Klebstoffauftrag mittels einer oder mehrerer Tauchwalze(n), die in einem Leimbecken umlaufen und Klebstoff schöpfen. Ein steuerbares Rakel sorgt für definierte Schichtdicken.
Der Einsatz von W. erfolgt z.B. im Klebebinder als → Rückenleimwerk. Die Achsen der Tauchwalzen sind senkrecht zur Blockförderrichtung angeordnet; die Walzen rotieren gleichlaufend zur Blockförderrichtung. Um einen geschlossenen Film der erforderlichen Schichtdicke auf dem Blockrücken zu garantieren, sind mindestens zwei Auftragswalzen erforderlich. Der Block läuft mehr oder weniger im Klebstoff, ohne im direkten Kontakt mit der Walzenoberfläche zu stehen (Vermeidung von unkontrollierten Klebstoffeinläufen).
Walzenleimwerke sind in Aufbau und Antrieb technisch unkompliziert und für die Verarbeitung von Heißschmelz-, Dispersions- oder Polyurethanklebstoff ausgelegt.
Eine besondere Form der W. stellen die Bürstenleimwerke dar. Sie enthalten neben einer normalen Auftragswalze eine walzenförmige Bürste, die Klebstoff in Bogenzwischenräume oder Perforationslöcher einstreichen kann.

Walzenrundeprinzip
Maschinelles Prinzip zum → Runden von Buchblocks, bei dem ein Walzenpaar, das unter Anpressdruck auf beiden Seiten des Blocks abrollt, eine Verschiebung der Blätter bewirkt.
Der Buchblock durchläuft die Stationen auf dem Rücken oder Vorderschnitt stehend. Zunächst wird der Blockrücken durch Profilleisten, die der konvexen Form des Rückens bzw. konkaven Form des Vorderschnitts angepasst sind, vorgerundet, ehe er zwischen die Walzenpaare gelangt.

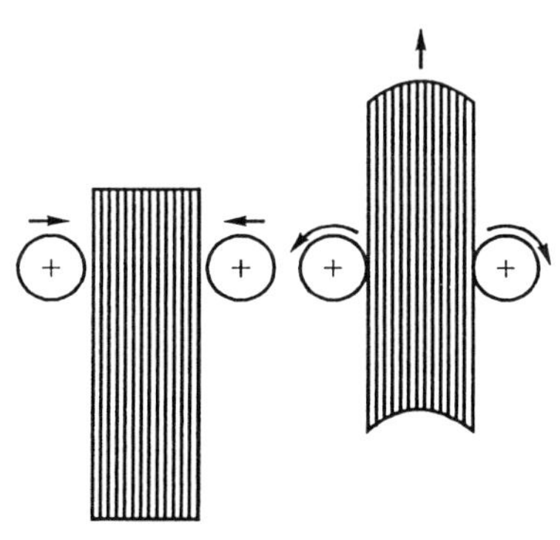

Das für die Erzielung der Rundung genutzte Prinzip des Dehnschlupfes bewirkt, dass der Abrollweg der im Block innen liegenden Blätter größer ist als der der äußeren.
Mit dem Walzenrundeprinzip wird eine symmetrische Rundung erzielt. Die Rundung ist vom Walzenradius, dem Anpressdruck und Abrollweg anhängig.
Beim Runden dicker Buchblocks entstehen häufig flache Rundungen. Die kontinuierliche Arbeitsweise erlaubt den problemlosen Einsatz in Fließstrecken.

Warmhaltestrecke
Im ersten Radius größerer Klebebinder installierte Infrarotstrahler, die zwischen Klebstoffauftrag und Ankleben des Umschlags den Heißschmelzklebstoff auf den Blockrücken warm halten und vorzeitiges Abbinden vermeiden.
Damit wird die → klebstoffoffene Zeit des Heißschmelzklebstoffs verlängert und der Umschlag sicher verklebt.

Watenwinkel
→ Messerfasenwinkel

Wattieren
Polstern von Buchdecken, Albendecken, Mappen, Kassetten u. a., um die Oberfläche weicher und griffiger zu machen und um dem Erzeugnis ein gefälligeres Aussehen zu geben.
Zum W. werden Werkstoffe wie Schaumstoff, Zellstoff, Wellpappe und Textilien verwendet. Die Polsterschicht wird meist vor dem → Überziehen auf das Grundmaterial gelegt. Der Bezugsstoff, der im Bereich der Berührung mit dem Polster mit einem dünnen Karton kaschiert sein kann, wird an den Kanten normal eingeschlagen (angeklebt).

Webkante (Salkante)
Begrenzung einer Gewebebahn durch doppelt angeordnete Kettfäden an den Außenkanten.
Die W. ist vor dem Zuschneiden von Nutzen zu entfernen, da sie sich optisch abhebt und in den Festigkeitseigenschaften unterscheidet.

Wechselheftung
Stichart für das manuelle Fadenheften (Handheften), bei der gleichzeitig zwei Bogen geheftet werden. Nach dem Heften einer Fadenklammer wird der Heftfaden in den benachbarten Bogen geführt und wieder zurück.
Hat er dabei den Weg vom unteren zum oberen Fitzbund zurückgelegt, sind im Unterschied zur → Durchausheftung also zwei Bogen geheftet. Bei dieser Heftart kann Zeit eingespart werden; sie ist jedoch weniger haltbar. Sie wird aus technischen Gründen bei der Verarbeitung von dünnem Papier angewendet, um eine Steigung des Buchblocks am Rücken zu verhindern. Die W. ist vergleichbar mit dem → versetzten Stich beim maschinellen Fadenheften.

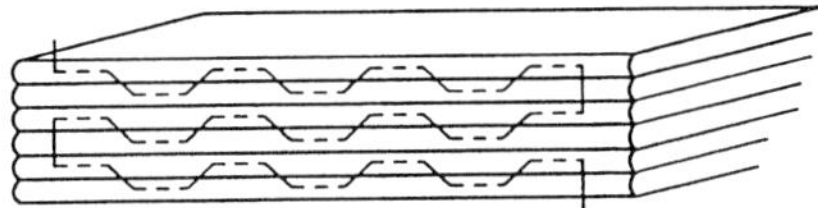

Weißschliffpappe
→ Holzpappe

Wellpappe
→ Pappe

Wickelbroschur
Broschurenart, bei der ein mit Vorsätzen versehener Broschurenblock vom hinteren Vorsatz über den Rücken bis zum vorderen Vorsatz in ein mit Klebstoff angeschmiertes Bucheinbandmaterial „gewickelt“ wird.
Anschließend erfolgt der Dreiseitenbeschnitt. Die W. wird heute selten hergestellt.

Wickelfalz
Parallelfalz, bei dem jeder Bruch in der gleichen Richtung erfolgt wie der vorherige.
Der beim ersten Bruch entstehende Papierabschnitt wird von den folgenden eingewickelt.

Wickelpappe
→ Handpappe

Wildleder
Von Wildtieren (z. B. Gemsen, Gazellen) gewonnenes → Rauleder.

Winkelschnitt
Im Planschneider das Schneiden von mindestens zwei Kanten eines Papierstapels, um rechtwinklig zueinander verlaufende Kanten zu erhalten.
Der W. an zwei Seiten wird ausgeführt, um für die Bogenanlage in Druckmaschinen eine exakte Ausrichtung (an Vorder- und Seitenmarke) zu ermöglichen und damit eine Positionierung des Druckbildes parallel zur Bogenkante.
Der W. ist ebenso Voraussetzung für die exakte Anlage in der Falzmaschine, um die erforderliche Falzgenauigkeit zu erreichen und geringe Satzspiegellageabweichungen im Endprodukt zu sichern.
Dreiseitiger Winkelschnitt ist erforderlich, wenn Bogen in Druck- und Falzmaschine an unterschiedlichen Seiten ausgerichtet werden. Einen vierseitigen W. (Rundumschnitt) erhalten Bogen für die Verarbeitung in Druckmaschinen mit Wendeeinrichtungen, da die Anlagekante von vorn nach hinten wechselt.

Wire-O-Bindung
→ Drahtkammbindung

Wirkvlies
→ Vlies

Wörterbuch
Wörtersammlung mit alphabetischer oder sachlicher Gliederung des Inhalts.
Ein W. kann einsprachig (Sach-W.) oder mehrsprachig (Sprach-W.) sein. Es enthält entweder einen Querschnitt durch den gesamten Wortschatz oder betrifft nur ein Spezialgebiet.
Eine besondere Form stellen die mehrsprachigen Bild-W. dar, die das Wort im Zusammenhang mit der bildlichen Darstellung seiner Bedeutung demonstrieren.

Xylografisches Buch
→ Blockbuch

Zählmaschine
→ Bogenzählmaschine

Zählstapler
Aggregat zum Bilden von Stapeln aus Broschuren, Buchblocks oder Büchern, in dem Teilstapel gebildet und um 180° verdreht aufeinander abgesetzt werden.
Z., die beispielsweise zwischen Dreimesserschneidemaschine und Buchfertigungsstraße installiert sind, können als Durchlaufstation geschaltet und nur bei Störungen der Folgemaschine aktiviert werden.

Zähl- und Markiereinrichtung
Zusatzeinrichtung in der → Auslage von z. B. Falzmaschinen, die im ausgelegten Schuppenstrom oder Stapel abgezählte Partien markiert.
Die Markierung erfolgt z. B. durch Versatz einzelner Produkte oder gebildeter Teilstapel. Die Markiereinrichtung wird von einem Vorwahlzähler aktiviert.

Zählwaage
Einrichtung zur Ermittlung der genauen Bogenanzahl durch Referenzwägung.
Mit abgezählter Anzahl Bogen wird ein Referenzwert bestimmt, der dazu dient, aus der Masse der danach aufgelegten Bogen deren Anzahl zu berechnen. Z. sind beispielsweise in Rütteltischen integriert, die Mengenbestimmung durch Wägen erfolgt während des Rüttelns. Eine Genauigkeit von ± 0 Bogen kann nicht vorausgesetzt werden.

Zangenwagen
Im → Klebebinder auf einer umlaufenden Kette angebrachte Klammern, die den Buchblock erfassen, einspannen und durch den Klebebinder führen.
Der zusammengetragene und gerüttelte Buchblock wird auf dem Rücken stehend von einem Transportband zwischen die Klammern geführt. Die Klammern pressen gegeneinander und erfassen den Buchblock so, dass der Blockrücken mehrere Millimeter an der unteren Kante des Z.

heraushängt. Der Z. führt den Buchblock durch sämtliche Stationen des Klebebinders.

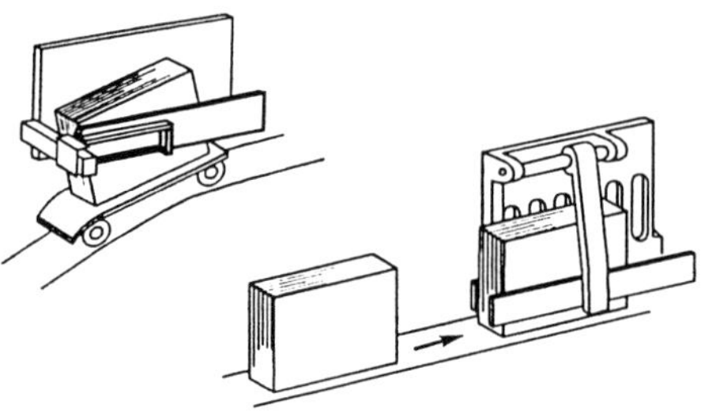

Zeichenband (Leseband)

Schmales Webband aus Seide, Kunstseide oder Baumwolle, das zum schnellen Auffinden von Textstellen dient.

Durch Ankleben am Rücken besteht eine Verbindung des Z. mit dem Produkt. Die Breiten variieren zwischen 4...8 mm, hauptsächlich werden 5 mm breite Bänder eingesetzt. Z. sind in Leinwandbindung gewebt und nicht appretiert. Meist wird ein Z., selten werden mehrere Z. angebracht. Z. sind z. B. in Nachschlagewerken, Lexika, Klassikerausgaben und Atlanten integriert. In Broschuren sind sie seltener zu finden, in Messekatalogen z. B. aber durchaus üblich.

Zeichenbandeinlegemaschine

Buchbindereimaschine zum automatischen Einbringen des → Zeichenbandes in einen Buchblock.

Der auf dem Rücken stehende Buchblock wird von einem Teilerschwert geöffnet. Durch den hohlen Rücken des Schwertes wird das Zeichenband, das von der Rolle abläuft, geführt und legt sich dabei in den Block, der weitertransportiert wird. Im Stillstand wird das Band zwischen Teilerschwert und Block abgeschnitten. Ein zweiter Teiler öffnet – versetzt zur Einlegestelle – den Block am Fuß, und ein Einsteckelement zieht das überstehende Fadenende in den geöffneten Buchblock.

In separat arbeitenden Z. befindet sich ein Leimwerk, bei Kopplung mit einer Buchfertigungsstraße wird das Zeichenband im Zusammenhang mit Kapitalen und Hinterkleben angeklebt.

Zeichenband einlegen

Das manuelle Einbringen des → Zeichenbandes in einen Buchblock.

Das Zeichenband wird schräg in die Mitte des Blocks gelegt, der Überstand am Kopf wird in den Bundsteg gezogen und die Überlänge am Fußschnitt einige Seiten weiter vorn in den Block eingeschlagen. Die etwa 20 mm überstehenden Fadenenden werden am Rücken angeklebt.

Zeitschrift

Periodisch, mindestens zweimal jährlich, höchstens einmal wöchentlich in gezählter Folge mit übergeordnetem Gesamttitel erscheinendes, von einem Verlag herausgegebenes, von einer Redaktion inhaltlich gestaltetes Druckerzeugnis mit unterschiedlicher Funktion, das in der buch-

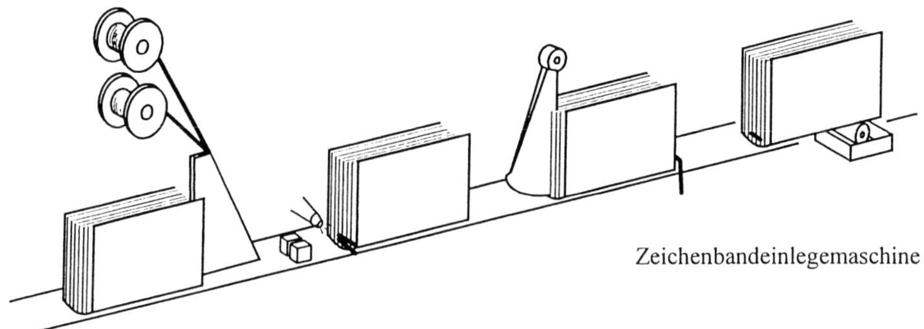

Zeichenbandeinlegemaschine

binderischen Verarbeitung meistens die Form einer → Broschur erhält.
Nach Funktion und Inhalt ist zu unterscheiden zwischen wissenschaftlichen und Fachzeitschriften, die beide nur für einen bestimmten, oft eng begrenzten Leserkreis erscheinen, sowie den allgemeinpolitischen, populärwissenschaftlichen, bildenden beziehungsweise unterhaltenden Zeitschriften, die sich an alle Kreise der Bevölkerung wenden.

Zeitung
Periodisch, meist täglich (Tages-Z.), aber auch wöchentlich (Wochen-Z.) erscheinendes Publikationsorgan, dessen wichtigste Aufgabe die Verbreitung aktueller Informationen aus allen Lebensgebieten und deren Kommentierung ist.
Z. sind für einen großen Leserkreis bestimmt, ohne spezielle Gruppen oder Interessen zu bevorzugen. Sie sind zugleich ein wichtiges Instrument zur Meinungs- und Willensbildung der Bevölkerung.
Der Verarbeitungsaufwand von Zeitungen ist gegering. Sie werden in der Regel mit in Rollenrotationsdruckmaschinen integrierten Falzapparaten gefalzt, wobei der letzte Falz quer durch die Seiten geht (sogenannter Zeitungsfalz). Die gefalzten und gesammelten und/oder eingesteckten Bogen sind nicht schlüssig miteinander verbunden.

Zickzackfalz
→ Leporellofalz

Ziegenleder
Das als Bucheinbandmaterial am häufigsten verwendete → Leder, das sich durch hohe Festigkeit bei guter Geschmeidigkeit, durch ansprechende Narbung und vielfältige Färbungen auszeichnet.
Z. werden von den Häuten verschiedener afrikanischer, indischer oder europäischer Ziegenarten gewonnen (z. B. → Maroquinleder, → Oasenziegenleder, → Saffianleder, → Savannenziegenleder). Das Leder frei lebender Tiere ist von kleinen Rissen und Narben durchsetzt, die von Verletzungen herrühren, von Weidetieren stammendes Leder ist unverletzt und gleichmäßig.

Ziegenpergament
Als Bucheinbandmaterial verwendetes → Pergament von grauweißer Oberfläche, mit nur geringfügig ausgeprägter, nicht farbiger Äderung.

Zierrille
Bei → Mehrlagenbroschuren mit gerilltem Umschlag die Rillen, die sich auf der Vorder- und Rückseite des Umschlags befinden.
Zwischen → Rückenrille und Z. bei vierfach gerillten Umschlägen bzw. zwischen den Z. wird durch Klebstoffauftrag der Umschlag mit dem Broschurenblock verbunden.
Die Rillwulst der Z. befindet sich auf der inneren Kartonseite (negative Rille).

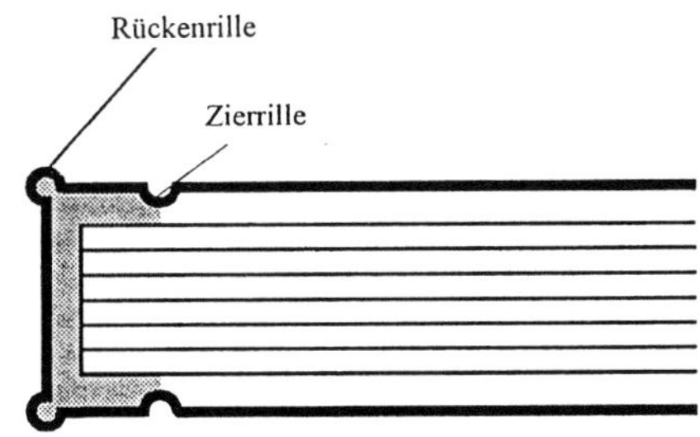

Zug-Schäl-Test
Selten angewandte Prüfmethode zur Bestimmung der Blattausreißfestigkeit beim → Klebebinden, bei der ein Einzelblatt über die gesamte

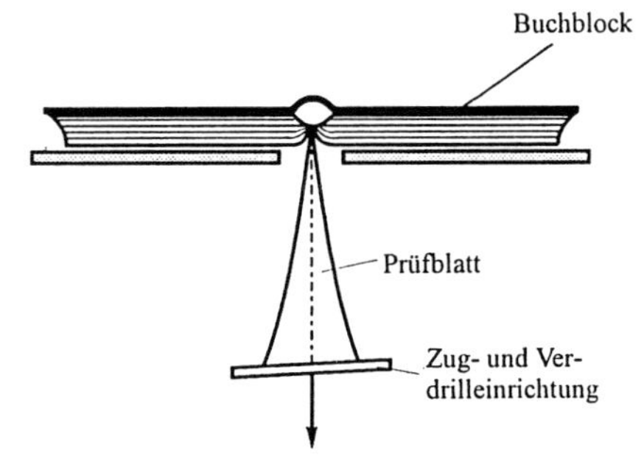

Blattlänge eingespannt und unter Verdrillung von 45° mit einer kontinuierlich steigenden Kraft bis zum Ausreißen des Blattes belastet wird.
Der Z. stellt eine Kombination von → Pulltest und → Schrägzugtest dar. Durch die Verdrillung wird die Belastung an den Randpunkten der Bindung erhöht.

Zungenheftung
Methode der Verbindung von übereinander liegenden Papierblättern oder -bahnen, die auf der Anbringung von kleinen zungenartigen Ausstanzungen beruht, die dem Produkt einen für den Gebrauch ausreichenden Zusammenhalt geben.
Die Z. wird beispielsweise bei Endlosvordrucken oder Formularen angewendet und sie ähnelt dem → Krimpen.

Zungenhobel
→ Beschneidehobel

Zupfbogenanleger
Spezieller → Bogenanleger an Zusammentragmaschinen, mit dem Falzbogen vereinzelt und in den Transportkanal übergeben werden, die am Vordersteg einen Falz aufweisen (z. B. ausklappbare Karten, Schnittmusterbogen). Der Bundsteg weist keinen geschlossenen Falz auf, wie normalerweise für Falzbogen üblich.
Der Z. ist als Vertikalstapelanleger ausgebildet, die Bogen stehen auf dem Vordersteg (auf der Falzkante). Eine Greifertrommel vereinzelt den jeweils vordersten Bogen und führt ihn an einen Anschlag. Von dort erfolgt der weitere Bogentransport in entgegengesetzter Richtung, das heißt mit dem Bundsteg voran in den Transportkanal.

Zurichten
1. In der → Dreimesserschneidemaschine das Ankleben einer Pappe unter den Pressstempel, die dem Format und der Rückenform (Rückensteigung) des Blocks angepasst ist, für gleichmäßigen Pressdruck sorgt und Beschädigungen des Produktes vermeidet.
2. In der Prägepresse das Kleben von einem Stück Papier unter den Prägestempel bzw. die Bedruckstoffauflagefläche, um gleichmäßigen Prägedruck zu ermöglichen.
Das Z. ist erforderlich, wenn bei großflächigen Prägungen aufgrund von Dickendifferenzen des Prägestempels ungleichmäßiger Prägedruck entsteht und damit ein ungleichmäßiges Prägebild.

Zusammendrückbarkeit
→ Kompressibilität

Zusammentragen
Manuelles oder maschinelles Übereinanderlegen von Einzelblättern oder Falzbogen in einer bestimmten Reihenfolge zu einem Rohblock in richtiger Seitenreihenfolge.
Mit dem Z. beginnt nach dem Teilprozess der Bogen-/Bahnverarbeitung die Blockherstellung. Durch Z. werden Rohblocks für Bücher und Mehrlagenbroschuren, aber auch für Formularsätze, Ringbücher oder Wandkalender hergestellt. Beim Ausschießen der Bogen ist darauf zu achten, dass im Erzeugnis jeder Bogen bezüglich der Seitenzahl die Fortsetzung des vorherigen Bogens darstellt.
Für das manuelle Z. werden die Bogen der Reihe nach auf einem Tisch abgesetzt und im Vorbeigehen von Hand abgezogen oder auf einem Drehtisch abgesetzt, der die Stapel an den zusammentragenden Personen vorbeiführt. Das maschinelle Z. erfolgt auf → Einzelblattzusammentragmaschinen oder → auf Bogenzusammentragmaschinen.

Zusammentragmaschine
Maschine für das → Zusammentragen von Einzelblättern oder Falzbogen zu Rohblocks, wobei eine Unterscheidung in → Einzelblattzusammentragmaschine und → Bogenzusammentragmaschine vorgenommen wird.

Zusammentragturm
→ Einzelblattzusammentragmaschine mit übereinander angeordneten Bogenmagazinen (turmähnlicher Aufbau).

Zusatzbefehl
Funktion, die zur Ergänzung von → Schneidprogrammen programmiert wird und die Aufgabe hat, die Bewegung des Schneidgutes auf dem Schneidtisch zu erleichtern, den Schneidvorgang zu beschleunigen oder zu einer verbesserten Qualität des Schnitts beizutragen. Außerdem kann mit Hilfe der Z. eine Verkürzung des Programms auf wenige Datensätze erreicht werden.

Zweibruchbogen
Traditionell ein zweimal kreuzgefalzter Bogen, der 8 Seiten aufweist und auch als → halber Bogen bezeichnet wird.
Streng genommen ist jeder Bogen, der zweimal gefalzt wurde, ein Z., unabhängig von der Lage der Brüche.

Zweihandbedienung
Sicherheitseinrichtung an Schneidemaschinen (z. B. Planschneider), die nur durch gleichzeitiges beidhändiges Betätigen von Tasten die Messerbewegung auslöst.
Hiermit soll verhindert werden, dass während des Schnitts in den Schneidbereich eingegriffen werden kann und Verletzungen entstehen. Zusätzlich ist der Schneidbereich am Planschneider mit einem Lichtschrankenvorhang versehen. Bei Unterbrechung einer Lichtschranke bleibt ohne Verzögerung das Messer stehen.
Einige Buchbindereimaschinen haben eine Z. auch beim Einrichten, wenn Schutzgitter für Einstellungen der Maschinenelemente geöffnet sind. Die Z. besteht dabei aus einem Tastenblock, der die beiden Tasten enthält und per Kabel mit der Maschine verbunden ist. Es können im sog. Tippbetrieb notwendige Maschinenpositionen angefahren und Einstellungen kontrolliert werden.

Zweiteilige Buchdecke
Buchdecke, bestehend aus einer → einteiligen Buchdecke aus Karton oder Pappe und einem Bezugsnutzen.
Der Bezugsnutzen wird entweder nur im Rückenbereich zur Verstärkung aufgeklebt, oder die einteilige Decke wird vollflächig bezogen.

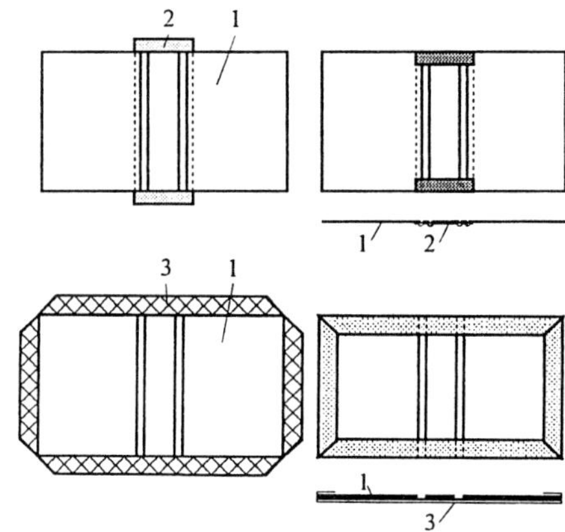

Beispiele für zweiteilige Buchdecken

Zwischenhautpergament (Bindehautpergament)
Aus dem Fleischspalt (→ Leder) von Schafen oder Kälbern hergestelltes, dünnes → Pergament von geringer Festigkeit, das auf der Vorderseite gestrichen oder appretiert sein kann.

Zwischenlegen
1. Einfügen von Papier, Karton oder Pappen zwischen die einzelnen, noch Feuchtigkeit enthaltenden Bücher eines Stapels vor dem Einpressen.
Das Z. erfolgt, um ein → Verblocken der einzelnen Bücher zu vermeiden, besonders bei lackierten oder sonstigen leicht klebenden Materialien der Buchdecke oder des Schutzumschlags, sowie um mitunter vorhandene Reliefprägungen nicht zu beschädigen.
2. Einfügen von Kartonbogen oder Papptafeln zwischen die einzelnen Lagen einer Palette beim → Palettieren, um ein Verrutschen der Stapel zu vermeiden und ausreichende Standfestigkeit zu erzielen.

Zwischenschnitt
→ Streifenausschnitt

Zwischentrocknung

Im Klebebinder zwischen zwei Rückenleimwerken installierte Infrarotstrahler, die bei mehrschichtigem Klebstoffauftrag die erste, meist sehr dünne Dispersionsklebstoffschicht (→ Primer) trocknen.

Werden zwei Dispersionsklebstoffe nacheinander aufgetragen, ist die Z. nicht zwingend erforderlich. Bei Kombination von Dispersions- und Heißschmelzklebstoff ist es erforderlich, den Primer vollständig zu trocknen, bevor der Heißschmelzklebstoff aufgebracht wird.

Zykloidenfalz (Räderfalz)

Im → Falzapparat von Rollenrotationsdruckmaschinen angewandtes Falzprinzip zum Falzen der Abschnitte in Querrichtung.

Der Z. findet im Gegensatz zum → Klappenfalz für umfangreichere Produkte (mehr als 64 Seiten) Anwendung. Der Bogen wird von Punkturnadeln oder Greifern geführt. Die Freigabe des Bogens durch diese Führungselemente erfolgt aber noch vor der Falzbildung. Dies ist erforderlich, weil das Messer und die zugehörigen Falzwalzen keine Elemente des Zylindermantels sind. Daraus resultieren zugleich die gegenüber dem Klappenfalz größeren Ungenauigkeiten.

Die Falzbildung selbst ähnelt dem Messerfalz. Die Bewegungsbahn der Messerspitze ist hier jedoch keine Linie, sondern eine meist zwei- oder dreispitzige Zykloide. Für die Messerbewegung dient ein Umlaufrädergetriebe.